Beatrix Hoffmann-Holter · „**Abreisendmachung**"

Beatrix Hoffmann-Holter

„Abreisendmachung"

Jüdische Kriegsflüchtlinge in Wien
1914 bis 1923

Für Günter mit
ganz herzlichem Dank

Beatrix

BÖHLAU VERLAG WIEN · KÖLN · WEIMAR

Gedruckt mit Unterstützung durch
den Fonds zur Förderung der wissenschaftlichen Forschung

Umschlagbild: Flüchtlinge aus Galizien vor dem Wiener Ostbahnhof (Ausschnitt).
Aus: Erich Feigl: Kaiser Karl I. Ein Leben für den Frieden seiner Völker, Wien/München 1990.

Die Deutsche Bibliothek – CIP-Einheitsaufnahme

Hoffmann-Holter, Beatrix:
„Abreisendmachung" : Jüdische Kriegsflüchtlinge in Wien 1914 bis 1923 / Beatrix
Hoffmann-Holter. – Wien ; Köln ; Weimar : Böhlau, 1995
ISBN 3-205-98377-7

Gedruckt auf umweltfreundlichem, chlor- und säurefreiem Papier.

Satz: Bernhard Computertext, A-1030 Wien
Druck: Berger, A-3580 Horn

INHALT

Vorbemerkung

Die Vorarbeiten zu diesem Buch reichen bis ins Jahr 1978 zurück. Eine kleine Studie über ostjüdische Kriegsflüchtlinge in Wien, die ich am Ende meines Geschichtestudiums an der Universität Salzburg als Diplomarbeit vorlegte, stieß auf Resonanz. Meine Lehrerin Frau Univ.-Prof. Dr. Erika Weinzierl ermunterte mich, das Thema weiter zu verfolgen. Für zahlreiche Anregungen wie auch für das Interesse, das sie meiner Arbeit bis zum Abschluß entgegengebracht hat, bedanke ich mich ganz herzlich.

Bei der Suche nach Quellenmaterial in Wien Ende der 1970er Jahre fand ich im Allgemeinen Verwaltungsarchiv, im Kriegsarchiv, im Archiv der Stadt Wien, im Archiv der Polizeidirektion und in der Israelitische Kultusgemeinde sachkundige Beratung. Ein kurzer Forschungsaufenthalt in Jerusalem im Sommer 1979 ermöglichte mir die Einsichtnahme in den Archivbestand der Wiener Kultusgemeinde im Zentralarchiv für die Geschichte des jüdischen Volkes und den Besuch des Zionistischen Archivs. Den Mitarbeitern dieser Institutionen bin ich für ihre freundliche Unterstützung zu Dank verpflichtet. Stellvertretend für andere möchte ich Univ.-Doz. Dr. Klaus Lohrmann, Dr. Avshalom Hodik, Dr. Daniel Cohen und ganz besonders Dr. Lorenz Mikoletzky, heute Generaldirektor des Österreichischen Staatsarchives, erwähnen.

Nach zehnjähriger berufsbedingter Unterbrechung konnte ich mich erst Anfang der 1990er Jahre wieder meinem Forschungsprojekt zuwenden. Von großer Bedeutung war nun die Anteilnahme von Salzburger Freunden und Kollegen. Univ.-Doz. Dr. Albert Lichtblau verdanke ich zahlreiche wertvolle Hinweise. Univ.-Prof. Dr. Hanns Haas hat die Arbeit als sachkundiger, anregender und geduldiger Gesprächspartner begleitet. Dr. Günter Fellner war zur kritischen Lektüre des Manuskripts bereit und hat mich auf manche Ungereimtheiten aufmerksam gemacht. Zu Dank verpflichtet bin ich auch dem Grazer Historiker Dr. Klaus Hödl, der mir freundlicherweise Einblick in das Manuskript seines inzwischen publizierten Buchs über die galizischen Juden in Wien gewährte.

Mein Mann Robert schließlich stand mir von Anfang an als entschiedener Befürworter der Arbeit zur Seite. Seine moralische Unterstützung und stete Diskussionsbereitschaft waren für das Zustandekommen dieses Buches unerläßlich. Gedankt sei auch meiner Mutter Dr. Erika Holter, die durch ihre Einsatzbereitschaft bei der Betreuung unserer Kinder dazu beitrug, daß der oft schwie-

rige Balanceakt zwischen wissenschaftlicher Ambition und den Bedürfnissen zweier kleiner Kinder gelingen konnte.

Salzburg, Mai 1995   Beatrix Hoffmann-Holter

Einleitung

> *„Jede Migration führt zu Konflikten, unabhängig davon, wodurch sie ausgelöst wird, welche Absicht ihr zugrunde liegt, ob sie freiwillig oder unfreiwillig geschieht und welchen Umfang sie annimmt. Gruppenegoismus und Fremdenhaß sind anthropologische Konstanten, die jeder Begründung vorausgehen. Ihre universelle Verbreitung spricht dafür, daß sie älter sind als alle bekannten Gesellschaftsformen."*[1]

Im Herbst und Winter 1914/15 wurde Wien von einer riesigen Flüchtlingswelle erfaßt. Über 150.000 Personen suchten hier Zuflucht vor der zaristischen Armee, die bereits wenige Wochen nach Kriegsbeginn weite Teile im Nordosten der Habsburgermonarchie erobert hatte. Unterbringung und Versorgung der zumeist jüdischen Flüchtlinge aus Galizien und der Bukowina stellten die österreichischen Behörden vor fast unlösbare Probleme. Dazu kam die Abwehrreaktion der Wiener Bevölkerung, deren latenter Antisemitismus sich mit der Dauer der Anwesenheit der Flüchtlinge bis hin zu offener Ablehnung und rassistischen Haßtiraden steigern sollte.

Die meisten Flüchtlinge kamen aus jenen größeren und kleinen „Shtetls" mit hohem jüdischen Bevölkerungsanteil, in denen das Leben durch Armut, aber auch durch ein, gemessen an mitteleuropäischen Verhältnissen, sehr starkes Verhaftetsein in religiösen Traditionen geprägt war. Der „zivilisierende Einfluß der Habsburger" hatte den Juden „in jenen äußersten Provinzen Europas"[2] gegenüber den russischen Glaubensgenossen merkliche Vorteile gebracht. „Halb-Asien", wie Karl Emil Franzos das jüdische Siedlungsgebiet Osteuropas genannt hatte,[3] zergliederte sich längst in zwei jüdische Lebenswelten unterschiedlicher Rahmenbedingungen. Aus der Perspektive der österreichischen Juden war der russische „Ansiedlungsrayon" eine Zone der Rückständigkeit, in der die Angst vor Pogromen auf den jüdischen Gemeinden lastete. Den rund 900.000 Ostjuden im österreichischen Herrschaftsbereich standen seit 1867 immerhin die vollen staatsbürgerlichen Rechte zu. Sie fühlten sich

---

1 Hans Magnus Enzensberger: Die Große Wanderung. 33 Markierungen. Frankfurt 1993, S. 13.
2 Claudio Magris: Weit von wo. Verlorene Welt des Ostjudentums. Wien 1974, S. 22.
3 Karl Emil Franzos: Halb-Asien. Eingeleitet und ausgewählt von E. J. Görlich. Graz/Wien 1958.

in ihrer Mehrheit daher stark an die Monarchie, insbesondere an die Person des Kaisers gebunden. Der Nimbus der „Kaiserstadt" Wien strahlte bis in diese entlegenen Regionen der Monarchie, und für viele Shtetlbewohner war schon allein dem Namen der fernen Metropole ein „Klang von stets begeisternder Wirkung"[4] eigen. Die gleichsam mythische Überhöhung Wiens zu einem Ort ferner Sehnsucht taucht folglich als literarischer Topos in zahlreichen Schriften in Osteuropa geborener Juden auf.[5]

Wien war bereits in den Jahrzehnten vor 1914 das Ziel einer kontinuierlichen Wanderungsbewegung gewesen, „ein Mekka für die kleinen Ostjuden der Habsburgermonarchie"[6]. Aber nicht nur für sie. Auch Bewohner der deutschen Kronländer sowie Tschechen, Slowaken und Ungarn kamen zumeist in der Hoffnung auf Arbeit in die Reichshauptstadt und ließen die Einwohnerzahl von 287.824 im Jahr 1857 auf 2,020.309 im Jahr 1910 emporschnellen. Dabei verzeichnete die jüdische Gemeinde in diesem Zeitraum ein überproportional starkes Wachstum von 15.116 auf 175.318 Personen. Ihr Anteil an der Wiener Gesamtbevölkerung erhöhte sich von 3,2 auf 8,6 Prozent.[7] Zu den Juden aus Ungarn, Böhmen und Mähren kamen in den letzten Jahrzehnten vor Kriegsausbruch rund 30.000 galizische Juden.[8] „Ostjuden", die sich in Kleidung, Sprache und Habitus von der bereits assimilierten jüdischen Bevölkerung deutlich abhoben, traf man daher bereits vor 1914 in den Straßen Wiens, wenngleich die vielfach zitierten Äußerungen Adolf Hitlers über ihre Allgegenwart nicht der Realität entsprachen.[9]

---

4 Manès Sperber: Die Wasserträger Gottes. All das Vergangene... Wien 1974, S. 126.
5 Dieser Mythos klingt noch bei dem aus Czernowitz gebürtigen Paul Celan an, der sich anläßlich der Entgegennahme des Bremer Literaturpreises auf die Stadt bezog: „Das Erreichbare, fern genug, das zu erreichende hieß Wien." Israel Chalfen: Paul Celan. Eine Biographie seiner Jugend. Frankfurt a. M. 1991 (= Suhrkamp Taschenbuch. 913), S. 18. Vgl. auch Elias Canetti: Die gerettete Zunge. Geschichte einer Jugend. München/Wien 1977, S. 38; Scholem Alejchem: Das Tagebuch eines Knaben. In: Scholem Alejchem: Geschichten aus Anatevka. Frankfurt a. M. 1977, S. 84–205, hier S. 7; Minna Lachs: Warum schaust du zurück. Erinnerungen 1907–1941. Wien/Zürich 1986, S. 44.
6 David Bronsen: Joseph Roth. Eine Biographie. Köln 1974, S. 127.
7 Leo Goldhammer: Die Juden Wiens. Eine statistische Studie. Wien/Leipzig 1927, S. 9.
8 Klaus Hödl: Als Bettler in die Leopoldstadt. Galizische Juden auf dem Weg nach Wien. Wien/Köln/Weimar 1994, S. 279.
9 Ivar Oxaal: Die Juden im Wien des jungen Hitler. Historische und soziologische Aspkte. In: Gerhard Botz/Ivar Oxaal/Michael Pollak (Hrsg.): Eine zerstörte Kultur. Jüdisches Leben und Antisemitismus in Wien seit dem 19. Jahrhundert. Buchloe 1990, S. 29–60, hier S. 48 f.

Die Vorkriegsimmigranten waren in ihrer Mehrzahl aufstiegsori-
entiert und anpassungswillig. Sie hatten Galizien aus freiem Entschluß verlassen, da ihnen wirtschaftliche Rückständigkeit und Armut im Nordosten der Monarchie keine Perspektiven eröffneten.

Ihre Akkulturation stieß daher kaum auf Schwierigkeiten, noch
dazu, da sie auch dem bereits etablierten jüdischen Bürgertum ein
Anliegen war, das die eigene Position durch die ostjüdischen
Neuankömmlinge in Frage gestellt sah und fürchtete, der schwelen-
de Antisemitismus würde sich an den Ostjuden entzünden. Erziehung zu bürgerlicher Unauffälligkeit sollte einer solchen verhäng-
nisvollen Entwicklung entgegenwirken.[10]

Das Konzept einer raschen Integration wurde durch den Ansturm
ostjüdischer Massen zu Kriegsbeginn zunichte gemacht. Die Flüchtlingswelle brachte erstmals auch bettelarme Chassiden und Ultraorthodoxe nach Wien, welche ungleich stärker der Tradition des jüdischen Shtetls verhaftet waren als die Zuwanderer vor 1914. Den
schützenden Rahmen ihrer Heimatorte hatten sie nur unter dem
Zwang der Ereignisse aufgegeben. Im urbanen Milieu des frühen
20. Jahrhunderts muteten sie an wie Wesen aus einer anderen
Welt. Stigmatisiert durch ihre Armut wie auch durch ihre „Yidish-
keyt" zogen sie die Blicke auf sich. Dazu kam ihre große Zahl. Die
Angst vor dem „Fremden" fand unter diesen Bedingungen rasch
Nahrung.

Die Flüchtlinge kamen in eine Stadt, in der Neuankömmlinge
schon bisher auf wenig Toleranz, aber umso höheren Anpassungs-
druck gestoßen waren. Die Bevölkerung der Habsburgermetropole
verfügte über ein breites, ganz spezifisches Spektrum an Abwehr-
mechanismen gegenüber Fremden. „Die schwarzen Abgründe der
Volksseele" kamen in allen Formen der Volkskunst zum Tragen, von
den Wienerliedern bis hin zum Kasperltheater im Prater, wo der
Hanswurst am Ende jeder Vorstellung einen Hammer ergriff, um
den Juden totzuschlagen.[11] Im Angriff gegen den „Fremden" mani-
festierten sich allerdings auch Unsicherheits- und Minderwertig-
keitsgefühle. Diese Ambivalenz spiegelte sich etwa in – vergleichsweise harmlosen – Spottversen, welche die Immigranten in Wien
verfolgten.

---

10 Hödl: Als Bettler in die Leopoldstadt, S. 147 ff., S. 239 ff.
11 Michael John/Albert Lichtblau: Schmelztiegel Wien – einst und jetzt. Zur Geschichte und Gegenwart von Zuwanderung und Minderheiten. Wien/Köln 1990,
   S. 357 ff.

„Die Gal-, die Gal-, die Galizianer,
Es mag sie kaaner, wie unseraaner..."[12]

Der Wiener Antisemitismus berührte die Kriegsflüchtlinge zwar unangenehm und bereitete den Illusionen über die „Kaiserstadt" ein
jähes Ende. Im Vordergrund standen zunächst jedoch Probleme, die
sich aus der Absicherung des täglichen Überlebens ergaben. Außerdem genossen die Flüchtlinge den – wenn auch fragilen – Schutz
der k. k. Behörden vor offener Feindseligkeit und Gewalt. Erst mit
dem Zusammenbruch der Habsburgerherrschaft konnte die antisemitische Hetze bedrohlichen Charakter annehmen. Jene Flüchtlinge, die nicht in ihre verwüstete Heimat zurückgekehrt waren, galten nun als unwillkommene Ausländer, deren „Abreisendmachung"
– wie es im damaligen Amtsdeutsch hieß – führende Vertreter aller
politischen Lager des neuen deutschösterreichischen Staatswesens
zielstrebig verfolgten.

Damit ist die Aufgabenstellung der Arbeit umrissen: Einerseits
geht es um die Rekonstruktion des Flüchtlingselends sowie der
staatlichen und privaten Hilfstätigkeit, andererseits um die Darstellung und Analyse der spezifischen Ausformung des Wiener Antisemitismus in der Konfrontation mit den ostjüdischen Flüchtlingen,
insbesondere um die vielfältigen Bestrebungen, ihre Integration zu
verhindern.

Die Geschichte der jüdischen Kriegsflüchtlinge in Wien stellt nur
einen kleinen Ausschnitt aus der Tragödie des europäischen Judentums im 20. Jahrhundert dar. Sie ist aber auch ein Teil österreichischer Geschichte, Prolog ihres dunkelsten Kapitels. Denn im Umgang mit den Flüchtlingen erprobte und schärfte der österreichische Antisemitismus seine Waffen. Es zeichnete sich recht deutlich
ab, weshalb es ein Vierteljahrhundert später in Österreich „Zu wenig Gerechte"[13] geben sollte. Dieser Aspekt blieb, wie die Geschichte der jüdischen Flüchtlinge des Ersten Weltkrieges generell, von
der österreichischen Historiographie lange Zeit nahezu unbeachtet.

Bei Recherchen für eine Diplomarbeit Ende der siebziger Jahre
stieß die Verfasserin nur auf wenige Hinweise in der Literatur. Hilfreich als erster Wegweiser war Jonny Mosers Aufsatz über „Die Katastrophe der Juden in Österreich 1938–1945", der auf die antisemitische Hetze gegen die jüdischen Flüchtlinge nach 1918 Bezug

---

12 Salcia Landmann: Erzählte Bilderbogen aus Ostgalizien. München 1975, S. 9 f.
13 Erika Weinzierl: Zu wenig Gerechte. Österreicher und Judenverfolgung 1938–
   1945. Graz/Wien/Köln 1969.

nahm.[14] Einige Anmerkungen fanden sich in Hugo Golds „Geschichte der Juden in Wien"[15] sowie in den Beiträgen von M. Henisch[16] und Arieh Tartakower[17] in Josef Fraenkels Sammelband zur Geschichte des Österreichischen Judentums, der 1967 in London erschienen war. Dieses Defizit erstaunte angesichts der Dimension der „Flüchtlingsfrage" im hungernden Wien der Kriegsjahre sowie der „Ostjudenfrage" in der öffentlichen Diskussion der Nachkriegszeit. Die österreichische Forschung war freilich in den späten siebziger Jahren über eine „kursorische Skizzierung" der Geschichte des Judentums sowie der antisemitischen Tradition in Österreich „noch kaum hinausgekommen".[18]

Der Mangel an Information trug zur verzerrten Interpretation dessen bei, was tradiert worden war. So datierte Francis L. Carsten den Zustrom „großer Scharen" von Ostjuden nach Wien auf die Zeit nach Kriegsende. Der „heimische Antisemitismus" wäre durch diese „Zuwanderung" verstärkt worden.[19] Auch Hellmut Andic lastete in einer populärwissenschaftlichen Darstellung die Verantwortung für den Ausbruch des Antisemitismus in Österreich nach 1918 den Ostjuden an, wobei er nicht davor zurückscheute, sie in ihrer Gesamtheit als skrupellose „Sachverwalter" des „großen Ausverkaufs" im besiegten Mitteleuropa zu diffamieren. Überdies ortete er die Heimat der Flüchtlinge fälschlich in jenen Gebieten Polens und Litauens, welche durch die Kriegsereignisse in den deutschen und österreichisch-ungarischen Machtbereich gekommen seien. Nun hätten sie „die günstige Gelegenheit" benützt, „nach Mitteleuropa vorzudringen".[20] Solche historiographisch verbrämte Parallelen zur antisemitischen Propaganda der Zeit nach 1918 sind nicht isoliert zu sehen. Sie entsprachen dem Meinungsklima der sechziger Jahre,

---

14 Jonny Moser: Die Katastrophe der Juden in Österreich 1938–1945 – ihre Voraussetzungen und ihre Überwindung. In: Der gelbe Stern in Österreich. Katalog und Einführung zu einer Dokumentation. Eisenstadt 1977 (= Studia Judaica Austriaca. 5), S. 67–134.

15 Hugo Gold: Geschichte der Juden in Wien. Ein Gedenkbuch. Tel Aviv 1966.

16 M. Henisch: Galician Jews in Vienna. In: Josef Fraenkel (Hrsg.): The Jews of Austria. Essays on their Life, History and Destruction. London 1967, S. 361–373.

17 Arieh Tartakower: Jewish Migratory Movements in Austria in Recent Generations. In: Fraenkel (Hrsg.): The Jews of Austria, S. 285–310.

18 Günter Fellner: „Jude" oder Jude? Zur Problematik einer historisch-wissenschaftlichen Literatur. In: Zeitgeschichte 1979/8, S. 294–314, hier S. 305 f.

19 Francis L. Carsten: Revolution in Mitteleuropa 1918–1919. Köln 1973, S. 206.

20 Hellmut Andics: Der ewige Jude. Ursachen und Geschichte des Antisemitismus. Wien 1965, S. 242 f.

in denen der Fall des offen antisemitisch agierenden Hochschul-
lehrers Borodajkewiycz für Schlagzeilen sorgte und der damalige
Außenminister Bruno Kreisky im Zuge einer Wahlkampagne als
„Saujud" bezeichnet wurde.[21] Die Erinnerung an Diskriminierung,
Verfolgung und Deportation jüdischer Mitbürger war erfolgreich
aus dem Bewußtsein verdrängt, schuldhaftes Versagen kein Thema.

Von der Quellenlage her war es nicht schwierig, bereits im Rahmen der Diplomarbeit von 1978[22] Verzerrungen und Fehlurteile
über die Rolle der Ostjuden in Wien nach 1918 zu korrigieren. Die
Geschichte der Kriegsflüchtlinge ist, wie sich bei den Recherchen
rasch erwies, reichhaltig dokumentiert. Eine Fülle von Information
enthalten u. a. Tätigkeitsberichte des k. k. Innenministeriums sowie
jüdischer Organisationen, welche in der Flüchtlingshilfe engagiert
waren. Intentionen und Leistungen staatlicher und privater Stellen
sind aus diesen Publikationen klar zu erkennen. Anhand von Tageszeitungen, Wochen- und Monatsschriften aller politischen Schattie-
rungen ist die Diskussion um die Flüchtlinge, welche sich in den
Nachkriegsjahren zu einer breiten Hetzkampagne gegen die in
Wien lebenden Ostjuden zuspitzte, im Detail zu verfolgen. Die Erinnerungen des im ostgalizischen Zablotow geborenen Romanciers
und Essayisten Manès Sperber dienten schließlich als wertvolle
Ergänzung. Sperber war 1916 als zwölfjähriges Flüchtlingskind
mit seiner Familie nach Wien gekommen und verarbeitete seine
Eindrücke und teils schmerzhaften Erfahrungen im ersten Teil
seiner 1974 erschienenen Autobiographie „Die Wasserträger
Gottes". Auf dieser Informationsbasis konnte die Geschichte der jüdischen Kriegsflüchtlinge in Wien auch ohne umfangreiche Archiv-
studien in groben Umrissen rekonstruiert und eine Forschungs-
lücke in der österreichischen Historiographie provisorisch ge-
schlossen werden.

Bei Wiederaufnahme der Arbeit Anfang der neunziger Jahre hatte
sich die Forschungssituation grundlegend verändert. Zum einen
wirkt das nostalgisch und teils auch sentimental geprägte Interesse
an Geschichte und Kultur des Ostjudentums, das sich schon in den
siebziger Jahren abzuzeichnen begann, ungebrochen weiter. Das

---

21 Vgl. dazu John Bunzl: Zur Geschichte des Antisemitismus in Österreich. In: Antisemitismus in Österreich. Sozialhistorische und soziologische Studien. Innsbruck
1983, S. 9–88, hier S. 68.
22 Beatrix Holter: Die ostjüdischen Kriegsflüchtlinge in Wien (1914–1923). Hausarbeit aus Geschichte, Universität Salzburg 1978.

Werk des Literaturnobelpreisträgers Isaac Bashevis Singer, Neuauf-
lagen ostjüdischer Literatur, jiddische Lieder und Tänze, das Musi-
cal Anatevka, aber auch das künstlerische Erbe Marc Chagalls haben einen schmalen Zugang zur „verlorenen Welt des Ostjudentums"[23] geöffnet. Ausstellungen finden ebenso reges Interesse wie
Fotobände oder Filme, die das Leben der osteuropäischen Juden im
ersten Drittel unseres Jahrhunderts dokumentieren.[24]

Parallel zu dieser Entwicklung wandte sich auch die historische
Forschung verstärkt dem osteuropäischen Judentum zu,[25] wobei
nicht zuletzt die Geschichte der Auswanderer Berücksichtigung
fand. Trude Maurer hat in einer umfassenden Monographie die Geschichte der „Ostjuden in Deutschland" nachgezeichnet.[26] Klaus
Hödl widmete sich den galizischen Juden in Amerika[27] und in der
Folge den ostjüdischen Immigranten in Wien. Seine 1994 erschienene Untersuchung zum Akkulturationsprozeß jener, die als „Bettler
in die Leopoldstadt" kamen, behandelt zwar vor allem die Vorkriegsimmigranten, läßt jedoch auch die Bedeutung der Kriegsflüchtlinge für die Entwicklung der jüdischen Gemeinde Wiens in
den zwanziger Jahren nicht außer acht.[28]

Vor allem amerikanische Wissenschaftler beschäftigten sich seit
Anfang der achtziger Jahre mit der Geschichte des österreichischen
und speziell des Wiener Judentums, wobei kulturhistorische, aber
auch politische sowie sozialwissenschaftliche Fragestellungen im
Mittelpunkt standen. Das Ergebnis waren eine Reihe wissenschaft-
lich ergiebiger Monographien, die jedoch, teils aufgrund themati-
scher Eingrenzung auf die Zeit vor 1914, die Bedeutung der Kriegs-

---

23 So der deutschsprachige Untertitel von Claudio Magris Studie zum literarischen
   Erbe des ostjüdischen Kulturkreises. Magris: Weit von wo.
24 Vgl. dazu auch Trude Maurer: Ostjuden in Deutschland 1918–1933. Hamburg
   1986 (= Hamburger Beiträge zur Geschichte der deutschen Juden. Bd. 12), S. 11.
25 Vgl. z. B: Mark Zborowski: Das Schtetl. Die untergegangene Welt der osteuro-
   päischen Juden. München 1991. Tamar Somogyj: Die Schejnen und die Prosten.
   Untersuchungen zum Schönheitsideal der Ostjuden in bezug auf Kleidung und
   Körper unter besonderer Berücksichtigung des Chassidismus. Berlin 1982 (= Kölner ethnologische Studien). Dietrich Beyrau: Antisemitismus und Judentum in
   Polen, 1918–1939. In: Geschichte und Gesellschaft 8 (1982), S. 205–232. Heiko
   Haumann: Geschichte der Ostjuden. München 1990. Piotr Wróbel: The Jews of
   Galicia under Austrian-Polish Rule, 1869–1918. In: Austrian History Yearbook, Bd.
   25, 1994.
26 Maurer: Ostjuden in Deutschland.
27 Klaus Hödl: Vom Shtetl an die Lower East Side. Galizische Juden in New York. Wien 1991.
28 Hödl: Als Bettler in die Leopoldstadt.

flüchtlinge nicht oder nur am Rande berührten.[29] Auch in Österreich wandte man sich in den vergangenen Jahren verstärkt der Geschichte des Judentums in der Monarchie und in der Republik zu, wobei die Wiener Gemeinde aufgrund ihrer Größe und Bedeutung im Zentrum des Interesses steht.[30] Die Geschichte der Kriegsflüchtlinge berücksichtigte neben Klaus Hödl auch Oskar Besenböck, welcher die Frage der jüdischen Option in Österreich verfolgte.[31] Eine jüngst erschienene Aufsatzsammlung zum Thema ostjüdischer Einwanderung in Wien bringt – was die Geschichte der galizischen Immigranten und jüdischen Kriegsflüchtlinge betrifft – keine neuen Ergebnisse.[32]

Mehr Aufmerksamkeit fanden die jüdischen Kriegsflüchtlinge in der Antisemitismusforschung, die seit Ende der siebziger Jahre auch in Österreich einen Aufschwung erlebte. Vor allem Anton Staudinger und Leopold Spira hoben die Bedeutung der Agitation gegen die Flüchtlinge in der sich neu formierenden antisemitischen

---

29 Am stärksten bezog Harriet Pass Freidenreich die Geschichte der galizischen Juden – Vorkriegsimmigranten wie auch Kriegsflüchtlinge in ihre Untersuchung mit ein: Harriet Pass Freidenreich: Jewish Politics in Vienna 1918–1938. Bloomington 1991. George E. Berkley: Vienna and Its Jews. The Tragedy of Success 1880s–1980s. Lanham 1988. Marsha Rozenblit: Die Juden Wiens 1867–1914. Assimilation und Identität. Wien/Köln/Graz 1988. Robert S. Wistrich: The Jews of Vienna in the Age of Franz Joseph. Oxford 1989. William O. McCagg Jr.: A History of Habsburg Jews, 1670–1918. Bloomington 1989. Steven Beller: Wien und die Juden 1867–1938. Wien/Köln/Weimar 1993. Zum Stand der Forschung bis Anfang der neunziger Jahre siehe: Marsha L. Rozenblit: The Jews of the Dual Monarchy. Review Article in: Austrian History Yearbook 13 (1992), S.160–180.

30 Vgl. z. B.: Adolf Gaisbauer: Davidstern und Doppeladler. Zionismus und jüdischer Nationalismus in Österreich 1882–1918, Wien/Köln/Graz 1982. Avshalom Hodik: Die Israelitische Kultusgemeinde Wien in den Jahren 1918–1938, in: Materialienmappe, Wien 1982. Ruth Beckermann (Hrsg.): Die Mazzesinsel: Juden in der Leopoldstadt 1918–1939. Wien 1984. Gerhard Botz/Ivar Oxaal/Michel Pollack (Hrsg.): Eine zerstörte Kultur. Jüdisches Leben und Antisemitismus in Wien seit dem 19. Jahrhundert. Buchloe 1990. Jens Budischowsky: Assimilation, Zionismus und Orthodoxie in Österreich 1918–1938. Jüdisch-politische Organisationen in der Ersten Republik, Phil. Diss. Wien 1990. Harald Seewann: Zirkel und Zionsstern. Bilder und Dokumente der versunkenen Welt des jüdisch-nationalen Korporationsstudententums. Ein Beitrag zur Geschichte des Zionismus auf österreichischem Boden, 2 Bände, Graz 1990. Angelika Jensen: Die Geschichte der jüdischen Jugendbewegung „Haschomer Hazair" von den Anfängen bis 1940. Diplomarbeit, Wien 1991.

31 Oskar Besenböck: Die Frage der jüdischen Option in Österreich 1918–1921. Phil. Diss. Wien 1992.

32 Evelyn Adunka: Der ostjüdische Einfluß auf Wien. In: Peter Bettelheim/Michael Ley (Hrsg.): Ist jetzt hier die „wahre" Heimat? Ostjüdische Einwanderung nach Wien. Wien 1993, S. 77–88.

Bewegung der Ersten Republik hervor.[33] Auf eher allgemeiner Ebene bleibt in dieser Hinsicht auch die große Monographie des Amerikaners Pauley zur Geschichte des österreichischen Antisemitismus der Zwischenkriegszeit.[34]

Die vorliegende Studie bemüht sich somit erstmals um eine umfassende Darstellung der Geschichte der ostjüdischen Kriegsflüchtlinge in Wien. Grundlage dafür war die Auswertung von reichhaltigen archivalischen Quellen in Wien (Allgemeines Verwaltungsarchiv, Archiv der Republik, Kriegsarchiv, Archiv der Stadt Wien, Archiv der Polizeidirektion). Die Möglichkeit zur Einsichtnahme in das Archiv der Wiener Kultusgemeinde sowie des Zionistischen Zentralarchives in Jerusalem brachte wertvolle Ergänzungen.

Nicht vorhersehen ließ sich in den Anfängen dieser Arbeit freilich die Aktualität, welche der Thematik angesichts der verschärften Asyl-, Flüchtlings- und Einwanderungspolitik der 1990er Jahre erwachsen sollte. Gerade in der starken Rücksichtnahme der gegenwärtigen Flüchtlings- und Asylantenpolitik auf populistische Forderungen ist die Parallele zur Flüchtlingspolitik der Jahre 1918–1923 unübersehbar. So mag die „Ostjudendebatte" in Österreich nach 1918 als warnendes Fallbeispiel dienen. Die Hetzkampagne, welche sich spezifisch gegen die jüdischen Kriegsflüchtlinge richtete, löste zwar nicht unmittelbar Gewaltaktionen in großem Umfange aus, und sie versickerte Mitte der zwanziger Jahre. Die Saat sollte jedoch nach dem „Anschluß" 1938 aufgehen.

---

33 Leopold Spira: Feindbild „Jud". 100 Jahre politischer Antisemitismus in Österreich. Wien/München 1981. Anton Staudinger: Christlichsoziale Judenpolitik in der Gründungsphase der österreichischen Republik. In: Jahrbuch für Zeitgeschichte. Wien 1979, S. 11–48.

34 Bruce F. Pauley: Eine Geschichte des österreichischen Antisemitismus. Von der Ausgrenzung zur Auslöschung. Wien 1993.

KRIEGSJAHRE 1914–1918

1. Kriegsausbruch und Flucht

Die Völker Europas traten in den ersten Augusttagen 1914 in überwältigender Mehrheit mit fast religiöser Begeisterung in den Krieg ein: „Der Kampf für das Vaterland schien dem Leben, das man bisher geführt hatte, plötzlich einen neuen, unendlich reicheren Inhalt zu geben."[1] Unter den Juden Galiziens und der Bukowina war vermutlich mehr Skepsis vorhanden als anderswo,[2] doch ließen sich auch hier viele von überschwenglichem Patriotismus mitreißen:

„Zehntausende von Juden füllten die Straßen von Czernowitz und der Provinzstädte, als die Teilmobilisierungsorder am 26. Juli 1914 affichiert wurde. Hurra-Rufe und Marschlieder ertönten, die Bevölkerung war vom Kriegstaumel erfaßt. 60 Jahre patriotischer Erziehung, Liebe zum Kaiser, ... hatten volle Wirkung. Gepaart war dieser Patriotismus mit völliger Sorglosigkeit, Uninformiertheit und absolutem Vertrauen auf die Wehrmacht, die man von blitzenden Paraden und glänzenden Manövern her gut zu kennen glaubte."[3]

In den Augen des österreichischen Judentums bot der Krieg Gelegenheit, die Loyalität zur Habsburgermonarchie endlich tatkräftig unter Beweis stellen zu können. „Unsere Söhne ziehen in diesen Krieg mit erhöhter Begeisterung ...", verkündete der Präsident der Wiener Kultusgemeinde. „Begeistert bringen wir unserem heißgeliebten Kaiser, unserem Vaterlande, denen wir mit Leib und Seele anhängen, unseren Tribut an Gut und Blut".[4] In Czernowitz sang man: „Siegreich wollen wir die Russen, Serben schlagen, zeigen, daß wir Österreicher sind".[5]

---

1 Wolfgang Mommsen: Das Zeitalter des Imperialismus. Frankfurt a. M. 1969 (= Fischer Weltgeschichte. 28), S. 286.

2 Vgl. z. B. Minna Lachs, die in ihrer Autobiographie von den Vorahnungen ihrer Urgroßmutter erzählt. Minna Lachs: Warum schaust du zurück. Erinnerungen 1907–1941. Wien/München/Zürich 1986, S. 20.

3 Arieh Leon Schmelzer: Die Juden in der Bukowina (1914–1919). In: Hugo Gold: Geschichte der Juden in der Bukowina. Bd. I, Tel-Aviv 1958, S. 67–72, hier S. 67. Vgl. auch Leopold Trepper: Die Wahrheit. Autobiographie. München 1978 (= dtv 1280), S. 20. Sorglosigkeit der jüdischen Bevölkerung bei Kriegsausbruch spricht auch Salcia Landmann in ihren Erinnerungen an. Salcia Landmann: Erzählte Bilderbogen aus Ostgalizien. München 1975, S. 16.

4 CAHJP/AW 71, 152, Plenarprotokoll 18.8.1914, Rede des Präsidenten.

5 Schmelzer: Die Juden in der Bukowina, S. 67; Vgl. auch Aufzeichnungen im Tagebuch Josef Redlichs, der die proösterreichische Gesinnung der Juden im galizischen Dukla schildert, wo er Ende August einquartiert war: „Am Nachmittag kommt ein Telegramm, das mitteilt, daß wir östlich der Weichsel die Lysa Gora besetzt und bei Krasnik zwei russische Armeekorps zurückgeschlagen haben. Sogleich sammelt sich die Judenschaft und bringt dem Obersten ... eine tobende

Doch bald mischte sich in den Kriegstaumel der ersten Stunde die alte Angst vor den russischen Soldaten. Der Ausbruch einer bewaffneten Auseinandersetzung zwischen Österreich-Ungarn und Rußland war von vielen jüdischen Bürgern im Nordosten der Monarchie schon seit langem befürchtet worden. „In Ostgalizien, besonders in Lemberg, waren schon im Winter 1912/13 sehr zahlreiche Familien, vollständig gepackt, zum Aufbruch nach dem Westen bereit."[6] Nun versuchten die Juden, die aufkommende Angst mit dem Gedanken an das Zarenreich zu bewältigen, „von dessen Sturz man ... seit Jahrzehnten träumte. Der Sieg der Doppelmonarchie, hoffte man zuversichtlich, würde in Rußland ein demokratisches, gerechtes Regime und damit die Emanzipation der Juden herbeiführen".[7] Der Augenzeuge Manès Sperber bezeichnet die Stimmung in seinem Heimatort in den ersten Kriegswochen als „manischdepressiv":

„Hoffnungsvolle Erwartung wechselte immer wieder blitzschnell mit Angst vor einer russischen Invasion, vor Pogromen, Hungersnöten und Epidemien ab. In gleichem Atem sprach man von Wundern, die die Technik oder der oder jener Wunderrabbi in ganz naher Zeit bewirken würde, jedenfalls ehe es zu spät sein könnte. Hörte man es in der Ferne donnern, fragte man sich, ob es Kanonen wären oder ein nahendes Gewitter. Man beruhigte sich schnell, denn es stand ja fest, daß Österreich die beste Artillerie der Welt hatte, daß die Grenze so geschickt befestigt war, daß der Feind vergebens gegen die Festungen anrennen und in erfolglosen Angriffen verbluten mußte."[8]

Die Ängstlichen sollten recht behalten. Denn trotz siegreicher Vorstöße Österreich-Ungarns in das westliche Rußland in den ersten Kriegswochen, trotz zunächst teilweise erfolgreicher Grenzverteidigung – von Czernowitz aus konnte man kleine Grenzgefechte mit dem Fernglas verfolgen und ihr Ergebnis als großen Sieg feiern[9] –

Ovation. Die Juden singen ein ganz orientalisch anmutendes Kaiserlied, die Kinder die Volkshymne, alte Kaftanträger tanzen eine Art von Sieges-Kolo." Josef Redlich: Schicksalsjahre Österreichs 1908–1919. Das politische Tagebuch Josef Redlichs. Bearb. v. Fritz Fellner. I. Band, Graz/Köln 1953, S. 256.

6 Binjamin Segel: Der Weltkrieg und das Schicksal des jüdischen Volkes. Berlin 1915, S. 13.
7 Sperber: Die Wasserträger Gottes, S. 122. Vgl. auch Max Simon: Der Weltkrieg und die Judenfrage. Leipzig/Berlin 1916, S. 54; Jacob Pistiner: Die Juden im Weltkriege. In: Die Neue Zeit. Wochenschrift der Deutschen Sozialdemokratie, Jg. 34 (1916), S. 451.
8 Sperber: Die Wasserträger Gottes, S. 122.
9 Hermann Sternberg: Zur Geschichte der Juden in Czernowitz. Tel-Aviv 1962, S. 44. Vgl. auch Schmelzer: Die Juden in der Bukowina, S. 67.

war die österreichisch-ungarische Armee nicht in der Lage, der russischen Offensive standzuhalten. Der Einbruch erfolgte in Ostgalizien, wo nicht genug Widerstand geboten werden konnte. Am 22. August war die zaristische Armee hier bereits bis zu 30 km eingedrungen. Am 1. September stand sie bis zu 100 km im Land, fünf Tage später war Lemberg gefallen, am 11. September waren auch Czernowitz, Kolomea, Stanislau und Stryj in russischer Hand. Danach begann der russische Vorstoß nach Westgalizien. Am 30. September war Przemysl eingeschlossen und die russische Armee bis vor Tarnow und in den Karpatenpässen über die ungarische Grenze vorgedrungen. Im November stießen die russischen Truppen weit nach Westgalizien vor. Am 29. November standen sie 20 km vor Krakau. Eine Gegenoffensive Österreich-Ungarns, die am 1. Dezember begann, war von wenig Erfolg gekrönt. Im Jänner 1915 schließlich gelang es den russischen Truppen, die Bukowina fast vollständig zu erobern. Danach blieb die Front bis Anfang Mai 1915 im wesentlichen unverändert.[10]

Die maßlose Selbstüberschätzung der österreichischen Führung, die im Sommer 1914 leichtfertig die Ausweitung eines lokalen Konfliktes zum Weltkrieg zugelassen und betrieben hatte, spiegelt sich nicht nur in den enormen Verlusten der Armee in den ersten Kriegsmonaten.[11] Auch das Chaos, von dem vor allem die jüdische Bevölkerung Galiziens und der Bukowina betroffen war, als diese beiden Kronländer zum unmittelbaren Kriegsschauplatz wurden, zeugt von Fehleinschätzungen und Planungsmängeln. Überzeugt von der militärischen Überlegenheit der k. u. k. Armee hatte man es verabsäumt, Vorsorgemaßnahmen für die Zivilbevölkerung im Fall eines feindlichen Einbruches zu treffen.

Die Niederlagen in den ersten Kriegswochen und -monaten trieben nicht nur Juden in das Innere der Monarchie, auch Polen, Deutsche und Ruthenen flüchteten, letztere wurden vielfach zwangsweise aus dem Kampfgebiet entfernt. Doch es waren die Juden, die durch das unerwartet rasche Vordringen der zaristischen Armee am stärksten in Mitleidenschaft gezogen wurden. Ein Teil der Schreckensmeldungen, die den russischen Soldaten vorauseil-

---

10 Zu den genauen Kriegsgeschehnissen siehe: Österreich-Ungarns letzter Krieg. Bd. 1–7, Wien 1930–1937; Manfred Rauchensteiner: Der Tod des Doppeladlers. Österreich-Ungarn und der Erste Weltkrieg. Graz/Wien/Köln 1993.
11 Bis zum Frühjahr 1915 gab es 1,6 Millionen Tote, Verwundete, Vermißte und Gefangene. Hans Herzfeld: Der Erste Weltkrieg. München 1968 (= dtv Weltgeschichte des 20. Jahrhunderts. 1) S. 67.

ten, war zwar phantastisch übersteigert oder entsprang österreichischer Greuelpropaganda,[12] die Panik, welche der Ruf „Moskale w
lesie!" – „die Kosaken kommen!"[13] bei den galizischen und bukowinischen Juden hervorrief, entbehrte jedoch nicht realer Grundlagen. Kosaken unter der Führung des ukrainischen Hetmanns
Chmielnitzki († 1657) zeichneten für die bis in unser Jahrhundert
blutigsten Pogrome in der Geschichte des osteuropäischen Judentums verantwortlich. Im Herbst 1914 vermischten sich alte Erinnerungen mit Berichten über Mord, Vergewaltigung, Geiselnahme,
Plünderung und Brandschatzung durch russische Soldaten, die damit vielfach[14] – wenn auch keineswegs überall[15] – die jüdische Bevölkerung terrorisierten.

Doch nur ein Teil derjenigen, die schließlich als Flüchtlinge in
das Innere Österreich-Ungarns gelangten, verließ aus eigenem Entschluß das Kampfgebiet. Von Anfang an wurden sehr viele Juden
mehr oder minder zwangsweise aus den Festungsbereichen evakuiert. Die erste kaiserliche Verordnung, welche die Flüchtlinge betraf, läßt darüber keinen Zweifel: Die Rede ist von „zu Zwecken der
Kriegsführung aus ihren Aufenthaltsorten zwangsweise entfernten
Zivilpersonen".[16] Zu Kriegsbeginn gab es sogar Überlegungen, die
„freiwillig" Geflohenen von den Evakuierten getrennt zu halten und
die beiden Gruppen unterschiedlich zu behandeln.[17] Die Eile, in der
Zivilpersonen schließlich in Sicherheit zu bringen waren, machte
diese Pläne jedoch gegenstandslos.[18]

Die Flucht war für viele Betroffene ein traumatisches Erlebnis.

---

12 Segel berichtet unter anderem darüber, daß die Russen vor dem Einmarsch in die
   Bukowina einen Aufruf an die ruthenische Bauernbevölkerung erließen, mit der
   Aufforderung, die österreichischen Gendarmen und Juden zu ermorden, wofür
   ihr die Aufteilung des jüdischen Grundbesitzes und Vermögens versprochen wurde. Segel: Der Weltkrieg und das Schicksal des jüdischen Volkes, S. 42 ff.
13 Vgl. z. B. Lachs: Warum schaust du zurück, S. 30.
14 Vgl. z. B. CAHJP, A/W 2828, 3543, 43. Jahresbericht der Israelitischen Allianz zu
   Wien, erstattet an die 43. ordentliche Generalversammlung am 5. Juni 1916, S. 13 ff.,
   28 ff., 39 ff.
15 S. Landmann berichtet, ihre Familie hätte nicht unter der russischen Besatzung
   zu leiden gehabt, man wäre friedlich miteinander ausgekommen. Landmann: Erzählte Bilderbogen, S. 27 ff. M. Sperber schildert brutales Vorgehen der Besat-
   zungstruppen als unvermeidliche Begleiterscheinung einer sich für die Russen
   abzeichnenden Niederlage. Sperber: Die Wasserträger Gottes, S. 145 f.
16 RGBl. 1914, Nr. 213, Kaiserliche Verordnung vom 11. August 1914.
17 KA/KÜA 1914/15 präs. 17/9, 4832, Instruktion des k. k. Ministers des Innern betreffend die Beförderung und Unterbringung von Flüchtlingen aus Galizien und
   der Bukowina. (M.I. 11854/1914).
18 Ebd.

Vor allem die jüdische Unterschicht war nur schlecht informiert über die „bevorstehenden Ereignisse und die ihnen gegenüber zu treffenden Vorkehrungen", da die k. k. Behörden, „als die Invasionsgefahr herannahte", zum Teil „schon sehr zeitlich ihre Tätigkeitsorte verließen", wie ein Bezirkssekretär aus der Bukowina berichtet.[19] Meistens blieb die Bevölkerung sich selbst überlassen. Nur selten wurde die Flucht sorgfältig vorbereitet,[20] und nur wenigen gelang es, die meist spärlichen Vermögenswerte in Sicherheit zu bringen. Der Aufbruch erfolgte oft überstürzt, bereits unter dem Kanonendonner der nahen Gefechte. Schreckensszenen spielten sich ab beim Verlassen der Städte, da zu viele Menschen zugleich versuchten, den engen Gassen zu entkommen.[21] Vor dem endgültigen Aufbruch in den Westen wichen die Flüchtlinge vielfach in abgelegene Ortschaften in den Karpaten[22] oder auch in die größeren Städte des Landes aus. Dort bot sich alsbald ein Bild des Elends, das die eilig gegründeten Hilfskomitees[23] kaum mildern konnten. Als Lemberg Ende August geräumt wurde, mußten von hier aus über 60.000 Juden, die zum Teil aus den ostgalizischen Grenzorten stammten, weiter in das Innere der Monarchie flüchten.[24] Ein Brief „sämtlicher jüdischer Bürger aus Stanislau" an den „Treuherzige(n) Kaiser" zeigt die Nöte der Flüchtlinge. Die Juden aus Stanislau hatten sich während der Kampfhandlungen um ihren Heimatort zunächst ins nahe Kolomea in Sicherheit gebracht. Dort wurden die Erschöpften jedoch von den Behörden zur Weiterwanderung nach dem Süden gezwungen:

„Demüthig und fußfällig vor unserem treuherzigen Kaiser stellen wir die Frage: ob ein solcher Bevehl von unseren treuherzigen Kaiser ausgegangen ist, in die tausende Frauen und Säuglinge auf die Hände in einem solchen Wetter und in offene Waggons fortzujagen?" (sic!)

Erfolg war diesem Schreiben nicht beschieden. Der Brief erhielt im Innenministerium, wo er schließlich landete, lediglich den Vermerk: „zu einer Verfügung kein Anlaß".[25]

---

19 AVA, MdI, 19 in gen, F 1701/1918/57959, Schreiben an das Innenministerium vom Oktober 1918, in dem die Vorgänge bei der Okkupation der Bukowina durch die Russen geschildert werden. Vgl. dazu auch Sternberg: Zur Geschichte der Juden in Czernowitz, S. 45.
20 Am ehesten gab es Planung und Vorbereitung in Familien der jüdischen Oberschicht. Vgl. dazu z. B. Lachs: Warum schaust du zurück, S. 26 ff.
21 Ebd., S. 31 f.
22 Vgl. Sperber: Die Wasserträger Gottes, S. 123.
23 Jüdische Zeitung, 18.9.1914, S. 2, Wir Flüchtlinge.
24 Ebd.
25 AVA, MdI, 19 in gen, F 1644/1915/20213, Präs. 3.5.1915.

„Um das nackte Leben zu retten(,) ... nur mit den notwendigsten Habseligkeiten versehen" verließen die Bewohner abgelegener Ortschaften „ihre vielfach verwüsteten Wohnstätten"[26] und versuchten, sich zur nächsten Bahnstation durchzuschlagen. Der ohnedies mühsame Weg dahin wurde zusätzlich durch die herbstlichen Regenfälle erschwert, welche die Straßen in Morast verwandelten. Im übrigen behinderten Flüchtlingszüge, die die Straßen versperrten, und aufmarschierende oder zurückflutende Truppen einander wechselseitig.[27] Tagelange Fußmärsche waren keine Seltenheit.

Auch der nächste Abschnitt der Flucht verlief chaotisch. Die Eisenbahnen waren auf den Kriegsverkehr nur mangelhaft vorbereitet und den Anforderungen des Augenblicks in keiner Weise gewachsen.[28] Der Transport der Flüchtlinge erfolgte oft in Viehwaggons, unter sanitären Bedingungen, die jeder Beschreibung spotten. „Ich hatte noch nie so viele von ihnen in Waggons zusammengepfercht gesehen", erinnert sich Elias Canetti, der einmal voll Entsetzen einen solchen Flüchtlingszug in Wien beobachtete. „Es war ein schrecklicher Anblick, weil der Zug stand ... ‚wie Vieh', sagte ich, ‚so quetscht man sie zusammen und Viehwaggons sind auch dabei'."[29] Langwierige Verzögerungen machten die Fahrt unter Umständen zu einer wochenlangen Tortur. Helen Krag erzählt von der 16tägigen Fahrt in einem „Viehwagen" von Tarnopol in das ungarische Kisvarda.[30] Die Ernährung war durch die „Mildtätigkeit öffentlicher und privater Stellen" nur notdürftig gewährleistet.[31] Informationen über das Ziel der „schreckensvolle(n) Fahrt" gab es oft überhaupt nicht.[32]

Die Flucht im eigenen Pferdewagen bot dagegen einige Vorteile. Doch bezeugen auch Erinnerungen daran große Mühen und Schrecken:

---

26 Gold: Geschichte der Juden in Wien, S. 43.
27 Österreich-Ungarns letzter Krieg. Bd. I, Wien 1930, S. 314, S. 518.
28 Bruno Enderes: Die österreichischen Eisenbahnen. In: Verkehrswesen im Kriege. Wien 1931 (= Carnegie-Stiftung für internationalen Frieden. Abteilung für Volkswirtschaft und Geschichte. Wirtschafts- und Sozialgeschichte des Weltkrieges. Österreichische und ungarische Serie.), S. 1–148, hier S. 57.
29 Elias Canetti: Die gerettete Zunge. Geschichte einer Jugend. München/Wien 1977, S. 156 f.; vgl. auch Gold: Geschichte der Juden in Wien, S. 43.
30 Helen Liesl Krag: „Man hat nicht gebraucht keine Reisegesellschaft..." Wien/Köln/Graz 1988, S. 73.
31 Gold: Geschichte der Juden in Wien, S. 43.
32 Die Leopoldstadt. Ein Heimatbuch. Verfaßt und herausgeben von der Lehrer-Arbeitsgemeinschaft des II. Bezirkes, „Sektion Heimatkunde". Wien 1937, S. 217.

„Vier Wochen hat unsere Flucht auf den elenden Straßen durch Ostgalizien und die Karpaten gedauert, wie ich später erfuhr. Vier Wochen lang hat Onkel Meyer, ein älterer, der Strapazen ungewohnter Mann, den primitiven, rüttelnden Wagen mit den müden Gäulen und seiner schweren Menschenlast kutschiert.
Für mich war diese Flucht eine Kette von gleichbleibenden Ängsten, gehetzt von dem Schreckensruf: ‚... Die Kosaken kommen!‘ Es war eine Kette von Aus-dem-Schlaf-gerissen-Werden und schlaftrunkenem Taumeln von schmutzigen Strohsäcken in das Rütteln und Schütteln eines engen, harten Wagens; aus Hunger und Durst und dem Nichtverstehen, warum und wieso das alles geschah.“[33]

Ob mit der Bahn oder dem Wagen, die Flüchtlinge kamen großteils völlig erschöpft an ihren Bestimmungsorten an – Boten der Niederlage und erste Opfer des Krieges unter der Zivilbevölkerung. Als solche wollten sie die Bewohner des Hinterlandes jedoch nicht sehen.
Die Zahl der vom Kriegsschauplatz in den ersten Kriegsmonaten ins Landesinnere geflüchteten Personen ist nicht genau bekannt. Der österreichische Innenminister hatte zwar bereits im September und Oktober 1914 die Statthaltereien und Landesregierungen aufgefordert, Evidenzen der Kriegsflüchtlinge anzufertigen.[34] Diese Unterlagen sind jedoch erst für spätere Kriegsphasen überliefert.[35] In einer Denkschrift der Wiener Regierung, die den Zeitraum bis Ende 1915 erfaßt, wurde die Zahl der in Staatsversorgung befindlichen Flüchtlinge auf über 600.000 geschätzt. Es kann angenommen werden, daß der jüdische Anteil daran sehr groß war.[36] A. Tartakower vermutet, die Hälfte der jüdischen Bevölkerung Galiziens – somit rund 400.000 Personen – habe auf der Flucht vor der russischen Armee das Land verlassen.[37] Ein offizieller Bericht des österreichi-

---

33 Lachs: Warum schaust du zurück, S. 35.
34 AVA, MdI, 19 in gen, F 1638/1914/37036, 9.9.1914; F 1638/1914/40399, 14.10.1914.
35 Die k. k. Beamten hielten schließlich Monat für Monat, nach Nationalitäten getrennt, die Zahl der in Barackenlagern oder Gemeinden untergebrachten, staatlich unterstützten Flüchtlinge fest. Vgl. dazu z. B. Angaben über März, Mai und Oktober 1916 in AVA, MdI, 19 in gen, F 1659/1916/15399, präs. 31.3.1916; F 1661/1916/25066, präs. 22.5.1916; F 1677/1917/27862, präs. 8.6.1917; vgl. auch Übersichten über die mittellosen Kriegsflüchtlinge für die Monate Mai 1917 bis September 1918 (einige Monate fehlen) in AVA, I Inneres, Praes., Varia Bestände, Kart. 54, I. Weltkrieg 1914–1918.
36 Nur für die in Lagern untergebrachten Flüchtlinge wurde der Anteil der einzelnen Nationalitäten angegeben. Denkschrift über die von der k. k. Regierung aus Anlaß des Krieges getroffenen Maßnahmen. Bis Ende Juni 1915. Wien 1915, S. 294.
37 Tartakower: Jewish Migratory Movements in Austria, S. 289.

schen Innenministeriums vom Herbst 1915 schätzte die Zahl der galizischen Flüchtlinge auf 340.000. Der größte Teil sei jüdischer Konfession.[38]

Das Flüchtlingsleben im Landesinneren war zwar durch Not und Entbehrung geprägt, schlimmer gestaltete sich jedoch das Los jener galizischen und bukowinischen Juden, die unter russischer Besatzung zurückblieben. Für sie galt nun der rechtliche Status der russischen Juden. Damit verloren sie bedeutende bürgerliche Rechte und Freiheiten, wie die freie Wahl des Aufenthalts. Einschränkungen in der Ausübung religiöser Pflichten waren üblich. Vor allem aber gab es keinen Schutz vor der willkürlichen Gewalt der russischen Soldateska. Der Vorwurf feindlicher Spionage an die jüdische Bevölkerung ließ nicht auf sich warten und diente als Rechtfertigung für Geiselnahmen und Exekutionen, für Raub und Plünderungen. Mancherorts kam es zu tagelangen pogromartigen Ausschreitungen, die zahlreichen Menschen das Leben kosteten. Schließlich begannen die Militärbehörden mit Massendeportationen jüdischer Bürger ins Innere des zaristischen Reiches, die allerdings auf den Widerstand des russischen Innenministers stießen. Als die russische Armee sich nach der österreichisch-deutschen Offensive im Frühjahr 1915 zurückziehen mußte, hinterließ sie weite Regionen im Zustand schwerer Verwüstungen.[39]

---

38 Ebd.
39 Wróbel: The Jews of Galicia under Austrian-Polish Rule, S. 134.

2. Der Staat und die Flüchtlinge

2.1. Erste staatliche Lenkungsmaßnahmen: Aufteilung und Unterbringung der Flüchtlinge

Die Verteilung auf Flüchtlingslager und Gemeinden

Die chaotischen Verhältnisse unter der Zivilbevölkerung der Kriegsgebiete machten staatliche Lenkungs- und Hilfsmaßnahmen unumgänglich. So wurde bereits in den ersten Kriegstagen die „gesamte Flüchtlingsfürsorge ... als eine staatliche, der Kriegslage entspringende Aufgabe" der Kompetenz des Innenministeriums übertragen. Dieses sollte „die ganze Fürsorgeaktion vom Augenblick des Abtransportes der Flüchtlinge bis zu ihrer Wiederkehr in die engere Heimat nach einheitlichen, den gesamtstaatlichen Interessen entsprechenden Grundsätzen ... regeln und die Durchführung selbst ... leiten". Die „Detaildurchführung der Aktion" überließ die Regierung „im Vertrauen an die Anpassungsfähigkeit des Verwaltungsapparates den politischen Behörden, den staatlichen Verwaltungen der Flüchtlingslager und in einzelnen Landeshauptstädten den Polizeidirektionen". In Wien wurden Sondereinrichtungen geschaffen.[1]

Als erstes waren die Flüchtlingsmassen aus dem Kriegsgebiet in Sicherheit zu bringen und ihre Aufteilung auf Gemeinden im Inneren Österreichs vorzubereiten. Gesetzliche Grundlage für alle weiteren Maßnahmen bildete die bereits erwähnte, vom Innenministerium erwirkte kaiserliche Verordnung vom 11. August 1914 über „den Schutz der zu Zwecken der Kriegsführung aus ihren Aufenthaltsorten zwangsweise entfernten Zivilpersonen",[2] deren Bestimmungen in der Praxis von Anfang an gleichermaßen auf jene, die „aus freiem Entschluß" die Flucht ergriffen hatten, angewendet wurden.

Dieser Erlaß entschied bereits grundsätzlich über die Rechte und Freiheiten der Flüchtlinge bei der Bestimmung ihres künftigen Aufenthaltsortes. Vermögenden Flüchtlingen, die für ihren Unterhalt und den ihrer Familien voraussichtlich selbst aufkommen konnten, wurde die freie Wahl zugestanden. Eine Einschränkung der persön-

---

1 Staatliche Flüchtlingsfürsorge im Kriege 1914/15. Hrsg. vom k. k. Ministerium des Innern, Wien 1915, S. 5.
2 RGBl. 1914, Nr. 213, Kaiserliche Verordnung vom 11. August 1914.

lichen Freiheit wäre nach den geltenden gesetzlichen Bestimmungen unzulässig gewesen. Anders stand es mit Flüchtlingen ohne ausreichende Eigenmittel. Wer auf staatliche Unterstützung angewiesen war, hatte sich „nach den von der Behörde festzusetzenden Arbeitsorten oder sonstigen Bestimmungsorten zu begeben"[3] und mußte sich somit allen Anweisungen der Behörden fügen. Da nur eine Minderheit der Kategorie der „bemittelten Flüchtlinge" angehörte, fiel die Entscheidung über die Aufteilung der großen Masse in die Kompetenz des Innenministeriums.

Zunächst war vorgesehen, mittellose Personen „nach Möglichkeit nicht in größeren Städten und nicht zu sehr verstreut auf dem flachen Land" unterzubringen, da befürchtet wurde, „in diesen Fällen jede Art von Kontrolle, insbesondere jene sanitärer Natur", über sie zu verlieren. Hauptsächlich sollten sie Aufnahme in Barackenlagern finden, welche eilends errichtet wurden. Daneben spielten größere Gemeinden, welche zur Aufnahme von Flüchtlingen „bereit und in der Lage" waren, in den Plänen eine Rolle.[4]

Im übrigen sollte eine Sonderung der mittellosen Flüchtlinge „nach nationaler beziehungsweise konfessioneller Zugehörigkeit vorgenommen" werden, da man hoffte, auf diese Weise „einerseits Reibungen zu verhindern, andererseits das Heimatsgefühl in den Flüchtlingen wachzuhalten".[5]

Die galizischen Flüchtlinge kamen, soweit sie mittellos waren, in der Regel in Sammeltransporten über die Nordbahn, über die oberungarische „Städtebahn" oder über Zsolna entweder nach Prerau oder nach Ungarisch Hradisch, wo Revisionsstationen eingerichtet wurden. Überwacht wurden diese für die Flüchtlinge kostenlosen Transporte von dazu delegierten Funktionären der galizischen Statthalterei, die noch vor dem Eintreffen in den Revisionsstationen die genaue Perlustrierung der Flüchtlinge und ihre Trennung nach nationalen bzw. konfessionellen Kategorien vornahmen. Da die Einschleppung von Seuchen ins Hinterland möglichst verhindert werden sollte, waren in den Revisionsstationen ärztliche Untersuchungen und gegebenenfalls Desinfektionsmaßnahmen vorgesehen. An-

---

3 Ebd.
4 Zusammenarbeit zwischen der „Behörde des zu räumenden Ortes ... mit der Behörde des Arbeits- oder Bestimmungsortes" war vom Gesetz her vorgesehen, de facto aber kaum durchführbar. KA/KÜA 1914/15, 4832, praes. 17/9, Instruktion des k. k. Ministers des Innern betreffend die Beförderung und Unterbringung von Flüchtlingen aus Galizien und der Bukowina, 15.9.1914 (M.I. 11854/1914).
5 Denkschrift, S. 294.

schließend wurde der Weitertransport in die Aufnahmeorte organisiert.[6]

In der Anfangsphase des Krieges konnten Flüchtlinge noch fahrplanmäßig verkehrende Züge benützen. Aus Galizien kommende Züge wurden aber an mehreren Orten polizeilich perlustriert (Odenberg, Teschen, Marchegg, Bruck an der Leitha und Ungarisch-Brod), da befürchtet wurde, die Flüchtlinge könnten sich sonst „ohne Kontrolle über das ganze Reich zerstreuen". Personen ohne ausreichendes Vermögen hatten sich dem nächsten Sammeltransport unbemittelter Flüchtlinge anzuschließen.[7]

Die Verantwortlichen wußten allerdings, daß es exakte Richtlinien für die Entscheidung, ob ein Flüchtling als bemittelt oder als mittellos einzustufen war, nicht geben konnte. Die Anzahl der mitreisenden Familienmitglieder, der Beruf, Verdienstmöglichkeiten etc. waren jeweils in Betracht zu ziehen. So blieb diese schicksalsträchtige Entscheidung „dem Ermessen und dem Takte des perlustrierenden Organes überlassen", wie es in der ministeriellen Instruktion formuliert war.[8]

Vergleichbare Stationen gab es auch an den Hauptstraßen, die ins Innere der Monarchie führten. Minna Lachs, die als Kind mit ihrer Familie aus Ostgalizien über die Karpatenpässe zunächst nach Ungarn flüchtete, erinnert sich an eine lange Reihe wartender Wagen vor einem Zollamt oder einer Kaserne:

„Ungarisch sprechende Soldaten sorgten für Ordnung. Die Wartenden waren alle in großer Aufregung. Sie berichteten, daß hier entschieden werde, wer einen Passierschein zum Weiterfahren nach Ungarn bekommt und wer in ein Flüchtlingslager eingewiesen wird. ‚Die Lager sind ein Unglück', sagten sie. Dort herrsche Hunger, man hause im Dreck, und viele stürben an Epidemien. Die Entscheidung liege beim ungarischen Oberst, der im Haus residiere und nur Ungarisch spreche und sehr unfreundlich sei.
Eine Protektion müßte man haben. Mama spricht fließend Ungarisch. ... Sie muß zum Oberst gehen und mit ihm sprechen, wird von der Familie entschieden. Doch die Panik der Wartenden hat sich auch uns mitgeteilt, und Mama ist ganz verstört...".[9]

---

6 KA/KÜA 1914/15, 4832, praes. 17/9, Instruktion des k. k. Ministers des Innern betreffend die Beförderung und Unterbringung von Flüchtlingen aus Galizien und der Bukowina, 15.9.1914, (M.I. 11854/1914).

7 Ebd.

8 Ebd.

9 Lachs: Warum schaust du zurück, S. 36 f.

Die Familie hatte Glück, sie erhielt den „rettenden Passierschein, um den uns die Zurückbleibenden beneideten",[10] vielleicht nur aufgrund der zufälligen Ungarischkenntnisse der Mutter.

Mitte des Jahres 1915 waren in den großen Barackenlagern weit über 100.000 Flüchtlinge einquartiert. Ca. 40.000 Ruthenen befanden sich in den Lagern bei Gmünd und in den Kärntner Gemeinden Wolfsberg und St. Andrä. Für rund 50.000 Polen gab es Lager bei Leibnitz in der Steiermark und bei Chotzen in Böhmen. In der Nähe der mährischen Gemeinden Nikolsburg, Pohrlitz und Gaya sowie bei Bruck an der Leitha waren große Barackenniederlassungen für etwa 23.000 jüdische Flüchtlinge errichtet worden.[11]

Die Lager waren jedoch bald hoffnungslos überfüllt. Auch die Aufnahmekapazität der für Flüchtlinge vorgesehenen Gemeinden Böhmens, Mährens, Ober- und Niederösterreichs erwies sich als begrenzt – immerhin mußten sie Mitte 1915 rund 200.000 Menschen provisorische Unterkunft bieten.[12] Die ungarische Regierung war nicht bereit bzw. sah sich nicht in der Lage, österreichische Flüchtlinge in größerer Anzahl, auch nicht auf österreichische Staatskosten, zu übernehmen.[13] So konnte schließlich auf die Unterbringung auch unbemittelter Flüchtlinge in den größeren Städten nicht verzichtet werden. Im ersten Halbjahr 1915 lebte daher, entgegen den ursprünglichen Intentionen, etwa die Hälfte aller galizischen, bukowinischen, südslawischen und italienischen Kriegsflüchtlinge, schätzungsweise rund 300.000 Personen, in den Großstädten Innerösterreichs, in Brünn, Prag, Graz, vor allem aber in Wien.[14]

---

10 Ebd., S. 37.

11 Denkschrift, S. 294.

12 Über 100.000 polnische und jüdische Flüchtlinge sowie 20.000 Italiener waren 1915 in kleineren böhmischen Gemeinden untergebracht. Ca. 50.000 polnische, slowenische, italienische und jüdische Flüchtlinge befanden sich in mährischen Gemeinden, ca. 15.000 italienische und slowenische Flüchtlinge in Oberösterreich, 15.000 italienische und einige Tausend deutsche, ruthenische und rumänische Flüchtlinge in niederösterreichischen Gemeinden. Denkschrift, S. 294.

13 Mitte 1915 waren 40.000 jüdische und slowenische Flüchtlinge provisorisch in Ungarn untergebracht. Denkschrift, S. 294. Schon früh hatte das ungarische Innenministerium versucht, die Übernahme österreichischer Flüchtlinge in ungarische Gemeinden abzuwehren. KA/KÜA 1914/15, 4364, praes. 11/9, Telephondepesche des ungar. Innenministeriums an das KÜA, 11.9.1914.

14 Denkschrift, S. 294.

Der Flüchtlingsstrom nach Wien

Die ersten galizischen Flüchtlinge trafen noch im August 1914 in Wien ein.[15] Am 16. September schrieb die „Neue Freie Presse" bereits von der „schmerzlichen Rückwirkung" der kriegerischen Ereignisse in Österreichs Hauptstadt: Wien sei „überfüllt" mit Flüchtlingen aus Galizien und der Bukowina.[16] Am 18. September berichtete die „Arbeiter-Zeitung" über nicht weniger als 70.000 galizische und bukowinische Flüchtlinge in Wien, von denen vier Fünftel Juden seien:

„Die ersten kamen bereits vor Wochen, den Charakter einer Massenbewegung ... nahm die Zuwanderung erst in den letzten Tagen an."[17]

Die Zahl von 70.000 scheint zu diesem Zeitpunkt aber zu hoch gegriffen, denn zwei Wochen später, am 3. Oktober 1914, ist in einem Bericht der Bundespolizeidirektion nur von 53.320 galizischen und bukowinischen Flüchtlingen die Rede.[18] Am 11. Oktober schrieb die „Arbeiterzeitung" bereits von 125.000 Flüchtlingen in Wien.[19] Auch diese Zahl trägt spekulativen Charakter und wurde erst Wochen später von der Realität eingeholt.

Bedingt durch die sich verschärfende Lage im Nordosten erreichte der Zustrom evakuierter und geflüchteter Familien nach Wien im November seinen Höhepunkt. Es gab Tage, an denen beinahe 3.000 galizische und bukowinische Flüchtlinge eintrafen, im Durchschnitt lag ihre Zahl allerdings weit darunter. Andererseits wurden zu diesem Zeitpunkt bereits viele Flüchtlinge aus Wien abgeschoben und in andere Gemeinden oder in Lager dirigiert.[20]

Am 10. Dezember 1914 wurde die Hauptstadt wegen Überfüllung für unbemittelte Flüchtlinge gesperrt.[21] Die Polizeidirektion ver-

---

15 BÖW, 4.9.1914, S. 1 f., Das jüdische Opfer des Krieges.
16 NFP, 16.9.1914.
17 AZ, 18.9.1914, S. 7, Galizische Flüchtlinge in Wien.
18 A/Pol.Dion., Pr. 2, 1265 K, Kriegs-Tagesereignisse, 3.10.1914.
19 AZ, 11.10.1914, S. 6, Die galizischen Flüchtlinge.
20 Am 9.11.1914 kamen beispielsweise 2.996 Flüchtlinge nach Wien, 2.033 am 13.11., 2.914 am 15.11.; Die Akten der Polizeidirektion, die an sich täglich die Zahl der neu angekommnen Flüchtlinge festhielt, sind für diesen Monat so unvollständig, daß sich keine Gesamtzahl ermitteln läßt. A/Pol.Dion., Kriegs-Tagesereignisse, November 1914.
21 „Mit einer Reihe von Erlässen wurde die Einschränkung des Zuzuges von Flüchtlingen nach Wien angeordnet und insbesondere auch bestimmt, daß nach dem 10. Dezember 1914 einlangende Flüchtlinge nicht mehr in die Unterstützung der Zentralstelle für die Flüchtlingsfürsorge aufzunehmen sind." AVA, MdI, 19 in gen, F 1641/1915/4152, Präs. 2.2.1915, Schreiben des Innenministeriums an die Zentralstelle für Flüchtlingsfürsorge.

zeichnete im Dezember insgesamt nur mehr 7.645 Neuankömmlinge, während im gleichen Zeitraum 7.248 Flüchtlinge von hier aus in andere Orte weitertransportiert wurden.[22] Seit Ende Jänner 1915 versickerte der Flüchtlingsstrom aus dem Nordosten der Monarchie fast zur Gänze, da die russische Offensive zum Stillstand kam. Damit konnte sich auch in Wien die Lage weiter stabilisieren.[23] Die Zahl der täglichen Neuanmeldungen beim Zentralmeldungsamt der Wiener Polizeidirektion, die für das Jahr 1915 (unvollständig) erhalten sind, reduzierte sich von durchschnittlich rund 150 Personen im Jänner auf etwas über 50 im Februar und März.[24]

Die genaue Anzahl der im ersten Halbjahr 1915 in Wien lebenden Flüchtlinge ist nicht bekannt. Die Erstellung amtlicher Statistiken war aufgrund der starken Fluktuation in diesem Zeitraum de facto unmöglich.[25] Die erste offizielle Statistik der Flüchtlinge in Westösterreich publizierte das Innenministerium erst Ende 1915: Sie bezieht sich auf den Stand vom 1. Oktober, auf einen Zeitpunkt also, zu dem die Repatriierung bereits in vollem Gang war. In Wien zählte man an diesem Stichtag insgesamt 137.000 Flüchtlinge, von denen 82.200 in staatlicher Unterstützung standen. Der Rest wurde als „bemittelt" eingestuft. Unter den Flüchtlingen dominierten die Juden mit 77.090, daneben wurden aber auch 41.100 Polen, 17.810 Ruthenen und 1.000 Italiener gezählt. 70.000 unbemittelte Kriegsflüchtlinge hatten laut dieser Aufstellung Wien bereits wieder verlassen.[26]

Demnach lebten im ersten Halbjahr 1915, dem Zeitraum der größten Belastung, vorübergehend über 200.000 Flüchtlinge in Wien, die überwiegende Mehrheit davon Juden. Rund ein Viertel der Flüchtlinge hatte sich aufgrund ihrer Vermögensverhältnisse bzw. sozialen Stellung frei für den Aufenthalt in der Metropole ent-

---

22 Berechnungen aus den Akten der Polizeidirektion. A/Pol.Dion., Kriegs-Tagesereignisse, Dezember 1914.
23 Friedrich Ritter von Wiser: Staatliche Kulturarbeit für Flüchtlinge. In: Österreichische Rundschau, Bd. 45, H. 5, Wien/Leipzig o. J., S. 3.
24 Es handelte sich dabei zum Teil vermutlich um Personen, die keine Unterstützung bezogen und daher vom Sperrerlaß nicht betroffen waren, zum Teil aber
   auch um mittellose Flüchtlinge, die Ausnahmebestimmungen für sich beanspruchen konnten. Manche von ihnen hatten sicher schon seit längerem illegal in
   Wien gelebt. Berechnungen nach (unvollständig erhaltenen) täglichen Bestandsaufnahmen. A/Pol.Dion., Verwaltung 1915, Zentralmeldungsamt der k. k. Polizeidirektion Wien, Tabellen: Flüchtlinge aus Galizien und der Bukowina.
25 Vgl. dazu auch: CAHJP, A/W 2828, 3543, Jahresbericht der Israelitischen Allianz
   zu Wien, erstattet an die 43. ordentliche Generalversammlung am 5.6.1916. Wien
   1916, S. 7.
26 K. k. Ministerium des Innern (Hrsg.): Staatliche Flüchtlingsfürsorge im Kriege
   1914/15, S. 29. Vgl. dazu auch: Jahresbericht der Israelitischen Allianz, S. 7.

schieden. Die große Mehrheit war jedoch von den Behörden nach Wien geleitet worden, so daß der Höchststand an unterstützten Flüchtlingen etwas über 150.000 betragen haben dürfte.[27]

Einen Unsicherheitsfaktor in allen Berechnungen stellen jene Personen dar, die sich ohne behördliche Registrierung in Wien aufhielten. Immer wieder versuchten mittellose, offensichtlich meist jüdische Flüchtlinge, sich entgegen allen Anweisungen in die Hauptstadt durchzuschlagen. Nach Berichten aus den Perlustrierungsstationen hielten rebellische Flüchtlinge vor allem im November 1914 die Kontrollorgane in Atem, indem sie sich weigerten, Evakuierungszüge zu benützen und immer wieder versuchten, auf Umwegen in fahrplanmäßig nach Wien verkehrende Züge zu gelangen. Die Kontrolle von Massentransporten, die an einzelnen Tagen Tausende Menschen durch die Perlustrierungsstationen schleusten, überforderte die Beamten. Mitunter gingen sie mit Brachialgewalt gegen verzweifelte Flüchtlinge vor, die nicht gegen ihren Willen einem Transport in ein Lager angeschlossen werden wollten.[28]

Die Perspektiven für einen illegalen Aufenthalt in Wien waren jedoch schlecht. Auf Hilfe von Freunden und Verwandten konnte – wenn überhaupt – nur für begrenzte Zeit gerechnet werden. Der Versuch wiederum, ohne behördliche Genehmigung in Handel oder Gewerbe Fuß zu fassen, war riskant. Und im Fall einer polizeilichen Meldung, welche die Voraussetzung für eine Aufnahme in die staatliche Flüchtlingsunterstützung darstellte, mußte mit dem sofortigen Abschub gerechnet werden. Aus diesen Gründen sollte die Zahl dieser nicht registrierten Flüchtlinge nicht überschätzt werden.

Die Präferenz vieler galizischer und bukowinischer Juden für Wien als provisorischen Aufenthaltsort war verständlich. Abgesehen von verwandtschaftlichen und freundschaftlichen Beziehungen, die

---

27 Ein undatierter Bericht der Polizeidirektion an das Innenministerium aus dem Jahr 1915 spricht von 125.000 Personen, die bei der Zentralstelle für Kriegsflüchtlinge in Unterstützung standen, 25.000 Personen, die das „Wiener galizische Hilfskomitee" betreute sowie 3.000 Personen, für die das „Wiener ukrainische Hilfskomitee" zuständig war. A/Pol.Dion., Verwaltung 1915, Pr. Z. 13591. 125.000 Personen düfte der Höchststand der von der Zentralstelle betreuten Flüchtlinge gewesen sein, der nach dem Kriegseintritt Italiens erreicht wurde. Vgl. dazu: Hanns Jäger-Sunstenau: Der Wiener Gemeinderat Rudolf Schwarz-Hiller, Kämpfer für Humanität und Recht. In: Zeitschrift für die Geschichte der Juden, 1973, S. 9–16, hier S. 11; Die Regierung bezifferte im Jahr 1915 in einer „Denkschrift" die Zahl der „unbemittelten Flüchtlinge aller Nationen und Konfessionen" in Wien mit ca. 200.000. Diese Angabe scheint jedoch zu hoch gegriffen. Denkschrift, S. 294.
28 AVA, MdI, 19 in gen, F 1638/1914/43202, Präs. 12.11.1914, Schreiben des k. k. Statthaltereipräsidiums für Mähren an das Innenministerium. Vgl. auch ebd., 43477, 43993.

viele mit der Hauptstadt verbanden, dürfte das Bestreben vorrangig
gewesen sein, den unzumutbaren Verhältnissen in den Flüchtlingslagern zu entgehen. Schon in der Anfangsphase des Krieges schildern alarmierende Berichte die äußerst beengten, von Schmutz und
Ungeziefer starrenden Massenquartiere, die kaum Schutz gegen
Nässe und Kälte boten und in denen die Verpflegung skandalös gewesen sein dürfte.[29] Klagen über mangelnde oder überhaupt fehlende ärztliche Versorgung – die Sterblichkeit war zeitweise extrem
hoch[30]- sowie über Drangsalierungen durch die Behörden runden
das Bild ab. Beschwerden seitens der Flüchtlinge führten in wenigen Extremfällen zwar zu Verbesserungen,[31] häufiger noch waren
aber Repressalien gegen unzufriedene Lagerinsassen.[32] Den ganzen
Krieg hindurch versuchten vor allem jüdische Flüchtlinge, dem
Elend der Lager zu entkommen.[33]

---

29 Über Nikolsburg wird berichtet: „Die verabreichte Nahrung (die Kommission nahm
   Kostproben vor) ist für Menschen ungenießbar. So wird zur Mittagsmahlzeit Bruch-
   gerste mit Würmern verabreicht. Die Brotrationen sind viel zu klein. Einmal in
   der Woche werden kleine Bissen Fleisch verabreicht, einmal 2 dünne Wurstschei-
   ben. Die Kommission hat den unabweislichen Eindruck, daß der Wert der verab-
   reichten Kost in keinem Verhältnis zu dem von der Regierung angewiesenen Betrag von 55 Hellern pro Person steht." AVA, MdI, 19 in gen, F 1638/1914/43408, Eingabe des Zionistischen Zentralkomitees für Westösterreich an das Kriegsministerium über jüdische Flüchtlingslager in Mähren vom 1.11.1914.
30 Für das Lager Chotzen, in dem polnische Flüchtlinge untergebracht waren, mußte im Dezember 1914 ein eigener Friedhof errichtet werden, da die Sterblichkeit
   hier bei 30 Prozent lag. AVA, MdI, 19 in gen, F 1639/1914/47885.
31 So wurden offenbar 700 jüdische Flüchtlinge im böhmischen Klattau auf ministe-
   rielle Anweisungen aus ehemaligen Knochenmagazinen und Knochenröstereien
   einer chemischen Fabrik wegen unerträglichen Gestankes in andere Räumlichkeiten verlegt. AVA, MdI, 19 in gen, F 1638/1914/43355, Aufzeichnung eines Telefonats mit der Lagerverwaltung am 11.11.1914. Der Unzufriedenheit in Nikolsburg versuchte das Innenministerium durch die Weisung beizukommen, man
   sollte die Flüchtlinge ein Komitee wählen lassen, sozial höher stehende Personen
   in Wohnungen einquartieren, einen Arzt anstellen etc. Im übrigen sollten „behufs
   Vermeidung fortwährender Verhetzungen der Flüchtlinge die Besuche fremder
   Personen und Deputationen ... einer gewissen Kontrolle" unterzogen werden.
   AVA, MdI, 19 in gen, F 1638/1914/40571, Präs. 16.10.1914.
32 Vgl. AVA, MdI, 19 in gen, F 1638/1914/43508, Eingabe des Zionistischen Zentralkomitees für Westösterreich an das Kriegsministerium über jüdische Flüchtlingslager in Mähren vom 1.11.1914.
33 Zahllose Gesuche um Aufnahme in die Flüchtlingsunterstützung in Wien finden
   sich in: AVA, MdI, 19 in gen, F 1638–1703/1914–1918. Vgl. auch den Restbestand
   des Archivs der Zentralstelle der Fürsorge für Kriegsflüchtlinge. AVA, Inneres, Allgemein, Sonderbestände, 3 Faszikel. Der Bestand enthält die alphabetisch geordneten Eingaben von Flüchtlingen aus einigen Monaten der Jahre 1915–1918. Es
   handelt sich zumeist um Aufnahmegesuche in Wiener Krankenanstalten oder in
   die Unterstützung in Wien. Der ganz überwiegende Teil der Antragsteller ist ausdrücklich oder – dem Namen nach zu schließen – sehr wahrscheinlich jüdisch.

Für das erste Kriegsjahr ist der Anteil der galizischen und bukowinischen Juden unter den Flüchtlingen nicht bekannt. Die „Arbeiter-Zeitung" schätzte im September 1914 ihren Anteil auf 80 Prozent.[34] In der bereits erwähnten amtlichen Statistik vom Oktober 1915 wurden dagegen nur 56 Prozent aller in Wien lebenden Flüchtlinge als jüdisch eingestuft.[35] Ungeklärt ist hierbei das Kriterium der Zuordnung. War das religiöse Bekenntnis allein ausschlaggebend? Wurde die nationale Selbsteinschätzung berücksichtigt? Immerhin gab es auch unter den Juden Galiziens und der Bukowina eine Minderheit, die sich deutsch oder polnisch assimiliert hatte und sich vermutlich auch in diesem Sinne deklarierte.

Die Entscheidung des Innenministeriums, in der Hauptstadt überwiegend jüdische Flüchtlinge unterzubringen, läßt sich leicht nachvollziehen. Sie fanden sich im urbanen Umfeld zweifellos besser zurecht als etwa bäuerliche Ruthenen, die kaum Deutsch sprachen und die auch aus politischen Gründen einer rigiden Kontrolle unterzogen wurden. Die jüdischen Flüchtlinge galten demgegenüber als zuverlässig. Außerdem bauten die Behörden in ihrem Fall auf die Aufnahmekapazität Wiens, da viele Flüchtlinge hier Verwandte oder Bekannte hatten, die zumindest über Anfangsschwierigkeiten hinweghelfen und provisorische Unterkünfte zur Verfügung stellen würden. Doch nicht nur auf individueller Basis wurde Hilfe von den Wiener Juden erwartet, sondern auch auf institutioneller Ebene, vor allem im Rahmen der zahlreichen Wohltätigkeitsvereine, deren Mitarbeit bei Organisation und Durchführung der staatlichen Flüchtlingsunterstützung das Ministerium vermutlich erwartete.

Folglich setzte sich das Innenministerium in den ersten Kriegsmonaten über den Widerstand der Wiener Gemeindevertretung gegen den überwiegend jüdischen Flüchtlingsstrom hinweg. Dieser Widerstand war von Anfang an vorhanden[36] und wurde am 1. Oktober 1914 zum ersten Mal öffentlich zum Ausdruck gebracht. Gemeindevertreter erklärten damals auf einer Konferenz bei Ministerpräsident Stürgkh einhellig, es gehe nicht an, „weiter den Zuzug

---

34 AZ, 18.9.1914, S. 7, Galizische Flüchtlinge in Wien.
35 K. k. Ministerium des Innern (Hrsg.): Staatliche Flüchtlingsfürsorge, S. 29.
36 Vgl. das Schreiben Bürgermeister *Weiskirchners* an den Innenminister vom 20.9.1914: „... und fühle mich als Bürgermeister verpflichtet, alle Maßnahmen zu ergreifen, welche eine Verminderung der polnischen Flüchtlinge (aus dem Kontext geht eindeutig hervor, daß die galizischen Juden gemeint sind, Anm. d. Verf.) in Wien herbeizuführen geeignet sind". AVA, MdI, 19 in gen, F 1638/1914/38107.

nach Wien zuzulassen, da Wien bereits übersetzt sei und ohnehin den sanitären Anforderungen nicht mehr genügt werden könne."[37] Einige Wochen später, zur Zeit schwerster Kampfhandlungen in Galizien, wurden die Flüchtlinge in der Leopoldstadt auf Plakaten „amtlich" zur Rückkehr aufgefordert, sofern ihre Heimatorte befreit wären. Auf den Plakaten fehlte zwar der Hinweis auf den Urheber,[38] und die Stadtverwaltung muß nicht unmittelbar damit zu tun gehabt haben, mit ihren Interessen traf diese Initiative jedoch zusammen.

Auch der Erlaß, der Wien mit 10. Dezember 1914 für mittellose Flüchtlinge sperrte, war den Gemeindevätern als Maßnahme nicht ausreichend. Am 29. Dezember 1914 forderte der Wiener Stadtrat in einer Resolution an den Ministerpräsidenten, eine kaiserliche Verordnung solle die Wiederansiedlung der Flüchtlinge an ihren alten Wohnstätten oder an anderen Orten erwirken.[39] Und anläßlich eines Neujahrsempfanges wurde im Wiener Rathaus eine Notverordnung verlangt, welche die Abbeförderung aller nach dem 1. August 1914 „eingewanderten" Flüchtlinge aus Galizien nach ihren früheren Aufenthaltsorten oder „anderswohin" regeln sollte. Offen blieb, ob man sich damit noch bis zur Befreiung des Kriegsgebietes gedulden wollte.[40] Konnten die Gemeindevertreter auch nicht erwarten, daß die Regierung ihrem Drängen unmittelbar nachgab, so fanden sie in der Bevölkerung jedoch mit Sicherheit Beifall für ihre Forderungen.

Die Sperrung Wiens war im übrigen durch die Umstände gerechtfertigt. Zu viele Flüchtlinge hätten den Aufenthalt in der Metropole der elenden Existenz in einem der Lager vorgezogen. Die Aufnahmekapazität der Zweimillionenstadt hatte jedoch ihre Grenze, auch wenn sie höher lag, als die Stadtverwaltung vorgab.

Die Sperrung für mittellose Flüchtlinge blieb grundsätzlich bis Kriegsende aufrecht,[41] wurde in der Praxis aber zu keiner Zeit konsequent gehandhabt. Einerseits forderten die Polizeibehörden nach dem Sperrtermin auch „bemittelte" Flüchtlinge bei ihrer Meldung sehr nachdrücklich zum Verlassen der Stadt auf, auch wenn diese erklärten, auf staatliche Unterstützung zu verzichten, wobei das In-

---

37 NFP, 2.10.1914, M, S. 7, Der Zuzug galizischer Flüchtlinge nach Wien.

38 NNZ, 23.10.1914, S. 5, Die Repatriierung der Flüchtlinge.

39 AVA, MdI, 19 in gen, F 1640/1915/1013. Bürgermeister *Weiskirchner* richtete aus diesem Anlaß am 4.1.1915 auch einen Brief an den Innenminister. Ebd.

40 BÖW, 22.1.1915, S. 64, Ein offener Brief in Angelegenheit der galizischen Flüchtlinge. Vgl. auch Jüdische Zeitung, 15.1.1915, S. 1 f.

41 Auch während der Flüchtlingswelle im Sommer 1916 wurde sie nicht aufgehoben. Man versuchte, mittellose Personen möglichst von Wien fernzuhalten. Vgl. dazu Kapitel 2.4.

nenministerium diese an sich gesetzeswidrige Vorgangsweise billig-
te.[42] Andererseits ermöglichten verschiedene Ausnahmebestimmungen in Notfällen auch nach dem 12. Dezember die Aufnahme
mittelloser Flüchtlinge in Wien. „Standespersonen bzw. sozial
Höherstehende" und Flüchtlinge, deren Familienangehörige bereits
vor dem Sperrtermin eingetroffen waren, fanden ebenso Berücksichtigung wie hilfsbedürftige Personen und Jugendliche, die in
Wien Anschluß an Verwandte oder Freunde fanden oder in Flücht-
lingsanstalten aufgenommen wurden. Schließlich sollten Flüchtlinge, deren Weitertransport gesundheitliche Schäden befürchten ließ,
in Wien Unterstützung finden.[43]

Das Innenministerium veranlaßte allerdings die Zentralstelle für
Flüchtlingsfürsorge, die am 10. September in Wien eingerichtet
worden war,[44] sowie die Polizeidirektion, alle Ansuchen bzw. Meldungen genau zu prüfen und behielt sich die Entscheidungen
zunächst vor.[45] Erst im Oktober 1915 erhielt die Zentralstelle die
Entscheidungsgewalt. Sie mußte jedoch wöchentlich dem Ministerium Rechenschaft über die Neuaufnahmen ablegen und war dazu
angehalten, sich streng an die Bestimmungen zu halten.[46] Die
Chancen für mittellose Kriegsflüchtlinge, in Wien in die Unterstützung aufgenommen zu werden, blieben gering.

2.2. Staatliche Flüchtlingsfürsorge

Grundsätze und Leitlinien

Als dem österreichischen Innenministerium zu Kriegsbeginn die
Verantwortung für die gesamte Flüchtlingsfürsorge übertragen
wurde, sahen sich die amtlichen Stellen kurzfristig mit einer Vielzahl von Problemen und Schwierigkeiten konfrontiert, auf die sie
nicht vorbereitet waren. Die Arbeit wurde jedoch mit Engagement
und – wie ein Erlaß vom 13. April 1915 zeigt – mit Verständnis für
die schwierige Situation der Flüchtlinge aufgenommen:

---

42 AVA, MdI, 19 in gen, F 1641/1915/4152, Präs. 2.2.1915, Schreiben des Innenministeriums an Zentralstelle.
43 Ebd.
44 Jäger-Sunstenau: Der Wiener Gemeinderat Rudolf Schwarz-Hiller, S. 9 f.
45 Ebd.
46 AVA, MdI, 19 in gen, F 1652/1915/54780, Erlaß des Innenministeriums an die
Zentralstelle für Flüchtlingsfürsorge, 9.10.1915.

„Die Flüchtlinge leiden durch die Trennung von der Heimat, sind von ihrer
Wirkungsstätte, die ihnen, wenn auch mitunter noch so bescheiden, teuer
ist, entfernt, sie sind im ungewissen über das Schicksal von Haus und Hof,
oft auch der nächsten Angehörigen, die sie zu Beginn der Flucht verloren
haben oder zurücklassen mußten.
Die Lebensverhältnisse des provisorischen Aufenthaltsortes, die Lebensgewohnheiten und die Sprache der Bevölkerung sind ihnen oft fremd und
unvertraut, sie bedürfen daher in besonderem Maße des Schutzes und der
Fürsorge der Behörden...“[47]

Dem Innenministerium ging es in seinem Einsatz für die Flüchtlinge jedoch nicht vorrangig um humanitäre Aspekte. Im Mittelpunkt
stand die Sorge, die Flüchtlingsmassen im gesamtstaatlichen Interesse ruhig zu halten. In ihnen sollte „das Bewußtsein wach“ bleiben, daß ihre „Opfer allseits gewürdigt werden“. Die Flüchtlingsfürsorge „im Vereine mit der verständnisvollen Mitwirkung der Bevölkerung“ bezweckte weiters

„...das Gefühl der Zusammengehörigkeit (zu) stärken, das die einzelnen
Nationen in so schwerer Zeit enger aneinander schmiedet und allein die
Gewähr für ein einträchtiges Zusammenarbeiten an der Wiederaufrich-
tung des wirtschaftlichen Lebens nach Ende des Krieges bietet.“[48]

Verbitterte Flüchtlingsmassen konnten für die Monarchie zweifellos
zur schweren Belastung werden, und vor allem das k. u. k. Armee-
oberkommando fürchtete eine negative Beeinflussung der „öffentlichen Stimmung“: Galizische Flüchtlinge würden ihre Erlebnisse auf
der Flucht vor einem „übermächtigen“ Feind „in grauenhaften Far-
ben schildern und der Unzufriedenheit mit ihrer gegenwärtigen
Lage sogar durch Kundgebungen gegen den Krieg und Angriffe auf
die Verwaltung unseres Vaterlandes Luft machen“. Die Militärs
wollten daher „die Freizügigkeit dieser Leute“ einschränken oder
ganz aufheben und Unruhestifter überhaupt ausweisen.[49] Das Innenministerium lehnte jedoch diese Vorschläge als sinnlos, undurchführbar und teilweise gesetzeswidrig ab[50] und bemühte sich
um die Realisierung eines umfangreichen Hilfskonzeptes.
In Zusammenarbeit mit Organen der Landesregierungen wurde

---

47 Verordnungsblatt des k. k. Min. d. Innern, 1915, S. 242, Erlaß des Ministers des
    Innern vom 13. April 1915, Z. 16119.
48 Ebd.
49 AVA, MdI, 19 in gen, F 1639/1914/45164, Präs. 30.11.1914, Schreiben des k. u. k.
    Armeeoberkommandos/Etappenoberkommandos Nr. 12273 an den k. k. Minister
    des Innern vom 26.11.1914.
50 Ebd., Aktenvermerk des Innenministeriums zu Schreiben des k. u. k. AOK.

nun mit dem Aufbau des staatlichen Flüchtlingshilfswerkes begonnen, das über die materielle Versorgung hinaus den Flüchtlingen Unterstützung bieten sollte. Tätigkeitsberichte der Regierung und des Innenministeriums aus den ersten Kriegsjahren[51] vermitteln den Eindruck vielfältigster Aktivitäten, die ihr Ziel anscheinend nicht verfehlten. Besonders hervorgehoben wurden immer wieder die Leistungen der „Kulturellen Flüchtlingsfürsorge", die den „sittlichen Gefahren", von denen man die Vertriebenen bedroht sah, sowie ihren „Gemütsdepressionen" entgegenwirken sollte.[52] Die „staatliche Kulturarbeit für Flüchtlinge" hatte „Trost und Belehrung" zu gewähren und religiöse Bedürfnisse zu befriedigen. Auch eine „entsprechende Beschäftigung" sollte den Flüchtlingen zur „Zerstreuung" und Fortbildung ermöglicht werden,[53] wobei jedoch jede „Konkurrenzierung des heimischen Arbeitsmarktes und der bestehenden Betriebe" unbedingt zu vermeiden war.[54] Von nun an konnten sie vor allem in den Lagern zu einfachen handwerklichen Tätigkeiten – Korbflechten, Näharbeiten etc. – herangezogen und ausgebildet werden. Die Produktion war für den Eigenbedarf, aber auch für die Armee gedacht.[55]

Die staatliche Flüchtlingsfürsorge in Wien und ihre Hilfsorganisationen

Bereits am 10. September 1914 war von der Gemeinde Wien die „Zentralstelle der Fürsorge für Flüchtlinge aus Galizien und der Bukowina" errichtet worden. Der Bürgermeister hatte mit ihrer Leitung den freiheitlich-bürgerlichen Gemeinderat und Rechtsanwalt Rudolf Schwarz-Hiller betraut, dem er dreizehn städtische Beamte zur Besorgung der Kasse-, Kataster-, und Kontrollgeschäfte zur Seite stellte. Die „Zentralstelle" sollte bis Kriegsende die Hauptlast der Betreuungsarbeit tragen. Ihren Sitz hatte diese Institution, die mit

---

51 Denkschrift, S. 294 ff.; K. k. Ministerium des Innern (Hrsg.): Staatliche Flüchtlingsfürsorge; Vgl. auch: Zentralstelle der Fürsorge für Kriegsflüchtlinge. Wien 1917.
52 Wiser: Staatliche Kulturarbeit für Flüchtlinge, S. 3.
53 AVA, MdI, 19 in gen, F 1650/1915/49792, Instruktion des Innenministeriums vom 12.2.1915, 45164/1914, an die Statthaltereien Prag, Brünn, Wien, Graz, Linz und die Salzburger Landesregierung, betreffend die Fürsorge für die Flüchtlinge aus Galizien und der Bukowina in religiöser, sozialpolitischer und kulturell-humanitärer Hinsicht, S. 1.
54 Ebd., S. 3.
55 Ebd., S. 3 f.

Eintreffen italienischer Flüchtlinge in „Zentralstelle der Fürsorge für Kriegsflüchtlinge" umbenannt wurde, nach vorübergehender Unterbringung in der Kleinen Sperlgasse, im Hintertrakt eines drei-stöckigen Hauses in der Zirkusgasse im Zweiten Wiener Gemein-debezirk, das die Gemeinde Wien zur Verfügung stellte.[56] Ihre Akti-vitäten erstreckten sich auf Auszahlung der Unterstützungen, auf Beköstigung, Wohnungsbeschaffung, unentgeltliche ärztliche Be-handlung, kostenlose Arzneimittelversorgung, Betreuung der Wöchnerinnen, Kinderbeaufsichtigung, unentgeltlichen Rechts-schutz, Bekleidung und eventuelle kostenlose Heimbeförderung der Flüchtlinge.[57] Auch Kinderheime, Schulen, Nähstuben, eine Flücht-lingsbibliothek und andere Einrichtungen, die mit der Zeit entstan-den und teils öffentlichen, teils privaten Charakter trugen, wurden von der Zentralstelle betreut. Im März 1917 waren ihr schließlich 68 Sektionen angegliedert.[58] Die Zentralstelle, die dem Innenministeri-um über alle Tätigkeiten – vor allem über das finanzielle Gebaren – kontinuierlich und minutiös Bericht erstattete,[59] war für den größ-ten Teil der Flüchtlinge in Wien zuständig. Der Höchststand der von ihr unterstützten Personen wurde nach dem Kriegseintritt Italiens mit 125.000 erreicht.[60]

Um die Proletarisierung bürgerlicher Elemente unter den Flücht-lingen zu vermeiden, richtete das Innenministerium zu Kriegsbe-ginn für Personen, die Vermögen oder sichere Einkommensquellen nachweisen konnten,[61] das „Wiener galizische Hilfskomitee" ein. Es verteilte Darlehens- und schließlich auch Unterstützungsbeträge an „bemittelte Flüchtlinge", die viel höher als die Leistungen der „Zen-tralstelle" bemessen waren.[62] Auch sonst genossen die vom „Hilfs-komitee" betreuten Personen – der Höchststand betrug hier etwa 25.000[63] – Privilegien. So mußten sie sich nicht allwöchentlich stun-

---

56 Die Gemeindeverwaltung der Stadt Wien in der Zeit vom 1. Jänner 1914 bis 30. Juni 1919. Hrsg. vom Wiener Magistrate, Wien 1923, S. 168; Jäger-Sunstenau, Der Wiener Gemeinderat Rudolf Schwarz-Hiller, S. 9–16.
57 Vgl. dazu z. B.: BÖW 6.11.1914, S. 765, Flüchtlingsfürsorge.
58 Vgl. dazu die Broschüre: Zentralstelle der Fürsorge für Kriegsflüchtlinge, Wien 1917.
59 AVA, MdI, 19 in gen, F 1638–1703/1914–1918. Der Bestand enthält die umfangrei-che Korrespondenz zwischen der Zentralstelle und dem Innenministerium.
60 Zentralstelle der Fürsorge, S. 45.
61 AVA, MdI, 19 in gen, F 1638/1914/39096, Wegweiser für Flüchtlinge.
62 Vgl. dazu AVA, MdI, 19 in gen, F 1674/1917/14132, Präs. 16.3.1917, Erlaß vom 2.4.1917 an das „Hilfskomitee für ukrainische Flüchtlinge aus Galizien und der Bu-kowina" und das „Hilfskomitee für Flüchtlinge aus Galizien und der Bukowina".
63 A/Pol.Dion., Verwaltung 1915, Pr. Z. 13591, Bericht der Pol.Dion. an das Innenmi-nisterium (undatiert) 1915.

denlang um die Auszahlung der Unterstützung anstellen. Diese wurde vielmehr „in zuvorkommendster Weise per Post nach Hause geschickt" und trug somit nicht, was mit Dankbarkeit quittiert wurde, „das Odium der Armenunterstützung".[64]

Neben der „Zentralstelle" und dem „Hilfskomitee" arbeitete das „Wiener ukrainische Hilfskomitee", das bis zu 3.000 Personen versorgte.[65] Auch die verhältnismäßig wenigen Deutschen aus dem Nordosten wurden seit November 1914 von einem eigenen „Fürsorgeausschuß für deutsche Flüchtlinge aus Galizien und der Bukowina" betreut, da – wie betont wurde – die „Zusammenfassung mit der nichtdeutschen Flüchtlingsmasse" ihren „Bedürfnissen" und ihrer „Eigenart ... keineswegs" entsprach.[66]

Nach außen hin erweckte die staatliche Flüchtlingsfürsorge in Wien somit den Eindruck eines differenzierten, wohlfunktionierenden Systems, das den Bedürfnissen der Flüchtlinge gerecht werden konnte.

2.3. Anspruch und Realität: Die Grenzen der staatlichen Fürsorge

Mangelnder Rückhalt an der Basis

In den Zeitschriften des Wiener Judentums wurde die staatliche Flüchtlingsfürsorge positiv kommentiert. „Menschlich-schöne Erlässe" vermittelten die Einsicht, daß „Humanisten und Altruisten nicht umsonst gelebt und gewirkt" hätten.[67] Es war die Rede vom „humanen, staatsmännischen, hochherzigen Geist", der in „hohen und höchsten Kreisen" gegenüber den Flüchtlingen herrsche,[68] so-

---

64 AVA, MdI, 19 in gen, 1917/50368, Schreiben des Oberrabbiners aus Zolkiew im Namen der galizischen und bukowinischen Rabbiner an das Innenministerium, 19.1.1917.

65 A/Pol.Dion., Verwaltung 1915, Pr. Z. 13591, Bericht der Pol.Dion. an das Innenministerium (undatiert) 1915.

66 „Die geflüchteten deutschen Bauern hätten es nicht über sich gebracht, sich tagelang in den Hausfluren der Unterstützungsstellen oder auf offener Straße in dichtem Gedränge unter polizeilicher Aufsicht anzustellen, um endlich zu einer Unterstützung zu gelangen." AVA, MdI, 19 in gen, F 1692/1918/27278, Präs. 9.5.1918, Drei Jahre deutsche Flüchtlingsfürsorge. Tätigkeitsbericht des Fürsorgeausschusses für deutsche Flüchtlinge aus Galizien und der Bukowina. Wien 1917.

67 Die Wahrheit, 10.8.1917, S. 4 f., Über die Flüchtlingsfürsorge in Wien.

68 BÖW, 23.4.1915, S. 317, Der Erlaß des Herrn Ministers des Innern betreffend die Behandlung der Flüchtlinge.

wie davon, daß das Innenministerium „den großen österreichischen Gedanken, der die ganze Aktion durchzog, sofort und in großzügiger Weise erkannt hätte".[69] Überhaupt habe das Ministerium des Inneren das „äußerst schwierige Problem" der Flüchtlingsunterbringung und -versorgung „mit Geschick und vollem Verständnis gelöst", schrieb „Dr. Bloch's Österreichische Wochenschrift" Anfang 1916.[70] Höchstens der Bürokratismus des Unternehmens wurde bemängelt[71] oder darüber geklagt, daß der hohe humane „Geist" der staatlichen Aktion nicht in den unteren Behörden und in den unteren Bevölkerungsschichten zu finden wäre.[72] Doch dafür gab es eine einfache Erklärung:

„Die Vollstrecker der Erlässe und Verordnungen stehen eben nicht auf demselben Niveau der Intelligenz und der politischen Einsicht wie die Schöpfer derselben ..."[73]

Damit war allerdings ein Faktor angesprochen, der die Effizienz staatlicher Fürsorge tatsächlich minderte. Zwar wurden die Flüchtlinge in Wien ebenso wie in anderen großen Gemeinden von eigenen Fürsorgern betreut, denen es bei aller Überforderung im allgemeinen nicht an Engagement mangelte. Langwierige Behördenwege waren jedoch unumgänglich. Man hatte der Meldepflicht nachzukommen, man mußte um Aufenthalts- oder um Arbeitsbewilligung ansuchen und sah sich dabei mit der Indolenz der Gemeinde- und Polizeibehörden konfrontiert. Gerade die Wiener Stadtverwaltung wollte ihre Verpflichtung zur Flüchtlingsaufnahme nicht anerkennen. Der in der Beamtenschaft tief verwurzelte Antisemitismus erwies sich als zusätzliche Belastung für die mehrheitlich jüdischen Flüchtlinge.[74]

Im Innenministerium wußte man um diese Problematik. Ohne Verständnis und Mithilfe der Verwaltungsorgane und auch der Bevölkerung waren staatliche Hilfsmaßnahmen nur eingeschränkt wirksam. So forderte der Minister des Inneren im bereits erwähnten Erlaß vom 13. April 1915 die Behörden zu umsichtigem und verständnisvollem

---

69 BÖW, 20.4.1917, S. 238 f., Die staatliche Flüchtlingsfürsorge in Österreich und ihre politische Bedeutung für die Zukunft.
70 BÖW, 1.1.1916, S. 17 ff., Flüchtlingsfürsorge und Kriegshilfe. Vgl. auch: Jahresbericht der Israelitischen Allianz zu Wien 1915, S. 10.
71 Jüdische Zeitung, 27.11.1914, Die galizischen Flüchtlinge, S. 1.
72 BÖW, 23.4.1915, S. 317 ff., Der Erlaß des Herrn Ministers des Innern betreffend die Behandlung der Flüchtlinge.
73 Die Wahrheit, 10.8.1917, S. 4, Über die Flüchtlingsfürsorge in Wien.
74 Vgl. dazu auch Kapitel 6.1.

Handeln gegenüber den Flüchtlingen auf. Er wies sie außerdem an, in der Bevölkerung in dieser Hinsicht Pflichtbewußtsein zu vertiefen – eine Aufgabe, „deren restlose Erfüllung" cr erwarte.[75]

Die Hoffnung, Verhaltensmuster über Gesetzeserlässe positiv zu beeinflussen, war illusorisch. Mehr Wirkung war jenen Maßnahmen beschieden, mit denen die Wiener Polizeidirektion versuchte, flüchtlingsfeindliche Aktivitäten zu verhindern. Gemeinsam mit der k. k. Staatsanwaltschaft veranlaßte die Polizeidirektion, daß „Hetzartikel in den Blättern" nicht zuzulassen seien.[76] Dazu kam die strenge Weisung an die Wiener Polizeiorgane, „etwaigen gesetzwidrigen Ausschreitungen ... energisch entgegenzutreten".[77] Der Ausbruch offener Gewalt ließ sich auf diese Weise zwar verhindern, eine solide Basis für die staatliche Flüchtlingsarbeit konnte aber weder bei den Behörden noch in der Bevölkerung geschaffen werden. Auch die demonstrative Anteilnahme des Kaisers gegenüber dem Los der Flüchtlinge bewirkte wenig.[78] Das kaiserliche Versprechen, „den eigentlichen und ersten Opfern des Krieges" im Bedarfsfall das Schloß Schönbrunn zur Verfügung zu stellen,[79] nahmen vermutlich nicht einmal die Betroffenen ernst.

Das Problem der Finanzen

Das Hauptproblem der staatlichen Flüchtlingsfürsorge war die Finanzierung: Für die angemessene Versorgung einer so großen Anzahl vertriebener und geflüchteter Personen hätte es finanzieller Mittel bedurft, welche die Möglichkeiten des kriegführenden Staates bei weitem überschritten. Langwierige Diskussionen zwischen Innenministerium und Finanzministerium über die Erhöhung der Unterstützungsbeträge waren daher die Regel. Das Innenministerium verstand sich als Anwalt der Flüchtlinge und drang im „gesamtstaatlichen Interesse an einer wenigstens halbwegs erträglichen Gestaltung des Loses" der Betroffenen auf überfällige Erhöhun-

---

75 Verordnungsblatt des k. k. Min. d. Innern, 1915, S. 243, Erlaß des Ministers des Innern vom 13. April 1915.
76 A/Pol.Dion., Stimmungsberichte, Partei und Presse, 1915, Z. 9029 K, Galizische Flüchtlinge in Wien, Stimmungsbericht, 12.4.1915.
77 Ebd.
78 NNZ, 30.10.1914, S. 1, Der Kaiser für die Flüchtlinge.
79 BÖW, 14.12.1917, S. 789, Bürgermeister Dr. Weiskirchner gegen die Kriegsflüchtlinge.

gen.[80] Das Finanzministerium hingegen hatte stets die Vorbildwirkung auf andere Gruppen von Unterhalts- und Unterstützungsempfängern vor Augen und zögerte.[81] Im Interesse der Staatskasse wurde selbst die Bewilligung geringer Summen solange wie möglich hinausgeschoben. Ein Ansuchen des Innenministeriums vom 2. November 1916, den unbemittelten Kriegsflüchtlingen in Wien wie in den beiden vergangenen Jahren eine bestimmte Menge Kohle zur Verfügung stellen zu dürfen,[82] wurde beispielsweise erst zwei Monate später, lange nach Wintereinbruch, positiv beantwortet.[83] Konsequenterweise bemühte sich das Finanzministerium auch um eine Einschränkung der ursprünglich weitgehenden Entscheidungsvollmachten des Innenministeriums in der Flüchtlingsfürsorge.[84]

Den Flüchtlingen stand ein Tagessatz zu. Am 11. August 1914 wurde durch eine Verordnung des Innenministers erstmals die Höhe der Flüchtlingsunterstützung festgesetzt. 70 Heller standen pro Kopf und Tag für Wohnung und Quartier zur Verfügung.[85] Dieser Betrag, der vierzehntägig ausbezahlt wurde, lag weit unter dem Existenzminimum.[86] Im Lauf des Krieges gab es dreimal eine Erhöhung des Tagessatzes,[87] die aber mit der Inflation nicht Schritt hielt.

---

80 AVA, MdI, 19 in gen, F 1642/1915/14000, Schreiben des Innenministeriums an das Finanzministerium, 2.4.1915.

81 AVA, MdI, 19 in gen, F 1643/1915/17883, Schreiben des Finanzministeriums an das Innenministerium, 19.4.1915. Vgl. auch AVA, MdI, 19 in gen, F 1667/1916/54192, Schreiben des Innenministeriums an das Finanzministerium, 27.11.1916; AVA, MdI, 19 in gen, F 1670/1916/63477, Schreiben des Finanzministeriums an das Innenministerium, 8.12.1916.

82 AVA, MdI, 19 in gen, F 1668/1916/58126.

83 AVA, MdI, 19 in gen, F 1671/1917/1650, 6.1.1917. Eine vergleichbare Verzögerungstaktik wandte das Innenministerium seinerseits gegenüber den finanziellen Forderungen der Zentralstelle an. Vgl. AVA, MdI, 19 in gen, F 1661/1916/26726, Schreiben Schwarz-Hillers an das Innenministerium, 24.3.1916, dazu Aktenvermerk des Innenministeriums vom 30.5.1916.

84 AVA, MdI, 19 in gen, F 1678/1917/32183, Schreiben des Innenministeriums an das Finanzministerium, Juni 1917.

85 RGBl. 1914, Nr. 214; Vgl. auch BÖW, 6.11.1914, S. 765.

86 Vgl. dazu Kapitel 3.2.

87 Ab 1. Juni 1915 erhielten die Flüchtlinge 90 Heller pro Tag. Ende Dezember 1916 wurde die Unterstützungssumme auf 1,50 Kronen erhöht, allerdings nur für maximal fünf Personen einer Familie. „Hinsichtlich der die Zahl 5 übersteigenden Familienmitglieder" hatte es „bei der bisherigen Unterstützung ... zu verbleiben". AVA, MdI, 19 in gen, F 1670/1916/63477, Schreiben des Finanzministeriums an das Innenministerium, 8.12.1916. Am 31. Dezember 1917 wurde ein Flüchtlingsgesetz erlassen, welches die staatliche Unterstützung für unbemittelte Flüchtlinge rückwirkend mit 21. Juli 1917 auf 2 Kronen pro Kopf und Tag festsetzte. Längerfristige Nebeneinkommen konnten diese Summe vermindern, erwerbsunfähigen und alleinstehenden Personen gebührten 4 Kronen pro Tag. RGBl. 1918, Nr. 15. In: Verordnungsblatt des k. k. Min. d. Innern, 1918, S. 43.

Ohne Zweifel stellten die Unterstützungsbeträge für den Staatshaushalt eine enorme Belastung dar. Allein die nur für Wien zuständige „Zentralstelle" hatte bis August 1915 bereits 18,1 Millionen Kronen verbraucht.[88] Bis Ende August 1916 waren es 38,2 Millionen Kronen,[89] bis Juli 1917 64,6 Millionen Kronen[90] und bis Juli 1918 94,5 Millionen Kronen.[91] Die gesamtösterreichischen Ausgaben für die Kriegsflüchtlinge veranschaulicht nachstehende Tabelle:[92]

Tabelle 1:

Staatliche Aufwendungen für Kriegsflüchtlinge (1914–1918)

Kriegsjahr	Millionen Kronen	Millionen Friedenskronen
1914/15	68,7	49,4
1915/16	192,3	68,1
1916/17	715,4	110,1
1917/18	950,0	94,6
1918 (Rest des Jahres)	316,7	20,9
gesamt	2243,1	343,1

Während des Krieges wurden in Österreich somit rund 2.243 Millionen Kronen für Flüchtlinge ausgegeben – ein Betrag, der umgerechnet 343,1 Millionen Friedenskronen entspricht und 2,36% der gesamten österreichischen Kriegskosten (schätzungsweise 14.454,3 Millionen Friedenskronen) ausmachte.[93] Durch diese Mittel war die materielle Existenz der Flüchtlinge jedoch in keiner Weise abgesichert. Nicht nur in den Lagern, sondern, wie noch zu zeigen sein wird, auch in Wien herrschte unter ihnen von Anfang an große Not.

---

88 AVA, MdI, 19 in gen, F 1649/1915/45372, Schreiben Schwarz-Hillers an das Innenministerium.

89 AVA, MdI, 19 in gen, F 1666/1916/49117, Schreiben Schwarz-Hillers an das Innenministerium.

90 AVA, MdI, 19 in gen, F 1682/1917/57348, Schreiben Schwarz-Hillers an das Innenministerium vom 4.9.1917.

91 AVA, MdI, 19 in gen, F 1703/1918/63916, Schreiben Schwarz-Hillers an das Innenministerium.

92 Wilhelm Winkler: Die Einkommensverschiebungen in Österreich während des Weltkrieges. Wien 1930 (= Carnegie-Stiftung für internationalen Frieden. Abteilung für Volkswirtschaft und Geschichte. Wirtschafts- und Sozialgeschichte des Weltkrieges. Österreichische und ungarische Serie.), S. 273.

93 Ebd.

Die Tabuisierung des Flüchtlingselends

Keiner Institution, die mit der Flüchtlingsfürsorge zu tun hatte, blieb das Ausmaß des Elends verborgen. Ein Auskommen mit 70 Heller sei auch „bei allergrößter Einschränkung und primitivster Unterkunft und Verpflegung" ausgeschlossen, schrieb ein Beamter des Innenministeriums im April 1915.[94] Sogar im Finanzministerium wurde die Situation realistisch eingeschätzt, wenn auch hier die Bereitschaft fehlte, daraus die nötigen Konsequenzen abzuleiten.[95]

Gegenüber der Öffentlichkeit beschränkte sich das Innenministerium freilich auf die Darstellung der – unbestreitbaren – Leistungen der staatlichen Flüchtlingsfürsorge. Nicht nur in den bereits erwähnten Tätigkeitsberichten[96] wurde der Eindruck vermittelt, die Flüchtlingsfrage wäre zufriedenstellend gelöst. Um die Jahreswende 1915/16 veranstaltete das Ministerium eine Ausstellung zum Thema „Flüchtlingsfürsorge und Kriegshilfe", die in „Dr. Bloch's Österreichischer Wochenschrift" als „äußerst abwechslungsreich und lehrreich" beschrieben wurde. Offenbar voller Stolz präsentierte man die Tätigkeit des Ministeriums in „zahlreiche(n) Tabellen, graphische(n) Darstellungen, Photographien, plastische(n) Modelle(n)". Auch „Flüchtlingsarbeiten auf gewerblichem und kunstgewerblichem Gebiete" wurden ausgestellt.[97] Die trotz aller Fürsorgetätigkeit unter den Flüchtlingen herrschende Not blieb in der Ausstellung dagegen ausgeblendet. Das war umso verhängnisvoller, als in der Öffentlichkeit dieser Aspekt ohnedies kaum wahrgenommen wurde. Die Flüchtlinge galten als Schmarotzer, die bequem auf Staatskosten lebten,[98] und dieses Bild wurde von seiten der Regierung oder des Innenministeriums in keiner Weise korrigiert.

Auch die Presseberichterstattung hatte den von den Regierungsstellen vorgegebenen Richtlinien zu folgen. Jüdische Zeitschriften

---

94 AVA, MdI, 19 in gen, F 1642/1915/14000, Schreiben an Finanzministerium, 2.4.1915.
95 AVA, MdI, 19 in gen, F 1643/1915/17883, Schreiben des Finanzministeriums an das Innenministerium, 19.4.1915.
96 K. k. Mininsterium des Innern (Hrsg.): Staatliche Flüchtlingsfürsorge; Denkschrift über die von der k. k. Regierung aus Anlaß des Krieges getroffenen Maßnahmen; Wiser: Staatliche Kulturarbeit für Flüchtlinge.
97 BÖW, 1.1.1916, S. 17 ff. Flüchtlingsfürsorge und Kriegshilfe. Vgl. dazu auch die Aufforderung des Innenministeriums an alle politischen Landesstellen, Material für die Ausstellung zusammenzustellen. AVA, MdI, 19 in gen, F 1650/1915/56836, Präs. 20.10.1915.
98 Vgl. dazu Kapitel 6.1.

in Wien sahen sich auf eine zurückhaltende Darstellungen beschränkt.[99] Mitleiderweckende Schilderungen von Einzelschicksalen und Hilfsaufrufe für notleidende Flüchtlinge konnten zwar publiziert werden, kritischere Darstellungen des Gesamtphänomens fielen jedoch der Zensur zum Opfer.[100]

Unnachgiebig reagierte das Innenministerium auch gegenüber Flüchtlingen, welche Kritik an der staatlichen Fürsorge übten. Beschwerden wurden entweder ignoriert oder als „sachlicher Grundlage" entbehrende „Hetze" disqualifiziert[101] und mitunter auch mit Sanktionen belegt.[102] Am 30. Oktober 1914 arretierte die Wiener Sicherheitswache beispielsweise einen jüdischen Kaufmann, der nach stundenlangem, vergeblichem Anstellen um die Flüchtlingsunterstützung mehrere hundert gleichermaßen betroffene Personen aufgefordert hatte, mit ihm beim Innenministerium zu protestieren. Der Kommentar des zuständigen Ministerialbeamten lautete: Die Beschwerden – auch anderer Flüchtlinge – dürften den Tatsachen entsprechen, der chronische Geldmangel des betreffenden Hilfskomitees sei bekannt, und man hoffe auf Besserung. Allerdings: „Dem Kaufmanne Rosenstock wäre jedenfalls in Hinkunft keine Unterstützung zu erteilen, wovon die Zentralstelle im kurzen Wege verständigt würde."[103]

Erst im Sommer 1917, anläßlich einer Debatte im Reichsrat über

---

99 Siehe: BÖW, Die Wahrheit, Jüdische Zeitung, Neue Nationalzeitung, Jüdische Rundschau.

100 So unterdrückte einer Darstellung der „Jüdischen Zeitung" zufolge die Zensur einen Versuch der NFP, über das jüdische Flüchtlingslager Nikolsburg zu berichten. Jüdische Zeitung 20.7.1917, S. 3, Die Debatte über das Flüchtlingsgesetz im österreichischen Abgeordnetenhaus. Die Selbstzensur, die sich etwa die „Neue National-Zeitung" auferlegte, war immer wieder ungenügend. Auf Überschriften, die auf einschlägige Artikel hinweisen, folgen weiße Flecken. Z. B. 22.1.1915, S. 13; 6.8.1915, S. 125.

101 Vgl. z. B. AVA, MdI, 19 in gen, F 1670/1916/63559, Präs. 12.12.1916, Aktenvermerk auf einem Telegramm aus dem Flüchtlingslager Deutsch-Brod, das von Schwarz-Hiller, der anscheinend Unmengen ähnlicher Bitt- und Beschwerdebriefe erhielt, an das Innenministerium weitergeleitet wurde.

102 AVA, MdI, 19 in gen, F 1638/1914/43508, Eingabe des Zionistischen Zentralkomitees für Westösterreich an das Kriegsministerium über jüdische Flüchtlingslager in Mähren vom 1.11.1914. Flüchtlingen im Lager Nikolsburg, die sich bei Rudolf Schwarz-Hiller bzw. bei Vertretern des Zionistischen Zentralkomitees über Zustände im Lager beschwerten, wurde für den nächsten Tag das ohnehin kümmerliche Mittagessen gestrichen. Besonders hartnäckige Beschwerdeführer ließ die Lagerleitung von Gendarmen und von Bauernburschen aus der Umgebung verprügeln.

103 AVA, MdI, 19 in gen, F 1638/1914/42241, Schreiben der Polizeidirektion an das Innenministerium, 30.10.1914.

eine gesetzliche Regelung der rechtlichen Lage und Ansprüche der
Flüchtlinge, kam es zum Eingeständnis von Fehlern und Mängeln
in der staatlichen Flüchtlingsfürsorge. Nun waren offene Worte unvermeidlich. Die Berichte, welche das Parlament in tagelangen
Flüchtlingsdebatten zu hören bekam, schockierten zumindest die
sensibleren Abgeordneten. Aufsehen erregte der italienische Sozialdemokrat Pittoni, der vor Aufregung eine Herzattacke erlitt.[104] Erstmals kam nun die katastrophale Desorganisation während der
Evakuierungsmaßnahmen öffentlich zur Sprache. Innenminister
Toggenburg gestand „schwere Stockungen" und „bedauerlichste
Zwischenfälle" ein, die sich „sowohl in den Verteilungsstationen
wie in den Bestimmungsgemeinden sowie endlich auch in den
Lagern" ergeben hätten. Die Flüchtlinge wären durch Transporte in
offenen Viehwaggons zu Schaden gekommen, und die Sterblichkeit
sei nach wie vor vor allem unter den Flüchtlingskindern katastro-
phal.[105] Weitere Elendsschilderungen ließen, wie es eine jüdischen
Wochenschrift formulierte, tatsächlich „das Gruseln" kennen-
lernen.[106]

Die Tabuisierung von Mängeln und Mißständen in der Flüchtlingsfürsorge war zum Nachteil der Betroffenen viel zu lange aufrechterhalten worden. Die Phase des Vertuschens war nach der
Wiedereinberufung des Reichsrates endgültig vorüber, und damit
ließ sich auch die Fiktion von einem funktionsfähigen Versorgungs-
wesen nicht wieder aufbauen.

2.4. Die Repatriierungsaktion

Bereits zwei Jahre vor dieser Debatte im Reichsrat schien sich dem
Innenministerium ein Ausweg aus dem Dilemma der Flüchtlingsversorgung zu eröffnen: Im Sommer 1915 zeichneten sich an der
russischen Front Erfolge der am 2. Mai eingeleiteten und durch
deutsche Truppen unterstützten Offensive Österreich-Ungarns zur
Rückeroberung Galiziens ab. Noch vor dem Abschluß der militärischen Aktionen wurden die Flüchtlinge nachdrücklich zur Rückkehr in die nun zwar befreiten, vielfach aber völlig zerstörten Ge-

---

104 BÖW, 13.7.1917, S. 446, Aufhebung der Flüchtlingslager.
105 Jüdische Rundschau, 20.7.1917, S. 240, Ein Flüchtlingsgesetz im österreichi-
    schen Abgeordnetenhaus.
106 BÖW, 20.7.1917, S. 453, Flüchtlingsleid.

biete aufgefordert.[107] Es begann nun die Phase der Repatriierungsaktion, auch sie ein Bestandteil der staatlichen Flüchtlingsfürsorge.

Voraussetzungen, Leitlinien und Beginn der Aktion

Erste, voreilige Ansätze zur Repatriierung galizischer Flüchtlinge
hatte es bereits im Oktober 1914 gegeben, als nach kleineren Erfolgen der österreichisch-ungarischen Armee das k. u. k. Armee-Etap-
pen-Oberkommando die Lage optimistisch einschätzte und die Wie-
derbesiedelung west- und mittelgalizischer Gebiete militärisch für
wünschenswert erachtete.[108] Die Realisierung dieser Pläne stieß jedoch auf den Widerstand der galizischen Statthalterei, die sich gegen eine zwangsweise Repatriierung insbesondere mittelloser
Flüchtlinge aus dem Westen wandte.[109] Schließlich wurde diese
Diskussion aufgrund des weiteren russischen Vordringens gegenstandslos. Trotz aller Versorgungsschwierigkeiten wurden selbst die
Repatriierungsgesuche jener Personen, die eine Rückkehr in die besetzten Gebiete dem weiteren Aufenthalt im Hinterland vorgezogen
hätten, kategorisch abgelehnt.[110] Flüchtlinge, die in den folgenden
Monaten ohne behördliche Genehmigung die Heimreise antraten,
wurden aufgrund eines ministeriellen Erlasses in die westlichen
Länder zurückgebracht.[111]

Erst die militärischen Erfolge deutscher und österreichisch-unga-
rischer Truppen, die von Mai bis Anfang September 1915 fast ganz
Galizien und die Bukowina zurückeroberten, veränderten die Situation grundlegend. Innenministerium, Militär- und Bahnbehörden
vereinbarten nun ein System, das die für die Repatriierung in Frage
kommenden Gebiete „je nach sanitären, sozialen und Approvisio-
nierungsverhältnissen in drei Bezirksgruppen" schied. Eine erste

---

107 Verordnungsblatt des k. k. Ministeriums des Innern, 1915, Erlaß des Innenmini-
    sters vom 11.7.1915, Zl. 37216.
108 KA/KÜA, 1914/15, 7786, Rückkehr der Flüchtlinge nach Galizien. K. u. k. AEO an
    das Kriegsüberwachungsamt, 22.10.1914.
109 AVA, MdI, 19 in gen, F 1638/1914/42163, Telephonischer Bericht des galizischen
    Statthalters an das Innenministerium, 24.10.1914.
110 AVA, MdI, 19 in gen, F 1639/1914/45751, Anweisung des Innenministeriums an
    Statthaltereien und Landesregierungen, 20.12.1914; Vgl. auch: F 1643/1915/
    13303,16225; F 1644/1915/23392,23393,23404.
111 AVA, MdI, 19 in gen, F 1640/1915/2582, Erlaß des Innenministeriums an alle po-
    litische Landesstellen, 29.1.1915.

Gruppe (A) umfaßte jene Bezirke, „in welche die Heimkehr der geflüchteten Bevölkerung – von völlig subsistenzlosen und gleichzeitig
arbeits- und erwerbsunfähigen Personen abgesehen – unter Voraussetzung der Vertrauenswürdigkeit ganz allgemein gestattet und
staatlicherseits sogar gefördert" wurde. Die zweite Gruppe (B) war
zwar nicht allgemein freigegeben, die Rückkehr konnte jedoch auf
Ansuchen „beim Vorliegen eines öffentlichen oder schwerwiegen-
den Privatinteresses ... erlaubt" werden. Die Rückkehr in Bezirke
der dritten Gruppe (C) war ausschließlich für dorthin berufene öffentliche Funktionäre beziehungsweise „im entsprechend beglau-
bigten öffentlichen Interesse statthaft".[112]

Der Erlaß vom 11. Juli 1915[113] leitete die systematische Repatriierungsaktion nach Westgalizien bis in die Nähe der Sanlinie ein.
Ausgenommen davon waren der Festungsbereich Krakau sowie einige andere Bezirke (Tarnow, Jaslo, Gorlice, Rzeszow). Davon abgesehen wurde die Rückkehr nicht nur „gefördert", sondern mit größ-
tem Nachdruck betrieben. Mittellose Flüchtlinge erhielten Garantie
auf freie Fahrt in Sammeltransporten, die aus Personenwagen
III. Klasse zusammengestellt werden sollten. Auch kostenlose Rückbeförderung des Gepäcks sowie freie Verpflegung während der Reise wurden zugesichert. Jenen Flüchtlingen, die mit ihren Angehörigen innerhalb von drei Wochen nach amtlicher Verlautbarung der
Freigabe ihres Wohnortes zurückkehrten, versprach man die vier-
wöchige Weiterzahlung der staatlichen Unterstützung in ihrem Heimatort.[114] Dieses Recht sowie alle Rückreisebegünstigungen gingen
verloren, wenn die dreiwöchige Frist nicht eingehalten wurde. Vor
allem aber – und insofern wurde auf mittellose Flüchtlinge sehr
wirksam Druck ausgeübt – erlosch nach Ablauf dieser Frist jegliche
Unterstützung am bisherigen Aufenthaltsort.[115]

Mit diesem Repatriierungserlaß hatten sich im Innenministerium
jene Kreise durchgesetzt, die dem Druck der Öffentlichkeit nach

---

112 K. k. Ministerium des Innern (Hrsg.): Staatliche Flüchtlingsfürsorge, S. 23.
113 Verordnungsblatt des k. k. Min. d. Innern, 1915, Erlaß des Innenministers vom
    11.7.1915, Zl. 37216. Vgl. auch: K. k. Ministerium des Innern (Hrsg.): Staatliche
    Flüchtlingsfürsorge, S. 24.
114 Ebd.
115 Verordnungsblatt des k. k. Min. d. Innern, 1915, Erlaß des Innenministers vom
    11.7.1915, Zl. 37216. In einer für die Öffentlichkeit bestimmten Darstellung des
    Innenministeriums über die Repatriierungsaktion werden bezeichnenderweise
    nur jene Bestimmungen erwähnt, die für die Rückkehr der Flüchtlinge positiven
    Anreiz bieten konnten. K. k. Ministerium des Innern (Hrsg.): Staatliche Flücht-
    lingsfürsorge, S. 23 f.

zwangsweisem Abschub der Flüchtlinge nicht nachgeben wollten. Denn im November und Dezember 1914 hatte es im Innenministerium vor allem aufgrund von Interventionen der Wiener Gemeindeverwaltung Diskussionen über die Schaffung gesetzlicher Grundlagen zur zwangsweisen Repatriierung gegeben. Angelpunkt dafür bildete ausgerechnet das „Gesetz zum Schutz der persönlichen Freiheit" (vom 27.10.1862, RGBl. Nr. 87), zugleich Bestandteil des „Staatsgrundgesetzes über die allgemeinen Rechte der Staatsbürger" (vom 21.12.1867, RGBl. Nr. 142, Art. 8). Es beinhaltete unter anderem die freie Wahl des Aufenthaltsortes, bot allerdings durch Zusatzbestimmungen zugleich die Möglichkeit einer Einschränkung. Ministerialbeamte entwarfen nun eine kaiserliche Verordnung, die den Flüchtlingen auf längstens drei Jahre das Recht auf Freiheit in der Wahl des Aufenthaltsortes nehmen sollte. Der Entwurf fand jedoch nicht die Zustimmung von Innenminister Heinold, sodaß der Ministerrat diese Initiative nicht weiter verfolgte. Auch in den folgenden Jahren kam es zu keiner derart einschneidenden Gesetzesänderung.[116]

Ungeachtet der gesetzlich garantierten Freizügigkeit waren die Flüchtlinge jedoch nach Beginn der Repatriierungsaktion Repressionen der Behörden ausgesetzt. So verlangte das Innenministerium in Wien von der „Zentralstelle" und vom „Hilfskomitee" Listen jener Personen, bei denen nach Ablauf der Frist mit 10. August die Unterstützung einzustellen war. Die Polizeidirektion sollte „überprüfen", ob die Genannten tatsächlich abgereist waren.[117] Im Frühjahr 1916 begrüßte das Innenministerium die Absicht des niederösterreichischen Landesschulrates, galizische Mittelschüler aus Gebieten der Gruppe A auszuschulen, als geeignete Maßnahme „zur Förderung der Repatriierungsaktion".[118]

Die Flüchtlinge selbst waren im allgemeinen an ihrer Rückkehr ohnedies sehr interessiert. „Kaum war die Befreiung einer Stadt

---

116 AVA, MdI, 19 in gen, F 1640/1915/1013, Präs. 9.1.1915. Der Akt enthält eine Eingabe des Wiener Bürgermeisters an den Ministerpräsidenten vom 4.1.1915, in der dieser die Notwendigkeit von Zwangsmaßnahmen erörterte. Der Ministerpräsident leitete das Schreiben an das Innenministerium mit der Aufforderung zur Stellungnahme weiter. Der Akt gibt Einblick in den damaligen Diskussionsstand im Innenministerium und enthält auch den zitierten Entwurf einer kaiserlichen Verordnung.
117 AVA, MdI, 19 in gen, F 1649/1915/42431, Veranlassung der generellen Rückkehr in einige Bezirke Galiziens, 6.8.1915.
118 AVA, MdI, 19 in gen, F 1659/1916/16236, Präs. 5.4.1916.

vom Feinde bekannt geworden", beschrieb ein Beamter des Innenministeriums die Situation, „umlagerten in den größeren Flücht-
lingszentren bereits Tausende von Flüchtlingen die Amtsgebäude
jener Behörden, von welchen sie die Gestattung der Heimreise er-
baten und erhofften."[119] Weiterhin bereitete es Mühe, Flüchtlinge,
deren Heimatgemeinden noch nicht freigegeben waren, an der
Rückreise auf illegalen Wegen zu hindern.[120]

Der Verlauf der Aktion und die Entlastung Wiens

Im August und September 1915 wurden weitere Gebiete Galiziens
und der Bukowina generell für die Rückkehr freigegeben. Außerdem wurden zahlreiche Gebiete aus dem für jeden privaten Verkehr
gesperrten Gebiet der Gruppe C in Gruppe B eingereiht. Mitte Oktober gab das Innenministerium auch Krakau und Podgorze frei, und
am 22. November folgten Lemberg und einige andere größere Städte. Zu diesem Zeitpunkt standen insgesamt nur mehr rund 300.000
Flüchtlinge in staatlicher Unterstützung. Schätzungsweise 250.000
Personen waren bereits in den Nordosten der Monarchie zurückgekehrt.[121]

Der Verlauf der Repatriierungsaktion ist von Dezember 1915 bis
zum Beginn der zweiten Flüchtlingswelle im Sommer 1916 durch
monatlich erstellte Evidenzen dokumentiert. Diese Ausweise enthalten, nach Nationalitäten aufgeschlüsselt, die Anzahl der in den
einzelnen Kronländern der österreichischen Reichshälfte in staatlicher Unterstützung lebenden Flüchtlinge.[122]

---

119 K. k. Ministerium des Innern (Hrsg.): Staatliche Flüchtlingsfürsorge, S. 23.
120 AVA, Staatsarchiv des Innern und der Justiz, MdI, Praesidiale (1848–1918) Prae-
     sidialregistratur, Varia-Bestände, K 53, Erster Weltkrieg, 1914–1918, Kriegsbe-
     dingte Verwaltungsmaßnahmen, Telegramm des Innenministeriums an das
     EOK, 42636/1915, 11.8.1915; ebd., Telefonat AOK (EOK) mit Innenministerium,
     42239/1915, 14.8.1915 (Abschrift).
121 K. k. Ministerium des Innern (Hrsg.): Staatliche Flüchtlingsunterstützung, S. 24.
122 Zusammengestellt aus Flüchtlingsevidenzen in: AVA, MdI, 19 in gen, F 1659/
     1916/15399, Präs. 31.3.1916; F 1661/1916/25066, Präs. 22.5.1916.

Tabelle 2:

Flüchtlinge in staatlicher Unterstützung in Österreich
(Dezember 1915 – Mai 1916)

	Dezember	Jänner	Feb./März[123]	April	Mai
Polen	41.275	38.090	30.473	27.628	13.862
Juden	85.703	80.177	77.583	75.301	57.000
Ruthenen[124]	29.733	43.988	46.205	47.034	38.805
Italiener[125]	98.340	113.911	111.384	118.260	97.358
Deutsche	5.362	5.063	4.113	4.763	1.481
Rumänen	16	131	33	51	1
Kroaten	8.901	9.779	8.006	3.103	7.456
Slowenen	15.822	29.991	22.840	17.233	8.245
Andere	6.307	348	4.616	4.438	252
Zusammen	291.459	321.478	305.253	297.811	224.460

Auch in Wien machte sich die Entlastung rasch bemerkbar. Seit Juli 1915 gingen täglich „Sammeltransporte" mit fallweise bis zu 400 Personen nach Galizien.[126] Anfang Dezember 1915 standen in der Hauptstadt nur mehr 56.000 Personen – unter ihnen 32.000 Juden – in staatlicher Unterstützung. Damit hatte sich ihre Zahl gegenüber Anfang 1915 auf etwas mehr als ein Drittel reduziert. Bis Mai 1916 ist die weitere Entwicklung auch für Wien in den eben zitierten Flüchtlingsevidenzen festgehalten:[127]

---

123 Für diese beiden Monate geben die Ausweise identische Zahlen an.

124 Die Zahl der unterstützten Ruthenen nahm wohl in Wien während dieses Zeitraumes von 7.000 auf 4.000 ab. In den niederösterreichischen und böhmischen Lagern und Gemeinden wurden hingegen fast 20.000 Ruthenen, die erst jetzt evakuiert worden waren, untergebracht. Sie mußten Ostgalizien verlassen, da hier nach dem Ende der deutsch-österreichischen Offensive mit der Schlacht von Tarnopol im September 1915 eine neue Front in ruthenischem Siedlungsgebiet aufgebaut wurde.

125 Die Italiener, die zahlenmäßig die größte Gruppe unter den Flüchtlingen darstellten, waren vor allem in Niederösterreich, in der Steiermark, in Böhmen und in Mähren untergebracht. In Wien stieg ihre Anzahl während dieses Zeitraumes von 5.000 auf 8.000.

126 A/Pol.Dion., Tagesberichte für Juli und August 1915 (Unterlagen für die anderen Monate fehlen).

127 Weshalb die Angaben für Wien im Gegensatz zu den Kronländern gerundet wurden, ist unklar. AVA, MdI, 19 in gen, F 1659/1916/15399, Präs. 31.3.1916; F 1661/1916/25066, Präs. 22.5.1916.

Tabelle 3:

**Flüchtlinge in staatlicher Unterstützung in Wien
(Dezember 1915 – Mai 1916)**

	Dezember	Jänner	Feb./März	April	Mai
Juden	32.000	30.000	27.000	23.500	20.000
Polen	12.000	10.000	8.500	6.500	5.000
Ruthenen	7.000	6.000	5.000	4.000	4.000
Italiener	5.000	6.000	7.000	8.000	8.000
Zusammen[128]	56.000	52.000	47.500	42.000	37.000

Vor Beginn der erfolgreichen russischen Großoffensive im Sommer 1916 lebte somit nur mehr rund ein Viertel der ursprünglich rund 150.000 staatlich unterstützten Flüchtlinge in der Hauptstadt, ohne daß – wie vor allem die Wiener Gemeindevertretung immer wieder gefordert hatte – eine neue gesetzliche Regelung die Grundlage für einen Zwangsabschub geschaffen hätte. Die Entziehung der Unterstützung reichte als Druckmittel völlig aus.

Entgegen allen Befürchtungen[129] kehrten die betroffenen Flüchtlinge sehr bereitwillig in die befreiten Gebiete zurück. Nicht dokumentiert ist für diese Phase hingegen die Zahl jener Personen, die sich den Aufenthalt in Wien aus Ersparnissen oder auch durch Arbeitseinkommen finanzierten und deren Entscheidung die Behörden daher kaum beeinflussen konnten. Im ersten Halbjahr 1915 waren es rund 50.000 gewesen. Es ist anzunehmen, daß auch sie zum größeren Teil heimkehrten. Schätzungen der Israelitischen Allianz zufolge lebten im Frühsommer 1916 insgesamt noch 40.000 bis 50.000 Flüchtlinge in Wien, die zumeist aus dem nicht gänzlich befreiten Ostgalizien stammten und mehrheitlich auf jeden Fall jüdisch waren.[130]

Heimkehr in Ruinen

Das Innenministerium konnte mit der raschen Entlastung des Hinterlandes zufrieden sein. Für viele Flüchtlinge wurde die Repatriierung jedoch zum Alptraum, vergleichbar den Ereignissen zu Kriegsbeginn. Es begann damit, daß für den Transport anstelle der

---

128 Unterstützte Flüchtlinge anderer Nationalitäten scheinen in den Evidenzen für Wien nicht auf.

129 Vgl. v. a. AVA, MdI, 19 in gen, F 1640/1915/1013 Schreiben des Wiener Bürgermeisters an den Ministerpräsidenten vom 4.1.1915.

130 Kriegs-Hilfsaktion der Israelitischen Allianz zu Wien 1916/17. Separat-Abdruck aus dem vom Vorstande der Israelitischen Allianz an die Generalversammlung vom 25. Juni 1917 erstatteten Berichte. Wien 1917, S. 16.

im Repatriierungserlaß angekündigten Personenwagen vielfach wiederum Güter- und Viehwaggons ohne Beleuchtung und Sitzgelegenheit zum Einsatz kamen. Sie wurden mit Flüchtlingen buchstäblich vollgepfropft. Ein Krakauer Hilfskomitee berichtete voll Empörung von einem Transport, der 48 Stunden von Prag unterwegs gewesen sei. Obwohl es lange Fahrtunterbrechungen gegeben habe, sei den Flüchtlingen weder das Aussteigen gestattet worden, noch habe man ihnen irgendwo Verpflegung zur Verfügung gestellt. In Krakau angelangt, hätten sie noch tagelang ohne jede Betreuung auf die Weiterbeförderung gewartet.[131]

Da die Behörden auch Ortschaften zur allgemeinen Rückkehr freigegeben hatten, die im Verlauf von Kampfhandlungen oder aus strategischen Gründen durch die k. u. k. Armee nahezu völlig zerstört worden waren, fanden die Rückkehrer in ihren Heimatgemeinden vielfach Bedingungen vor, welche ihre schlimmsten Befürchtungen weit übertrafen.[132] Akuter Mangel an Nahrungsmitteln, Trinkwasser und Brennmaterial stellten unlösbare Probleme dar. Seuchen forderten zahlreiche Opfer. Dazu kam, daß sich viele Flüchtlinge in ihrer Hoffnung auf zumindest vierwöchigen Weiterbezug der staatlichen Unterstützung getäuscht sahen. Der Repatriierungserlaß hatte diese Zahlung vorgesehen, sie aber von der Einhaltung einer dreiwöchigen Frist zwischen Freigabe der Gemeinde zur Repatriierung und tatsächlicher Rückkehr – d. h. Meldung bei der zuständigen Bezirkshauptmannschaft – abhängig gemacht.[133] Dies war jedoch in vielen Fällen gerade durch den Bürokratismus der k. k. Behörden verhindert worden.[134] Auch die schlechten Verkehrsverbindungen in Galizien verhinderten oft eine rechtzeitige Meldung.[135]

---

131 AVA, MdI, 19 in gen, F 1650/1915/47763, Präs. 3.9.1915.
132 Vgl. z. B. AVA, MdI, 19 in gen, F 1655/1915/67440, Präs. 15.12.1915, Ansuchen der Flüchtlinge aus Cieszanow und Narol um Ausscheiden dieser Gemeinden aus der Gruppe der freigegebenen Ortschaften.
133 AVA, MdI, 19 in gen, F 1653/1915/59737, Schreiben Schwarz-Hillers an Innenministerium, 15.10.1915.
134 So verlangten die Polizei-Kommissariate zur Ausstellung der für die Rückkehr benötigten Paßanweisungen Heimatscheine. Zahlreiche Flüchtlinge besaßen jedoch keine gültigen Dokumente bzw. hatten sie bei ihrem überstürzten Aufbruch von zu Hause nicht mitgenommen. Durch Amtswege ergaben sich nun oft folgenschwere Verzögerungen. Vgl. AVA, MdI, 19 in gen, F 1650/1915/48449, Präs. 7.9.1915, Rückkehr der Flüchtlinge nach Galizien und in die Bukowina.
135 Schwarz-Hiller schlug vor, das zuständige Gendarmerie-Ortskommando sollte diese Rückkehrmeldung entgegennehmen. Das Innenministerium lehnte jedoch in „Hinblick auf die lokalen Verhältnisse in Galizien" ab. AVA, MdI, 19 in gen, F 1653/1915/59737, Schreiben Schwarz-Hillers an Innenministerium, 15.10.1915, dazu Aktenvermerk des Innenministeriums.

Interventionen von Flüchtlingen, galizischen Landesbehörden[136] oder auch der Israelitischen Allianz in Wien[137] führten schließlich dazu, daß das Innenministerium die Freigabe einiger Gemeinden zur allgemeinen Rückkehr widerrief.[138] In Lemberg hingegen, das im November 1915 freigegeben worden war, verlängerte das Innenministerium aufgrund einer Intervention des Statthaltereipräsidiums für die Flüchtlinge die Frist zur Rückkehr bis Ende März 1916.[139]

Ohne Zweifel war die Repatriierungsaktion für den Wiederaufbau Galiziens und der Bukowina eine unabdingbare Voraussetzung. Doch die Eile, mit der man die Flüchtlinge in das Chaos der eben zurückeroberten, teils schwer verwüsteten Gebiete schickte, war verantwortungslos und diente vor allem dem Interesse des Hinterlandes. Im übrigen stellte sich bald heraus, daß die Aktion zu früh eingeleitet worden war. Denn ein neuerlicher russischer Vorstoß brachte sie zum Stillstand und ließ die Flüchtlingszüge im Sommer 1916 wieder in entgegengesetzter Richtung rollen.

Die Brussilow-Offensive und ihre Folgen

Anfang 1916 begann unter General Brussilow ein russischer Großangriff, der für die zaristische Armee zwar sehr verlustreich verlief, aber nochmals Gebietsgewinne brachte. Sehr schnell wurden wiederum fast ganz Ostgalizien und die Bukowina erobert und bis zur deutsch-österreichischen Gegenoffensive ab Juli 1917 auch gehalten.

Für die teils eben erst repatriierten Bewohner der neuerlich betroffenen Gebiete wiederholte sich die Situation vom Spätsommer und Herbst 1914. Unter noch schwierigeren Bedingungen als da-

---

136 AVA, MdI, 19 in gen, F 1655/1915/67440, Präs. 15.12.1915, Ansuchen der Flüchtlinge aus Cieszanow und Narol um Ausscheiden dieser Gemeinden aus der Gruppe der freigegebenen Orte.
137 AVA, MdI, 19 in gen, F 1658/1916/10864, Schreiben der Israelitischen Allianz zu Wien an Innenministerium, 20.12.1915.
138 Vgl. z. B.: AVA, MdI, 19 in gen, F 1648/1915/37787, Präs. 15.7.1915: Die Freigabe des Bezirkes Stry wurde widerrufen; AVA, MdI, 19 in gen, F 1656/1916/2348, Präs. 15.1.1916: Die Gemeinden Cieszanow, Narol, Przemyslany, Dunajow, Glinany und Swirz wurden aus Gruppe A ausgereiht.
139 AVA, MdI, 19 in gen, F 1655/1915/69109, Telefonat des Statthaltereipräsidiums mit Innenministerium am 24.12.1915.

mals setzte eine neuerliche Flucht in Richtung Westen ein, welche die österreichischen Behörden diesmal allerdings wegen der schlechten Versorgungslage im Innern der Monarchie und der bevorstehenden Ernte nach Möglichkeit einzudämmen versuchten. Auch wenn eine Evakuierung aus dem Kampfgebiet unumgänglich war, sollte vor allem die bäuerliche Bevölkerung im Land gehalten werden.[140] Das Innenministerium gab daher Anweisung, die Flucht aus nicht unmittelbar bedrohten Gebieten unbedingt „hintanzuhalten" und die Bewohner frontnaher Gebiete keinesfalls zum Verlassen des Landes aufzufordern, sondern nur denjenigen, die Eigeninitiative ergriffen, behilflich zu sein.[141] Wie ein pensionierter Bezirkssekretär aus Storozynetz in der Bukowina berichtete, brachten die k. k. Behörden Ostgaliziens und der Bukowina sich in vielen Fällen selbst in Sicherheit, während man der Bevölkerung gegenüber „bis zum letzten Moment" darum bemüht gewesen sei, „die sichtlich vorhandene Gefahr zu vertuschen":

„Einiges Vieh wurde kurz zuvor abgetrieben, die verzweifelten Menschen waren ihrem Schicksal überlassen. In der Nacht vom 17. auf den 18. Juni 1916 ließ sich nichts mehr verbergen. Die Russen waren in Czernowitz eingezogen, die Nachricht hatte sich wie der Blitz im Städtchen verbreitet. Die ganze Bevölkerung geriet in hellste Verzweiflung. Die meisten blieben daheim, die übrigen griffen zum dritten Mal zum Wanderstabe.
Nur wenigen gelang es, auf einem Lastauto unterzukommen, oder ein elendes Fuhrwerk um einen wahnsinnigen Preis zu erlangen, die meisten dieser Unglücklichen, die sich zur Flucht entschlossen, pilgern oder jagen vielmehr mit kleinen Bündeln zu Fuß zur Stadt hinaus. Der Feind ist tatsächlich auf den Fersen."[142]

Das Innenministerium versuchte zunächst wiederum, den Flüchtlingsstrom von den großen Städten (Wien, Graz, Prag, Brünn) fernzuhalten. Sammeltransporte konnten ohne Schwierigkeiten in kleinere Gemeinden oder in Lager dirigiert werden. Anders stand es jedoch mit Personen, die auf eigene Initiative die Perlustrierungsstationen erreichten und häufig nach Wien weiterreisen wollten. Vor

---

140 KA/KÜA, 1916/79478, Präs. 11.8.1916, Schreiben des Kriegsministeriums an das AOK, 21.7.1916 (Abschrift an KÜA).
141 AVA, MdI, 19 in gen, F 1662/1916/30773, Telegramme des Innenministeriums an die Statthaltereien Biala und Brünn, an die Landesregierung Troppau, an AOK, Kriegsministerium und Eisenbahnministerium, 22.6.1916; vgl. auch AVA, MdI, 19 in gen, F 1662/1916/29461, Präs. 17.6.1916, Unbegründete Flucht aus Galizien; Hintanhaltung.
142 AVA, MdI, 19 in gen, F 1701/1918/57959, Präs. 5.10.1918.

allem „höher stehenden" Flüchtlingen gegenüber, auch wenn sie mittellos waren, sollten die Behörden sehr vorsichtig agieren, um jeden Eindruck von Zwangsmaßnahmen zu vermeiden. Ließen sie sich durch Warnungen vor der Notsituation in der Hauptstadt nicht abschrecken, so waren sie nicht weiter zu behindern. Polizeiorgane auf den Wiener Bahnhöfen wurden angewiesen, sie „freundlich und wohlwollend" zu empfangen und auf die „Zentralstelle" aufmerksam zu machen. Die „Zentralstelle" wurde ermächtigt, Flüchtlinge bis auf weiteres uneingeschränkt in die staatliche Unterstützung aufzunehmen.[143] Als Wiener Polizeikommissariate versuchten, neu ankommende Flüchtlinge durch Verweigerung der polizeilichen Anmeldung zur Weiterreise zu zwingen, erhielten sie einen scharfen Verweis des Ministeriums.[144]

Die Niederlagen der k. u. k. Armee erzwangen schließlich doch Vorbereitungen für die neuerliche Aufnahme einer größeren Anzahl von Flüchtlingen außerhalb der österreichischen Lager und Flüchtlingsgemeinden. Ungarn verpflichtete sich diesmal, 25.000 Personen aus dem galizischen Kriegsgebiet aufzunehmen und weitere 25.000 Plätze für den Notfall einzurichten. Die Kosten sollte Österreich zunächst ersetzen. Die Regierung wies das ungarische Innenministerium allerdings darauf hin, daß letztlich alle Ausgaben der Flüchtlingsfürsorge den gemeinsamen Etat belasten würden.[145]

Auch auf österreichischem Staatsgebiet mußten zusätzliche Unterkünfte eingerichtet werden. Erste Planungen sahen die Unterbringung von 50.000 Flüchtlingen in niederösterreichischen Gemeinden sowie 100.000 Flüchtlingen in Wien vor. Da die Wiener Bevölkerung nicht zuletzt wegen des Ausfalls galizischer Getreide- und Fleischlieferungen bereits unter empfindlichen Versorgungsmängeln litt,[146] wurden Protestaktionen befürchtet, so daß die Vor-

---

143 AVA, MdI, 19 in gen, F 1662/1916/30061, Abschrift eines Phonogrammes des Innenministeriums an die Wiener Polizeidirektion und an die Zentralstelle der Fürsorge für Kriegsflüchtlinge, 20.6.1916.

144 AVA, MdI, 19 in gen, F 1662/1916/30513, Präs. 23.6.1916, Phonogramm des Innenministeriums an die Wiener Polizeidirektion.

145 Die Vereinbarung trafen das österreichische und das ungarische Innenministerium am 21. Juli 1916. AVA, MdI, 19 in gen, F 1664/1916/35528, Bericht über Vereinbarungen mit dem ungarischen Innenministerium.

146 Vgl. Hans Loewenfeld-Russ: Die Regelung der Volksernährung im Kriege. Wien 1926 (= Carnegie-Stiftung für internationalen Frieden. Abteilung für Volkswirtschaft und Geschichte. Wirtschafts- und Sozialgeschichte des Weltkrieges. Österreichische und ungarische Serie.), S. 51 ff.

bereitungen des Innenministeriums geheim zu halten waren.[147] Diese Präventivmaßnahmen erübrigten sich allerdings mit dem Stillstand der russischen Offensive im August 1916.

Das tatsächliche Ausmaß der Flüchtlingswelle vom Sommer 1916 läßt sich nur beiläufig abschätzen, da die k. k. Bürokratie mit der Erfassung der Flüchtlinge überfordert war. Die Reihe der monatlich angefertigten Flüchtlingsevidenzen bricht im Juni 1916 ab und beginnt erst wieder mit Mai 1917. Schätzungen zufolge waren es rund 200.000 Personen, von denen mehr als die Hälfte in böhmischen und mährischen Barackenlagern und Gemeinden, ca. 20.000 in Ungarn, 40.000 in Niederösterreich und Wien und etwa 30.000 in anderen Kronländern Aufnahme fanden.[148] Die Dimension der Flüchtlingswelle vom Herbst 1914 wurde somit bei weitem nicht erreicht. Der größere Teil Galiziens war diesmal freilich vor feindlicher Besetzung verschont geblieben. Auch in den besetzten Gebieten war die Bereitschaft, Strapazen und Ungewißheit der Flucht auf sich zu nehmen, wahrscheinlich geringer als 1914. Auch jüdische Bürger leisteten unter Umständen einer drohenden Evakuierung durch die k. k. Behörden erbitterten Widerstand.[149] So reichten für die Unterbringung der Flüchtlinge die alten Lager und Unterkünfte in kleineren Gemeinden im wesentlichen aus. Die neuerliche Belastung der großen österreichischen Städte hielt sich in Grenzen.

In Wien war die Anzahl der staatlich unterstützten Flüchtlinge von 37.000 im Mai 1916[150] lediglich auf rund 45.200 im Oktober gestiegen. Ein (vereinzelter) amtlicher Ausweis vom 1. Oktober 1916 zeigt überdies, daß sich dieser Zuwachs eher aus dem südlichen als aus dem nördlichen Kriegsgebiet gespeist hatte. Die Zahl der mit-

---

147 Die „Zentralstelle" wurde beispielsweise beauftragt, Massenunterkünfte für 20.000 Personen ohne Angabe des Zwecks in Wien zu mieten und sie mit den nötigen Einrichtungsgegenständen auszustatten sowie verläßliches Personal für die Betreuung bereitzustellen. AVA, MdI, 19 in gen, F 1664/1916/39202, Präs. 6.8.1916, Phonogramm des Innenministeriums an die Statthalterei Wien und an die Zentralstelle; Siehe auch KA/KÜA, 80259/1916, Präs. 21.8.1916, Telegramm des Innenministeriums an das Kriegsministerium (KÜA).

148 Vgl.: Kriegs-Hilfsaktion der Israelitischen Allianz zu Wien 1916/17, S. 13 ff.

149 Als z. B. im August die bukowinische Gemeinde Dornawatra aus militärischen Gründen evakuiert werden sollte, widersetzten sich Hunderte Juden, die hier Zuflucht gefunden hatten, mit allen Mitteln einem weiteren Abschub in den Westen. Sie schützten Krankheiten vor, sie ließen sich nur mit Gewalt zum Bahnhof bringen. AVA, MdI, 19 in gen, F 1666/1916/49212, Schreiben des bukowinischen Landespräsidenten an das Innenministerium, 27.8.1916.

150 Vgl. Tabelle 3.

tellosen jüdischen Flüchtlinge wäre demzufolge nur von 20.000 auf
22.000 angewachsen.[151] Sicher waren in den Sommermonaten
wesentlich mehr als 2.000 jüdische Flüchtlinge neu in Wien eingelangt,[152] die Zuwachsrate wurde aber zum Teil dadurch aufgewo-
gen, daß auch während dieser Phase die Repatriierungsaktion nach
Westgalizien ihren kontinuierlichen Verlauf nahm. Sogar im Juli
1916 meldeten sich 1.774 Flüchtlinge aus dem Nordosten der Monarchie zur Heimreise ab.[153]

Die Fortsetzung der Repatriierungsaktion bis Kriegsende

Auch von August bis Dezember 1916 verließen monatlich rund
2.000 Flüchtlinge die Hauptstadt in Richtung Galizien und Bukowina.[154] Für die folgenden Monate sind weder Aufzeichnungen der
Wiener Polizeidirektion noch des Innenministeriums überliefert,
sodaß sich die weitere Entwicklung in Wien erst wieder ab Mai
1917 anhand von monatlich erstellten amtlichen Flüchtlingsevidenzen dokumentieren läßt:

---

151 Die Zahl der italienischen Flüchtlinge in Wien hatte sich von 4.000 auf 8.000 erhöht, 500 Kroaten und 700 Slowenen waren aufgenommen worden. Die Zahl der
   Polen war von 5.000 auf 5.500 angewachsen, die der Ruthenen von 4.000 auf
   4.500. Die Anzahl der in Unterstützung stehenden mittellosen Flüchtlingen in allen Kronländern hatte sich diesem Ausweis zufolge von 57.000 im Mai 1916 auf
   über 96.000 am 1. Oktober 1916 erhöht. AVA, MdI, 19 in gcn, F 1677/1917/27862,
   Ausweis vom 1.10.1916, Beilage zu: Evidenz der Kriegsflüchtlinge vom 1.5.1917.
   Es kann angenommen werden, daß ein Teil der ursprünglich geflüchteten Personen nach Beendigung der Kampfhandlungen sehr rasch wieder nach Galizien
   zurückkehrte.
152 Vgl. A/Pol.Dion., Stimmungsberichte aus der Kriegszeit. 22.6.1916, 29.6.1916,
   6.7.1916. Zahlen werden nicht angegeben, aber es ist immer wieder die Rede
   von einem „merklichen" Anwachsen der Zahl der Flüchtlinge.
153 A/Pol.Dion., Kriegs-Tagesereignisse, Juli 1916.
154 Berechnungen nach Aufzeichnungen der Polizeidirektion Wien. A/Pol.Dion.,
   Kriegs-Tagesereignisse, August bis Dezember 1916.

**Flüchtlinge in staatlicher Unterstützung in Wien
(1. Mai 1917 – 1. September 1918)[155]**

	insgesamt	davon jüdisch
1. 5.1917	48.115	40.637
1. 6.1917	45.675	40.237
1. 7.1917	46.750	41.213
1. 9.1917	50.885	43.709
1.10.1917	49.400	42.741
1.11.1917	47.893	41.113
1.12.1917	45.876	39.376
1. 1.1918	45.315	38.877
1. 2.1918	44.571	38.367
1. 3.1918	43.551	37.523
1. 5.1918	37.739	32.200
1. 6.1918	33.927	28.833
1. 8.1918	21.809	18.937
1. 9.1918	20.081	17.275

Gegenüber Mai 1916 hatte sich die Anzahl der in Wien unterstützten Flüchtlinge innerhalb eines Jahres von rund 37.000 auf rund 48.000 erhöht. Bemerkenswert ist hierbei die Verschiebung der nationalen Zusammensetzung: Betrug der jüdische Anteil im Mai 1916 mit etwa 20.000[156] Personen etwas mehr als die Hälfte, so waren im Mai 1917 fünf Sechstel aller hier unterstützten Flüchtlinge galizische und bukowinische Juden. Ihre Anzahl hatte sich in diesem Zeitraum verdoppelt.

Die neuerliche Zunahme an registrierten Flüchtlingen war zum Teil eine Folge der fortschreitenden Verelendung ursprünglich „bemittelter" Flüchtlinge, die sich zwar schon lange in Wien aufgehalten hatten, aber erst jetzt um Unterstützung ansuchten.[157]

Auch bei Vorliegen besonderer Gründe (Krankheit, Anschluß an Familienangehörige) gestattete Rudolf Schwarz-Hiller, der als Leiter der „Zentralstelle" die Entscheidung traf, nunmehr häufig die Überstellung aus Flüchtlingslagern nach Wien bzw. die Neuaufnahme von Personen, die bisher in Galizien und der Bukowina geblieben

---

155 Zusammenstellung nach Statistiken in: AVA, I Inneres, Praes., Varia Bestände, K 54, 1. Weltkrieg 1914–1918, Flüchtlinge.
156 Vgl. Tabelle 3.
157 Vgl. dazu Winkler: Einkommensverschiebungen in Österreich während des Weltkrieges, S. 25 f.

waren.[158] Das Innenministerium, das in periodischen Abständen über die Neuaufnahmen informiert wurde,[159] drängte Schwarz-Hiller allerdings bereits im Sommer 1917 zu einer restriktiveren Haltung vor allem gegenüber den Gesuchen jüdischer Flüchtlinge.[160] Ab September 1917 übertraf die Zahl der Repatriierungen wiederum jene der Neuaufnahmen.[161] Im September 1918 waren schließlich nur mehr 17.275 jüdische Flüchtlinge registriert.[162]

Das Jahr 1917 war durch zunehmenden Widerstand der Bevölkerung gegen den weiteren Aufenthalt jüdischer Flüchtlingen in Wien gekennzeichnet.[163] Auch von seiten der Behörden kamen nun immer neue Vorstöße. Im April 1917 suchte die Wiener Polizeidirektion beim Innenministerium um Rückendeckung für eine geplante Aktion gegen 662 Flüchtlingsfamilien an. Da diese ihren Unterhalt aus Eigenmitteln bzw. Arbeitseinkommen bestritten, fehlte für einen zwangsweisen Abschub jede rechtliche Grundlage. Das Innenministerium lehnte das Vorhaben der Polizeidirektion folglich ab.[164]

Im Dezember 1917 und im Jänner 1918 begann Bürgermeister Weiskirchner neuerlich sehr vehement, vor allem unter Hinweis auf die Wohnungsnot, auf eine raschere Durchführung der Repatriierung zu drängen. Auch seine Vorschläge beinhalteten gesetzes-

---

158 Vgl. dazu vor allem die Überreste des Archivs der Zentralstelle der Fürsorge für Kriegsflüchtlinge. AVA, Inneres, Allgemein, Sonderbestände, 3 Faszikel. Etwa die Hälfte des Bestandes beinhaltet Gesuche von Flüchtlingen aus den Monaten Mai, Juni, Juli 1916 sowie März, Juli, August, September 1917. Zum größten Teil sind die Antragsteller ausdrücklich oder sehr wahrscheinlich (dem Namen nach zu schließen) jüdisch und stammen aus Galizien und der Bukowina. Die meisten von ihnen geben bereits eine Wiener Adresse als Wohnort an, mehrheitlich im II. bzw. XX. Bezirk. Zumeist wird die Aufnahme in die Flüchtlingsunterstützung oder ihr weiterer Bezug beantragt, häufig geht es auch um Aufnahme in ein Krankenhaus. Die Gesuche wurden ganz überwiegend positiv erledigt.

159 Z. B. AVA, MdI, 19 in gen, F 1671/1917/3519, 12.1.1917; F 1672/1917/8374, 13.2.1917; F 1672/1917/10270, 28.2.1917.

160 AVA, MdI, 19 in gen, F 1678/1917/35896, Aktenvermerk des Innenministeriums auf Schreiben Schwarz-Hillers vom 2.7.1917.

161 So wurden beispielsweise vom 9.10.1917 bis zum 10.11.1917 immerhin noch insgesamt 382 Flüchtlinge neu in die Unterstützung aufgenommen – 279 davon waren jüdisch. AVA, MdI, 19 in gen, F 1685/1917/72105, Bericht Schwarz-Hillers an das Innenministerium, 10.11.1917.

162 Vgl. Tabelle 4.

163 Vgl. dazu Kapitel 6.1.

164 AVA, MdI, 19 in gen, F 1675/1917/19384, Schreiben der Polizeidirektion Wien an das Innenministerium, 20.4.1917; Antwort des Ministeriums, 9.5.1917.

widrige Zwangsmaßnahmen.[165] Da es außerhalb Wiens bereits wiederholt zu eigenmächtigen Aktionen lokaler Behörden gekommen war und unliebsames Aufsehen um jeden Preis verhindert werden sollte,[166] sah sich das Innenministerium zu scharfen Verweisen veranlaßt.[167] Für einen späteren Zeitpunkt – „eventuell nach Friedensschluß" – stellte allerdings auch das Ministerium die „Schaffung einer gesetzlichen Grundlage" für Zwangsrepatriierungen in Aussicht.[168]

Die Repatriierungsdiskussion fand ohne Bezugnahme auf die katastrophale Situation in den beiden nordöstlichen Kronländern statt. Der Druck, der nach wie vor über den Entzug der staatlichen Unterstützung im Hinterland ausgeübt wurde, war problematisch genug. Manche in die Gruppe A (frei zur allgemeinen Rückkehr) eingereihte Regionen waren dermaßen verwüstet, daß das Überleben der Heimkehrer vor allem im Winter von vornherein fraglich erschien.[169] Im Jänner 1918 gelangten Meldungen nach Wien, wonach in Ostgalizien täglich Hunderte (!) repatriierter Flüchtlinge an den Folgen ihrer Unterernährung starben.[170]

Während der Wintermonate 1917/18 mußte das Innenministerium wiederholt eine Überprüfung der Repatriierungsgebiete anordnen und in besonders krassen Fällen Rückkehrverfügungen aufheben.[171] Seit März 1918 drängte es jedoch wieder auf raschere

---

165 AVA, MdI, 19 in gen, F 1687/1917/78288, Abschrift eines Schreibens des Kriegsministeriums an den Chef des Generalstabes für die gesamte bewaffnete Macht, 11.12.1917. Siehe auch ebd., Schreiben des R. R. Abg. Halban an das Innenministerium, 14.12.1917; AVA, MdI, 19 in gen, F 1690/1918/13688, Schreiben Weiskirchners an das Innenministerium, 16.1.1918.

166 „Die Anwendung gesetzlich nicht begründeter Zwangsmaßnahmen würde ... eine Erbitterung hervorrufen und seitens der parlamentarischen Vertreter Rekriminationen heraufbeschwören. Dies erscheint im Hinblick auf den in kürzester Zeit zu gewärtigenden Zusammentritt des Reichsrates nicht erwünscht". AVA, MdI, 19 in gen, F 1675/1917/19384, Schreiben des Innenministeriums an die Polizeidirektion Wien, 9.5.1917.

167 Z. B. AVA, MdI, 19 in gen, F 1685/1917/71131, Telegramme des Innenministeriums an Statthalter/Landespräsidenten in Graz, Prag, Wien, Troppau, Brünn, Linz, 10.11.1917.

168 AVA, MdI, 19 in gen, F 1675/1917/19384, Schreiben des Innenministeriums an Polizeidirektion Wien, 9.5.1917.

169 Vgl. dazu z. B. AVA, MdI, 19 in gen, F 1685/1917/69542, Schreiben des Innenministeriums an das Finanzministerium, 7.11.1917.

170 AVA, MdI, 19 in gen, F 1688/1918/2960, Schreiben des Innenministeriums an die Statthalterei in Galizien (mit der Bitte um nähere Informationen), 17.1.1918.

171 Vgl. z. B. AVA, MdI, 19 in gen, F 1685/1917/69542, 7.11.1917; F 1685/1917/71131, Telegramme des Innenministeriums an Statthalter/Landespräsidenten in Graz, Prag, Wien, Troppau, Brünn, Linz, 10.11.1917; F 1685/1917/69556, Schreiben des Innenministeriums an politische Landesstellen, 14.11.1917.

Durchführung der Aktion. Jene Gebiete Westgaliziens, die bisher aus strategischen Gründen immer noch für die Zivilbevölkerung gesperrt waren, wurden nun der Kategorie B zugeordnet, d. h. die Rückkehr konnte vorläufig auf freiwilliger Basis erfolgen.[172] In den nächsten Monaten sollte jedoch eine Reihe dieser Gemeinden in Gruppe A eingereiht werden. Das Innenministerium beauftragte die Statthalterei Lemberg, in dieser Angelegenheit bis 1. Juni „erschöpfend" und „antragstellend" zu berichten.[173] Auch Ostgalizien und die Bukowina – als „engeres Kriegsgebiet" unterstanden beide Regionen immer noch der Kontrolle des Armee-Oberkommandos – waren nun für die „im Interesse des Hinterlandes so notwendige Heimkehr der Flüchtlinge" vorgesehen.[174]

All diesen Verfügungen mangelte es jedoch an Bezug zur Realität. Im Juli 1918 kam eine Repatriierungskommission, die in Lemberg tagte, zu dem Ergebnis, daß aufgrund der schweren Verwüstungen nicht einmal die Versorgung der bereits heimgekehrten Flüchtlinge gesichert war.[175] Das Ministerium konnte somit die Repatriierung nicht durch Freigabe weiterer Gebiete zur allgemeinen Rückkehr forcieren – nicht zuletzt, weil es andernfalls Widerstand im parlamentarischen Flüchtlingsausschuß befürchtete, „dem sachlich nicht mit entsprechender Sicherheit gegenübergetreten werden könnte".[176]

Weitere Regelungen wurden daher auf das Frühjahr 1919 verschoben. Zu diesem Zeitpunkt sollte die Gruppeneinteilung aufgehoben und die Unterstützung im Hinterland generell eingestellt werden. Jede weitere Flüchtlingsfürsorge wäre in der Folge „endgiltig aus dem Hinterlande in jene Länder" zu verlegen, „in deren Bereich sich Fluchtgebiete befinden".[177] Was unter „weiterer Flüchtlingsfürsorge" zu verstehen war und wie die Finanzierung der angekündigten Maßnahmen aussehen sollte, blieb allerdings ungeklärt.

Auch eine Anweisung an die politischen Landesstellen im Oktober 1918 läßt diese und andere Fragen offen:

---

172 AVA, MdI, 19 in gen, F 1691/1918/15048, Präs. 13.3.1918.

173 AVA, MdI, 19 in gen, F 1692/1918/23177, 20.4.1918.

174 AVA, MdI, 19 in gen, F 1692/1918/23526, Schreiben des Innenministeriums an das AOK, 22.4.1918.

175 AVA, MdI, 19 in gen, F 1695/1918/40618, Heimkehr der Flüchtlinge nach Galizien, generelle Regelung, Ergebnis der Repatriierungskommission, 13.7.1918, Aktenvermerk des Innenministeriums.

176 Ebd.

177 Ebd.

„In Anbetracht der Schwierigkeiten, die sich in manchen Teilen der Repatriierungsgebiete den heimgekehrten Flüchtlingen entgegenstellen und deren wirtschaftliche Existenz über den Winter 1918/19 zu gefährden geeignet sind, sieht sich das Ministerium des Innern im Einvernehmen mit dem Finanzministerium veranlaßt, die repatriierten Flüchtlinge unter gewissen Voraussetzungen über den kommenden Winter einer Weiterversorgung teilhaftig werden zu lassen."[178]

Was verstand das Ministerium unter Gefährdung der „wirtschaftlichen Existenz"? Unter welchen „gewissen Voraussetzungen" wollte man Flüchtlinge weiter unterstützen? Die staatliche Flüchtlingspolitik der letzten Kriegsphase erweckt den Eindruck, als wären Maßnahmen und Verfügungen nicht erst durch den endgültigen militärischen Zusammenbruch gegenstandslos geworden. Für eine gezielte Hilfeleistung war im Herbst 1918 offenkundig kein Geld vorhanden. Das Innenministerium dürfte daher nicht mehr in der Lage gewesen sein, seine Verantwortung für die Flüchtlinge gegenüber untergeordneten Organen und der Bevölkerung glaubhaft zu vertreten. Vor allem aber fehlte jedes Konzept für eine künftige Bewältigung des Problems.

Die Repatriierungsaktion war ungeachtet aller Mißstände seit März 1918 kontinuierlich vorangeschritten. Zwischen März und September 1918 hatte sich die Zahl aller in der österreichischen Reichshälfte unterstützten Kriegsflüchtlinge von 488.974 auf 326.261 reduziert. In Wien gab es sogar einen Rückgang von mehr als 50%, nämlich von 45.315 (davon 38.877 jüdisch) auf 20.081 (davon 17.275 jüdisch).[179] Längst waren auch, unter den üblichen Begleitumständen,[180] zahlreiche Flüchtlinge in Gebiete der Gruppe B zurückgekehrt. Zumeist handelte es sich um eine Heimkehr in Ruinen.

In vielen Orten war die Situation vermutlich nicht anders als in Zablotow, das durch Manès Sperbers Kindheitserinnerungen bekannt geworden ist.[181] Der Bürgermeister des Städtchens wandte

---

178 AVA, MdI, 19 in gen, F 1700/1918/55937, Weiterversorgung der in zur Rückkehr freigegebene Gebiete zurückgekehrten Flüchtlinge, Aktenvermerk 13.10.1918.
179 AVA, I Inneres, Praes., Varia Bestände, K 54, I. Weltkrieg 1914–1918, Flüchtlinge, Übersicht über die mittellosen Kriegsflüchtlinge, 1. Mai 1917–1. September 1918.
180 „Den Transporten fehlen durchwegs Personenwagen", wurde am 21. Mai 1918 aus Prag an Schwarz-Hiller berichtet, der das Schreiben an das Innenministerium weiterleitete, „ein Personenwagen mit W.C. sollte jedem Transport beigegeben werden, aus Gründen der öffentlichen Sittlichkeit sowie aus sanitären Rücksichten." AVA, MdI, 19 in gen, F 1693/1918/31716.
181 Sperber: Die Wasserträger Gottes.

sich Ende August 1918 mit folgendem Bericht an das für die Wiederaufbauaktion zuständige k. k. Ministerium für öffentliche Arbeiten:[182]

„Hohes k. k. Ministerium! Das Städtchen Zablotow gehört zu denjenigen Ortschaften Ostgaliziens, welche unter den Kriegsereignissen am meisten gelitten haben. – Fünfzig (50) Häuser wurden aus strategischen Gründen über Befehl Sr. Exz. des H. F. M. L. Kaiser niedergebrannt, der grösste Teil der anderen wurde während der Invasion gleichfalls ein Raub der Flammen, und von den noch bestehenden, die Zahl 30 nicht überschreitenden Häusern, fehlen Türen und Fenster.

Die seit Wochen zurückkehrenden Flüchtlinge hausen zu 20 und mehr in einem Zimmer, nicht weniger in Kellerräumlichkeiten, und vereinzelte Familien unter freiem Himmel. Der Bau von Baracken schreitet langsam vorwärts und sind fast keine Aussichten vorhanden, dass die arme Bevölkerung zu Winter unter Dach komme.

Der Bauunternehmer redet sich auf die Approvisionierungsschwierigkeiten aus und erklärt, die Arbeiter laufen ihm mangels Verpflegung davon. Über dieselbe Misere klagt auch der von der Expositur zum Wiederaufbaue vor ca 3 Wochen hieher dirigierte Ingenieur. Die gefertigte Gemeindevorstehung sucht vergebens Abhilfe zu schaffen.

Seit 2 Wochen herrscht eine Ruhrepidemie im Städtchen, welcher schon mehrere Menschenleben zum Opfer fielen. Die fatalen Ernährungsverhältnisse und die eben geschilderte Wohnungsmisere machen eine Eindämmung fast unmöglich. Das vollständige Unterbinden des Handels mit den vom Staate beschlagnahmten Lebensmitteln, namentlich die verschärften Erlässe, betreffend Kauf und Verkauf von Getreide, weiters das Ausbleiben jedweden Zuschubes von Mehl haben eine Unterernährung der Bevölkerung bewirkt, welche sie gegen Krankheit ganz widerstandslos macht.

Da auch alle öffentlichen Zwecken dienenden Gebäude, wie Gemeindeamt, Badeanstalt und Schlachthaus, gleichfalls den Flammen zum Opfer fielen, so fällt es der gefertigten Gemeindevorstehung außerordentlich schwer, die hygienisch polizeilichen Massregeln betreffend Reinlichkeit und Verhütung der Verbreitung von ansteckenden Krankheiten durchzuführen.

Die aus dem Westen über Zwang zurückgekehrten Flüchtlinge sind aller Mittel bar und ohnmächtig dem Elende preisgegeben.

Handel und Gewerbe liegen vollständig darnieder und die Teuerung wächst mit jedem Tage.

Die seit dem Monat März l. J. heimgekehrten Familien beziehen für weitere 2 Monate staatliche Unterstützung und wissen nicht, wie sie fürderhin ihr Leben fristen sollen.

---

182 AVA, MdI, 19 in gen, F 1700/1918/57557, Präs. 4.10.1918. Das Ministerium für öffentliche Arbeiten übermittelte das Schreiben dem Innenministerium.

Die gefertigte Gemeindevorstehung erlaubt sich daher an die bezüglichen hohen k. k. Ministerien folgende Bitte zu stellen:
1. Den Wiederaufbau des Städtchens zu beschleunigen.
2. Den Zuschub von Mehl zu bewirken.
3. Die Staatliche Unterstützung zu prolongieren.

Zablotow, am 28. August 1918
Der Bürgermeister:
Unterschriften."

Die Hoffnung des Bürgermeisters von Zablotow auf Hilfe war illusorisch. Das Ministerium für öffentliche Arbeiten leitete den Brief mit mehrwöchiger Verzögerung an andere Stellen weiter, wo er irgendwann vermutlich ad acta gelegt wurde.[183]

2.5. Resumee: Die Verwaltung des Flüchtlingselends

Der hohe Anspruch, den das österreichische Innenministerium sich im „gesamtstaatlichen Interesse" mit der Flüchtlingsfürsorge gesetzt hatte, war von Anfang an unrealistisch und mit dem Verlauf des Krieges zwangsläufig zum Scheitern verurteilt. Die Flüchtlinge konnten auf Grund ihrer großen Anzahl sowie der beschränkten Finanzmittel zu keinem Zeitpunkt wirksam unterstützt werden. Durch mangelndes Verständnis in der Öffentlichkeit verlor die staatliche Hilfsaktion weiter an Boden.

Die Darstellungen des Innenministeriums vermitteln dennoch den Eindruck, als hätte die staatliche Flüchtlingsfürsorge im wesentlichen ihren Zweck erfüllt. Stolz auf geleistete Arbeit ließ selbstkritische Ansätze nicht aufkommen und immunisierte auch weitgehend gegen Kritik von außen, die, vor allem wenn sie von den Betroffenen selbst kam, konsequent unterdrückt wurde.

Die vom Ministerium bestellten Fürsorger arbeiteten mit großem Engagement. Gerade was Wien betrifft, sei der unermüdliche Einsatz des Gemeinderates Rudolf Schwarz-Hiller als Leiter der Zentralstelle für Flüchtlingsfürsorge hervorgehoben. Er bezog für seine Tätigkeit kein Honorar und investierte einen Teil seines Vermögens in den Aufbau des Hilfswerkes.[184] Ein 14- bis 16stündiger Arbeitstag

---

183 Ebd., Schreiben des Ministeriums für öffentliche Arbeiten an das k. k. Statthalterei-Landeswiedcraufrichtungs-Amt in Lemberg, 22.9.1918. Eine Abschrift ging an das Innenministerium.
184 A/W, Stenograph. Protokolle des Gemeinderates, Rede Schwarz-Hillers am 2.5.1916, S. 46.

war für ihn und seine Mitarbeiter keine Seltenheit.[185] Dieser Zeit-
aufwand resultierte zu keinem geringen Teil aus dem für die k. k.
Verwaltung charakteristischen Bürokratismus und Formalismus,
der auch die Flüchtlingsarbeit belastete.[186] Die ausgedehnte Korrespondenz der „Zentralstelle" mit dem Innenministerium zeigt, daß
spontane und individualisierende Hilfestellungen kaum möglich
waren. Über jeden Antrag von Flüchtlingsseite wurde genau Buch
geführt,[187] Entscheidungen über banale Angelegenheiten waren
dem Ministerium weiterzumelden, in vielen Fällen fehlte der „Zentralstelle" überhaupt jede Handlungsfreiheit. Vor allem mußten
sämtliche Aktivitäten im Rahmen des Fürsorgeprogrammes minu-
ziös protokolliert werden. So erhielt das Innenministerium regelmäßig Information über die Benützerzahl der im Februar 1916
eröffneten Flüchtlingsbibliothek[188] – bis Jahresende 1917 hatten
insgesamt 164.325 Personen die Bibliothek besucht.[189]

Genaue Aufzeichnungen über sämtliche Ausgaben der „Zentralstelle" waren selbstverständlich. Sie wurden umso detaillierter, je
länger der Krieg dauerte und je weniger es zu verteilen gab. Im
Kriegsjahr 1917 übermittelte die „Zentralstelle", um ein Beispiel zu
nennen, dem Innenministerium wöchentlich Ausweise über den
Nahrungsmittelverbrauch in einem von ihr geführten Kinderhort.
Auf eigens für diese Institution vorgedruckten Formularen waren
etwa in der Woche vom 9. bis 15. Dezember 1917 103,5 kg Fleisch,
21,5 kg Fett, 20,5 kg Butter, 122 Stück Eier, 18 kg Äpfel, 134 l Milch,
189 Dosen Kondensmilch, 120,7 kg Mehl, 35 kg Erbsen und 120 kg
Bohnen verzeichnet. Davon mußten 3 Mahlzeiten täglich für 3.186
Kinder und 322 Personen „Personal" bestritten werden.[190] Diese

---

185 AVA, Inneres, Varia, Zentralstelle der Fürsorge für Kriegsflüchtlinge, Varia A-G,
     II/36108, Schreiben Schwarz-Hillers an Innenministerium, 13.2.1917.
186 Vgl. dazu Joseph Redlich: Österreichische Regierung und Verwaltung im Welt-
     kriege. Wien 1925 (= Carnegie-Stiftung für internationalen Frieden. Abteilung
     für Volkswirtschaft und Geschichte. Wirtschafts- und Sozialgeschichte des Welt-
     krieges. Österreichische und ungarische Serie), S. 151.
187 Aufschlußreich dazu sind die Überreste des Archivbestandes der „Zentralstelle",
     der leider zum größten Teil nicht überliefert ist. AVA, Inneres, Allgemein, Son-
     derbestände. Zentralstelle der Fürsorge für Kriegsflüchtlinge, 3 Faszikel.
188 AVA, MdI, 19 in gen, F 1658/1916/8853, Bericht Schwarz-Hillers an das Innenmi-
     nisterium, 4.2.1916.
189 AVA, MdI, 19 in gen, F 1688/1918/1245, Bericht Schwarz-Hillers an das Innenmi-
     nisterium, 4.1.1918.
190 AVA, MdI, 19 in gen, F 1687/1917/79976, Bericht der „Zentralstelle" an das In-
     nenministerium, 24.12.1917, Ausweis über Nahrungsmittelverbrauch im Kinder-
     hort XX, Jägerstraße. Vgl. z. B. auch: F 1678/1917/38203 (17.–23. Juni 1917).

Aufzeichnungen erlauben nicht nur Rückschlüsse auf die damals längst nicht mehr nur auf Flüchtlingskreise beschränkte Notlage. Sie demonstrieren außerdem auch die Perfektion, welche die k. k. Bürokratie im Verlauf des Krieges in der Verwaltung des Elends erreichte.

Im letzten Kriegsjahr ließ das Innenministerium bezeichnenderweise keinen Bericht über das staatliche Fürsorgeprogramm mehr anfertigen. Die „gesamtstaatlichen Interessen", welche die Fürsorgeaktion geleitet hatten, schwanden angesichts der innenpolitischen Spannungen und der wachsenden zentrifugalen Kräfte in der untergehenden Habsburgermonarchie. Damit verringerte sich auch das Verantwortungsbewußtsein für die Kriegsflüchtlinge, die Bemühungen des Innenministeriums erlahmten. Die Entlastung innerösterreichischer Gebiete, wo Haß und Aggression gegenüber den Flüchtlingen kaum mehr kontrollierbar waren, rückte nunmehr in den Vordergrund, so daß die Repatriierung auch in schwer verwüstete Regionen mit immer größerem Nachdruck betrieben wurde.

Auch extreme Notfälle unter Flüchtlingen fanden kaum mehr Berücksichtigung. So wollte Rudolf Schwarz-Hiller im Juni 1918 eine Reihe alleinstehender, völlig verwahrloster galizischer und bukowinischer Kinder, die sich bei ihm gemeldet hatten, in Wiener Flüchtlingskinderheimen aufnehmen. Da er es als eine „vom gesamtstaatlichen Interesse ... unabweisliche Pflicht" betrachtete, diese Kinder, die ansonsten „dem Untergang geweiht" wären, zu versorgen, verzichtete er auf die obligate Überprüfung, inwieweit sie im Sinne des Flüchtlingsgesetzes Anspruch auf staatliche Unterstützung hatten.[191] Der zuständige Beamte im Innenministerium wehrte jedoch kategorisch ab: Es sei

„nicht Aufgabe der im Abbau begriffenen Flüchtlingsfürsorgeaktion (...), einen Ersatz für die in Galizien und der Bukowina nach den bisherigen Wahrnehmungen anscheinend ganz unzulänglichen Einrichtungen der Waisen- und sonstigen Kinderfürsorge zu bieten und Kinder, welche nicht als Flüchtlinge anzusehen sind (...), in der Fremde großzuziehen."[192]

Rudolf Schwarz-Hiller scheint in den letzten Kriegsmonaten resigniert zu haben. Im August 1918 griff er in einem Artikel in „Dr.

---

191 AVA, MdI, 19 in gen, F 1694/1918/33026, Schreiben Schwarz-Hillers an das Innenministerium, 3.6.1918.
192 Aktenvermerk des Innenministeriums, ebd. Das Ministerium verfügte einen sofortigen Aufnahmestop, und auch hinsichtlich der bereits aufgenommenen Kinder erhielt Schwarz-Hiller eine Reihe einschränkender Auflagen.

Bloch's Österreichischer Wochenschrift" die staatliche Flüchtlingspolitik hart an. Die Flüchtlinge kehrten längst auch in Gebiete
zurück, „wo weitgreifende Zerstörungen und andere gewichtige
Hindernisse dem repatriierungslustigen Hinterlande selbst ein un-
bedingtes Halt geboten" hätten. Sie zögen die „Heimkehr in Ruinen"
und in „eine vollkommen ungewisse Zukunft" einem weiteren Aufenthalt in Wien und im übrigen Hinterland vor. Dies sei, so
Schwarz-Hiller in der Argumentationsweise eines großösterrei-
chisch gesinnten Liberalen,

„wohl kein Kompliment für das Hinterland, und es ist dies leider auch ein
Zeichen dafür, daß das Politikum der Flüchtlingsfürsorge nicht richtig ge-
wertet wurde. Statt der erwarteten Vertiefung des Gemeinsamkeitsgedan-
kens der großösterreichischen und ganzösterreichischen Idee sind die Gegensätze größer geworden, und eine Verbitterung wächst täglich ins Rie-
sengroße. Es ist zuviel unnütz gehetzt worden."[193]

---

193 BÖW, 16.8.1918, S. 505 f., Die Rückkehr der Flüchtlinge.

3. Lebensverhältnisse der Flüchtlinge in Wien

3.1. Vorbemerkung

Bisher standen die Flüchtlinge in ihrer passiven Rolle – als Objekte staatlicher Verwaltung – im Mittelpunkt der Betrachtung. Nicht ohne Grund, denn ihrem Freiraum waren enge Grenzen gesetzt, und ihre Lebensumstände wurden in hohem Maß durch die staatliche Flüchtlingspolitik geprägt. In weiterer Folge wird ein Perspektivenwechsel vollzogen und der Erlebnis- und Erfahrungshorizont der Betroffenen in den Vordergrund gerückt.

Von der Misere der Kriegsflüchtlinge war schon vielfach die Rede. Das Folgende soll das Bisherige ergänzen, vor allem anschaulicher gestalten. Jede Beschreibung ihrer Lage bleibt jedoch fragmentarisch. Das liegt nicht nur an der Unmöglichkeit, das Schicksal von zeitweilig mehr als 100.000 Personen zu erfassen, sondern vor allem an der Quellenlage, die nur streiflichtartige Einblicke in die konkreten Lebensumstände der Flüchtlinge ermöglicht. Hilfreich sind in diesem Zusammenhang insbesondere die autobiographischen Erinnerungen von Manès Sperber und Minna Lachs, die als Kinder mit ihren Familien auf der Flucht vor der russischen Armee nach Wien gelangten, sowie Helen Liesl Krags Darstellung des Lebens ihrer galizischen Großmutter Ella Schapira, die 1914 als 17jähriges Flüchtlingsmädchen in Wien mit dem Aufbau einer eigenständigen Existenz begann.[1] Die große Masse der Flüchtlinge fand jedoch weder damals noch später einen Weg, ihre Angst, Not und Hoffnung zu dokumentieren. Wenig ergiebig sind amtliche Quellen und Zeitungsberichte, die nur fallweise und gleichsam „nebenbei" Einblick in die konkreten Lebensumstände der Flüchtlinge eröffnen.

Ohne Nachfolge und vermutlich auch ohne Resonanz in der literarischen Öffentlichkeit blieb eine kleine, 1918 erschienene Broschüre über jüdische Flüchtlinge von Otto Abeles.[2] Er versuchte in einprägsamen Skizzen, der anonymen Masse mit ihrem anonymen Schicksal Gestalt zu geben. Kleine Episoden verdeutlichen die Tragik, die in jedem einzelnen Fall steckte. Wohl ähnelte sich grundsätzlich, was die Flüchtlinge erlebt hatten und womit sie sich nun in

---

1 Sperber: Die Wasserträger Gottes; Lachs: Warum schaust du zurück; Krag: „Man hat nicht gebraucht keine Reisegesellschaft".
2 Otto Abeles: Jüdische Flüchtlinge. Szenen und Gestalten. Wien/Berlin 1918.

Wien konfrontiert sahen: Sie alle waren Vertriebene, nicht wenige hatten den Verlust naher Angehöriger zu beklagen, viele hatten ihren Besitz verloren. Gemeinsam war ihnen auch das Ausgeliefert-sein an fremde Behörden, an eine ungewohnte Umgebung, die ihnen keineswegs freundlich entgegentrat. Unterschiede gab es freilich in der Reaktion auf das Erlebte. Die Verhaltensweisen reichten von stoischer Gelassenheit über Verstörung und Verzweiflung bis zu trotziger Auflehnung. Mitunter kam es aber auch zum raschen Entschluß, das Beste aus der neuen Situation zu machen. Abeles zufolge waren es die „Modernisierten", d. h. die nicht orthodoxen Juden, die „in unbeschreiblicher Fassungslosigkeit" in Wien ankamen, während die „Kaftanleute" ihre Ruhe bewahrten[3] – eine Aussage, der die Sympathie des Autors für das traditionelle jüdische Milieu zugrunde liegen mag. Insgesamt erlauben nur einige vereinzelte Hinweise Rückschlüsse auf die psychische Bewältigung der Fluchtsituation durch die Betroffenen.

Besser rekonstruierbar sind die materiellen Rahmenbedingungen. Unter den Flüchtlingen gab es eine kleine Minderheit von sehr wohlhabenden Familien, deren Ressourcen ausreichten, um auch in Wien den gewohnten Lebensstandard aufrechtzuerhalten. Der Rabbi von Bojan beipielsweise quartierte sich in einem großen Hotel in der Leopoldstadt ein und belegte dort mit seinem Gefolge 16 Zimmer. Sie ersetzten ihm zwar „gewiß nicht die Behaglichkeit seines luxuriösen Schlosses" zu Hause, wie ein angesichts der Exotik des Wunderrabbis staunender Journalist einer jüdischen Zeitung bemerkte,[4] doch lebte dieser, wie auch andere geistliche Würdenträger auf der Flucht, nicht schlecht.[5] Ella Schapira berichtet über ihre negativen Erlebnisse im Dienste der Tochter des Rabbiners von Chuschtschatschen. Dieser unterhielt einen großen Haushalt mit zahlreichem Personal: Jeder seiner Töchter stand eine eigene Köchin und eine Schneiderin zur Verfügung. Den gewohnten Luxus ermöglichte die Spendentätigkeit seiner Anhängerschaft, während

---

3 Ebd., S. 3; Vgl. dazu auch: NNZ, 9.4.1915, S. 61 f., 23.4.1915, S. 69 f., Vom Wege ab. Ähnlich berichtet Friedrich Weinreb, der als Flüchtlingskind nach Wien kam, von der ungebrochenen Fröhlichkeit chassidischer Juden. Friedrich Weinreb: Begegnungen mit Engeln und Menschen. Mysterien des Tuns. Autobiographische Aufzeichnungen 1910–1936. Zürich 1974, zit. nach Maria Kłanska: Aus dem Schtetl in die Welt 1772–1938. Ostjüdische Autobiographien in deutscher Sprache. Wien/Köln/Weimar 1994, S. 340.

4 NNZ, 23.10.1914, S. 4, Bei den Wunderrabbis in Wien.

5 Abeles: Jüdische Flüchtlinge, S. 41.

bettelnden Juden – wie Schapira berichtet – die Tür gewiesen wur-de.[6] Auch manchen Kaufleuten und größeren Gewerbetreibenden erlaubten ihre Vermögensverhältnisse einen aufwendigen Lebens-stil. Obwohl diese reichen galizischen und bukowinischen Juden in der Öffentlichkeit optisch stärker ins Gewicht fielen, waren sie in Relation zu den übrigen Flüchtlingsmassen quantitativ bedeutungs-los. Über ihre Anzahl liegen jedoch keine genaueren Angaben vor. Aufschlußreich ist eine Erhebung über Wohnverhältnisse der Kriegsflüchtlinge in Wien im Jahr 1917, in der lediglich 266 große Wohnungen mit mehr als 4 Zimmern aufscheinen, die von Flücht-lingsfamilien belegt waren.[7] Aber auch diese Wohnungen sind nicht unbedingt ein Indikator für den eventuellen Wohlstand ihrer Inha-ber. Zum Teil waren sie vermutlich von mehreren Familien ge-meinsam gemietet und entsprechend dicht belegt.

Zahlenmäßig stärker war die Gruppe der „armen Reichen", wie sie genannt wurden,[8] Rechtsanwälte, Ärzte, Apotheker, Kaufleute, Gewerbetreibende, Angehörige also der kleinen jüdischen Ober-schicht, die in Galizien und der Bukowina in gewissem Wohlstand gelebt hatten. Ihre Ersparnisse waren jedoch meist begrenzt, und viele hatten ihre Vermögen nicht in Sicherheit bringen können. Die besten Chancen hatten jene, die wie die Familie von Minna Lachs bereits in den ersten Kriegswochen in Wien eingelangt waren. Konnte ein Arbeitsplatz gefunden werden – der Vater von Minna Lachs wurde von der „Zentralstelle" beschäftigt –, war es mit gewis-sen Einschränkungen sogar möglich, die bürgerliche Existenz auf-rechtzuerhalten.[9]

Die meisten bürgerlichen Flüchtlinge gerieten jedoch in Schwie-rigkeiten. Ihnen zu helfen war, wie zahlreiche Aufrufe in jüdischen

---

6 Krag: „Man hat nicht gebraucht keine Reisegesellschaft", S. 81 ff.

7 Johann Freiler: Die soziale Lage der Wiener Arbeiter in den Jahren 1907–1918. Phil. Diss. Wien 1966, S. 40, S. 49.

8 Z. B. BÖW, 18.9.1914, S. 643, Maßnahmen für die galizischen Flüchtlinge.

9 Lachs: Warum schaust du zurück, S. 46 ff. Auch die Familie der aus dem bukowi-nischen Sereth stammenden Lydia Harnik konnte offenbar den gewohnten Le-bensstandard aufrechterhalten. Der Vater war Bankbeamter, die Mutter erhielt als Volksschullehrerin auch während der Kriegsjahre in Wien die vollen Bezüge, obwohl sie beruflich nicht tätig war. Im Herbst 1914 fand die Familie Unterkunft in einer Villa in Mödling. Lydia Harnik hält in den Aufzeichnungen über ihre Kindheit und Jugend in Wien – freilich aus der Distanz von fast 80 Jahren – aus-schließlich positive Erinnerungen an das „verlorene Altösterreichische Paradies" fest. Lydia Harnik: Erinnerungen an die Flucht vor der Russeninvasion nach Wien im August 1914. Czernowitz 1992. Die handschriftlichen Aufzeichnungen befinden sich im Institut für Geschichte der Juden in Österreich in St. Pölten und wurden mir in Kopie von Dr. Albert Lichtblau zur Verfügung gestellt.

Zeitschriften belegen,[10] das besondere Anliegen des etablierten Wiener Judentums, das sich mit den „armen Reichen" wohl am ehesten identifizierte. Da eine „Proletarisierung" der „sozial höherstehenden" Personen im „gesamtstaatlichen Interesse" verhindert werden sollte, bemühte sich auch das Innenministerium um besondere Hilfestellungen.[11] Diese waren letztlich aber unzulänglich und erfüllten ihren Zweck kaum. Die „totale Verarmung"[12] vieler bürgerlicher Familien war unausweichlich. Die geringe staatliche Unterstützung zwang auch sie in die schäbigsten Unterkünfte. Obwohl die „Zentralstelle" in der Anfangsphase des Krieges bürgerliche Familien bei der Wohnungssuche gezielt betreute,[13] waren auch diese nur mit Mühe aufzutreiben.[14] Der Zustand der Wohnungen verdeutlichte den Betroffenen das wahre Ausmaß der plötzlichen Verelendung. Manès Sperber schildert in seinen Kindheitserinnerungen, wie drastisch seine Familie nach der Flucht im Sommer 1916 ihren materiellen Absturz zur Kenntnis nehmen mußte:

„Mitten in der ersten Nacht – man hatte uns in einer miserablen Pension untergebracht – wurden wir von der Mutter geweckt, im trüben Licht einer winzigen elektrischen Birne stand sie zwischen unseren Betten, Entsetzen und Verzweiflung malten sich in ihrem Gesicht. Sie deutete auf die nahe Wand und zum Plafond hinauf und wiederholte: ‚Wanzen, um Gotteswillen, es gibt hier Wanzen!'.... Daß die Mutter auf die Entdeckung von Wanzen mit panischem Schrecken reagiert hat, mag sich daraus erklären, daß sie selbst zum ersten Mal durch dieses Ungeziefer aus dem Schlaf gerissen worden war; doch muß sie in jenem Moment auch dessen innegeworden sein, daß wir nun, den Armen gleich, jeder Erniedrigung durch die äußeren Bedingungen wehrlos ausgesetzt sein würden. Dieses winzige Erlebnis war für sie das erste Zeichen der Degradierung. Und sie hatte nicht unrecht. Gleich am nächsten Tag bezogen wir als Untermieter zwei Zimmer in einer Nachbarstraße bei einem kinderreichen Ehepaar. Es waren völlig ungebildete Menschen, sie stritten tagein tagaus miteinander, ihre Sprache war eine Mischung von sinnlos obszönen Ausdrücken, Flüchen und Verwünschungen; die Wohnung war unvorstellbar verwahrlost und verwanzt ..."[15]

---

10 Vgl. z. B. BÖW, 18.9.1914, S. 643, Maßnahmen für die galizischen Flüchtlinge.
11 Vgl. AVA, MdI, 19 in gen, F 1643/1915/17883, Schreiben des Innenministeriums an das Finanzministerium, 11.5.1915.
12 Sperber: Die Wasserträger Gottes, S. 176.
13 AZ, 18.9.1914, S.7, Die galizischen Flüchtlinge in Wien.
14 Vgl. z. B. NNZ, 26.3.1915, S. 50 ff., Ein Flüchtling auf Wohnungssuche.
15 Sperber: Die Wasserträger Gottes, S. 174.

Noch schlimmer gestalteten sich die Lebensverhältnisse der eigentlichen Flüchtlingsmassen, die dem besitzlosen „jüdischen Proletariat"[16] im weiteren Sinn zuzuzählen waren. Auch wenn es hier an Quellen mangelt, gestattet der Vergleich mit den bürgerlichen Flüchtlingen doch Rückschlüsse auf die Misere der jüdischen Unterschicht. Präzisere Einblicke vermittelt immerhin der Vergleich von staatlicher Flüchtlingsunterstützung und Lebenshaltungskosten. Die durchschnittliche Flüchtlingsfamilie in Wien hatte – statistisch gesehen – unter den im folgenden Abschnitt skizzierten Bedingungen zu leben.

3.2. Staatliche Flüchtlingsunterstützung und Lebenskostenaufwand

Bereits am 11. August 1914 wurde – wie erwähnt – durch eine Verordnung des Innenministers die staatliche Unterstützung mit 70 Heller pro Person und Tag festgelegt. Jeder Flüchtling, der nicht in einem der eilends errichteten Lager untergebracht wurde, erhielt somit 4,90 Kronen pro Woche oder 21 Kronen im Monat.[17] Nach einem im Jahr 1922 aufgestellten und von da aus zurückberechneten künstlichen Verbrauchsschema[18] betrug der Lebenskostenaufwand hingegen im Juli 1914 13,23 Kronen pro Person und Woche,[19] eine Summe, die in etwa dem Einkommen einer Hilfsarbeiterin entsprach. Das Einkommen eines ungelernten männlichen Arbeiters war auf das Doppelte, jenes eines Facharbeiters auf das Dreifache veranschlagt.[20] Der reine Ernährungsaufwand wurde vom Bundesamt für Statistik für Juli 1914 mit 24,20 Kronen für vier Wochen be-

---

16 BÖW, 11.9.1914, S. 1 f., Das große Leid der Flüchtlinge.
17 RGBl. 1914, Nr. 214, Verordnung des Ministers des Innern.
18 Der Lebenskostenaufwand wurde von der im Dezember 1921 ins Leben gerufenen, von Unternehmern und Arbeitern gleichbeschickten „paritätischen Kommission" zur Herstellung einer Grundlage für die Bemessung der Löhne und Gehälter berechnet. Das Bundesamt für Statistik hat die Zahlen auf den Juli 1914 zurückgerechnet. Winkler: Die Einkommensverschiebungen in Österreich während des Weltkrieges, S. 42. Das Verbrauchsschema findet sich bei: Felix Klezl: Die Lebenskosten. In: Julius Bunzel (Hrsg.): Geldentwertung und Stabilisierung in ihren Einflüssen auf die soziale Entwicklung in Österreich. München/Leipzig 1925 (= Schriften des Vereins für Sozialpolitik. 169), S. 139–261, hier: S. 145.
19 Klezl: Die Lebenskosten, S. 147.
20 Vgl. dazu die Lohntabelle 1914–1918, in: Winkler: Die Einkommensverschiebungen in Österreich während des Weltkrieges, S. 141 ff.

rechnet,[21] d. h. die staatliche Flüchtlingshilfe reichte theoretisch nicht einmal dafür ganz aus.

Die Flüchtlinge mußten von den 21 Kronen, die monatlich zur Verfügung standen, sämtliche Ausgaben, vor allem aber die Wohnungskosten bestreiten. Der Preis für ein möbliertes Zimmer bewegte sich einer Aufstellung der Polizeidirektion Wien zufolge im Dezember 1914 je nach Bezirk zwischen 24 und 90 Kronen pro Monat. Im Zweiten Bezirk, wo etwa ein Drittel der Flüchtlingsfamilien Unterkunft fand,[22] lagen die Mieten zwischen 40 und 60 Kronen.[23] Für alleinstehende Personen ohne Eigenmittel kam also die Miete eines Zimmers überhaupt nicht in Betracht,[24] und auch eine fünfköpfige mittellose Familie, die insgesamt über 105 Kronen monatlicher Unterstützung verfügte, konnte höchstens ein Zimmer der billigsten Kategorie mieten, soweit überhaupt eines zu bekommen war. Viele Flüchtlinge waren daher auf die Gastfreundschaft von Verwandten oder Bekannten angewiesen, die im Durchschnitt in beengteren Wohnverhältnissen als die nichtjüdische Bevölkerung Wiens lebten.[25] Als Ausweg bot sich die gemeinsame Anmietung eines Quartiers durch mehrere Flüchtlingsfamilien an. Ella Schapira teilte etwa eine Unterkunft mit Bekannten aus ihrem Heimatort:

„Die Gesellschaft hat den Lehrerinnen eine Wohnung angewiesen, das heißt ein Zimmer mit zwei Strohsäcken. Da haben wir alle zusammen gewohnt, die Mutter, die drei Töchter, die Schwiegertochter und ich. Wir haben auf dem Boden auf Matratzen geschlafen ..."[26]

Zahlreiche Flüchtlinge wurden in eiligst improvisierte Notunterkünfte eingewiesen, in Obdachlosenasyle, in Schlafsäle und andere

---

21 Klezl: Die Lebenskosten, S. 147.
22 Vgl. die Adreßangaben auf Anträgen um Unterstützung, Aufnahme in Krankenanstalten etc. im Restbestand des Archivs der „Zentralstelle". AVA, Inneres, Allgemein, Sonderbestände. Zentralstelle der Fürsorge für Kriegsflüchtlinge, 3 Faszikel.
23 AVA, MdI, 19 in gen, F 1640/1915/795, Erhebung der Polizeidirektion Wien. Die Ergebnisse der Erhebung übermittelte die niederösterreichische Statthalterei am 2.1.1915 an das Innenministerium.
24 „Ich rechnete und rechnete und konnte keinesfalls diese Aufgabe lösen, wieso man in Wien – bei einem monatlichen Mietzinse von 60 bis 90 K für ein möbliertes Zimmer samt Küchenbenützung – mit 70 Heller täglich sein Auslangen finden kann ..." NNZ, 26.3.1915, S. 50 ff. Ein Flüchtling auf Wohnungssuche.
25 Die Leopoldstadt und Brigittenau, die Bezirke mit der höchsten jüdischen Siedlungsdichte, wiesen im Jahr 1914 zugleich von allen Wiener Gemeindebezirken die höchste Wohndichte auf. Freiler: Die soziale Lage der Wiener Arbeiter, S. 50.
26 Krag: „Man hat nicht gebraucht keine Reisegesellschaft", S. 75.

Massenquartiere,[27] über deren Beschaffenheit nicht zuletzt wegen der Zensurbestimmungen direkte Berichte fehlen. Diese Behausungen glichen, so kann man annehmen, jenen Elendsquartieren, in denen nach dem Krieg „in jämmerlicher Enge zusammengepfercht, ... gegen sündhaft hohe Bezahlung, in erschreckender Hilflosigkeit" jüdische Auswanderer nach Palästina „die Gastfreundschaft Wiens" genossen, wie Bruno Frei es sarkastisch formulierte.[28] Unter diesen Umständen bezog sich die Angst der Behörden vor dem Ausbruch von Seuchen[29] nicht nur auf die Flüchtlingslager: Die große Blatternepidemie in Wien im ersten Halbjahr 1915 verbreitete sich zunächst tatsächlich in einer desolaten, völlig überfüllten Flüchtlingsherberge.[30]

Mit der bald nach Kriegsbeginn einsetzenden Preissteigerung verschärfte sich die Situation weiter. Den zuständigen Beamten im Innenministerium war die Unzulänglichkeit der staatlichen Unterstützung zwar bewußt, das Finanzministerium verweigerte jedoch lange Zeit hindurch die Erhöhung des Betrags, da man Ersparnisse der Flüchtlinge ebenso wie die Hilfe durch Freunde und Verwandte einkalkulierte. Wie ein Beamter des Innenministeriums dem Finanzministerium in einem dringenden Appell im Mai 1915 zu verstehen gab, war beides jedoch illusorisch. Vielmehr sei rasche Abhilfe dringend geboten zur „allernotdürftigsten Sicherung des Lebens der Flüchtlinge ..."[31]

---

27 So stellte das jüdische Asyl für Obdachlose 330 Betten zur Verfügung. BÖW, 16.10.1914, S. 707; Vgl. auch: AZ, 18.9.1914, S. 7, Die galizischen Flüchtlinge in Wien.

28 Bruno Frei: Jüdisches Elend in Wien, S. 68; ein 6 m² großes Gangkabinett, dessen gesamte Ausstattung aus einem Bett und einem Strohsack bestand, beherbergte damals z. B. in einem Asyl im Zweiten Wiener Gemeindebezirk eine siebenköpfige Familie.

29 Vgl. dazu: Verordnungsblatt des k. k. Min. d. Innern 1915, S. 206, Erlaß des Ministerium des Innern vom 2.4.1915, Z. 13159, betreffend die Flüchtlingsfürsorge. Dem Ministerium waren hygienisch akzeptable Bedingungen für die Flüchtlinge theoretisch ein dringendes Anliegen. Man zog auch Zwangsmaßnahmen in Erwägung, um die Flüchtlinge zur Blatternimpfung zu bewegen. AVA, MdI, 19 in gen, F 1644/1915/23856, Schreiben Schwarz-Hillers an das Innenministerium vom 15.5.1915.

30 Josef Kyrle: Blatternerkrankungen im Krieg und in der Nachkriegszeit. In: Clemens Pirquet (Hrsg.): Volksgesundheit im Krieg. II. Teil, S. 29–47, hier S. 30 f. (= Carnegie-Stiftung für internationalen Frieden. Abteilung für Volkswirtschaft und Geschichte. Wirtschafts- und Sozialgeschichte des Weltkrieges. Österreichische und ungarische Serie).

31 AVA, MdI, 19 in gen, F 1643/1915/17883, Schreiben des Innenministeriums an das Finanzministerium, 11.5.1915.

Mit 1. Juni 1915 trat eine Erhöhung der Unterstützung in Kraft, die jedoch weit hinter der inzwischen erreichten Teuerungsrate zurückblieb. Mittellose Flüchtlinge erhielten nun 90 Heller pro Tag bzw. 6,30 Kronen pro Woche.[32] Im Juli 1915 betrug der wöchentliche Lebenskostenaufwand bereits 20,87 Kronen,[33] d. h. die Unterstützung deckte auch nach der Erhöhung nur etwa ein Drittel dieses Betrages. Trotz weiterer horrender Preissteigerungen von jährlich rund 100 Prozent – im Juli 1916 betrug der Lebenskostenaufwand pro Person und Woche bereits 44,39 Kronen[34] – erfolgte die nächste, in Relation dazu minimale Erhöhung der Flüchtlingsunterstützung erst im Dezember 1916. 1.50 Kronen wurden nun pro Tag ausbezahlt.[35] Bis zu diesem Zeitpunkt lag die staatliche Hilfszahlung im übrigen weit unter der in den Flüchtlingslagern pro Kopf und Tag kalkulierten Summe. Bezeichnenderweise lag der Tagessatz für die Verpflegung von Kriegsgefangenen und wegen politischer Unzuverläßlichkeit Internierten über jenem der in Lagern untergebrachten Flüchtlinge.[36]

Am 31. Dezember 1917 wurde ein Flüchtlingsgesetz erlassen, welches unter anderem die staatliche Unterstützung für unbemittelte Personen rückwirkend mit 21. Juli 1917 auf 2 Kronen pro Tag festlegte. Dieser Betrag verringerte sich, wenn jemand längere Zeit hindurch ein Nebeneinkommen von mehr als 2 Kronen pro Tag bezog. Erwerbsunfähigen und alleinstehenden Flüchtlingen gebührten im übrigen 4 Kronen.[37]

Die Not der Kriegsflüchtlinge muß spätestens seit 1916 vor dem Hintergrund der allgemeinen Versorgungskrise gesehen werden. In fast allen Bevölkerungsschichten hielt die Lohn- und Gehaltserhöhung mit der Preissteigerung auch nicht ansatzweise Schritt. Eine Hilfsarbeiterin im Buchdruck verdiente im Juli 1917 beispielsweise 17 Kronen pro Woche, im Steindruck 20 Kronen, ein männli-

---

32 K. k. Min. d. Innern (Hrsg.): Staatliche Flüchtlingsfürsorge, S. 12.
33 Klezl: Lebenskostenaufwand, S. 147.
34 ebd.
35 Die Erhöhung kam aber nur für maximal fünf Personen einer Familie zum Tragen. „Hinsichtlich der die Zahl 5 übersteigenden Familienmitglieder" hatte es „bei der bisherigen Unterstützung zu verbleiben". AVA, MdI, 19 in gen, F 1670/1916/63477, Schreiben des Finanzministeriums an das Innenministerium, 8.12.1916.
36 AVA, MdI, 19 in gen, F1667/1916/54192, Schreiben des Innenministeriums an das Finanzministerium, 27.11.1916.
37 Verordnungsblatt des k. k. Min. d. Innern, 1918, S. 43, Gesetz vom 31.12.1917, RGBl. 1918, Nr. 15.

cher Hilfsarbeiter im Steindruck ebenso wie ein Maurer 36 Kronen, ein Herrenschneider 60 Kronen, ein Maschinenmeister (Steindruck) 70 Kronen, ein Schlosser 80 Kronen, qualifizierte Arbeitskräfte in der Feilenindustrie zwischen 85 und 105 Kronen.[38] Der Lebenskostenaufwand, der zu diesem Zeitpunkt theoretisch bereits 88,76 Kronen betrug,[39] war also auch durch das Einkommen qualifizierter Facharbeiter kaum gedeckt. Hilfsarbeiterinnen stand nicht einmal ein Viertel des Betrages zur Verfügung. Es wurden zwar die Arbeitseinkommen vor allem in der zweiten Kriegshälfte durch Teuerungs- und Familienzulagen aufgestockt, auch bestand mit wachsendem Arbeitskräftemangel die Möglichkeit zu höher entlohnten Überstundenleistungen.[40] Der allgemeine Mangel an Versorgungsgütern ließ nun aber auch die Arbeiterschaft „fürchterliche Entbehrungen durchmachen". Von ihnen kann statistisches Material bestenfalls eine Ahnung vermitteln, denn es sind, wie Kautsky es ausdrückte, „die Vorgänge auf den Märkten und im Haushalt der Proletarierfamilien ziffernmäßig nicht zu fassen".[41]

Auch das Elend der Flüchtlinge ist statistisch nicht erfaßbar. Fest steht aber, daß sie sich bereits zu Kriegsbeginn, als der Lebensstandard der Bevölkerung im allgemeinen noch wenig oder gar nicht gesunken war, in einer extremen Notsituation befanden. Soweit ihnen im Lauf der Zeit nicht die Eingliederung in den Arbeitsprozeß gelang,[42] nahm das Elend ein katastrophales Ausmaß an. So hatte ein erwerbsunfähiger, mittelloser Flüchtling im Juli 1917 mit 10,50 Kronen pro Woche sein Auslangen zu finden, einem Betrag, der noch beträchtlich unter dem Hungerlohn einer Hilfsarbeiterin lag. Er wurde durch keine Teuerungszulage aufgestockt, und er deckte nicht einmal ein Achtel des für diesen Monat statistisch berechneten Lebenskostenaufwandes.

Weniger fiktiv und daher in ihrer Relation zur Flüchtlingsunterstützung aussagekräftiger sind die damaligen Preise für einige Grundnahrungsmittel, die, streng rationiert, im normalen Verkauf meist gar nicht erhältlich waren. Im Juli 1917 kostete 1 kg Mehl of-

---

38 Winkler: Die Einkommensverschiebungen in Österreich, S. 141 f.
39 Klezl: Lebenskostenaufwand, S. 147.
40 Winkler: Die Einkommensverschiebungen in Österreich, S. 147.
41 Benedikt Kautsky: Löhne und Gehälter. In: Julius Bunzel (Hrsg.): Geldentwertung und Stabilisierung in ihren Einflüssen auf die soziale Entwicklung in Österreich. München/Leipzig 1925 (= Schriften des Vereins für Sozialpolitik. 169), S. 105–131, hier: S. 108 f.
42 Siehe dazu Kapitel 3.3.

fiziell 1,20 Kronen, im Schleichhandel wurden allerdings 22 Kronen verlangt. 1 l Milch kostete 0,56 Kronen (im Schleichhandel 4 Kronen), 1 kg Schweineschmalz 13–16 Kronen (30 Kronen im Schleichhandel).[43] Von ihren 10,50 Kronen pro Woche mußten Flüchtlinge im übrigen nach wie vor auch die Kosten für die Unterkunft bestreiten. Die Mieten waren zwar im Lauf des Krieges im wesentlichen unverändert geblieben, d. h. es hatte auf diesem Sektor eine beträchtliche Entwertung stattgefunden,[44] die Preissteigerungen in anderen Bereichen kompensierten diesen Vorteil jedoch bei weitem.

Eine zusätzliche geringfügige Unterstützung bot der Staat den Flüchtlingen nur in einem einzigen Bereich. Wie bereits erwähnt, wurden während der ersten drei Kriegswinter nach teilweise langen Debatten zwischen Innen- und Finanzministerium sogenannte „Kohleaktionen" durchgeführt,[45] die allerdings nur in sehr „bescheidenem Maße"[46] Abhilfe schaffen konnten: So wurde 1915/16 Braunkohle im Wert von 140.285 Kronen verteilt,[47] das machte bei den damals rund 50.000 mittellosen Flüchtlingen in Wien im Durchschnitt knapp 3 Kronen pro Person an Heizkostenzuschuß für den ganzen Winter aus.

Wie gezeigt wurde, konnten die staatlichen Unterstützungszahlungen nicht einmal zu Kriegsbeginn die Existenz der Flüchtlinge notdürftig sichern. In der Folgezeit ließ die galoppierende Inflation die Diskrepanz zwischen dem, was benötigt wurde, und dem, was der Staat zur Verfügung stellte, immer größer werden. Wer keine Ersparnisse oder zusätzliche Einnahmequellen hatte, sah sich dem langsamen Hungertod ausgeliefert. Auch Hilfe von privater Seite, ob institutionalisiert oder nicht, konnte das Massenelend nicht wirksam bekämpfen.[48] Dazu kam, daß Flüchtlinge lange Zeit kaum Chancen auf einen Arbeitsplatz hatten.[49] Als sie schließlich in der zweiten Kriegshälfte in den Arbeitsprozeß integriert wurden, blie-

---

43 Winkler: Die Einkommensverschiebungen, S. 124 f.
44 Ebd., S. 213 f.
45 Vgl. AVA, MdI, 19 in gen, F 1655/1915/70001, Schreiben des Finanzministeriums an das Innenministerium, 28.12.1915; F 1671/1917/1650, Schreiben des Finanzministeriums an das Innenministerium, 6.1.1917.
46 AVA, MdI, 19 in gen, F 1655/1915/70001, Schreiben des Finanzministeriums an das Innenministerium, 28.12.1915.
47 AVA, MdI, 19 in gen, F 1668/1916/58126, Schreiben des Innenministeriums an das Finanzministerium, 1.11.1916.
48 Vgl. dazu die Kapitel 4.1., 4.2.
49 Vgl. dazu Kapitel 3.3.

ben doch diejenigen übrig, die, aus Alters- oder Krankheitsgründen erwerbsunfähig, allein mit der Flüchtlingsunterstützung ihr Auslangen finden mußten.

3.3. Selbsthilfe

Bereits während des Krieges, vor allem aber in den Jahren danach galten die galizischen und bukowinischen Juden in der Öffentlichkeit als Schmarotzer, die nach Wien gekommen wären, um hier als arbeitsscheue Existenzen auf Kosten der Steuerzahler zu leben. Die Realität war anders: Selbst als bereits fühlbarer Arbeitskräftemangel herrschte, hatten erwerbsfähige Flüchtlinge bei der Suche nach Beschäftigung größte Schwierigkeiten. Die Gemeinde Wien betrieb in diesem Bereich ihre spezielle Flüchtlingspolitik.

Am 4. Jänner 1915 erfolgte eine Eingabe Bürgermeister Weiskirchners an den k. k. Ministerpräsidenten, in der alle Vorurteile und Widerstände der Gemeindeväter gegen die jüdischen Flüchtlinge ihren Niederschlag fanden. Im Mittelpunkt stand die Sorge, die Stadt könnte durch die Flüchtlinge „das ihr charakteristische Gepräge und ihre Eigenart" einbüßen, weshalb man darauf drängte, ihnen einen längeren Aufenthalt von vornherein unmöglich zu machen. Wichtigstes Instrument dieser Politik war die Verweigerung von Arbeit: Auch wenn nach dem Zusammenbruch der k. u. k. Armee Anfang 1915 von baldiger Rückkehr der Soldaten in die Heimat nicht die Rede sein konnte, argumentierte der Bürgermeister in seinem Schreiben mit der „von den Schlachtfeldern zurückgekehrten einheimischen Bevölkerung", die durch die Flüchtlinge „bei der Suche nach Arbeit und Verdienst" nicht behindert werden dürfte.[50]

Die Einführung gesetzlich unzulässiger Beschränkungen österreichischer Staatsbürger bereitete der Gemeinde Wien keine Schwierigkeiten. Sie machte – man fühlt sich an Joseph Roths Schilderung der Probleme eines „Ostjuden" in einem Wiener Polizeibüro erinnert[51] – die Ausstellung eines Arbeitsbuches abhängig vom voll-

---

50 AVA, MdI, 19 in gen, F 1640/1915/1013.
51 „Hinter dem Schalter sitzt ein Mann, der die Juden im allgemeinen und die Ostjuden im besonderen nicht leiden mag. Dieser Mann wird Dokumente verlangen. Unwahrscheinliche Dokumente. Niemals verlangt man von christlichen Einwanderern derlei Dokumente. Außerdem sind christliche Dokumente in Ordnung ..." Joseph Roth: Juden auf Wanderschaft. Köln, 1985, S. 41.

ständigen Nachweis über Person und Zuständigkeit des Antragstel-
lers. Diese Bedingung konnten galizische und bukowinische Juden
zumeist nicht erfüllen,[52] da sie aus vielen Gründen keine ordnungs-
gemäßen Dokumente besaßen oder diese auf der Flucht abhanden
gekommen waren. Auch die Ausstellung von Gewerbescheinen bzw.
Konzessionen verweigerten die Wiener Gewerbebehörden nicht selten „aus prinzipiellen Gründen", zumeist aber, „weil über die Unbe-
scholtenheit des Bewerbers kein Nachweis erbracht werden" konnte.[53] Als das Handelsministerium rekursierenden Flüchtlingen die
Gewerberechte zuerkannte, fand der protestierende Wiener Bürgermeister Unterstützung beim Ministerpräsidenten: Auch diesem
schien es „höchst opportun, die Anlässe zur Gewinnung einer
Seßhaftigkeit so wenig als möglich zu bieten".[54]

Die Flüchtlingspolitik der Gemeinde fand ihre Entsprechung auf
anderen Ebenen. Die Wiener Advokatenkammer, die zahlreiche jüdische Mitglieder hatte, fürchtete die Konkurrenz geflüchteter galizischer Anwälte, die zum Teil ihre Kanzleien provisorisch nach
Wien verlegen wollten. Auf Betreiben eines Teiles ihrer Mitglieder
wurde Anfang 1915 durch eine Regierungsvorlage die Wiener Kam-
mer für die Aufnahme galizischer Advokaten gesperrt. Diese Maßnahme rief sogar den Protest amerikanischer Juden hervor. Der
österreichisch-ungarische Botschafter in New York sah sich veranlaßt, in einem Brief an eine der größten jüdischen Zeitschriften
Amerikas zu diesem „fraglichen Erlaß" Stellung zu nehmen.[55] Der
Erlaß wurde jedoch nicht zurückgenommen. Ein Teil der galizischen Anwälte fand zwar im Lauf der Zeit Beschäftigung unter-

---

52 AVA, MdI, 19 in gen, F 1670/1916/63469, Präs. 11.12.1916, Arbeitsausweise für
   Flüchtlinge. Vgl. dazu auch: Krag: „Man hat nicht gebraucht keine Reisegesellschaft", S. 85 f.
53 AVA, MdI, 19 in gen, F 1639/1914/46121, Abschrift eines Schreibens des Ministerpräsidenten an den Handelsminister, 6.12.1914 (galizische Flüchtlinge, Einschränkung des Gewerbebetriebes). Auf diese Weise wurde Art. 6 des Staatsgrundgesetzes umgangen, wonach jeder Staatsbürger an jedem Orte des Staatsgebietes Liegenschaften jeder Art erwerben und unter den gesetzlichen Bedingungen jeden Erwerbszweig ausüben konnte. Vgl. dazu: AVA, MdI, 19 in gen, F
   1640/1915/1013, Schreiben des Ministerpräsidenten an das Innenministerium,
   Mai 1915.
54 AVA, MdI, 19 in gen, F 1639/1914/46121, Abschrift eines Schreibens des Ministerpräsidenten an den Handelsminister, 6.12.1914.
55 Jüdisches Archiv, Mitteilungen des Komitees „jüdisches Kriegsarchiv" Nr. 1 (Mai
   1915) bis Nr. 8/9 (Jänner 1917), Wien, S. 22–24; vgl. dazu auch: NFP, 11.12.1914,
   M, S. 11; NNZ, 19.2.1915, S. 33, Die Notverordnung gegen die galizischen Advokaten; Jüdische Rundschau, 9.7.1915, S. 225.

schiedlichster Art, viele blieben aber ohne Erwerb. Entsprechend
groß war die Zahl jener, die im Herbst 1915 sogar auf Rückkehr ins
engere Kriegsgebiet nach Ostgalizien drängten, die an sich nur Trä-
gern öffentlicher Interessen gestattet wurde.[56] Das Justizminesteri-
um rechtfertigte die Vorgangsweise noch zwei Jahre später unver-
blümt damit, daß „Advokaten aus den nordöstlichen Kronländern
wegen der Verschiedenheit von Sprache, Sitten und Lebensauffas-
sungen (sic!) nicht immer die Eignung für öffentliche Stellen im
Westen der Monarchie haben".[57]

Ungemein schwierig blieb die Situation lange Zeit für Flüchtlinge, die Stellen als Hilfs- oder Facharbeiter suchten. Zwar hatte Alfred Stern, der Präsident der Wiener Kultusgemeinde, anläßlich einer Vorsprache bei Bürgermeister Weiskirchner im April 1915 die
Zusage erhalten, daß zumindest den „ärmsten Flüchtlinge(n) durch
Gewährung von Arbeitsbüchern" aus der Not geholfen werden sollte.[58] Doch abgesehen davon, daß Flüchtlinge im Sommer 1915 in
der Umgebung Wiens zu Erntearbeiten eingesetzt wurden,[59] finden
sich zu diesem Zeitpunkt keine Hinweise auf eine Realisierung dieses Versprechens. Noch 1917 klagte Rudolf Schwarz-Hiller darüber,
daß „tausende dieser Flüchtlinge durch viele Monate hindurch ge-
waltsam verhindert" worden wären, eine Arbeit zu übernehmen,[60]
da man ihnen die Ausstellung von Arbeitsbüchern verweigert hätte.

Erst im November 1916 wurde wegen des akut wachsenden Ar-
beitskräftemangels in Wien und angesichts der Überlastung des
Staatshaushaltes durch Unterhalts- und Unterstützungszahlungen
eine Neuregelung gefunden. Die Initiative ging vom Handelsministerium aus, welches die Ungesetzlichkeit und zugleich Unzweck-
mäßigkeit des bisherigen Vorgehens der Gemeinde Wien hervor-
hob. Im Innenministerium fand diese Initiative volle Unterstützung.
In Zukunft sollte jeder arbeitswillige Flüchtling ohne weiteres die

---

56 AVA, Staatsarchiv des Innern und der Justiz, Justiz 1886–1917, K 789, Z. 205/7,
   Schreiben des Justizministeriums an das Innenministerium, 25.9.1915
   (Z. 29166/472).
57 AVA, Staatsarchiv des Innern und der Justiz, Justiz 1886–1917, K 789, Z. 205/19,
   Bericht des Justizministeriums an das Innenministerium, 17.11.1916
   (Z. 35570/760).
58 CAHJP, AW 71/16, Plenarprotokolle 25.3.1915–31.12.1918, S. 11 ff., Protokoll der
   Plenarsitzung der Wiener Kultusgemeinde, 28.4.1915.
59 A/Pol.Dion., Kriegs-Tagesereignisse 1915, Z. 13519, 3.7.1915.
60 AVA, MdI, 19 in gen, F 1674/1917/15992, Schreiben Schwarz-Hillers an das Innenministerium, 4.4.1917.

erforderlichen Dokumente erhalten.[61] Bereits drei Monate zuvor hatte das Innenministerium die Annahme von Arbeitsstellen für Flüchtlinge attraktiver gestaltet: Es durfte nun nicht mehr wie bisher das ganze, sondern nur mehr das halbe tägliche Arbeitseinkommen eines Flüchtlings von der täglichen Unterstützungszahlung für ihn und seine Familienangehörigen abgezogen werden.[62] Das „Brachliegen wertvoller Arbeitskräfte" füge, wie die Beamten im Innenministerium nun plötzlich erkannten, der Volkswirtschaft „bedeutenden Schaden" zu und müsse vermieden werden.[63] Noch einen Schritt weiter ging man im Jänner 1918: Falls jemand die Annahme einer Arbeitsstelle „ohne gewichtigen Grund" verweigerte, wurde ihm und seiner Familie jede Unterstützung entzogen.[64] Die nunmehrige Arbeitsmarktpolitik gegenüber Flüchtlingen war damit der Vorgangsweise in der ersten Kriegshälfte diametral entgegengesetzt.

Einer der wenigen überlieferten Ausweise über den Stand der Beschäftigten unter den Flüchtlingen in Wien, die das Innenministerium seit November 1916 in periodischen Abständen anfertigen ließ, gibt näheren Aufschluß über die Art ihrer Verwendung: Von 10.844 Flüchtlingen, die am 15. Juli 1917 als Arbeitskräfte gemeldet waren, waren 8.709 weiblich. Von diesen arbeiteten 8.191 als Hilfsarbeiterinnen in Wien und Umgebung[65] – mit Sicherheit zu Niedrigstlöhnen. Damit hatte sich die materielle Situation jener in Wien verbliebenen Flüchtlingsfamilien, in denen Frauen und heranwachsende Kinder Arbeitsverhältnisse eingingen, der Lage vieler Wiener Arbeiterfamilien angeglichen. Diese rangierten, wie die österreichische Arbeiterschaft überhaupt, trotz härtester Fabriksarbeit der Frauen „in der relativen und absoluten Verelendung" im Ersten Weltkrieg „an der europäischen Spitze".[66]

---

61 AVA, MdI, 19 in gen, F 1670/1916/63469, Präs. 11.12.1916, Arbeitsausweise für Flüchtlinge.
62 AVA, MdI, 19 in gen, F 1666/1916/48800, Präs. 18.9.1916, Schreiben des Innenministeriums an die politischen Landesbehörden und die „Zentralstelle".
63 AVA, MdI, 19 in gen, F 1662/1916/30524, Schreiben des Innenministeriums an das Finanzministerium, 13.7.1916.
64 AVA, MdI, 19 in gen, F 1689/1918/7514, Schreiben Schwarz-Hillers an das Innenministerium, 5.2.1918.
65 AVA, MdI, 19 in gen, F 1680/1917/45536; Schwarz-Hiller übermittelte diese Aufstellung am 20.7.1917 an das Innenministerium.
66 Hans Hautmann: Hunger ist ein schlechter Koch. Die Ernährungslage der österreichischen Arbeiter im Ersten Weltkrieg. In: Gerhard Botz u. a. (Hrsg.): Bewegung und Klasse. Studien zur österreichischen Arbeitergeschichte. Wien/München/Zürich 1978, S. 661–681, hier: S. 662.

Ungeachtet aller Widerstände fand neben den Hilfsarbeiterinnen im Lauf der Zeit eine weitere, zahlenmäßig allerdings kleinere Gruppe von Flüchtlingen den Weg zur Erwerbstätigkeit: Selbständige und unselbständige Handeltreibende, denen die nötigen Lizenzen zunächst fast immer verweigert worden waren. Versuchten die Kaufleute trotzdem, ihren Geschäften nachzugehen, hatten sie mit hohen Strafen zu rechnen, was die nach Wien übersiedelte Brodyer Handelskammer im März 1915 zu einem heftigen Protest veranlaßte.[67] Die Erfordernisse der Kriegswirtschaft brachten die kompromißlos ablehnende Haltung der Behörden jedoch allmählich ins Wanken, nachdem sich die flexiblen und handelskundigen Flüchtlinge vom kriegswirtschaftlichen Standpunkt auch bei illegalen Geschäften als nutzbringend erwiesen hatten. Ein jüdischer Kaufmann und Mühlenvertreter aus Neu-Sandec hatte beispielsweise im Frühjahr 1915 unangemeldet einen größeren Mehltransport aus Ungarn organisiert und das Mehl an Wiener Bäcker verkauft. Als der Schwarzhändler von der Polizeidirektion wegen Preistreiberei aus Wien ausgewiesen wurde, wandte er sich hilfesuchend an das Innenministerium, wo man für diesen speziellen Fall auf ein seltsames Lösungsmodell verfiel:

„Wenn auch im Allgemeinen die Geschäftätigkeit von Flüchtlingen in Wien keineswegs begünstigt, vielmehr tunlichst hintangehalten werden muß, so dürfte doch – soweit sich von hieraus die vorliegende Angelegenheit beurteilen läßt – der Pol.Dion. zwar nicht der Auftrag, wohl aber ein andeutungsweiser Wink zu geben sein, ihr Ausweisungserkenntnis einer Überprüfung zu unterziehen, zumal es eigentlich dem Friedmann, wenn er das Mehl nicht zu übertriebenen Preisen hier verkauft haben sollte, nur als Verdienst angerechnet werden könnte, Mehl aus Ungarn nach Wien gebracht zu haben."[68]

Auch die Gemeinde Wien ließ bald eine ähnliche Gespaltenheit zwischen eisernen Prinzipien und milderer Praxis erkennen, indem sie schließlich doch einer ganzen Reihe jüdischer Flüchtlinge Handels- und Gewerbebewilligungen sowie Hausiererlizenzen erteilte.[69]

---

67 A/Pol.Dion., Verwaltung 1915, 904 K, Rabinowitsch, Stimmungsbericht, 20.3.1915.
68 AVA, MdI, 19 in gen, F 1643/1915/17866, Präs. 21.4.1915, Kommentar des Innenministeriums zum Ansuchen Abraham Friedmanns um Rücknahme der Ausweisung.
69 Folgende Berechnungen nach: Mitteilungen der Statistischen Abteilung des Wiener Magistrates. Monatsberichte, Wien 1914–1919.

Tabelle 5:

Vergabe von Handels- und Gewerbelizenzen
Anteil der nicht in Wien, Niederösterreich
und Ungarn Heimatberechtigten
(1915 – 1919)

1915 .... 27,1%
1916 .... 28,4%
1917 .... 25,4%
1918 .... 23,5%
1919 .... 24,3%

Man kann davon ausgehen, daß die meisten dieser Lizenzen an galizische Flüchtlinge erteilt wurden. Eindeutig verifizieren läßt sich diese Annahme bei jenen 3.376 Personen, die zwischen 1915 und 1919 eine Hausiererbewilligung oder eine Lizenz für Wandergewerbe erhielten.

Tabelle 6:

Vergabe von Hausiererlizenzen
Anteil der in Galizien Heimatberechtigten
(1915 – 1919)

1915 .... 38,2%
1916 .... 29,1%
1917 .... 32,7%
1918 .... 30,9%
1919 .... 39,6%

Das Bild rundet sich insofern ab, als überproportional viele der neu angemeldeten Handels- und Gewerbetreibenden im Zweiten Wiener Gemeindebezirk (1910: 8,3 Prozent der Gesamtbevölkerung Wiens) wohnhaft waren.

Tabelle 7:

Vergabe von Handels- und Gewerbelizenzen
Anteil an Einwohnern des 2. Bezirks
(1915 – 1919)

1915 .... 11,5%
1916 .... 14,2%
1917 .... 14,1%
1918 .... 12,5%
1919 .... 14,1%

Es gab Monate, in denen über 100 Leopoldstädter eine Konzession erhielten; im Durchschnitt waren es hier ungefähr dreimal so viele wie im an Bevölkerungszahl gleich großen Zehnten Bezirk.

Besonders auffällig erhöhte sich die Zahl der Neuanmeldungen im zweiten Halbjahr 1916, als sie von 60 im Juni und 69 im Juli auf 100 im August, 115 im September, 109 im Oktober und 118 im November anstieg.[70] Die russische Großoffensive, die im Sommer 1916 wiederum zahlreiche Juden zur Flucht in den Westen getrieben hatte, dürfte in dieser Entwicklung ihren Niederschlag gefunden haben.

Ein Teil dieser Handels- und Gewerbekonzessionen wurde im übrigen noch während der Kriegsjahre wieder an die Gemeinde Wien zurückgegeben. Der Besitz einer derartigen Lizenz veranlaßte Flüchtlinge somit nicht unbedingt, wie ursprünglich befürchtet worden war, zur dauerhaften Ansiedelung in Wien. So führt der bereits erwähnte Ausweis vom Juli 1917 über den Stand der Arbeitskräfte unter den in Wien befindlichen Flüchtlingen weniger Kaufleute und Handelsangestellte an, als die oben genannten Zahlen vermuten lassen: Am 15. Juli 1917 waren 1.748 männliche und 51 weibliche selbständige Kaufleute sowie 85 männliche und 426 weibliche Handelsangestellte gemeldet. Ein Flüchtling hatte es inzwischen zum Fabriksbesitzer gebracht.[71]

Es stellt sich nun die Frage nach der Art der Geschäfte, die jene rund 2.300 Personen im verelendeten Wien des Sommers 1917 betrieben. Neben Altwarenhandel und armseliger Hausierertätigkeit wird es dabei auch in vielen Fällen um Zwischenhandel gegangen sein. Dieser Bereich hatte sich den Kriegsflüchtlingen von Anfang an angeboten. Allerdings betätigten sich nicht nur Inhaber entsprechender Lizenzen im Zwischenhandel, sondern auch andere Flüchtlinge, die sich damit strafbare Handlungen zuschulden kommen ließen und mit entsprechenden Folgen zu rechnen hatten.

Der Zwischenhandel an sich war nichts Illegales. Die Kriegswirtschaft mit ihren Transport- und Verkaufsschwierigkeiten erforderte eine größere Zahl von Mittelspersonen als die Wirtschaft in Friedenszeit. Da aber schließlich zahlreiche Personen mit ausgeprägten eigenen Interessen an allen größeren Geschäften beteiligt waren, entwickelte sich eine Eigendynamik, die erheblich zur Verteuerung der Produkte beitrug.

Unter diesen Umständen geriet die Rolle der Flüchtlinge im Zwischenhandel zu einer prekären Angelegenheit. Bereits im Februar 1915 beschuldigte Bürgermeister Weiskirchner die jüdischen Flücht-

---

70 Berechnungen nach ebd.
71 AVA, MdI, 19 in gen, F 1680/1917/45536.

linge, ganz in der Tradition Karl Luegers auf einer Wählerversammlung, sie verteuerten die Waren in Wien.[72] Die „große Erbitterung" über diese Rede, die von Organen der Exekutive in „Flüchtlingskreisen" registriert wurde,[73] nützte nichts. Es dauerte nicht lange, bis ihnen pauschal die Schuld an der schlecht funktionierenden Kriegswirtschaft zugeschoben wurde. Zu Kriegsende war der Begriff „Ostjude" synonym mit „Preistreiber" und „Wucherer" in Verwendung.

Ohne Zweifel gab es jüdische Kriegsflüchtlinge, die mit halblegalen und illegalen Geschäften nicht nur ihre Existenz fristeten, sondern sich auch bereicherten. Die Namen der in den Berichten der Polizeidirektion genannten und wegen Schieberei und Preistreiberei verurteilten Personen deuten vielfach auf eine galizisch-jüdische Herkunft.[74] Auch die „Reichspost" brachte immer wieder Berichte über verhaftete und verurteilte „ostjüdische Wucherer", wobei hier der Eindruck vermittelt wurde, als wären fast ausschließlich jüdische Flüchtlinge in diese Delikte involviert.[75]

Für die Kriegsjahre ist der jüdische Anteil an Wirtschaftsdelikten nicht bekannt.[76] Doch lassen Hinweise, die sich auf den Zeitraum 1922 bis 1924 beziehen, Rückschlüsse zu. Gemessen am jüdischen Bevölkerungsanteil von 11 Prozent war die Beteiligung an wirtschaftlichen Vergehen relativ hoch, sie entsprach andrerseits aber dem traditionell hohen jüdischen Beschäftigungsanteil in den Bereichen Handel und Gewerbe:[77] Betrug: 28,6%, fahrlässiger Bankrott: 30,7% und Wucher: 22,7% (verschwindend gering war hinge-

---

72 BÖW, 5.2.1915, S. 98, Der Zwischenhandel im Kriege.

73 A/Pol.Dion., Verwaltung 1915, 904 K, Rabinowitsch, Stimmungsbericht, 8.2.1915.

74 Oft wurden auch keine Namen genannt, sondern nur die Zahl der verurteilten Personen angegeben. Außerdem sind die Berichte unvollständig, es ist also nicht möglich, konkrete Aussagen über den Anteil jüdischer Flüchtlinge an diesen Delikten zu treffen. Vgl. dazu auch: AVA, MdI, 19 in gen, F 1641/1915/6648, Präs. 19.2.1915; F 1653/1915/59866, Präs. 4.11.1915, Hintanhaltung von Preistreibereien durch Kriegsflüchtlinge.

75 Der Satz: „Alle Angeklagten sind natürlich Juden", ist häufig zu finden. Vgl. dazu Maria Garstenauer: Die Judenfrage in der „Reichspost" 1894–1918. Unveröffentlichte Hausarbeit aus Geschichte, Salzburg 1976.

76 Auch bei Franz Exner finden sich keine Zahlen, sondern nur pauschale Anschuldigungen gegenüber jüdischen Kriegsflüchtlingen. Franz Exner: Krieg und Kriminalität in Österreich. Wien 1927 (= Carnegie-Stiftung für internationalen Frieden. Abteilung für Volkswirtschaft und Geschichte. Wirtschafts- und Sozialgeschichte des Weltkrieges. Österreichische und ungarische Serie), S. 17, S. 45.

77 1910 waren 44,0% der jüdischen Berufstätigen in Wien in Handel und Verkehr beschäftigt, 28,3% in Industrie und Gewerbe. John/Lichtblau: Schmelztiegel Wien – einst und jetzt, S. 45.

gen der Anteil an Gewalttätigkeitsdelikten: Öffentliche Gewalttätigkeit: 1,7%, Sittlichkeitsdelikte: 2,4%, Mord/Totschlag: 5,9%).[78]

Während der Kriegsjahre lag die jüdische Kriminalitätsrate im wirtschaftlichen Bereich sicher über den Zahlen von 1922–1924. Ausschlaggebend dafür war nicht allein die zeitweilig große Anzahl jüdischer Flüchtlinge in Wien. Vielmehr mußte ihre Notlage, die zumindest in den ersten Kriegsjahren jene der einheimischen Bevölkerung beträchtlich übertraf, „amoralische Triebe", wie Rudolf Schwarz-Hiller es formulierte,[79] geradezu fördern. Dazu kam, daß – der Berufsstruktur des galizischen Judentums entsprechend[80] – vermutlich mehr als die Hälfte von ihnen zu Hause im Handel oder in handelsähnlichen Berufen beschäftigt gewesen war. Unter den schwierigen Bedingungen einer verfallenden Feudalgesellschaft führten sie auch dort einen harten Existenzkampf, in dem Geschäfte mit wenig Kapital, aber umso mehr persönlichem Einsatz abgewickelt wurden. In diesem Punkt hatten sie Wiener Händlern gegenüber in der im Aufbau befindlichen Kriegswirtschaft Startvorteile. Manche Flüchtlinge nutzten die Chance, die sich ihnen eröffnete.

Doch muß nochmals betont werden: Es gelang nur einer Minderheit, in Wien im Handel oder in handelsähnlichen Geschäften Fuß zu fassen. Und auch unter diesen zog nur ein Teil aus halblegalen oder illegalen Geschäften mehr oder minder großen Gewinn. Viele waren völlig bedeutungslos, etwa, wenn sie als Hausierer oder Altwarenhändler versuchten, ihren Lebensunterhalt aufzubessern. Manche wiederum nützten durch geschicktes Organisieren von Lebensmitteln mehr als sie schadeten. Bezeichnenderweise kam zumindest in der Anfangsphase des Krieges nicht nur der Vorwurf, die Flüchtlinge würden als Kettenhändler die Waren verteuern. Wiener Kaufleute beschuldigten galizische und bukowinische Juden anscheinend auch, „daß sie die Waren den Verhältnissen nicht entsprechend und mit Rücksicht auf ihre geringen Bedürfnisse zu billig verkaufen und dadurch den hiesigen stabilen Kaufmann schädigen."[81]

---

78 Arthur Ruppin: Soziologie der Juden. 2 Bde., Berlin 1930/31, S. 505.
79 AVA, MdI, 19 in gen, F 1674/1917/15992, Schreiben Schwarz-Hillers an das Innenministerium, 4.4.1917.
80 1910 waren in Galizien 53% aller jüdischen Berufstätigen im Bereich Handel und Verkehr beschäftigt. Wolfdieter Bihl: Die Juden. In: Adam Wandruszka/Peter Urbanitsch (Hrsg.): Die Habsburgermonarchie 1848–1918. Bd. III: Die Völker des Reiches. Wien 1980, 2. Teilbd. Wien 1980, S. 880–948, hier S. 913. Vgl. auch: Max Rosenfeld: Die polnische Judenfrage. Problem und Lösung. Berlin/Wien 1918, S. 116.
81 BÖW, 5.2.1915, S. 98 ff., Zwischenhandel im Kriege.

Die also verhältnismäßig kleine Gruppe unter den Flüchtlingen, die aus illegalen Geschäften tatsächlich in größerem Umfang profitierte, nutzte lediglich die Gegebenheiten eines Systems, das andere zu verantworten hatten. Denn die Hungersnot der Kriegsjahre hatte viele Ursachen: Neben der Blockadepolitik der Ententemächte und der geringen Bereitschaft Ungarns zu Lebensmittellieferungen nach Österreich spielte die unsoziale Grundstruktur der Kriegswirtschaft eine entscheidende Rolle:

„Staatliche Bemühungen, die Versorgung der Arbeiter im Gesamtinteresse der Herrschenden auf einem einigermaßen erträglichen Niveau zu halten, kollidierten mit den Profitinteressen der Großgrundbesitzer, Nahrungsmittelindustriellen und Großhändler, die sich jeder Beeinträchtigung ihres Gewinnstrebens erbittert entgegensetzten. Sowohl diese Gruppen als auch ihre Kompagnons – Schieber, Spekulanten, Kriegsgewinnler – nützten den Nahrungmittelmangel rücksichtslos aus. Sie horteten die aufgekauften Waren in ihren Lagern, um sie bei weiterer Verknappung ihres Artikels mit großem Gewinn weiterzuverkaufen.“[82]

Es gab Flüchtlinge, die an dieser Mißwirtschaft beteiligt waren. Die Schuld an der Hungersnot lag anderswo.

---

82 Hautmann: Hunger ist ein schlechter Koch, S. 671.

4. Das Wiener Judentum und die Flüchtlinge

Als sich zu Kriegsbeginn das Problem einer Aufteilung der Flüchtlingsmassen im Inneren Österreich-Ungarns stellte, spielte die zahlenmäßige Stärke der jüdischen Gemeinde Wiens in den Überlegungen des k. k. Innenministeriums sicher eine Rolle. Hinter dem Entschluß, verhältnismäßig viele galizische und bukowinische Juden in der Hauptstadt unterzubringen, stand die Hoffnung auf eine personelle und materielle Unterstützung durch das Wiener Judentum.

Die Erwartungen der Behörden erfüllten sich zum Teil. Allerdings sahen viele Wiener Juden den Flüchtlingsstrom mit großer Skepsis. Während die widersprüchlichen Gefühle und Reaktionen des jüdischen Bürgertums vor allem in Zeitungs- und Zeitschriftenartikeln reichhaltig dokumentiert sind, ist über das Verhalten der jüdischen Unterschicht wenig bekannt. Erfreut war man jedoch kaum:

„Die Flüchtlingsinvasion aus Galizien und der Bukowina wird am lebhaftesten von der jüdischen Bevölkerung des II. Bezirkes in abfälliger Weise glossiert, weil sich dortselbst zahlreiche Flüchtlinge als Agenten betätigen und so den ansässigen Konkurrenz machen",[1]

meldete ein Polizeibericht Anfang November 1914. Und Karl Kraus dürfte die erste Reaktion jener, die die mögliche Konkurrenz der Neuankömmlinge als Bedrohung der eigenen wirtschaftlichen Existenz fürchten mußten, zutreffend in folgendem Kommentar eines seßhaften (jüdischen) Wucherers wiedergegeben haben:

„Das hat uns noch gefehlt, daß wir d e n Pofel herbekommen – wo man hinschaut nix wie Juden! Was wern sie anfangen?
Bleiben und u n s e r e Geschäfte machen."[2]

Mißtrauen und Angst der kleinen jüdischen Gewerbetreibenden, Händler und Angestellten mündeten jedoch in der Folge nicht in offene Feindseligkeiten – berichtet wird davon jedenfalls nichts. Negative Gefühle scheinen vielmehr von einer Art resignierender Solidarität überlagert worden sein, die Joseph Roth – allerdings bezogen auf die galizisch-jüdische Immigration in Friedenszeiten – in „Juden auf Wanderschaft" einprägsam charakterisierte:

---

1 A/Pol.Dion., Kriegs-Tagesereignisse 1914, 7.11.1914.
2 Karl Kraus: Die letzten Tage der Menschheit. Tragödie in fünf Akten mit Vorspiel und Epilog. München 1975 (= dtv sr 23/24), S. 173.

„Wenn er den zweiten Bezirk betritt, grüßen ihn vertraute Gesichter. Grüßen sie ihn? Ach, er sieht sie nur. Die schon vor zehn Jahren hierhergekommen sind, lieben die Nachkommenden gar nicht. Noch einer ist angekommen. Noch einer will verdienen. Noch einer will leben. Das Schlimmste: daß man ihn nicht umkommen lassen kann. Er ist kein Fremder. Er ist Jude und Landsmann. Irgend jemand wird ihn aufnehmen. Ein anderer wird ihm ein kleines Kapital vorstrecken oder Kredit verschaffen ..."[3]

Die Integrationsfähigkeit gegenüber Neuankömmlingen mußte angesichts der Flüchtlingsmassen natürlich rasch an ihre Grenzen stoßen. Aber es ist anzunehmen, daß Flüchtlinge von bereits in Wien lebenden Verwandten und Bekannten spontane Hilfe erhielten. Manche konnten so zumindest für einige Zeit, wenn auch nur notdürftig, untergebracht werden. Sicher half man fallweise mit Lebensmitteln aus. Auch sonst mochten die ansässigen Juden als Anlaufstelle eine wichtige Rolle gespielt haben. Sie waren behilflich, wenn Flüchtlinge untereinander Verbindungen herzustellen versuchten, fallweise konnten Arbeitsplätze vermittelt werden, insgesamt wurde der Aufbau einer eigenen Infrastruktur unter den Flüchtlingen unterstützt.[4] In ihrem Umfang lassen sich die unorganisierten und vor allem auch undokumentierten Hilfsmaßnahmen der jüdischen Unterschichten Wiens jedoch nur schwer einschätzen. Grenzen waren zweifellos durch die eigene Mittellosigkeit gesetzt.

Komplizierter war das Verhältnis des „etablierten" jüdischen Bürgertums den Flüchtlingen gegenüber. Liberale Assimilanten waren seit dem ausgehenden 19. Jahrhundert bemüht gewesen, die Zuwanderung galizischer Juden unter Kontrolle zu halten und Neuankömmlinge möglichst rasch an bürgerliche Wertvorstellungen heranzuführen, das „Ostjüdische" an ihnen zu eliminieren.[5] Die Flüchtlingswelle von 1914 brachte nun in großer Zahl Chassiden und ultraorthodoxe Juden nach Wien, die unter anderen Umständen aus religiösen Gründen ihre Heimat nie verlassen hätten. Erstmals tatsächlich konfrontiert mit der Armut und Rückständigkeit der ostjüdischen Massen, reagierten bürgerliche Juden mit Erschrecken. Das weitere Verhalten war naturgemäß stark von der eigenen Stellung zum Judentum geprägt. Letzten Endes lieferte das

---

3 Roth: Juden auf Wanderschaft, S. 41.
4 Krag: „Man hat nicht gebraucht keine Reisegesellschaft", S. 77.
5 Vgl. dazu Hödl: Als Bettler in die Leopoldstadt, S. 129 ff.

Flüchtlingsproblem beträchtlichen Konfliktstoff zwischen dem mehr oder weniger assimilierten liberalen Wiener Judentum und jenen, die sich noch – oder wieder – jüdischen Traditionen verhaftet fühlten oder der zionistischen Bewegung nahestanden.

4.1. Das assimilierte Bürgertum

Der Streit begann bereits im Oktober 1914, als die Leitung der Wiener Kultusgemeinde die Aufforderung der kleinen zionistischen Minderheit ablehnte, sich als Körperschaft direkt in der Flüchtlingshilfe zu engagieren. Die Mehrheit wollte weder eine freiwillige Kriegssteuer als Zuschlag zur Kultussteuer einheben, noch fand der Vorschlag, „großzügige(...) systematische(...) Sammlungen" zu veranstalten, Gehör. Auch der große administrative Apparat der Kultusgemeinde sollte nicht in den Dienst der staatlichen Fürsorgeaktion gestellt werden.[6] Selbstverständlich würde man helfen, wie führende Gemeindemitglieder betonten, aber von jeder „seperaten Hilfsorganisation auf konfessioneller Basis" wäre abzusehen.[7] Ausführlich wurde diese Entscheidung in einer öffentlichen Plenarsitzung der Kultusgemeinde begründet, als anläßlich von Budgetverhandlungen für das Jahr 1915 auch über Flüchtlingshilfe debattiert wurde:

„Daß wir (...) für diesen Zweck nicht eine Spezialpost ins Budget einstellten, hat seinen Grund darin, daß wir in keiner Weise den Gedanken aufkommen lassen dürfen, daß wir Pflichten, deren Erfüllung in erster Reihe, ja man kann sagen, ausschließlich dem Staate obliegen, freiwillig auf uns nehmen wollen. So ausgeprägt und intensiv das Gemeinbewußtsein, die Gemeinbürgschaft, bei uns Juden ist, in dieser Frage konnten und durften wir in keiner Weise den Standpunkt verlassen, daß es Sache des Staates ist, in auskömmlicher Weise für diejenigen zu sorgen, die durch den Krieg und infolge desselben von Haus und Hof gewissermaßen expropriiert wurden; daß unsere Gemeinde sich den diesbezüglichen Pflichten nicht entzogen hat und auch nicht entziehen wird, das hat sie bereits bewiesen, und das wird sie auch, soweit es ihr möglich ist, auch fernerhin beweisen."[8]

Diese Argumentation blieb unbefriedigend für alle, denen an mehr

---

6 Jüdische Zeitung, 9.10.1914, S. 1, Die galizischen Flüchtlinge und die Wiener Kultusgemeinde.
7 CAHJP, AW, 72/15, Protokolle der Vertretersitzungen 6.7.1914–8.10.1916, Sitzungsprotokoll vom 8.9.1915.
8 CAHJP, AW, 71/15, Plenar-Protokolle 6.1.1914–24.3.1915, Protokoll der öffentlichen Plenarsitzung vom 30.12.1914, S. 373.

Engagement für die Flüchtlinge gelegen war. Vor allem die Zionisten warfen der Kultusgemeinde Passivität und ihren begüterten Mitgliedern Abstinenz von jeglicher Hilfeleistung vor.[9]

Die Kultusgemeinde hielt sich trotz aller Angriffe relativ konsequent an den einmal gefaßten Beschluß. Wohl gab es im Rahmen ihrer üblichen Subventionstätigkeit, in die eine Vielzahl jüdischer und nichtkonfessioneller Vereinigungen einbezogen war,[10] auch Geldmittel für Flüchtlingshilfsvereine, die aber eher den Charakter symbolischer Zuwendungen trugen. Bis Mai 1915 hatte die Kultusgemeinde rund 57.000 Kronen für die Flüchtlingshilfe flüssiggemacht[11] – eine Summe, die, aufgeteilt auf über 100.000 jüdische Flüchtlinge in Wien, theoretisch etwa 50 Heller pro Person ausmachte. Eine Vertretersitzung der Kultusgemeinde am 25. Mai beschloß beispielsweise, zwar den „Tempelverein Wieden und Margarethen" für 1916 mit 8.000 Kronen zu subventionieren, dem „Verband der in Wien bestehenden humanitären Vereine der galizischen Juden" gestand man jedoch nur 100 Kronen an monatlicher Subvention für eine Flüchtlingsausspeisaktion zu. Ein „Brotverteilungs-Komitee für Flüchtlinge" wurde mit 50 Kronen pro Monat bedacht.[12] Im übrigen versuchte die Kultusgemeinde, im religiös-kultischen Bereich Hilfe zu gewähren. Betlokale wurden den Flüchtlingen teils unentgeltlich zur Verfügung gestellt,[13] verstorbene galizische Juden erhielten eine Bestattung IV. Klasse, falls Angehörige die spätere Rückzahlung der anfallenden Kosten zusagten.[14] Im November 1914 wurde beispielsweise eine Chanukkafeier für Flüchtlingskinder organisiert,[15] und man kümmerte sich um die „Beschaffung von Mazzes an die im Felde stehenden jüdischen Soldaten und für Flüchtlinge."[16]

---

9 Vgl. z. B.: Jüdische Zeitung, 25.12.1914, S. 1, Die Flüchtlingsfürsorge ist eine jüdische Pflicht; Jüdische Rundschau, 23.10.1914, S. 397 f., Für die galizischen Flüchtlinge in Österreich; NNZ, 18.9.1914, S. 6, Die Hilfsaktion für die galizischen Flüchtlinge.
10 Vgl. dazu: Bericht der Israelitischen Kultusgemeinde Wien über die Tätigkeit in der Periode 1912–1924. Wien 1924, S. 31 f.
11 CAHJP, AW 71/16, Plenar-Protokolle 25.3.1915–31.12.1918, Protokoll der öffentlichen Plenarsitzung vom 25.5.1915, S.16.
12 CAHJP, AW, 71/16, Plenar-Protokolle 25.3.1915–31.12.1918, Protokoll der Vertretersitzung vom 25.5.1915, S. 19 f.
13 CAHJP, A/W, 72/15, Protokolle der Vertretersitzungen 6.7.1914–8.10.1916, Sitzungsprotokoll vom 15.9.1914.
14 Ebd., Sitzungsprotokoll vom 8.10.1914.
15 Ebd., Sitzungsprotokoll vom 18.11.1914.
16 Ebd., Sitzungsprotokoll vom 27.1.1915.

Mit Maßnahmen wie diesen erschöpfte sich im Prinzip die Hilfstätigkeit der Wiener Kultusgemeinde für die jüdischen Flüchtlinge. Auch moralische Unterstützung gab es kaum: Da die Kultusgemeinde als Institution jede Zuständigkeit für Flüchtlingsbelange ablehnte, vermied sie es auch, öffentlich zu diesem Thema Stellung zu beziehen bzw. Flüchtlingsinteressen in der Öffentlichkeit wahrzunehmen. Die Sitzungsprotokolle der Gemeinde berichten lediglich von der bereits erwähnten Unterredung des Präsidenten Stern mit dem Wiener Bürgermeister, als deren Ergebnis Weiskirchner schließlich Arbeitsbücher für „die ärmsten" unter den Flüchtlingen zusicherte.[17] Das offizielle Gemeindeleben ging die Kriegsjahre hindurch nahezu unberührt von der Flüchtlingsfrage weiter. Nicht einmal die der Kultusgemeinde angeschlossene israelitische Armenanstalt wurde „durch die Not des Krieges ... erschüttert". Im Gegenteil: Die Jahresabschlüsse 1914, 1915 und 1916 wiesen jeweils einen Überschuß aus. „Daß sich ein Überschuß überhaupt einstellte, war darauf zurückzuführen" – heißt es in der Geschichte der Armenanstalt –, „daß der Staat mannigfache Fürsorgeaktionen errichtet hatte."[18]

Die Zurückhaltung der Kultusgemeinde in Flüchtlingsangelegenheiten hatte mehrere Gründe: Einerseits durfte nicht der Anschein erweckt werden, man wolle den Staat in seiner Verantwortung entlasten. Möglicherweise hätten großzügige und organisierte Hilfsmaßnahmen seitens des Dachverbandes der Wiener Juden tatsächlich nur Anlaß zu behördlichen Sparmaßnahmen gegeben. Im übrigen wäre die Kultusgemeinde von einer wirklich effizienten Hilfeleistung durch die Masse der Flüchtlinge auch überfordert worden. Ausschlaggebend freilich war, daß die Politik der Kultusgemeinde von den Interessen des liberalen jüdischen Bürgertums geprägt wurde, das die Gemeinde bis 1918 dominierte. Und dieser Teil des Wiener Judentums brachte den Flüchtlingen überaus ambivalente Gefühle entgegen.

In der anfänglichen Kriegsbegeisterung und im ersten Schrecken über das Elend der Flüchtlinge bemühte sich das jüdische Bürgertum zwar um Hilfe und Verständnis, um brüderliche Aufnahme der

---

17 CAHJP, AW, 71/16, Plenarprotokolle 25.3.1915–31.12.1918, Protokoll der Plenarsitzung vom 28.4.1915, S. 11 ff.
18 Samuel Krauss: Geschichte der israelitischen Armenanstalt in Wien. Wien 1922, S. 63 f.

galizischen und bukowinischen Juden.[19] Je länger der Krieg aber
dauerte, und je stärker antisemitische Ressentiments in der Bevölkerung fühlbar wurden, desto größer wurde auch die Angst assimilierter Juden um die eigene „mühsam aufgebaute Position".[20] Diese Reaktion beschränkte sich nicht auf Wien. Auch in Paris[21] und in deutschen Großstädten[22] wuchs die Distanz der ansässigen, etablierten
Juden gegenüber den jüdischen Flüchtlingen aus Osteuropa.[23] Joseph Bloch, der in seiner Zeitschrift häufig sehr engagiert zum
Flüchtlingsproblem Stellung bezog, beklagte im November 1917
ganz offen die „Indolenz der Stammesgenossen", die den jüdischen
„Emporkömmling das Gesicht abwenden" läßt, „wenn von den hungernden Judenbettlern die Rede ist, weil er nicht gern in arischer
Gesellschaft komprimittiert werden will".[24] In der traumatischen
Vorstellung, die Flüchtlinge würden Wien auch nach Kriegsende
nicht mehr verlassen, traf sich das liberale jüdische Bürgertum mit
den antisemitischen Gemeindevätern der Stadt. Sogar Rudolf
Schwarz-Hiller entwickelte Vorschläge für Zwangsrepatriierungen
in der Zeit nach einem Friedensschluß, da „eine Massenverpflan-
zung von Einwohnern des Kronlandes Galizien nach Wien aus einer
Reihe von Gründen für das Volksleben nicht förderlich wäre."[25]

Die aus Schrecken und Mitleid, Berührungsängsten und Abwehr
gemischte Reaktion assimilierter Wiener Juden ist nachvollziehbar:
Wie sollten sie sich mit der Flüchtlingsmasse solidarisch fühlen, die
ihnen in vieler Hinsicht ebenso fremd war wie den nichtjüdischen

---

19 Dagmar T. Bermann: Produktivierungsmythen und Antisemitismus. Assimilatorische und zionistische Berufsumschichtungsbestrebungen unter den Juden
   Deutschlands und Österreichs bis 1938. Eine historisch-soziologische Studie. Phil.
   Diss. München 1971, S. 170.
20 Ebd.
21 Beamte des „Joint Distribution Committees" berichteten (nach 1918) von der
   „jammervollen Lage" ostjüdischer Flüchtlinge in Paris, „die hungerten und fro-
   ren, und die von den einheimischen Juden brüsk zurückgestoßen wurden, weil
   sie von der Anwesenheit dieser fremdartigen zerlumpten Gestalten ein Anwachsen des Judenhasses befürchteten". Ismar Elbogen (Hrsg.): Ein Jahrhundert jüdischen Lebens. Die Geschichte des neuzeitlichen Judentums. Frankfurt a. M. 1967
   (= Bibliotheca Judaica), S. 470.
22 Vgl. dazu z. B. Klara Eschelbacher: Die ostjüdische Einwanderungsbevölkerung
   der Stadt Berlin. Phil. Diss. Berlin 1918, S. 84.
23 Überall in Europa erfuhr das Ostjudenbild des assimilierten Judentums „eine Ra-
   dikalisierung". Maria Kłanska: Aus dem Schtetl in die Welt. 1872–1938. Ostjüdische Autobiographien in deutscher Sprache. Wien/Köln/Weimar 1994, S. 19.
24 BÖW, 30.11.1917, S. 749 f., Die Angriffe auf die Flüchtlinge.
25 AVA, MdI, 19 in gen, F 1674/1917/15992, Schreiben Schwarz-Hillers an das Innenministerium, 4.4.1917.

Wienern?[26] Dazu kam, daß die Anwesenheit der Ostjuden die mühsam erworbene Identität wieder in Frage stellte. Daraus resultierte
das Bestreben, die vermeintlich erfolgreiche Assimilation durch betonte Abgrenzung zu untermauern. Ausdruck dieser Unsicherheit
waren Erklärungen und Rechtfertigungen gegenüber der christlichen Umgebung, in denen die Flüchtlinge etwa „eher als große Kinder" beschrieben wurden, „die erzogen werden müssen", denn „ohnedies ist dasjenige, was sie von uns trennt, mehr ein Unterschied
in der Bildung als ein solcher des Charakters."[27]

Das Gefühl der eigenen Überlegenheit nützte jedoch nur wenig.
Schlechtes Gewissen und Ratlosigkeit machten sich breit. Die Verunsicherung des liberalen jüdischen Bürgertums trat in der Flücht-
lingsberichterstattung der „Neuen Freien Presse" zutage: Der konkrete Hinweis auf die existentiellen Schwierigkeiten der Flüchtlinge
fehlt ebenso wie Berichte über die feindselige Reaktion der Wiener
Bevölkerung. Eine grundsätzliche Erklärung zum Flüchtlingsproblem findet sich ebenfalls nicht. Die zumeist jüdischen Redakteure
dieser großen liberalen Zeitung verteidigten den Anspruch der
Flüchtlinge auf Aufnahme in Wien mit keinem Wort. Kurz und kommentarlos wurde beispielsweise über die erwähnte Konferenz bei
Ministerpräsident Stürgkh Anfang Oktober 1914 berichtet, anläßlich
der die Wiener Gemeindevertreter erklärt hatten, der „Zuzug" nach
Wien könne nicht weiter zugelassen werden.[28]

Trotzdem waren die Flüchtlinge in der „Neuen Freien Presse"
präsent: Die Zeitung veröffentlichte täglich die Spendenausweise
diverser Unterstützungsvereine. Allein im Jahr 1916 unterstützte sie
auf diese Weise das „Fürsorgekomitee für die Bukowinaer Flüchtlinge", die „Zentralstelle der Fürsorge für Kriegsflüchtlinge", die
„Hilfsaktion der Frau Anitta Müller für die Flüchtlinge aus Galizien
und der Bukowina", die „Armen Flüchtlinge aus Galizien und der
Bukowina" sowie eine „Aktion zur Rettung der verlassenen Kinder
Galiziens", die anscheinend am erfolgreichsten an das Mitgefühl
appellierte[29] und auch als einzige im November 1918 ihre Tätigkeit

---

26 Vgl. auch Weinzierl: Zu wenig Gerechte, S. 24.
27 Samuel Krauss: Die Krise des Wiener Judentums. Wien 1919, S. 15. Dem „Bildungsproblem" wurde überhaupt große Bedeutung beigemessen. Vgl. dazu z. B.
   J. Wohlgemuth: Das Bildungsproblem in der Ostjudenfrage. Berlin 1916.
28 NFP, 2.10.1914, M, S. 7.
29 Die Aktion für die galizischen Kinder hatte z. B. am 25.10.1916 (154. Spendenausweis) bereits 867.189 Kronen aufgetrieben. Demgegenüber waren für die Hilfsaktion Anitta Müllers bis zu diesem Datum trotz viel längerer Sammeltätigkeit (544.
   Spendenausweis) erst 488.175 Kronen hereingekommen. NFP, 25.10.1916, M, S. 8.

noch nicht aufgegeben hatte.[30] Darüber hinaus findet man in der
„Neuen Freien Presse" vor allem in der ersten Kriegsphase immer
wieder Spendenaufrufe,[31] aber auch Berichte über Einzelaktionen:
„Und während gegen 1.000 Menschen ... ihre Jause zu sich nehmen,
gehen unter ihnen unaufdringlich jene Frauen umher, die diese
Jause ermöglicht haben."[32]

In solcher Reduktion des Flüchtlingsproblems auf eine Frage öffentlicher und privater Wohltätigkeit spiegelt die „Neue Freie Presse" letztlich nur konsequent die Haltung eines großen Teils des jüdischen Bürgertums wider. In der vielzitierten jüdischen Wohltätigkeit wurde ein Weg gesehen, die persönliche Verunsicherung gegenüber den Flüchtlingen zu kompensieren. Man spendete diversen
Organisationen oder trat sogar einem Hilfsverein bei und beruhigte
auf diese Weise sein Gewissen.[33]

Dabei sollten weder der Wille zu helfen noch die finanziellen Mittel, die schließlich zum Einsatz kamen, bagatellisiert werden. Allein
die Israelitische Allianz, die allerdings bis zum Kriegseintritt der
USA großzügig vom „American Jewish Relief Committee" unterstützt wurde, vermochte monatlich etwa 500.000 Kronen an jüdische Kriegsopfer zu verteilen.[34] Die „Zentralstelle der Fürsorge für
Kriegsflüchtlinge" konnte bis März 1917 rund 500.000 Kronen aus
Privatspenden zur Verfügung stellen.[35] Die Spendenausweise in der
„Neuen Freien Presse", aber auch in anderen Zeitschriften zeigen,
daß die Bereitschaft zu größeren finanziellen Opfern vorhanden
war. Trotzdem vermitteln diese Ausweise insgesamt nicht den Eindruck, als wäre die wahre Dimension des Elends, um dessen
Bekämpfung es sich handelte, erkannt worden. Viele Spender be-
gnügten sich mit Summen von 1 bis 5 Kronen, und auch die insgesamt rund 2,6 Millionen Kronen, mit denen die zahlungskräftige Leserschaft der „Neuen Freien Presse" bis Oktober 1916 verschiedene

---

30 NFP, 3.11.1918, S. 5.
31 Z. B. NFP, 17.9.1914, M, S. 3; NFP, 22.11.1914, M, S. 2.
32 NFP, 2.12.1914, M, S. 9, „Flüchtlingsjause".
33 Vgl. dazu auch Helga Krohn: Die Juden in Hamburg. Die politische, soziale und
   kulturelle Entwicklung einer jüdischen Großstadtgemeinde nach der Emanzipation 1848–1918. Phil. Diss. Hamburg 1974.
34 Kriegs-Hilfsaktion der Israelitischen Allianz zu Wien 1916/17. Separat-Abdruck
   aus dem vom Vorstande der Israelitischen Allianz an die Generalversammlung
   vom 25. Juni 1917 erstatteten Berichte. Wien 1917, S. 8. Das „American Jewish
   Relief Committee" hatte bis Ende 1916 10,318.290 Kronen zu Hilfszwecken nach
   Wien überwiesen.
35 Zentralstelle der Fürsorge, S. 45.

Flüchtlingshilfsaktionen unterstützt hatte,[36] wirkten als Reaktion auf
die Not nicht eben überzeugend – sofern man vom jüdischen Bürgertum in dieser Angelegenheit spezielles Engagement erwartete.

Unter den nichtstaatlichen Fürsorgeeinrichtungen war neben
denjenigen der Zionisten[37] die „Hilfsaktion der Frau Anitta Müller
für die Flüchtlinge aus Galizien und der Bukowina" am bedeutend-
sten. Anitta Müller errichtete eine Heimstätte, ein Mütterheim, eine
Kinderheilstätte, eine Wöchnerinnenfürsorgestelle, einen Kinderhort, eine Säuglingsfürsorgestelle, eine Suppen- und Teeanstalt und
eine Arbeitsschule.[38] Sie betrieb ihr Hilfswerk mit außerordentli-
chem Engagement. Bis Ende Oktober 1917 hatte die „vielgerühmte
Sozialhelferin", als die Bruno Frei sie in Erinnerung behielt,[39] aus
privaten Spendenmitteln über eine Million Kronen für ihre Anstal-
ten aufgebracht.[40] Ihre wichtigsten Anliegen waren die psychische
und moralische Unterstützung der Flüchtlinge,[41] Betreuung, Beratung und Anleitung zur Selbsthilfe. Den Flüchtlingen sollte nicht
nur das „nackte Leben" gesichert werden, man wollte sie – unter
Hinweis auf ihre Herkunft aus „einer eigenartigen Kulturzone" –
auch „aufrichten".[42] Wesentlich war die Erziehung zu Ordnung und
Hygiene. In diesem Sinne stand die Tätigkeit Anitta Müllers unübersehbar in der Tradition jener Akkulturationsbestrebungen, mit denen auch vor 1914 Hilfeleistungen des jüdischen Bürgertums an galizische Immigranten verbunden waren.[43] Materielle Zuwendungen
blieben eher symbolisch: Die 2,6 Millionen Portionen Brot oder die
189.199 Portionen Suppen, die in der Suppen- und Teeanstalt zwischen Oktober 1914 und Oktober 1917 ausgegeben und sehr genau
in den jährlichen Rechenschaftsberichten der Aktion festgehalten

---

36 Berechnet nach den Spendenausweisen in der NFP, 25.10.1916, M, S. 8.
37 Vgl. dazu Kapitel 4.2.
38 Anitta Müller: Ein Jahr Flüchtlingsfürsorge der Frau Anitta Müller. Mit einem Geleitwort von Dr. Marco Brociner, 1914–1915, Wien 1916; Anitta Müller: Dritter
   Tätigkeits- und Rechenschaftsbericht der Wohlfahrtsinstitutionen der Frau Anitta
   Müller für Flüchtlinge aus Galizien und der Bukowina. Wien 1918.
39 Bruno Frei: Der Papiersäbel. Autobiographie. Frankfurt a. M. 1972, S. 59. Vgl.
   dazu auch: Arjeh Salawi-Goldhammer: Dr. Leopold Plaschkes. Zwei Generationen des österreichischen Judentums. Tel-Aviv 1943, S. 36.
40 Müller: Dritter Tätigkeits- und Rechenschaftsbericht, S. 61.
41 Vgl. dazu das Geleitwort Marco Brociners in: Müller: Ein Jahr Flüchtlingsfürsorge, S. 3–17.
42 Anitta Müller: Ein Jahr Flüchtlingsfürsorge, S. 4, zit. nach Hödl: Als Bettler in die
   Leopoldstadt, S. 284.
43 Hödl: Als Bettler in die Leopoldstadt, S. 283 f.

wurden, waren theoretisch immerhin auf zeitweilig über 100.000
Flüchtlinge zu verteilen.[44]

Große Diskrepanz zwischen einem hohen ideelen Anspruch und
geringem Effekt in der Praxis kennzeichnete die Tätigkeit der zahllosen kleinen Vereine, die sich in der Flüchtlingshilfe engagierten.
Ihre Aktivitäten wurden niemals vereinheitlicht, sie tendierten im
Gegenteil zu immer stärkerer Differenzierung: So wurde beispielsweise Anfang 1915 ein eigens Komitee für jüdische Kantoren gegründet, die in einem Aufruf den „allerunglücklichsten unter den
Flüchtlingen" zugezählt wurden.[45] Hilfsausschüsse und Personenkomitees riefen zu Geld- und Sachspenden auf, man betrieb Spei-
sehallen,[46] man verteilte Brot, Kleidungsstücke und Möbel.[47] Immer
wieder wurden auch singuläre Aktionen organisiert – etwa eine Be-
wirtung von 800 Personen mit Tee und Bäckereien zu einem jüdischen Feiertag.[48] Man wußte auch das Angenehme mit dem Nützlichen zu verbinden: Karten für ein Wohltätigkeitskonzert zugunsten
der „Ausspeisung von Flüchtlingen" Anfang Jänner 1915 fanden
reißenden Absatz.[49] Wie sehr die Flüchtlinge auf private Hilfe angewiesen waren, und wie begrenzt der Nutzen dieser Form von Unterstützung zugleich nur sein konnte, vermittelt die „Arbeiter-Zeitung"
in einer kleinen Skizze:

„Viermal in der Woche ... wird dort von einem Hilfsausschuß ... an viele
der Vertriebenen Brot verteilt. Nur viermal. Trotzdem die Verteilung täglich notwendig wäre und trotz der vielsagenden Wahrnehmung, daß es viel
mehr Hungrige gibt als beteilt werden können, denn nur langsam und
spärlich fließen die Spenden, die der Hilfsausschuß zur Beschaffung des
Brotes braucht ... Ein Wachmann muß für Ordnung sorgen, denn das Gedränge der Hungernden ist groß ... Alle, die sich da drängen, zeigen auch
in ihrem Äußern den Jammer, den sie zu überwinden haben. Die Männer
sind zumeist in die typischen langen, rückwärts geteilten Röcke gekleidet,
die die ganze Gestalt umhüllen; die schmierigen Plüschhüte decken in der
Mehrzahl graue Köpfe, wölben sich über blassen, von Entbehrung er-
zählenden Gesichtern. Noch elender schauen die Frauen aus ...
Nur an ungefähr 750 Familien kann der Hilfsausschuß Brot verteilen, was

---

44 Müller: Dritter Tätigkeits- und Rechenschaftsbericht, S. 37.
45 NNZ, 5.2.1915, S. 25.
46 NNZ, 19.2.1915, S. 34, Eine neue rituelle Speisehalle; NNZ, 18.6.1915, S. 103, Aufruf zur Errichtung einer Speiseanstalt für Angehörige des Handels- und Mittelstandes.
47 Vgl. z. B.: NNZ, 19.2.1915, S. 34, Die Hilfstätigkeit für die Flüchtlinge.
48 Die Wahrheit, 20.10.1916, S. 8, Tee für Flüchtlinge nach Jom Kipur.
49 NFP, 5.1.1915, A, S. 1.

etwa 2.200 Personen gleichkommt; der Hungrigen aber, die Brot wollen, sind viel, viel mehr."[50]

In zahlreichen Artikeln jüdischer Zeitschriften, die die Hilfstätigkeit des Wiener Judentums dokumentieren, fehlen derlei kritische Töne. Manchmal wird der Eindruck erweckt, als hätte – ganz ähnlich wie bei der staatlichen Hilfsorganisation – Stolz auf geleistete Arbeit bei den Helfern jedes Problembewußtsein verdrängt. So schrieb zum Beispiel „Die Wahrheit", eine „Unabhängige Zeitschrift für jüdische Interessen", im Mai 1916, „der soziale Sinn der Juden" sei „von jeher stark entwickelt" gewesen und hätte „im Lauf der Kriegsereignisse eine schwere Belastungsprobe glänzend bestanden."[51] Und im Juli 1916 war in derselben Zeitschrift zu lesen:

„Wir sehen seit zwei Jahren voller Dranges und Blutes göttliche Wunder der Nächstenliebe, die wahre, schmerzlösende, werktätige Liebe leuchtend in menschlicher Reinheit, für die kein Wort der Bewunderung auch nur annähernd hinreicht. Ein himmlisches Entzücken taut durch unsere Seele, und wir möchten mit tränenüberströmter Dankbarkeit die goldenen Engelhände jener ‚Cherubim' küssen, die so viel Trost und so viel Glück der kummerbeschwerten Menschheit und herzerquickende Gutmütigkeit und Anmut im ‚Geben' bringen. Siehe, sie laben, nähren, heilen, kleiden, wärmen, trösten, schützen, pflegen, lehren mit dem unendlich beseligenden Gefühl, ein Opfer auf den goldfunkelnden Altar der Nächstenliebe gelegt zu haben ..."[52]

Ob dieser Artikel aus der Feder eines Flüchtlings stammt oder ob der Verfasser ohnedies dem Redaktionsstab angehörte, spielt wenig Rolle. Im Sommer 1916, am Höhepunkt der zweiten großen Flüchtlingswelle aus Galizien, war die Glorifizierung privater Hilfstätigkeit in dieser Weise einigermaßen fehl am Platz. Man fühlt sich an Joseph Roths lapidare Feststellung erinnert, Wohltätigkeit befriedige „in erster Linie die Wohltäter".[53]

Während jedoch Joseph Roth im selben Zusammenhang betont, man dürfe die jüdische Barmherzigkeit nicht überschätzen, jüdische Wohltätigkeit sei eine ebenso unvollkommene Einrichtung wie jede andere,[54] gingen andere Kritiker – Zionisten und jüdische Sozialisten – mit dem jüdischen Bürgertum wesentlich schärfer ins Gericht. Zweifellos sei die jüdische Wohltätigkeit, diese einzige Reaktion auf das Elend, von einer „gewissen Großzügigkeit" getragen,

---

50 AZ, 12.12.1914, S. 7, Flüchtlinge ohne Brot.
51 Die Wahrheit, 12.5.1916, S. 4, „Österreichisch-Israelitische Union".
52 Die Wahrheit, 14.7.1916, S. 6 f., Die Flüchtlinge.
53 Roth: Juden auf Wanderschaft, S. 40.
54 Ebda.

bemerkte Bruno Frei in seiner 1920 erschienen Darstellung „Jüdisches Elend in Wien",[55] doch könne sie keineswegs mit dem Elend Schritt halten, „was die meisten jedoch nicht weiter" beunruhige.[56] Die Aufsplitterung dieser Wohltätigkeit in kleine und kleinste Vereine und Komitees sei einerseits eine Ursache für die relativ geringe Effektivität der Einrichtungen, andererseits aber auch ein Zeichen dafür, daß diesen Vereinen „der Sinn für die neuzeitlichen Fragen der Armenfürsorge abgeht und sie in der Befriedigung kleinlicher Eitelkeiten ihrer bürgerlichen Gönner den Hauptzweck ihres Daseins suchen."[57] Die aus einer religiösen Wurzel herausgewachsene jüdische Wohltätigkeit hätte das „ethische Kleid ihrer Kindheit abgelegt" und sei „zum einfachen bürgerlichen Notauskunftmittel geworden, das nur zu Unrecht den großen Namen seiner ursprünglichen Bedeutung" trage.[58]

Härter noch als Bruno Frei formulierte Siegfried Bernfeld seine Kritik. Er meinte überhaupt, in der Konfrontation mit den ostjüdischen Massen das Versiegen jeglicher Hilfeleistung seitens der jüdischen Gemeinden feststellen zu können:

„Seit die Wohltätigkeitsanstalten bedrängt werden von ostjüdischen Flüchtlingen, leibhaftiger, jüdischer Proletariermasse, verweigert das Bürgertum allen Ernstes jede ernsthafte Abgabe, von dem richtigen Gefühl geleitet, diesen Massen gegenüber nütze keine Spende mehr ... Diese Massen wollen mehr, maßlos anmaßend mehr; sie wollen das ganze Vermögen, die ganzen Vermögensmöglichkeiten – sonst ist ihnen nicht geholfen ... Es ist unbezweifelbar ..., je größer das Elend der jüdischen Masse wird, um so weniger wird das jüdische Bürgertum die mindeste Anstrengung machen wollen, zu retten, denn um so klarer wird links und rechts, daß nur dessen völlige Aufhebung das mindeste helfen kann."[59]

---

55 Frei: Jüdisches Elend, S. 31.
56 Ebd., S. 32 f.
57 Ebd., S. 35.
58 Ebd., Vgl. auch: A. Meissner: Juden und Christlichsoziale. Wien 1916, S. 12. Bruno Frei wußte, wovon er sprach: Die Israelitische Kultusgemeinde subventionierte in den Jahren 1912–1924 immerhin über 60 rein jüdische Wohltätigkeitsvereine (neben einer ganzen Reihe nichtkonfessioneller Organisationen). Vgl.: Bericht der Israelitischen Kultusgemeinde über die Tätigkeit in der Periode 1912–1924. Wien 1924, S. 31 f. Unter diesen Umständen war es nur logisch, daß schließlich die Gründung eines „Komitees zur Sanierung der notleidenden Wohlfahrtsanstalten" in Wien erforderlich wurde. Vgl.: Festschrift zur Feier des 50jährigen Bestandes der Union Österreichischer Juden. Wien 1937, S. 107.
59 Siegfried Bernfeld: Kinderheim Baumgarten – Bericht über einen ernsthaften Versuch mit neuer Erziehung. In S. Bernfeld: Antiautoritäre Erziehung und Psychoanalyse. Ausgewählte Schriften. Hrsg. v. L. v. Werder u. R. Wolff, Bd. I, Frankfurt a. M. 1947 (= Ullstein Buch 3074), S. 94–215, hier: S. 101 f.

Negative Erfahrungen mit den bürgerlichen Geldgebern seines Erziehungsexperiments mit jüdischen Flüchtlingswaisen im Kinderheim Baumgarten haben Bernfelds Urteil sicher mitgeprägt.[60] Es ist in dieser Verallgemeinerung jedoch nicht korrekt, da es wohltätige Bestrebungen einfach ignorierte. Grundsätzlich skizzierte Bernfeld den durch die Flüchtlingsmassen im Westen ausgelösten innerjüdischen Konflikt aber zutreffend. Der Gegensatz zwischen „Westjuden" und „Ostjuden" war eben auch ein Klassengegensatz, der mit traditionellen Verhaltensmustern innerhalb jüdischer Gemeinden nicht mehr gelöst werden konnte. Dieser Gegensatz wurde zwar geleugnet,[61] viele waren auch bemüht, ihm durch Unterstützung und Zuwendung die Schärfe zu nehmen, aber er war vorhanden und fand seinen Ausdruck in einer, wie Nathan Birnbaum konstatierte, „ganz hüllenlos zur Schau" getragenen „Mißachtung und Abneigung des Westjuden dem Ostjuden gegenüber.[62]

Es ist schwer zu beurteilen, inwieweit sich um Assimilation bemühte bürgerliche Juden ihres ängstlichen Gefühls, bedroht zu werden, sich von der Masse der jüdischen Flüchtlinge abgrenzen zu müssen, bewußt waren. Die Vorwürfe von zionistischer und jüdisch-sozialistischer Seite wurden jedenfalls zur Kenntnis genommen. Noch im Jahr 1937 sah sich die „Union" österreichischer Juden genötigt, den Vorwurf ihrer „angeblich gegensätzlichen Stellung zu den sogenannten O s t j u d e n " zurückzuweisen.[63]

---

60 Siegfried Bernfeld war der pädagogische Leiter des im Oktober 1915 eröffneten Kinderheims. Hier sollten Kinder, die zuvor in Flüchtlingsheimen gelebt hatten und dort verwahrlost waren, nach den Grundsätzen einer emanzipatorischen Pädagogik auf ein künftiges Leben in Palästina vorbereitet werden. Das Experiment scheiterte schließlich an Konflikten mit den bürgerlichen Geldgebern des Projekts, die Inhalte und Methoden von Bernfelds Pädagogik ablehnten. Vgl. dazu: Willy Hoffer: Siegfried Bernfeld and „Jerubbaal". An Episode in the Jewish Youth Movement. In: Year Book X of the Leo Baeck Institute. London 1965, S. 150–167; Annette Koch: Siegfried Bernfelds Kinderheim Baumgarten. Voraussetzung jüdischer Erziehung um 1920. Phil. Diss. Hamburg 1974.

61 Vgl z. B. S. Mayer: Ein jüdischer Kaufmann. Wien/Berlin 1926, S. 103: „es fällt ihm (dem Armen, Anm. d. V.) nicht ein, den Reichen zu befehden oder auch nur zu beneiden; ..."

62 Nathan Birnbaum: Gottes Volk. 3. Aufl. Wien/Berlin 1926, S. 21.

63 Festschrift zur Feier des 50jährigen Bestandes, S. 107.

4.2. Die Zionisten

Das Hilfswerk der Wiener Zionisten

Die zionistische Fraktion in der Israelitischen Kultusgemeinde Wien rechnete im Oktober 1914 vermutlich nicht mit der Zustimmung der bürgerlich-liberalen Mehrheit, als sie beantragte, die Gemeinde möge sich als Körperschaft mit allen Kräften in der Hilfsaktion für die jüdischen Flüchtlinge engagieren. Sie bewirkte mit ihrem Vorstoß aber eine rasche Klärung der Fronten: die Ablehnung des Antrags und die darauf folgenden Reaktionen auf zionistischer Seite ließen die Spannungen innerhalb des Wiener Judentums deutlich hervortreten.[64]

Zu Richtungskämpfen und Streitigkeiten war es schon früher häufig gekommen,[65] doch hatte die zionistische Bewegung im Prinzip wenig Gelegenheit gefunden, sich zu profilieren. Sie war in Wien auf wesentlich weniger Resonanz gestoßen als in Rußland oder in Galizien, den Gebieten ihrer größten Popularität. Im Jahr 1902 bekannten sich in Wien 872 Juden über die Schekelzahlung, den offiziellen Mitgliedsbeitrag, zum Zionismus, womit der Anteil der Zionisten hier geringer war als in deutschen Großstädten.[66] Bei den Reichsratswahlen von 1907 und 1911 scheiterten zionistische Kandidaten ebenso[67] wie bei den in zweijährigem Abstand stattfindenden Wahlen in den Vorstand der Wiener Kultusgemeinde.[68]

Erst Ende 1912 wurden Dr. Jakob Ehrlich und der Bahnbedienstete Robert Stricker, der Wortführer der Wiener Zionisten in den Nachkriegsjahren, in den 36köpfigen Vorstand aufgenommen.[69] Im Jahr 1912 gab es in Innerösterreich insgesamt 30 zionistische Vereine mit 1475 zum überwiegenden Teil in Wien organisierten Mitgliedern, rund 700 weitere Personen bezahlten den Schekel, blieben

---

64 Vgl. dazu Kapitel 4.1.

65 Vgl. dazu: Rozenblit: Die Juden Wiens, S. 177 ff.; Gold: Geschichte der Juden in Wien, S. 39 f.

66 Rozenblit: Die Juden Wiens, S. 171. Möglicherweise gab es darüber hinaus einen Kreis von Sympathisanten, die sich die Schekelzahlung nicht leisten konnten. Ebd., S. 172.

67 Ebd., S. 179 f.

68 Ebd., S. 186 f.

69 Ebd., S. 193; Siehe auch Gaisbauer: Davidstern und Doppeladler, S. 344. Zu Robert Stricker siehe: Berkley: Vienna and Its Jews, S. 139 ff.; vgl. auch Gold: Geschichte der Juden in Wien, S. 42.

aber unorganisiert.[70] Dieser kleine Kreis, der sich hauptsächlich aus Studenten und Akademikern zusammensetzte,[71] war durch Richtungskämpfe zusätzlich geschwächt und ohne einheitliche Führung.[72] Trotz ihrer relativen Schwäche[73] stellte die zionistische Bewegung eine permanente Herausforderung dar. Auch wenn sie die Wiener Gemeinde nicht in ihrem Sinne politisieren konnte, zwang sie, wie Marsha Rozenblit es formuliert, die „etablierten Eliten" über „die Bedeutung des Jüdischseins in einer feindlichen Welt nachzudenken"[74] und trug somit insgesamt zu einem „stärkeren Bewußtsein der jüdischen Identität" bei.[75]

Die Ankunft jüdischer Flüchtlingsmassen ließ die Wiener Zionisten ihre Uneinigkeit vorübergehend überwinden. Noch im September 1914 erfolgte die Gründung eines eigenen „Hilfswerks der Wiener Zionisten für die Kriegsflüchtlinge".[76] Das Engagement beschränkte sich von Anfang an nicht auf karitative Aktivitäten. Dies entsprach dem neuen Verhältnis, das die zionistische Bewegung seit der Jahrhundertwende zu den osteuropäischen Juden gefunden hatte. Generell wurden sie „nun nicht mehr als Objekte der Philantropie, sondern als wertvolle politische und ideologische Partner in der zionistischen Bewegung, als aktive Mitarbeiter an der Verbesserung der eigenen Lage und als Quelle der jüdischen Stärke und Vitalität ... gesehen."[77] In diesem Sinne hatten die Wiener Zionisten auch vor 1914 schon versucht, galizische Immigranten zu gewinnen, waren jedoch weitgehend erfolglos geblieben.[78] Nun sahen sie in der Flüchtlingsarbeit neue politische Perspektiven.

---

70 Vgl. dazu: Rechenschaftsbericht des innerösterreichischen Distriktstags vom 28.1.1912. In: Gaisbauer: Davidstern, S. 343.
71 Die Hälfte dieser Vereine waren Studentenverbände. 21 Vereine hatten in Wien ihren Sitz, 9 in Provinzstädten. Vgl.: Gaisbauer: Davidstern, S. 343.
72 Ebd., S. 319.
73 In Wien hätte „keine Atmosphäre für den Ausbau einer straffen jüdischen Organisation irgendwelcher Art" bestanden. Arthur Freud: Um Gemeinde und Organisation. Zur Haltung der Juden in Österreich. In: Publikationen des Leo Baeck Instituts, Bull. Nr. 9, Tel-Aviv 1960, S. 80–100, hier: S. 85.
74 Rozenblit: Die Juden Wiens, S. 193.
75 Ebd., S. 192.
76 Vgl. dazu: Das Hilfswerk der Wiener Zionisten für die Kriegsflüchtlinge 1914/1916. Verlag des Zionistischen Zentralkomitees für Westösterreich, Wien 1916. In: AVA, MdI, 19 in gen, F 1661/1916/23038; vgl. auch: Jüdische Zeitung, 14.4.1916, S. 7 ff. Das Hilfswerk der Zionisten.
77 Maurer: Ostjuden in Deutschland, S. 655. Maurer referiert hier Jehuda Reinharz: East European Jews in the Weltanschauung of German Zionists, 1882–1914. In: Studies in Contemporary Jewry 1 (1984), S. 55–95, hier: S. 60.
78 Vgl. dazu Hödl: Als Bettler in die Leopoldstadt, S. 181 ff.

So waren Brotverteilungen, die im Rahmen des „Hilfswerks" von einer „allgemeinen Hilfsaktion" durchgeführt wurden, eher untypisch.[79] Man verfügte ohnedies nur über begrenzte finanzielle Mittel, und Wohltätigkeit in bürgerlichem Sinne schien wenig zielführend. Sinnvoller war der Aufbau eines Systems von Dienstleistungen, in welche die Zionisten ein großes Maß an Energien investierten. Flüchtlinge konnten diese Leistungen im Rahmen des „Hilfswerks" unentgeltlich in Anspruch nehmen.

In den ersten Kriegsmonaten sorgte ein vom Innenministerium ermächtigter „Bahnhofsdienst" für Beratung, vorläufige Unterbringung und Schutz der Neuankömmlinge „gegen private Ausbeutung und behördliche Mißgriffe".[80] Vorwiegend junge Leute stellten sich für diesen Dienst, der eine erste Kontaktnahme mit Flüchtlingen ermöglichte, zur Verfügung. Anleitung zur Selbsthilfe bot ein „Arbeitsnachweis", der vor allem Näherinnen, aber auch Handwerkern Beschäftigung zu vermitteln suchte. Das zionistische „Hilfswerk" kümmerte sich um den Briefverkehr seiner Klienten mit Angehörigen in den feindlich besetzten Teilen der Monarchie, und es vermittelte Geldsendungen amerikanischer Juden an Verwandte im europäischen Kriegsgebiet.

Besondere Bedeutung erlangte das bereits im Oktober 1914 errichtete „Rechtsschutzbüro", das als eigene Abteilung (Department V) der staatlichen „Zentralstelle für Flüchtlingshilfe" fungierte. In ihm waren schließlich über 60 Advokaten und Konzipienten aus Wien, aus Galizien und der Bukowina Flüchtlingen aller Konfessionen und Nationalitäten behilflich. Im Juni 1915 wurde von dieser Institution ein eigenes Schadenerhebungsbüro eingerichtet, das Material für „künftige Verfechtung der jüdischen Schadenersatzansprüche" in Galizien und der Bukowina sammeln sollte – eine letztlich vergebliche Mühe. Die Flüchtlinge konnten auch die Hilfe einer eigenen Interventionsstelle beanspruchen, die ihre Anliegen bei öffentlichen Ämtern und Behörden, Vereinen und Privatpersonen vertrat.[81]

In der eigenen Wertschätzung an oberster Stelle stand das „Armenambulatorium des Zionistischen Zentralkomitees für die Kriegsflüchtlinge",[82] das seit Dezember 1914 Flüchtlingen aller

---

79 Das Hilfswerk der Wiener Zionisten, S. 7.
80 Ebd., S. 7.
81 Ebd., S. 7 f.
82 Ebd., S. 8 f.

Konfessionen unentgeltliche Behandlung anbot. Ärzte und Pflege-
personal arbeiteten ehrenamtlich, das Innenministerium unterstützte das Ambulatorium jedoch durch Verleihung der Armenre-
zeptur im Februar 1915, welche die kostenlose Ausgabe aller dort
verordneten Medikamente in der Leopoldstadt vorsah.[83] Bis Ende
März 1916 hatte das Ambulatorium in 59.373 Einzelfällen geholfen
und damit ohne Zweifel einen wichtigen Beitrag zur Bekämpfung
und Verhütung epidemischer Krankheiten geleistet.[84]

Die Betreuung von Kindern und Jugendlichen war von besonderer Bedeutung. In diesem Bereich waren Hilfe und politische Arbeit
leicht zu vereinbaren. So wurde in Wien ein Kinderhort eingerichtet, in dem rund 80 Flüchtlingskinder nicht nur Verpflegung und Betreuung, sondern auch Hebräischunterricht erhielten.[85] Auch die
„Freitischaktion", die man für alleinstehende geflüchtete Mittelschüler organisierte[86] – immerhin die potentielle künftige Elite der
zionistischen Bewegung –, ist in diesem Zusammenhang zu sehen.
Sehr anschaulich hat Max Brod die vielfältigen Bemühungen um
ostjüdische Jugendliche beschrieben[87] – bezogen allerdings auf seinen Prager Wirkungskreis. Seine Kurse über „Weltliteratur" im
Rahmen einer unter zionistischer Obhut stehenden Schule für
Flüchtlingskinder wurden von zahlreichen Töchtern frommer jüdischer Eltern, deren Mißtrauen gegen die Lehrinhalte erst zu überwinden waren, besucht. Häufiger Gast war jedoch auch Franz Kafka, der die Arbeit seines Freundes aufmerksam verfolgte und immer wieder versuchte, seine Verlobte Felice Bauer zu ähnlichen Aktivitäten in einem jüdischen Volksheim in Berlin zu motivieren.[88]

Erwachsene Flüchtlinge waren politisch schwerer ansprechbar
als die nach neuen Wegen suchende jüdische Jugend. Es bestand
offenbar aber Hoffnung, politischer Aktivismus könne sich nun stärker bezahlt machen als vor dem Kriegsausbruch.

---

83 NNZ, 5.3.1915, S. 42.
84 Jüdische Zeitung, 14.4.1916, S. 9. Bis Ende Juli 1917 waren hier bereits 100.130
   Patienten behandelt worden. AVA, MdI, 19 in gen, F 1681/1917/52293, Mitteilung
   des Armenambulatoriums des Zionistischen Zentralkomitees an das Innenministerium, 10.8.1917.
85 Jüdische Zeitung, 14.4.1916, Das Hilfswerk, S. 9.
86 Ebd., S. 7.
87 Max Brod: Streitbares Leben. München/Berlin/Wien 1969, S. 230 f.
88 Franz Kafka: Briefe an Felice und andere Korrespondenz aus der Verlobungszeit.
   Hrsg. v. E. Heller u. J. Born. Frankfurt a. M. 1976 (= FTB 1697). Vgl. z. B. die
   Briefe vom 29.7.1916 (S. 672 f.), 2.8.1916 (S. 674 f.), 18.8.1916 (S. 683), 19.8.1916
   (S. 684), 11.9.1916 (S. 693 ff.), 12.9.1916 (S. 696 ff.).

Das Verhalten der Zionisten gegenüber den Flüchtlingen wurde
von den k. k. Behörden aufmerksam verfolgt. Mißtrauisch vermerkte
die Polizei politische Agitation, sah aber, solange die Palästinafrage
dabei im Zentrum stand, keinen Grund zum Einschreiten.[89] Repres-
siver war die Reaktion auf zionistische Versuche, den grundsätzlich
fügsamen Flüchtlingsmassen ihre staatsbürgerlichen Rechte bewußt zu machen und damit Kritik und Widerstand gegenüber der
Staatsgewalt zu stärken. So erregte der „Bahnhofsdienst", der auch
Schutz gegen „behördliche Mißgriffe" anbot,[90] Anstoß. Er wurde bereits Mitte November 1914, als der Flüchtlingsstrom noch keineswegs abgeebbt war, wieder eingestellt. Die Initiative dazu dürfte
von Rudolf Schwarz-Hiller ausgegangen sein, dessen „Zentralstelle"
der „Bahnhofsdienst" angeschlossen war. Schwarz-Hiller entzog
den Zionisten die Legitimationen zur Verwaltung der Notunterkünfte und zur Vertretung der Flüchtlinge gegenüber den Amtsorganen.
Er nahm ihnen damit die Möglichkeit, mit den Neuankömmlingen
im Rahmen des staatlichen Hilfsdienstes in Kontakt zu treten.[91] Da
das Innenministerium die antizionistische Politik des jüdisch-libera-
len Leiters der Zentralstelle unterstützte, blieben die heftigen Proteste der Zionisten ohne Ergebnis.[92]

Nachdem Schwarz-Hiller den „Bahnhofsdienst" ausgeschaltet hatte, versuchte er, auch das „Rechtsschutzbüro" unter seine Kontrolle
zu bringen. Wiederum wandten sich die Zionisten unter Hinweis
auf die parteipolitischen Motive ihres Kontrahenten an das Innenministerium, das diesmal eine ambivalente Haltung einnahm. „Die
Rechtsauskunftsstelle bildet den Herd von Agitationen politischer
Natur und Zwischenträgereien", heißt es in einem ministeriellen
Aktenvermerk. „Trotz sonstiger guter Arbeit" sei sie daher „im
Interesse des Friedens nicht begrüßenswert."[93] Doch war das zioni-

---

89 A/Pol.Dion., Stimmungsberichte, Partei und Presse 1915, Z. 9029 K, Stimmungs-
    bericht, 12.4.1915. Zur polizeilichen Kontrolle zionistischer Aktivitäten allgemein
    siehe: KA/KÜA, 93637/1917, 24.1.1917, Zionistische Vereine in Österreich – En-
    tentefreundliche Umtriebe. Abschrift eines Berichts der Statthalterei in Nieder-
    österreich an das Präsidium des Innenministeriums vom 19.12.1916, Z. 6140/8P.
90 Jüdische Zeitung, 14.4.1916, Das Hilfswerk, S. 7.
91 AVA, MdI, 19 in gen, F 1638/1914/43679, Kopie eines Schreibens Schwarz-Hillers
    an die Polizeidirektion vom 11.11.1914.
92 AVA, MdI, 19 in gen, F 1638/1914/43679, Niederschrift eines Telefonats zwischen
    Innenministerium und Zionistischem Zentralkomitee vom 15.11.1914; Schreiben
    des Zionistischen Zentralkomitees an das Innenministerium, 16.11.1914.
93 AVA, MdI, 19 in gen, F 1639/1914/46490, Präs. 14.12.1914, Vermerk zu einem
    Schreiben des Zionistischen Zentralkomitees an das Innenministerium.

stische Engagement in der Flüchtlingshilfe offenbar zu wertvoll, als
daß das Ministerium es durch weitere Restriktionen aufs Spiel setzen wollte. In diesem Fall wurde dem Drängen Schwarz-Hillers
nicht nachgegeben. Das Rechtsschutzbüro war, zumindest noch im
Frühjahr 1916, in der Zirkusgasse 33 im 2. Wiener Gemeindebezirk,
dem Sitz des Zionistischen Zentralkomitees für Westösterreich, untergebracht.[94]

Fraglich bleibt allerdings, welchen Erfolg das Rechtsschutzbüro
in Einzelfällen wirklich erzielte. Wohl ziehen die Zionisten in einer
Broschüre über ihr Hilfswerk im Jahr 1916 eine positive Bilanz:
9.000 Fälle wären „aktenmäßig aufgearbeitet" und „gewiß viele
Hunderttausende an Volksvermögen gerettet" worden.[95] Doch die
Reaktion des Innenministeriums auf größere Interventionen der
Zionisten widerspricht dieser Behauptung. Der bereits erwähnte
Bericht eines zionistischen Personenkomitees über die Zustände in
jüdischen Flüchtlingslagern bewirkte nur unwesentliche Verbesserungen.[96] Das Innenministerium beeilte sich jedoch, „behufs Vermeidung fortwährender Verhetzung der Flüchtlinge die Besuche
fremder Personen und Deputationen" zu erschweren.[97] Eine „Denkschrift", die dem Innenministerium rechtswidrige Polizeipraktiken
gegenüber Flüchtlingen in Wien zur Kenntnis brachte, blieb ohne
jede Wirkung. Der schlichte Kommentar der Polizeidirektion, die
Zionisten hätten mit ihren Ausführungen „zum Teil" unrecht, hatte
dem Ministerium genügt.[98]

Die Flüchtlingsarbeit der Wiener Zionisten unterschied sich beträchtlich von der Aktivität bürgerlich-liberaler Juden. Sie war in
ihrer Ausrichtung nicht in erster Linie karitativ. Die Verteilung von

---

94 AVA, MdI, 19 in gen, F 1661/1916/23038, Schreiben des Zionistischen Zentralkomitees an das Innenministerium, 27.4.1916.
95 Das Hilfswerk der Wiener Zionisten für die Kriegsflüchtlinge 1914/1916, Wien
   1916. In: AVA, MdI, 19 in gen, F 1661/1916/23038.
96 AVA, MdI, 19 in gen, F 1638/1914/43408, Eingabe des Zionistischen Zentralkomitees für Westösterreich an das Kriegsministerium über jüdische Flüchtlingslager
   in Mähren vom 1.11.1914.
97 AVA, MdI, 19 in gen, F 1638/1914/40571, Präs. 16.10.1914.
98 Polizeiorgane erschienen vielfach frühmorgens in Flüchtlingswohnungen und
   verlangten die Vorweisung von Bargeld. War zu wenig vorhanden, wurden die
   Flüchtlinge in ungerechtfertigter Anwendung des Vagabundengesetzes „ohne
   Rücksicht auf sonstige Umstände" ins Gefängnis oder in ein Flüchtlingslager ab-
   transportiert. Denkschrift des Zionistischen Zentralkomitees für Westösterreich
   und der allgemeinen Rechtsschutzstelle für Flüchtlinge am 17.10.1914 an das Innenministerium. AVA, MdI, 19 in gen, F 1639/1914/44585. Siehe auch Vermerk
   der Polizeidirektion, 31.10.1914.

Geld- und Sachspenden spielte eine untergeordnete Rolle. Die Auseinandersetzung mit den Flüchtlingen war intensiver. Vor allem das Angebot an juristischem und ärztlichem Beistand forderte hohe persönliche Einsatzbereitschaft und bedeutete eine wertvolle Ergänzung zu sonstigen staatlichen und privaten Hilfsmaßnahmen. Die Zionisten setzten „alle verfügbaren Kräfte" ein,[99] um Mitbürgern, die sie als integratives Element nationaler Zukunftshoffnungen betrachteten, möglichst gezielt zu unterstützen. Doch auch in der zionistischen Flüchtlingsarbeit klafften Ideal und Wirklichkeit beträchtlich auseinander.

Während die zeitgenössische zionistische Publizistik in den ostjüdischen „Brüdern" die Bewahrer jüdischer Tradition und Werte entdeckte, ihre „Charakterstärke" pries[100] und in elegischen Versen ihr trauriges Los beklagte,[101] mußten die Mitarbeiter des „Hilfswerks" erst einmal Zugang zu den von Armut und Rückständigkeit geprägten Massen finden. Für die zumeist bürgerlichem Milieu entstammenden Helfer waren dabei große Barrieren und Vorurteile zu überwinden. Otto Abeles beispielsweise, der „Schöngeist" unter den Wiener Zionisten,[102] entwarf schwärmerische Bilder trostreicher Zuwendung:

---

99 Bericht des „zionistischen Exekutivkomitees" Anfang 1917, zit. nach Gaisbauer: Davidstern, S. 527.
100 Siehe z.B. Abeles: Jüdische Flüchtlinge; Hermann Struck/Arnold Zweig: Das ostjüdische Antlitz. Berlin 1920; Vgl. auch Max Brod, der sich in Prag von der „herzerfrischenden Naivität" (Streitbares Leben, S. 230 f.) seiner Schülerinnen inspirieren ließ:

„Schule für galizische Flüchtlingskinder
Sie strömen ein, sie sitzen hier,
In ihren Bänken vier und vier,
Und wiegen die sittigen Wangen.
Ihr guten Mädchen, wißt ihr nicht,
In euer Haus der Räuber bricht!
Wie werdet ihr heimgelangen? –
Die braven Mädchen, es kümmert sie nicht.
....
Nein, Blumen wären längst verdorrt,
Gepflückt von ihrem Wurzelort.
Ihr blüht in Kräften und heiter,
Wenn rings die Welt sich toll zerreißt:
Von einer höheren Macht gespeist,
Lebt ihr und rüstet euch weiter.
Ihr tapferen Mädchen: ihr seid der Geist!"
(Brod: Streitbares Leben, S. 231 f.) Zum „Ostjudenkult", der bei manchen Zionisten auch auf Kritik stieß, vgl. Maurer: Ostjuden in Deutschland, S. 654 f.
101 Siehe z. B.: Alfred Haas: Die „Polnischen". Ein Flugblatt aus ernster Zeit. Wien 1915.
102 So die Einschätzung Arthur Freuds. Freud: Um Gemeinde und Organisation, S. 94.

„Oh wäre mein Arm wie der Himmel so weit,
Ich zöge an mich euer stummes Leid"[103]

Die konkreten Erfahrungen waren weitaus prosaischer: „Die Galizianer kommen jetzt und möchten ihren Zionismus bezw. ihre Leistungen für ihn bezahlt haben", wurde in einem Schreiben geklagt. „Mindestens 1.000 Parteien am Tag sind zu erledigen; und wer die Galizianer kennt, weiss dass dies entsetzlich viel ist."[104] (sic!)

Die Flüchtlingsarbeit war für die Zionisten anstrengend und schwierig, und die Illusionen gingen rasch verloren. Die ablehnende Haltung des liberalen Judentums dem „Hilfswerk" gegenüber, die ambivalente Position der k. k. Behörden, welche die zionistischen Kräfte zwar in die staatliche Flüchtlingshilfe einbanden, das Mißtrauen aber beibehielten, sowie die eigene organisatorische Schwäche brachten zusätzliche Probleme mit sich.

Trotz aller Schwierigkeiten setzten die Zionisten ihre Bemühungen bis gegen Kriegsende fort. Seit dem Wiederzusammentritt des österreichischen Reichsrat im Frühjahr 1917 stellten die Abgeordneten Benno Straucher[105] und Heinrich Reizes[106] Flüchtlingsangelegenheiten wiederholt auch auf parlamentarischer Ebene zur Diskussion.[107] Erst in der letzten Phase des Krieges verlor das Flüchtlingsproblem, bedingt durch die Balfour-Erklärung sowie die sich abzeichnenden politischen Umwälzungen innerhalb der Monarchie, für die Zionisten an Bedeutung.[108]

Zionistische Agitation unter den Flüchtlingen

Die Anwesenheit galizischer und bukowinischer Juden bedeutete für die Wiener Zionisten eine politische Herausforderung. Die Er-

---

103 Otto Abeles: „Flüchtlinge". In: Jüdische Rundschau, 28.5.1915, S. 177.
104 CZA, Z 3/1680, Aus den Privatakten des Sekretärs Leo Herrmann. Willy Stein an Herrmann, 28.10.1914. Zu L. Herrmann siehe Gaisbauer: Davidstern, S. 516. Über das ambivalente Verhältnis zahlreicher Zionisten zu den Ostjuden siehe Maurer: Ostjuden in Deutschland, S. 656 ff.
105 Straucher war seit 1905 Mitglied der zionistischen Organisation und saß für die Bukowina im Reichsrat. Gaisbauer: Davidstern, S. 515.
106 Reizes war galizischer Abgeordneter, nicht zionistisch organisiert, jedoch „bewußt-jüdisch". Gaisbauer: Davidstern, S. 527.
107 Parlamentarische Anfrage des Abgeordneten Reizes zur jüdischen Flüchtlingsfrage (6.6.1917); Anfrage Strauchers an den Innenminister zum Thema Rückführung der galizisch-jüdischen Flüchtlinge (19.2.1918); Rede Strauchers im Reichsrat über die Sorgen und Nöte der österreichischen Juden (16.6.1917). Vgl. dazu Gaisbauer: Davidstern, S. 528.
108 Der politischen Entwicklung der Monarchie gegen Kriegsende schenkten die Zionisten große Aufmerksamkeit. Vgl. dazu Gaisbauer: Davidstern, S. 535 ff.

wartung in künftige Erfolge motivierten – wie auch die Polizei registrierte – zu verstärktem politischen Engagement: „Das Bestreben der Zionisten geht dahin, die jüdische Bevölkerung und besonders auch die jüdischen Flüchtlinge für die Ideen des Zionismus zu gewinnen."[109] Bereits Ende September 1914 warb Robert Stricker beim zionistischen Aktionskomitee in Berlin um Zustimmung (und wohl auch um finanzielle Unterstützung) für die Gründung einer jüdischen Tageszeitung in deutscher Sprache. Der Zeitpunkt schien ihm überaus günstig, da es nun ein „großes Publikum" gebe, „welches über jüdische Angelegenheiten, insbesondere mit Bezug auf den Krieg, die Wirtschaft etc. informiert sein will". Außerdem stünden nun allen Blättern wegen der Zensur dieselben Informationsquellen zur Verfügung, wodurch die „Konkurrenz mit den bestehenden Zeitungen ... ungeheuer erleichtert" werde.[110] Unmittelbaren Erfolg hat Stricker nicht gehabt. Zwar registrierte ein Bericht der Wiener Polizeidirektion im Frühjahr 1915 die zionistische Ausrichtung einer „Jüdischen Morgenzeitung",[111] doch dürfte dieses Blatt nur für kurze Zeit erschienen sein.[112] Erst Anfang 1919 konnte Stricker sein Projekt verwirklichen.

Da die Flüchtlinge „ein neues Bild ins Wiener jüdische Leben brachten",[113] bestand tatsächlich Aussicht auf Mobilisierung eines Teils der Wiener Juden. Noch im Herbst 1917 berichtete Leo Herrmann, der damalige Sekretär des Zionistischen Zentralbüros in Berlin, voll Begeisterung über die „gewaltige zionistische Disposition", die er auf einer Reise in Österreich erlebt habe. In Wien gäbe es kaum „aktiven Antizionismus",[114] und die Erfolge lägen „sozusagen auf der Strasse."[115]

Bei der Umsetzung ergaben sich jedoch, wie auch Herrmann diagnostizierte, Probleme.[116] Wohl wurden bereits organisierte Flücht-

---

109 A/Pol.Dion., Stimmungsberichte, Partei und Presse 1915, Z 9029 K, Stimmungsbericht, 12.4.1915.
110 CZA, Z 3/520, Mappe Robert Stricker/Wien (1913–1919), Schreiben von Robert Stricker an EAC (= Engeres Aktionskomitee), 29.9.1914.
111 A/Pol.Dion., Stimmungsberichte, Partei und Presse 1915, Z 9029 K, Galizische Flüchtlinge in Wien, Stimmungsbericht 12.4.1915.
112 In Bibliotheken ist diese Zeitung nicht greifbar. Es fehlen auch weitere Hinweise auf ihr Erscheinen.
113 Freud: Um Gemeinde und Organisation, S. 90.
114 CZA, Z 3/1693, Aus den Privatakten des Sekretärs Leo Herrmann (1913–1920), Lage des Zionismus in Österreich und Böhmen, September/Oktober 1917. Brief Leo Herrmanns an das Zionistische Zentralbüro in Berlin, Wien 28.9.1917.
115 Ebd., Brief Leo Herrmanns an Arnold Zweig, 19.10.1917.
116 Ebd.

linge in die Wiener Bewegung integriert. Sie füllten schließlich die durch Einberufungen entstandenen Lücken im Zentralsekretariat sowie in der Redaktion der „Jüdischen Zeitung".[117] Während der Kriegsjahre gelang es aber nicht, über das Hilfswerk oder durch direkte politische Agitation eine größere Anzahl bisher unorganisierter Flüchtlinge unmittelbar für die zionistische Bewegung zu gewinnen.[118]

Schwächen im organisatorischen Bereich, die Leo Herrmann als „Kernübel der österreichischen Verhältnisse" bezeichnete, waren dafür mitverantwortlich.[119] Die personell ohnedies prekäre Situation hatte sich durch zahlreiche Einberufungen unter den politisch aktivsten Jahrgängen der Zionisten weiter verschärft.[120] Dazu kam, daß die ständigen internen Konflikte auch angesichts der Aufgaben in der Flüchtlingsfürsorge nicht überbrückt wurden.[121] Probleme gab es nicht zuletzt in der Zusammenarbeit mit galizischen und bukowinischen Gesinnungsgenossen. So fand sich der prominente galizische Zionist Adolf Stand nur schwer mit seiner nun untergeordneten Rolle in der Wiener Organisation ab und fühlte sich aufgrund seiner ostjüdischen Herkunft benachteiligt.[122] Die letztlich enttäuschende Bilanz ist jedoch, wie im folgenden zu zeigen sein wird, keineswegs nur auf interne Probleme der Wiener Zionisten zurückzuführen.

---

117 M. Henisch: Galician Jews in Vienna, hier S. 369.

118 Hinweise auf einen nennenswerten Rekrutierungserfolg fehlen. Auch in Deutschland wurde 1921 auf einem Delegiertentag festgestellt, daß die Zionisten bei den Ostjuden keine größeren Erfolge erzielt hätten als bei den Assimilanten. Maurer: Ostjuden in Deutschland, S. 663.

119 Es fehle an „Menschen, die mit eiserner Energie und Geduld an ihrem Platz stehen und organisieren". CZA, Z 3/1693, Brief Leo Herrmanns an Arnold Zweig, 19.10.1917.

120 Gaisbauer: Davidstern, S. 523.

121 CZA, Z 3/1680, Aus den Privatakten des Sekretärs Leo Herrmann. Brief Willy Steins an Leo Herrmann, Wien, 28.10.1914. W. Stein berichtet von einer „unerquicklichen" Situation unter den Wiener Zionisten, von Differenzen zwischen den Führungskräften Stricker und Pollack. Vgl. auch: CZA, Z 3/640, Schriftwechsel mit dem Kopenhagener Büro der Zionistischen Organisation (1915–1919). Bericht Dr. Hantkes über die Lage des Zionismus in Wien und Galizien an das Kopenhagener Büro, 4.12.1916. Hantke berichtet über große Differenzen innerhalb der zionistischen Bewegung in Wien.

122 Henisch: Galician Jews in Vienna, S. 371. Die Zusammenarbeit war insofern nicht selbstverständlich, als es seit der Aufspaltung der zionistischen Bewegung Österreichs in drei Teilorganisationen im Jahr 1907 untereinander wenig Verbindung gegeben hatte. Vgl. Gaisbauer: Davidstern, S. 244 ff.

5. Die Flüchtlinge zwischen jüdischer Tradition und politischer Radikalisierung

5.1. Religiöse Tradition und politischer Konservativismus

Der Widerstand gegen den Zionismus war im österreichischen Judentum stärker und fester verankert, als es die politischen Aktivisten wahrhaben wollten. Die Motive der Ablehnung waren allerdings nicht einheitlich. Bei großen Teilen des Wiener Judentums verhinderte die Hoffnung auf Assimilation die Orientierung auf nationaljüdische Ziele. In Galizien und der Bukowina hingegen hatte dieser Faktor bis 1914 kaum eine Rolle gespielt. Hier resultierte die politische Abstinenz der Mehrheit aus konservativen, religiös geprägten Wertvorstellungen, wie sie für das osteuropäische Judentum generell charakteristisch waren. Zudem hatte die religiöse Orthodoxie seit dem ausgehenden 19. Jahrhundert der Bewegung Theodor Herzls massiven Widerstand entgegengesetzt.[1] Traditionelle Denkmuster der jüdischen Shtetlgemeinschaft wirkten daher auch bei den jüdischen Flüchtlingen in Wien zu stark, als daß kriegsbedingte Entwurzelung und materielles Elend zwangsläufig zu geistiger und politischer Umorientierung geführt hätten. Erst nach dem Krieg sollte es zu einer allmählichen Annäherung der galizischen Juden in Wien und dem Zionismus kommen.

Präzise Aussagen über den Grad religiöser Gebundenheit der Flüchtlinge lassen sich allerdings schwer treffen. Das Spektrum reichte von den „wilden" chassidischen Betern, deren „gewalttätige" Gottesdienste das Flüchtlingskind Manès Sperber zugleich beeindruckten und abstießen,[2] bis zu eher bürgerlichen, an der deutschen Aufklärung orientierten Familien, die ihren Kindern kaum mehr jüdische Bräuche und Vorschriften vermittelten.[3] Vor allem bei jungen Menschen gerieten religiöse Überzeugungen in den Kriegsjahren überhaupt ins Wanken.[4] Insgesamt jedoch waren der

---

1 Hödl: Als Bettler in die Leopoldstadt, S. 289.
2 Sperber: Die Wasserträger Gottes, S. 245.
3 Vgl. Minna Lachs: Warum schaust du zurück, S. 72, 120 ff.
4 Vgl. Sperber: Die Wasserträger Gottes, S. 246. Krag: „Man hat nicht gebraucht keine Reisegesellschaft", S. 48. Leopold Trepper: Die Wahrheit. Autobiographie. München 1978 (= dtv 1280), S. 22.

Einfluß von Chassidismus und religiöser Orthodoxie dominant.[5] Flüchtlinge fanden sich zu eigenen Gottesdienstgemeinschaften zusammen, und die Anziehungskraft einzelner Rabbiner wirkte ungebrochen weiter.[6] Die Einhaltung von Speisevorschriften[7] und anderer religiöser Gebote war daher im allgemeinen ein größeres Anliegen als die politischen Ziele der Zionisten. So lehnte etwa der Vater Manès Sperbers einen Posten bei einer Wiener Bank ab, „da er den Sabbath nicht entweihen wollte".[8] Und noch im Frühjahr 1918 bemühte sich der Verband orthodoxer Rabbiner Galiziens und der Bukowina beim Innenministerium mit Erfolg darum, die Heimreise für Flüchtlinge wegen der Sabbathruhe auf Wochenbeginn festzusetzen.[9]

In einem wesentlichen Punkt unterschieden sich die konservativen Flüchtlingsmassen von den Zionisten jedoch nicht: Die positive Haltung der Monarchie gegenüber, die das österreichische Judentum generell kennzeichnete, wirkte auch hier verbindend und bot sogar Möglichkeiten zu gemeinschaftlicher Aktion.

Vor allem in der ersten Kriegsphase versuchten Flüchtlinge mehrfach, ihre Staatstreue und Anhänglichkeit an das Kaiserhaus unter Beweis zu stellen. So wurde Mitte Oktober 1914 anläßlich einer Versammlung Tausender galizischer Juden ein Telegramm mit folgendem Wortlaut aufgegeben:

„Die infolge der Kriegsereignisse am 15. 10. in Wien versammelten jüdischen Bürger aus Galizien bringen Eurer Majestät ihre untertänigsten Huldigungen dar, bitten, den Ausdruck ihrer nie wankenden unerschütterlichen Treue untertänigst unterbreiten zu dürfen und rufen aus vollem Herzen: ‚Sieg und Triumpf (sic!) für die glorreiche Armee‘."[10]

---

5 Dietrich Beyrau nimmt an, daß noch in den 20er und 30er Jahren ein Großteil des polnischen Judentums, schätzungsweise ein Drittel bis die Hälfte, in traditionellen Gemeinschaftsformen verharrte und damit auch strenge religiöse Traditionen bewahrte. Beyrau: Antisemitismus und Judentum in Polen, S. 212 f.

6 Manès Sperber schildert sehr anschaulich einen Gottesdienst westgalizischer Flüchtlinge in Wien, von denen die meisten fanatische Anhänger eines chassidischen Rabbiners waren. Sperber: Die Wasserträger Gottes, S. 245 f. Vgl. auch: Krag: „Man hat nicht gebraucht keine Reisegesellschaft", S. 81 ff.

7 Vgl. z. B. AVA, MdI, 19 in gen, F 1653/1915/61044. Schwarz-Hiller übermittelte dem Innenministerium am 21.6.1915 ein Ansuchen orthodoxer Juden um Errichtung einer rituellen Verköstigungsanstalt für galizische Flüchtlingskinder.

8 Sperber: Die Wasserträger Gottes, S. 175.

9 AVA, MdI, 19 in gen, F 1699/1918/26343, Schreiben des Rabbinerverbandes an das Innenministerium vom 26.4.1918. Das Innenministerium sprach sich in seiner Antwort zwar grundsätzlich gegen Ausnahmeregelungen aus, gab aber doch Anweisung, soweit wie möglich Rücksicht zu nehmen.

10 NFP, 17.10.1914, M, S. 7, Eine Kundgebung jüdischer Bürger aus Galizien.

Auch zur 66. Wiederkehr des Regierungsantrittes Kaiser Franz Josephs gab es eine ähnliche Kundgebung jüdischer Flüchtlinge.[11]
Die größte Veranstaltung dieser Art fand unter zionistischer Führung Ende Juni 1915 statt. Anläßlich der Rückeroberung Lembergs legten die Flüchtlinge auf einem spektakulären Festzug nicht nur Zeugnis ihrer „patriotischen Gesinnung" ab, sondern – wie ein Reporter der „Jüdischen Rundschau" befriedigt vermerkte – ebenso auch „des jüdischen Volksbewußtseins".[12]

Bezeichnenderweise gab es außer diesen Loyalitätskundgebungen keine Willens- oder Meinungsäußerungen der jüdischen Flüchtlingsmassen. Nach dem Tod Franz Josephs im Spätherbst 1916 fehlte jede Motivation zu weiteren „patriotischen" Demonstrationen, hatte der Kaiser den österreichischen Juden doch als Garant von Schutz und Sicherheit in der Monarchie gegolten. Gerade in Flüchtlingskreisen, wo man sich ohnedies wachsenden Aggressionen seitens der Wiener Bevölkerung ausgesetzt sah, wurde der Tod des Monarchen als besonders schmerzlich empfunden. „Man befürchtete von seinem Nachfolger nichts Böses, man erwartete auch nicht viel von ihm", erinnert sich Manès Sperber. „Wahrscheinlich gab es niemanden, von dem man noch irgend etwas erwarten konnte. Es war sehr spät, sagte man, zu spät."[13]

Trotz aller Schwierigkeiten, trotz schwindenden Vertrauens in den Staat trugen die jüdischen Flüchtlinge ihre Situation im allgemeinen mit bemerkenswerter Geduld. Radikalen politischen Lösungen standen sie mehrheitlich auch weiterhin skeptisch gegenüber.

5.2. Auf der Suche nach neuen Wegen

Nur eine kleine Minderheit unter den Flüchtlingen schlug in der Hoffnung auf einen politischen und gesellschaftlichen Wandel neue Wege ein. Zumeist handelte es sich um halbwüchsige Töchter und Söhne bürgerlicher und kleinbürgerlicher Flüchtlingsfamilien und um junge Erwachsene, die im „Haschomer Haza'ir" zueinanderge-

---

11 NFP, 3.12.1914, M, S. 13, Eine Kundgebung der Juden Galiziens.
12 Jüdische Rundschau, 9.7.1915, S. 224.
13 Sperber: Die Wasserträger Gottes, S. 193.

funden hatten.[14] Diese ostjüdische Jugendbewegung war seit der
Jahrhundertwende aus Pfadfinder- und Turnvereinen sowie aus
Hochschüler- und Mittelschülerverbindungen entstanden und hatte
1913 in Galizien zu einheitlicher Organisation gefunden. Später, in
den frühen zwanziger Jahren, sollten Mitglieder des „Haschomer"
beim Aufbau jüdischer Kibbuzim und schließlich auch bei der Organisation der jüdischen Arbeiterpartei in Palästina eine bedeutende
Rolle spielen.

Die bürgerliche Herkunft hätte bei den Mitgliedern des „Haschomer" „die Neigung zu einer gewissen Art von Assimilation, zu einer
graduellen Entfernung vom Judentum, von seinem Glauben, seinen
Sitten erzeugen können."[15] Tatsächlich gab es in der schmalen jüdischen Ober- und Mittelschicht Galiziens Tendenzen zur Anglei-
chung an die polnische Gesellschaft. Vielfach erfahrene Ablehnung
hatte jedoch gerade junge Menschen nach neuen Wegen außerhalb
der in Auflösung begriffenen traditionellen jüdischen Gesellschaft
suchen lassen. „Die bewußte oder unbewußte Tendenz zur Assimilation machte einem entschiedenen Willen zum tätigen Judesein
Platz", erinnert sich Manès Sperber, der in Wien als zwölfjähriges
Flüchtlingskind zum „Schomer" gestoßen war.[16]

Der Schwerpunkt der ostjüdischen Jugendbewegung verlagerte
sich während der Kriegsjahre nach Wien. Hier lebten am Höhepunkt der Flüchtlingswelle rund 1000 Mitglieder des „Schomer",
hier nahm die Organisation wesentliche neue Impulse auf. Die ostjüdischen Jugendlichen kamen in Kontakt zur westjüdischen Jugendbewegung,[17] gerieten aber auch unter Einfluß Gustav Wyne-
kens, einer Hauptfigur der Freien Deutschen Jugendbewegung. Sie
trafen Siegfried Bernfeld und lernten Martin Buber kennen, in dem
sie „den Künder und Interpreten ihrer Rückkehr zum Judentum
und ihrer psychosozialen Situation im allgemeinen" fanden.[18] In

---

14 Vgl. zum Folgenden v. a.: Elkana Margalith: Die sozialen und intellektuellen Ursprünge der jüdischen Jugendbewegung „Haschomer Haza'ir", 1913–1920. In: Archiv für Sozialgeschichte X (1970), Literatur und Zeitgeschehen, S. 261–289. Manès Sperber: Die Wasserträger Gottes, S. 217 ff. Jaakow Polesiuk-Padan (Mischmar
Haemek): Die Geschichte des „Haschomer Haza'ir" in der Bukowina. In: Hugo
Gold (Hrsg.): Geschichte der Juden in der Bukowina. Bd. I, Tel Aviv 1958, S. 145–
152; Angelika Jensen: Die Geschichte der jüdischen Jugendbewegung „Haschomer Hazair" in Österreich von den Anfängen bis 1940. Diplomarbeit, Wien 1991.
15 Sperber: Die Wasserträger Gottes, S. 222.
16 Ebd., S. 222.
17 Jensen: Die Geschichte der jüdischen Jugendbewegung, S. 67.
18 Margalith: Die sozialen und intellektuellen Ursprünge, S. 273.

Wien erschien bezeichnenderweise die erste umfassende Publikation des „Haschomer Haza'ir". Auch der Grundstein für eine in polnischer Sprache publizierten Zeitung wurde hier gelegt.[19]

Der „Schomer" ließ die Jugendlichen offenkundig die Mühen des Flüchtlingsdaseins vergessen und vermittelte ihnen das Gefühl der Geborgenheit, das sie, entwurzelt und isoliert, wie sie waren, so dringend benötigten. Ohne Einfluß und Kontrolle Erwachsener entwickelten sie ihre eigenen Ideale.[20] Durch die intensive Auseinandersetzung mit jüdischen Inhalten entfernten sich die Jugendlichen immer stärker von der älteren Generation und gerieten dadurch „in offenen Gegensatz zur überlieferten Lebensart."[21] Sie verachteten die Ergebenheit, mit der sich vielfach noch die eigenen Eltern in das Schicksal des Galuth-Judentums fügten, und entfremdeten sich dadurch ihren Familien. „Der Bruch zwischen den Generationen, der die Emigrantenfamilien überall bedroht, wurde durch den Schomer fast unvermeidlich und blieb für die Eltern zumeist unverständlich."[22]

Im Laufe des Krieges wandelte sich der „Schomer" von „einer jüdischen Scout-Organisation in eine freie, in wesentlichen Hinsichten wahrhaft revolutionäre Jugendbewegung".[23] Die Gegnerschaft zum Krieg wuchs, ebenso das antibürgerliche und antiautoritäre Element. „Der Einfluß der Russischen Revolution förderte das Interesse für die Sozialrevolutionäre, die Nachfahren der Narodniki und für die anarcho-kommunistische Lehre Kropotkins, des revolutionären Fürsten, viel mehr als für den Marxismus."[24] Hier suchte und fand man Ideen und Ziele, die später in den Kibbuzim verwirklicht werden sollten. Zugleich wuchs das Sendungsbewußtsein innerhalb der Jugendgruppen, der Glaube, „daß Jugend ... neue Werte schaffen und in der Folge die bürgerliche Kultur der Erwachsenen überwinden könnte."[25]

So kann angenommen werden, daß auch Mitglieder des „Schomer" zu jenen jüdischen Kritikern der österreichischen Kriegspolitik zählten, die seit dem Frühjahr 1917 die k. k. Polizeibehörden zunehmend beschäftigten. Vor allem die poale-zionistische Partei, die

---

19 Ebd., S. 268 f.
20 Ebd., S. 269.
21 Sperber: Die Wasserträger Gottes, S. 222 f.
22 Ebd., S. 222. Vgl. auch: Abeles: Jüdische Flüchtlinge, S. 36–43.
23 Sperber: Die Wasserträger Gottes, S. 221.
24 Ebd.
25 Ebd., S. 243.

sich nach kriegsbedingter Unterbrechung aller Aktivitäten seit April 1917 reorganisierte, spielte in der Umbruchsphase eine überproportional große Rolle.[26] Radikalisiert durch Flüchtlinge[27] und russische Juden gelobte sie im Mai 1917, „nicht eher zu ruhen, bis der Sieg des Sozialismus neue Kriege unmöglich gemacht hat."[28]

Bei Flugzettelverteilungen und Demonstrationsversuchen am 29. Mai 1917 in Wien anläßlich der Parlamentseröffnung nahmen russische und galizische Juden, die zumindest in geistiger Nähe der Poale-Zionisten standen, eine führende Stellung ein. Ein Polizeibericht nennt drei russische Emigranten mosaischer Konfession als Anführer. Zwei der bei der Demonstration angehaltenen Personen gehörten dem „zionistischen Verein" an.[29] Ein Stimmungsbericht der Polizeidirektion erwähnt in diesem Zusammenhang eine „Gruppe von ca. 100 Jugendlichen, anscheinend Galizianer", welche versuchte, „nach einer Versammlung beim Dreher im III. Bezirk ... schreiend gegen die Stadt zu ziehen", jedoch von der Wache zerstreut wurde.[30] Auch im Juni 1917 klagten die Behörden über die „Aufhetzung" der Bevölkerung durch „fremde Elemente".[31] Eine für 7. Juli in einem Hotel im I. Bezirk angekündigte Versammlung zum Thema „Die jüdischen Arbeiter und das Parlament" wurde vorsichtshalber sofort nach ihrer Ankündigung verboten.[32]

Als die revolutionäre Strömung in Österreich in die große Streikbewegung des Jänners 1918 mündete, waren in Wien wiederum Anhänger der Poale-Zionisten in „vorderster Front" beteiligt. So machten sich der aus Galizien stammende Michael Kohn-Ebner, Mitglied der Jüdischen Arbeiterpartei und des „Zentralkomitees der zionisti-

---

26 Jüdische Rundschau, 8.3.1918, S. 77, Die Parteikonferenz der österreichischen Poale-Zion. Zur Geschichte der österreichischen Poale-Zionisten siehe John Bunzl: Klassenkampf in der Diaspora. Zur Geschichte der jüdischen Arbeiterbewegung. Wien 1975. (= Schriftenreihe des Ludwig-Boltzmann-Instituts für Geschichte der Arbeiterbewegung. 5) S. 124 f.; Hans Hautmann: Die verlorene Räterepublik. Am Beispiel der Kommunistischen Partei Deutschösterreichs. Wien/Frankfurt/Zürich 1971, S. 167 f.

27 1917 kristallisierte sich in Österreich eine linke Gruppe innerhalb der Poale-Zion heraus, die in der Hauptsache aus Mitgliedern der galizischen Sektion der Partei bestand. Hautmann: Die verlorene Räterepublik, S. 167.

28 S. Rudel: Die PZ in Österreich während des Krieges. In: „Der jüdische Arbeiter", Organ der PZ, Wien, Festnummer 1927, S. 30 f., zit. nach Bunzl: Klassenkampf in der Diaspora, S. 125.

29 Bunzl: Klassenkampf in der Diaspora, S. 125 f.

30 A/Pol.Dion., Schoberarchiv, Wochenberichte, Stimmungsbericht 31.5.1917.

31 Bunzl: Klassenkampf in der Diaspora, S. 126.

32 KA/KÜA, Präs. 7.7.1917, Nr. 111928, Mitteilung der Polizeidirektion Wien an das KÜA, 6.7.1917.

schen Jugend",[33] und der russische Jude Leo Pjatigorsky „durch besonders radikale Reden bemerkbar".[34] Auch nach der Verhaftung der beiden Revolutionäre am 22. Jänner 1918 setzten einzelne Poale-Zionisten gemeinsam mit Vertretern anderer radikaler Gruppierungen ihre Propagandatätigkeit fort,[35] wurden aber in der Folge durch weitere Verhaftungen, Vereinsauflösungen und scharfe Zensurierung des Parteiorganes „Der jüdische Arbeiter" in ihren Aktivitäten gelähmt.[36]

John Bunzl erklärt den „überproportionalen jüdischen Anteil an den um den Jännerstreik verhafteten Revolutionären" aus ihrer „besonderen Entwurzelung" als Flüchtlinge und Juden, ihrer engen Verbindung zu den russischen Ereignissen und ihrer „existenziellen Ablehnung von Nationalismus und Krieg".[37] Die Folgen des starken (ost)jüdischen Engagements an den revolutionären Bestrebungen waren allerdings fatal: Die k. k. Beamten, denen „die wirklichen sozialen Ursachen der Massenunruhen verborgen blieben", ließen sich davon „bereitwilligst täuschen". Sie, die bislang dem Antisemitismus gegenüber eine eher neutralisierende Rolle eingenommen hatten, begannen nun selbst „an eine ‚internationale jüdische Verschwörung' zu glauben ... und behinderten konterrevolutionäre antisemitische Propaganda in diesem Sinne nicht mehr."[38] In den Nachkriegsjahren sollte das verzerrte Bild des (ost)jüdischen Revolutionärs einen integralen Bestandteil der Hetzkampagne gegen die in Wien verbliebenen galizischen und bukowinischen Juden bilden.

---

33 Bunzl: Klassenkampf in der Diaspora, S. 127. Vgl. auch Hautmann: Die verlorene Räterepublik, S. 167.
34 Niederösterreichisches Landesarchiv, Akten des k. k. nö. Statthalterei-Präsidiums, Kanzleiabteilung P, Zahl 412, zit. nach Bunzl: Klassenkampf in der Diaspora, S. 126.
35 Bunzl: Klassenkampf in der Diaspora, S. 127.
36 Jüdische Rundschau, 24.5.1918, S. 161, Verfolgung der Poale-Zion-Bewegung in Österreich und Polen.
37 Bunzl: Klassenkampf in der Diaspora, S. 128.
38 Ebd., S. 127. Bunzl zitiert hier aus dem Ministerium des Inneren eine „Amtserinnerung" über bolschewistische Agitation unter den Sozialdemokraten mit einem Erlaß an alle Landeschefs: AVA, MdI, 22 i. g. 3619: „... bereffend die bolschewistische Agitation unter den Sozialdemokraten, beehre ich mich Euer Exzellenz mitzuteilen, daß einer vertraulichen Nachricht zufolge die Propaganda hauptsächlich auf international-jüdischem Wege betrieben werden soll".

6. Die Reaktion der nichtjüdischen Bevölkerung

6.1. Das „Goldene Wiener Herz"

„Es ist furchtbar schwer, ein Ostjude zu sein", klagte Joseph Roth in seinem 1927 publizierten Essay „Juden auf Wanderschaft". „Es gibt kein schwereres Los als das eines fremden Ostjuden in Wien."[1] Roth wußte, wovon er sprach. Aufgewachsen in der ostgalizischen Grenzstadt Brody, war er 1913 als neunzehnjähriger Student nach Wien gekommen und hatte hier nicht nur die zumeist großen materiellen Probleme jüdischer Zuwanderer kennengelernt, sondern auch die offene Ablehnung, mit der ihnen die Bevölkerung der Reichshauptstadt begegnete.[2]

Für die Kriegsflüchtlinge potenzierten sich diese Schwierigkeiten. Elend, entwurzelt und verstört, wie sie waren, konnten sie bei der nichtjüdischen Bevölkerung Wiens auf keinerlei Entgegenkommen hoffen. Lediglich in der ersten Kriegsphase wurde der latente Antisemitismus durch Patriotismus und Kriegsbegeisterung überlagert und führte die Aversion noch nicht zu offenem Haß. Doch von Anfang an war das Verhalten großer Bevölkerungsteile durch vollkommene Gleichgültigkeit gegenüber der Not der Flüchtlinge geprägt. Die Tatsache, daß es sich auch bei den Ostjuden um Kriegsopfer handelte, wurde, wie die „Arbeiter-Zeitung" vermerkte, nicht zur Kenntnis genommen:

„Drunten auf der Straße stehen in dichten Scharen all die Menschen, die auf die Verwundeten, auf die Märtyrer des Krieges warten. Droben, von niemandem beachtet, vereinsamt, ohne freundlichen Zuspruch, sitzen sinnend dumpf die anderen Märtyrer, die polnischen Flüchtlinge ... Wenige Augenblicke später marschiert der traurige Zug über die Straße. ‚Schau', sagt eine wohlbeleibte Dame. ‚Aber geh!', mahnt der Herr Gemahl. ‚Komm! Hast no kane polnischen Juden g'sehn' ..."[3]

Die Zeitungen des „christlich-deutschen" Wien verstärkten auf ihre Weise die feindselige Ignoranz der ersten Kriegswochen. So erwähnte die christlichsoziale „Reichspost" die Flüchtlingsproblematik bis Mitte Oktober mit keinem Wort, um dann eine Verlautbarung

---

1 Roth: Juden auf Wanderschaft, S. 40.
2 Zu Joseph Roth siehe David Bronsen: Joseph Roth. Eine Biographie. München 1981 (= dtv 1630).
3 AZ, 16.9.1914, S. 5, Flüchtlinge.

der „Lemberger Zeitung" zu übernehmen, welche die Flüchtlinge nach kleineren Siegen der kaiserlichen Armee zur Rückkehr aufforderte.[4] Die antisemitisch-deutschnationale „Ostdeutsche Rundschau" wiederum, die Vorläuferin der berüchtigten „Deutschösterreichischen Tageszeitung", veröffentlichte von Zeit zu Zeit Spendenaufrufe für deutsche Flüchtlinge aus Galizien und der Bukowina mit dem vielsagenden Hinweis, daß es unter den Flüchtlingen a u c h anständige Deutsche gebe.[5] Ende November wies das wichtigste Organ des nationalen Lagers Kritik von jüdischer Seite an Unzulänglichkeiten in der Flüchtlingsversorgung zurück: „Der Opfermut der Wiener ist aber viel zu groß, um nicht dankbare Anerkennung finden zu dürfen ..."[6]

„Dankbare Anerkennung" gab es im übrigen: Ende November wurde in „Dr. Bloch's Österreichischer Wochenschrift" in aller Form das „goldene Wiener Herz" gepriesen.[7] Vielleicht sollte dieses freundliche Lob die Wiener zu mehr Verständnis für die Situation der Flüchtlinge animieren. Andere Hinweise auf positive Reaktionen der Bevölkerung fehlen.

Wenig Hilfsbereitschaft zeigten die Wiener Wohnungsbesitzer. Zwar herrschte in der Reichshauptstadt chronische Wohnungsnot, doch stand in den meisten Wiener Bezirken im Herbst 1914 weitaus mehr Wohnraum frei als im Jahr zuvor, da zahlreiche Mieter möblierter Zimmer, vor allem Studenten, Offiziere, junge Beamte und Ärzte, einberufen worden waren.[8] Die Einquartierung von Flüchtlingen scheiterte jedoch in vielen Fällen an der Forderung überhöhter Mieten. Die „Arbeiter-Zeitung" wies bereits im September 1914 darauf hin, daß zahlreiche Hausherren ihre Hauptmieter wegen der Aufnahme galizischer Untermieter schikanierten oder über Gebührenerhöhung für zusätzlichen Profit sorgten.[9] Als der Leiter der Zentralstelle für Flüchtlingsfürsorge sich beim Innenminister beschwerte, „daß die Preise für Wohnungen, möblierte Zimmer und Kabinette in geradezu wucherischer Weise in die Höhe ge-

---

4 RP, 14.10.1914, M. S. 2. Am 26.10.1914, M, S. 6, zeigte sich die „Reichspost" erstaunt darüber, daß das Innenministerium eine Massenrückkehr der Flüchtlinge zu diesem Zeitpunkt für unzweckmäßig erachtete.

5 Z. B.: Ostdeutsche Rundschau, 8.10.1914, S. 4; 11.10.1914, S. 4; 18.10.1914, S. 4.

6 Ostdeutsche Rundschau, 28.11.1914, S. 2, Die galizischen Flüchtlinge.

7 BÖW, 27.11.1914, S. 824.

8 Erhebung der Polizeidirektion Wien, Ende 1914. Die niederösterreichische Statthalterei übermittelte das Ergebnis der Erhebung am 2.1.1915 dem Innenministerium. AVA, MdI, 19 in gen, F 1640/1915/795.

9 AZ, 20.9.1914, S. 8, Die Flüchtlingsfürsorge.

trieben" würden,[10] entgegnete der Wiener Magistrat, daß von Preistreiberei „keine Rede" sein könne. Eventuelle Preissteigerungen, so
wurde hinzugefügt, wären vielmehr auf ganz spezielle Ursachen
zurückzuführen: Wenn der Mieter nämlich dem Vermieter nicht zusage, oder zu viele Personen in einem Raum unterzubringen wären,
müsse der Vermieter sich eben für die damit verbundenen „Unannehmlichkeiten" schadlos halten. Im übrigen würde

„in manchen Fällen ... ein verhältnismäßig hoher Preis überhaupt nur gefordert, um die direkte Ablehnung der Person des Wohnungssuchenden zu
umgehen und diesen nicht zu verletzen."[11]

Daß dieser Wohnungswucher in erster Linie gegen „Zugewanderte"
gerichtet war, geht aus der Diktion des Schreibens eindeutig hervor.
In der Regel machte man sich nicht die Mühe eines Vorwandes, um
unerwünschte Mieter abzuschrecken. Meist wurde ohne Um-
schweife erklärt, Flüchtlinge oder Juden seien unerwünscht.[12]
Ende 1914 war die anfängliche Kriegsbegeisterung abgeflaut. Der
Sieg, mit dem man unmittelbar gerechnet hatte, ließ auf sich warten. Unter diesen Umständen wurde die Position der jüdischen
Flüchtlinge noch schwieriger. Die mit Gleichgültigkeit gepaarte
Verachtung, die ihnen anfangs entgegengebracht worden war, wich
nun offener Feindseligkeit. Die Bevölkerung begann, kriegsbedingte Ängste und Aggressionen insbesondere auf die galizischen
Flüchtlinge zu lenken. In ihrem Erscheinungsbild meinte man „das
spezifisch Jüdische" – was immer auch darunter verstanden wurde
– besser fassen zu können als im assimilierten Wiener Judentum.[13]
Außerdem waren die Ostjuden im Wiener Straßenbild präsent. Bedingt durch ihre Elendsquartiere verbrachten sie

„die Tage in kleinen Gruppen auf den Straßen, die Kriegsereignisse be-
sprechend. Sie bevölkerten den Graben, den Schwarzenbergplatz und all
jene Gegenden, auf die der Wiener Lokalpatriotismus so stolz ist. Das Bild
der ‚Polnischen' verletzte das ästhetische Gefühl der Wiener Spießer."[14]

---

10 AVA, MdI, 19 in gen, F 1638/1914/43665, Schreiben Schwarz-Hillers an den Innenminister, 12.11.1914.
11 AVA, MdI, 19 in gen, F 1640/1915/795, Zuschrift des Wiener Magistrats an die Polizeidirektion vom 16.12.1914. Die Polizeidirektion referiert den Inhalt dieser Zuschrift in einem Schreiben an die niederösterreichische Statthalterei vom
21.12.1914.
12 NNZ, 26.3.1915, S. 50 ff. Ein Flüchtling auf Wohnungssuche.
13 „Sie tragen das spezifisch Jüdische potenziert an sich. Im Gehaben, in der Aufma-
chung und in dem Geschäftsgebaren." Georg Glockemeier: Zur Wiener Judenfrage. Wien 1936, S. 5.
14 Jonas Kreppel: Juden und Judentum von heute. Zürich/Wien/ Leipzig 1925, S. 70.

Ihre Tracht: Kaftan, Hut und langer Bart, stieß auf gehässigen Spott. Ihr Elend, das niemals Mitleid erweckt hatte, provozierte zunehmend wütende Reaktionen, je länger sie blieben. Vor allem aber waren sie wehrlos.[15]

Politiker trugen zur allgemeinen Mißstimmung bei. Bürgermeister und Gemeinderat der Stadt Wien fanden mit undifferenzierten Vorwürfen bzw. Abschubforderungen mehr Resonanz als der Innenminister, der die Flüchtlinge aus Staatsraison freundlich behandelt sehen wollte. Auch die Presse gab die relative Zurückhaltung der ersten Kriegsmonate auf und nährte antisemitische Vorurteile durch eine einseitige Berichterstattung, die vorgeblich jüdische Schieber und Kriegsgewinnler zum Thema hatte, de facto aber auf die Flüchtlinge in ihrer Gesamtheit abzielte. Den Auftakt zu dieser Form von Verunglimpfung, die von der Zensur toleriert wurde, bildete ein Bericht in der „Ostdeutschen Rundschau" im Februar 1915. Kommentarlos wurde eine Liste Verurteilter abgedruckt, welche ausschließlich jüdisch klingende Namen mit dem zusätzlichen Hinweis auf das Heimatland „Galizien" enthielt. Selbstverständlich folgte kein Hinweis darauf, wie viele Nicht-Juden im selben Zeitraum wegen Wirtschaftsdelikten verurteilt worden waren.[16] Auf ganz ähnliche Weise prägte die „Reichspost" während der Kriegsjahre die Meinung, die Flüchtlinge hätten als Schieber und Preistreiber die Lebensmittelnot verursacht.[17]

Im November 1914 hatten verbale Ausfälle gegen jüdische Flüchtlinge unter Umständen ein gerichtliches Nachspiel. Noch durfte man nicht unangefochten in der Straßenbahn bösartige Beleidigungen und Mordphantasien äußern.[18] Vier Monate später hatte sich die Situation bereits grundlegend verändert. Bedrohliche Ausschreitungen Halbwüchsiger gegen Flüchtlinge wurde nicht mehr gerichtlich geahndet. Die Polizei zerstreute lediglich die jugendlichen Demonstranten, denen Passanten und Schaulustige Beifall gezollt hatten.[19]

---

15 Vgl. auch Hans Tietze: Die Juden Wiens. Geschichte, Wirtschaft, Kultur. Wien/Leipzig 1933, S. 276.

16 Ostdeutsche Rundschau, 25.2.1915, S. 2, Die Stadt Wien gegen den Lebensmittelwucher.

17 Vgl. dazu Maria Garstenauer: Die Judenfrage in der „Reichspost" 1894–1918. Unveröffentlichte Hausarbeit aus Geschichte, Salzburg 1976.

18 Man müsse „sechzigtausend Kilogramm Zacherlin bestellen", um gegen die Läuse der „Million Juden" aus Przemysl und Krakau gewappnet zu sein; man sollte die Juden an den „Kandelabern" aufhängen. Die „Arbeiter-Zeitung" berichtete über diesen Vorfall. AZ, 6.11.1914, S. 7.

19 A/Pol.Dion., Verwaltung 1915, 8239/K, Stimmungsbericht, 22.3.1915.

Wohl wies die Wiener Polizeidirektion ihre Beamten nachdrücklich an, im Interesse der öffentlichen Sicherheit Ausschreitungen gegenüber Flüchtlingen entgegenzutreten.[20] Besonderes Engagement war jedoch von den Wiener Polizisten nicht zu erwarten, stammten diese doch selbst zumeist aus jenem kleinbürgerlichen Milieu, das in besonderer Weise antisemitischen Klischeevorstellungen verhaftet war. Bezeichnend ist der Eifer, mit dem ein einzelner Beamter im Zentral-Inspektorat der k. k. Sicherheitswache Woche für Woche Beschwerden der Bevölkerung gegen die Flüchtlinge in sogenannten „Stimmungsberichten aus der Kriegszeit" festgehalten hat.[21] Die weitgehend unkommentierte und nur fallweise mit objektivierenden Floskeln versehene Berichterstattung deutet darauf hin, daß der Beamte letztlich seine eigenen Vorurteile in immer neuen Variationen dokumentiert hat.[22] Im Laufe der Zeit verschärfte sich die Diktion merklich. Zwischen Oktober 1914 und Februar 1917, als der Beamte offenbar abberufen wurde,[23] sammelte sich somit reichhaltiges Material zum Thema Antisemitismus und Flüchtlingshaß in den Kriegsjahren an, dessen Tendenz im folgenden skizziert werden soll.

Die vielfältigen Beschwerden aus dem „Publikum" gingen schon im Ansatz von einer falschen Grundannahme aus. Da die Informationspolitik der k. k. Regierung es von Anfang an vermieden hatte, die Bevölkerung über die schweren Niederlagen der österreichisch-ungarischen Armee zu informieren, blieb auch das Ausmaß der Verwüstungen im Nordosten der Monarchie unbekannt. Kaum besser war der Informationsstand hinsichtlich der Gefahren, denen gerade

---

20 A/Pol. Dion., Stimmungsberichte, Partei und Presse, Pr. Z. 9029, Galizische Flüchtlinge in Wien. Stimmungsbericht 12.4.1915.

21 Grammatikalische und stilistische Übereinstimmungen in den Berichten weisen darauf hin, daß hier ein einzelner Beamter am Werk war. A/Pol. Dion., K. k. Polizeidirektion Wien. Zentral-Inspektorat der k. k. Sicherheitswache. Stimmungsberichte aus der Kriegszeit, Bd. I–V.

22 Diese These wird erhärtet durch die sehr selektive Wahrnehmung des Polizeibeamten in einem anderen Bereich. So registrierte er sensibel Anzeichen von Verarmung bürgerlicher Kreise – barfuß gehende Schulkinder im bürgerlichen XIX. Bezirk werden im Oktober 1915 sorgfältig als Novum vermerkt. (Stimmungsberichte, 28.10.1915.) „Das Wohlergehen der Arbeiterklassen" war dagegen für den Verfasser der Berichte ein unwiderlegbares Faktum. Als Beweis dafür diente z. B. eine „ärmlich gekleidete Frau", die am 25.10.1915 „auf dem Markte Brunnengasse ... eine Gans um den Preis von 67'60 K" gekauft hatte. (Stimmungsberichte, 28.10.1915. Ähnlich auch z. B. die Berichte vom 13.5.1915, 23.12.1915, 30.12.1915.)

23 Im Stimmungsbericht vom 8.2.1917 finden sich zum letzten Mal massive Angriffe auf die Flüchtlinge. Ab diesem Zeitpunkt wird nur mehr eine kriegsmüde, hungernde, rebellische Bevölkerung geschildert.

jüdische Bürger in den russisch besetzten Landesteilen ausgesetzt
waren. Da somit die Einsicht fehlte, daß den galizischen und bukowinischen Juden kaum eine andere Wahl als die Flucht geblieben
war, verwundert es nicht, daß die Wiener sich mit der Anwesenheit
der Flüchtlinge „nicht befreunden" konnten. Sie kritisierten, daß
„soviel deutsche Bevölkerung nach Galizien zu Schanzarbeiten geschickt worden sei", und sahen umso weniger ein, daß „galizische
Flüchtlinge hier in Wien, ohne etwas zu arbeiten, erhalten werden
müssen".[24]

Die Überzeugung vom Schmarotzerdasein der Flüchtlinge verfe-
stigte sich auf der Grundlage überlieferter antisemitischer Vorurteile und entwickelte in weiterer Folge eine Eigendynamik, welche für
fremdenfeindliche bzw. rassistische Denkmuster typisch ist. Binnen
kurzem war den galizischen und bukowinischen Juden in Wien die
Rolle des Sündenbocks par excellence auf den Leib geschrieben.
Die ansässige Bevölkerungsmehrheit suchte schließlich nur mehr
nach Bestätigung ihrer negativen Erwartungshaltung. Unliebsame
Vorkommnisse, kriminelle Handlungen einzelner Personen, mit denen die Mehrzahl der Flüchtlinge in keiner Verbindung stand, wurden aufgebauscht, verallgemeinert und, angereichert mit phantasti-
schen Versatzstücken, zu einem überdimensionalen Feindbild zu-
sammengefügt.

Die tatsächlichen Lebensverhältnisse der Flüchtlinge blieben unbeachtet. Weit verbreitet war vor allem die Vorstellung, die Flüchtlinge seien zumeist wohlhabend. Man warf ihnen vor, große Ein-
käufe zu tätigen, durch „Überzahlung des Zinses Einheimische aus-
(zu)mieten"[25] und „sehr gut gekleidet" und „mit Schmuck behangen
umher(zu)gehen".[26] „Die Verteilung von Erdäpfel und Kohle" und
die Einrichtung von „Ausspeisungshallen mit rituellen Speisen"
wurden daher mit Mißgunst registriert.[27] Die Konklusion war zwingend: „Man sagt, die jüdischen Flüchtlinge tun nichts, als die übrige
Bevölkerung aussaugen, sich vom Staate unterstützen lassen und
ansonsten ein behagliches Leben zu führen."[28]

Da das Flüchtlingselend also prinzipiell ignoriert wurde, dienten
auch dessen unübersehbare äußere Anzeichen bloß zur Unter-

---

24 Stimmungsberichte, 14.1.1915.
25 Ebd., 25.3.1915.
26 Ebd., 21.1.1915, vgl. auch 8.4.1915.
27 Ebd., 25.3.1915.
28 Ebd., 1.4.1915.

mauerung bestehender Vorurteile. Häufig beobachtete „eckelhafte (sic!) Haut- und Augenleiden"[29] nahm man ebenso mit Empörung zur Kenntnis wie das Ungeziefer, unter dem die Flüchtlinge vielfach litten.[30] Schuld an den „unhygienischen Verhältnissen", in denen Krankheit und Ungeziefer gediehen, waren die Betroffenen in den Augen zahlreicher Bürger selber:

> „Ueber die krasse Unreinlichkeit der aus Galizien zugewanderten Personen wird immer mehr geklagt; sie sollen ihre Wohnungen in der unglaublichsten Weise verunreinigen. Den Kehricht leeren sie fast regelmässig auf die Strasse oder in die Haushöfe oder auf unverbaute Plätze ..."[31]

Sogar das gedrängte Zusammenleben in den Elendsquartieren wurde den Flüchtlingen zum Vorwurf gemacht.[32] Folglich waren sie auch für den Ausbruch ansteckender Krankheiten verantwortlich, die in Massenunterkünften galizischer Juden die ersten Opfer fanden.[33]

Eine Reihe von Klagen bezog sich auf Schwierigkeiten der Flüchtlinge, sich dem Großstadtleben anzupassen. Tatsächlich trieb sie die miserable Qualität ihrer Unterkünfte, aber auch heimatliche Gewohnheit auf die Straßen, wo sie Gesellschaft und Schutz unter ihresgleichen suchten. Der Vorwurf, sie würden „die Strassen und Plätze ... in grösseren Mengen (sic!) stundenlang verstellen und auch verunreinigen", ließ nicht auf sich warten.[34] Besonders Polizeibeamte zeigten sich irritiert:

> „Sie fügen sich nur schwer in den Strassenverkehr. Im 2. Bezirk verursachen sie direkt Verkehrsstörungen insbesonders auf dem Platze vor der Karmeliterkirche; das Einschreiten der S.W. (Sicherheitswache) ist ihnen gegenüber sehr schwer, wegen ihrer Widerspenstigkeit."[35]

Als „abstossend" wurde das Verhalten der Flüchtlinge bei Markteinkäufen qualifiziert,[36] obwohl sie sich darin kaum von Wiener Hausfrauen und Dienstmädchen unterschieden:

> „... auf dem Markte ... kommt es häufig zu Streitigkeiten, da sie die Waren betasten, zurücklegen, um den Preis feilschen und schließlich doch nicht kaufen."[37]

---

29 Ebd., 20.5.1915.
30 Ebd., 15.4.1915, 20.5.1915.
31 Ebd., 18.2.1915.
32 Ebd., 21.1.1915.
33 Ebd., 21.1.1915; vgl. auch 1.10.1914, 19.11.1915, 17.12.1915.
34 Ebd., 5.11.1914.
35 Ebd., 12.11.1914.
36 Ebd., 21.1.1915.
37 Ebd., 5.11.1914; vgl. auch: 10.12.1914.

Besonderen Anfeindungen sahen sich die Flüchtlinge bei der Suche nach einer zusätzlichen Einkommensquelle ausgesetzt. Hier bestand eine beinahe ausweglose Situation. Einerseits verurteilten Arbeitsbeschränkung und Arbeitsverbot der Gemeinde Wien sie zur Untätigkeit, andrerseits stand von Anfang an der Vorwurf der Arbeitsscheu im Raum. Dabei war es – wie schon geschildert – kaum möglich, von der Flüchtlingsunterstützung zu leben. Berichte über halblegale und illegale Auswege aus diesem Dilemma provozierten regelmäßig einen Entrüstungssturm. Man beschwerte sich über Geheimprostitution[38] ebenso wie über bettelnde Flüchtlingskinder.[39] Sogar Kinder und Halbwüchsige, denen als billige Arbeitskraft bevorzugt der Verkauf der „Extraausgaben" übertragen wurde, stießen auf ärgerliche Ablehnung: Das „Publikum" fühle sich durch ihr „Schreien und Lärmen" empfindlich gestört,[40] wobei sich der Verfasser der polizeilichen „Stimmungsberichte" darüber irritiert zeigte, daß die Extraausgaben dennoch „reissenden Absatz" fanden, sodaß die Verkäufer „in den letzten Tagen oft einen Verdienst von 8 bis 10 K" hatten.[41]

Unerschöpflich war vor allem das Thema „Flüchtlinge und Kriegswirtschaft". Schon Anfang Oktober 1914 wurde die „bereits bemerkbare Verteuerung der Lebensmittel" wie selbstverständlich mit der „sehr unangenehmen ‚Invasion'" galizischer und bukowinischer Juden in Verbindung gebracht.[42] Von fast jeder knappen Ware wurde während der Kriegsjahre behauptet, daß die galizischen Juden sämtliche Vorräte aufgekauft hätten, um sie zu einem späteren Zeitpunkt mit hohem Gewinn wieder abzustoßen. Immer wieder mußten Einzelfälle zur Verallgemeinerung herhalten. Zweifellos waren Flüchtlinge verhältnismäßig stark am Zwischenhandel beteiligt. Doch wie leicht die Straftat eines einzelnen in pauschale Verdächtigungen münden konnte, zeigt folgendes Fallbeispiel aus den polizeilichen „Stimmungsberichten":

---

38 Ebd., 4.2.1915; Vgl. dazu auch: AVA, MdI, 19 in gen, F 1642/1915/13159, Präs. 29.3.1915, „Flüchtlingsfürsorge in hygienischer Hinsicht". Ein Fachkomitee diskutierte am 27.2.1915 Mißstände in der Flüchtlingsfürsorge. Aus Prag wurde von zahlreichen Flüchtlingsmädchen berichtet, die als Prostituierte arbeiteten. Für Wien fehlen außer dem Hinweis in den Stimmungsberichten weitere Belege.
39 Stimmungsberichte, 15.4.1915.
40 Ebd., 17.6.1915.
41 Ebd., 27.5.1915.
42 Ebd., 1.10.1914.

„Flüchtlinge sollen auch Unmengen von Lebensmitteln zusammen gekauft haben und nach ihrer Heimat befördern, um dort damit Handel zu treiben",

hieß es Ende Juli 1915. Der dürftige Beleg für diese Behauptung:

„Tatsächlich langte ein solcher Fall im XX. Bezirk zur Anzeige, wo ein Jude in seiner Wohnung Zucker aufstapelte und ihn partienweise in die Bukowina verschickte."[43]

Der Zusammenhang zwischen wachsender Lebensmittelknappheit und zunehmender „Animosität gegen die Flüchtlinge" war auch dem Verfasser der „Stimmungsberichte" bewußt.[44] Bereits im April 1915 rechnete die Polizei im Falle einer weiteren Verschlechterung der Versorgungslage mit Ausschreitungen.[45] Erst der Beginn der Repatriierungsaktion im Sommer 1915 brachte eine fühlbare Entspannung. In der Hoffnung auf „Besserung der Lebensverhältnisse", so ein weiterer „Stimmungsbericht", begrüße die Bevölkerung „mit großer Freude ... die Abreise vieler Flüchtlinge in ihre Heimat."[46]

Der Stimmungsumschwung war jedoch nicht von Dauer. Galizische Juden wurden verdächtigt, sich durch Betrügereien das Recht zu weiterem Verbleib in Wien zu verschaffen.[47] Auch registrierte man voll Mißtrauen, daß einzelne bereits repatriierte Flüchtlinge nach Wien zurückkehrten und neuerlich in die Unterstützung aufgenommen wurden.[48] „Schwere Klagen" wegen ihrer „Hierbelassung" vermerkte daher der Verfasser der „Stimmungsberichte" im Januar 1916. Vor allem die Bevölkerung der von den jüdischen Flüchtlingen „am stärksten bewohnten Bezirke" betone „unausgesetzt die Forderung, dass dieselben in ihre Heimat abreisend gemacht werden."[49]

Das Drängen auf radikale Repatriierungsmaßnahmen ist nicht verwunderlich. Wachsender Antisemitismus und Fremdenfeindlichkeit standen in Korrelation zur allgemeinen Notlage, die sich während des Krieges kontinuierlich verschärfte. Dazu kam die verfehlte Informationspolitik der k. k. Regierung, welche die Zivilbevölkerung weiterhin bewußt über die schweren Kriegsschäden in

---

43 Ebd., 29.7.1915.
44 Ebd., 3.6.1915.
45 Ebd., 15.4.1915.
46 Ebd., 24.6.1915, 22.7.1915, 29.7.1915, 26.8.1915.
47 Ebd., 29.7.1915.
48 Ebd., 5.8.1915, 12.8.1915, 26.8.1915.
49 Ebd., 20.1.1916, vgl. auch: 11.11.1915, 9.12.1915.

den nordöstlichen Kronländern in Unkenntnis ließ. Geduld und Toleranz gegenüber den Flüchtlingen hatten somit keine Chance.

Als sich im Sommer 1916 an der galizischen Front neuerlich
schwere Niederlagen gegen die zaristische Armee abzeichneten,
ängstigte sich die österreichische Regierung folglich mit Grund vor
einer neuen Flüchtlingswelle. Vorsorglich wurde die Aufnahme von
weiteren 100.000 Personen in Wien unter Ausschluß der Öffentlichkeit vorbereitet, um die Bevölkerung schlimmstenfalls vor vollende-
te Tatsachen zu stellen.[50] Zur großen Erleichterung der amtlichen
Stellen blieb die Fluchtbewegung jedoch weit unter dem Ausmaß
vom Herbst 1914.

Angesichts der angespannten Versorgungslage im Herbst und
Winter 1916/17 wurde jeder Neuankömmling dennoch als unzu-
mutbare Belastung empfunden.[51] Immer häufiger kam es daher an
Lebensmittelverkaufsstellen zu tätlichen Ausschreitungen gegen
Flüchtlinge, die nur eingeschränkt mit polizeilichem Schutz rech-
nen konnten. Vom Verfasser der „Stimmungsberichte" wurde die
Verantwortung an den tumultartigen Szenen jedenfalls regelmäßig
den galizischen Juden in die Schuhe geschoben.[52]

In der letzten Phase des Krieges verschärfte sich die Situation
noch weiter. Unfähig zur Einsicht in die gesellschaftlichen und politischen Zusammenhänge, projizierten weite Teile der Bevölkerung
ihre Angst und Aggression auf die galizischen und bukowinischen
Juden. Die latente Pogromstimmung[53] wurde von keiner Seite wirksam bekämpft. Die Regierung war zu sehr mit politischen und nationalen Oppositionsbewegungen beschäftigt, um in irgendeiner
Weise Flüchtlingsinteressen wahrnehmen zu können. Staatliche
und private Flüchtlingshilfsstellen konzentrierten sich auf die Ver-

---

50 AVA, MdI, 19 in gen, F 1664/1916/39202, Präs. 6.8.1916, Phonogramm des Innenministeriums an die Statthalterei Wien und an die Zentralstelle.
51 Stimmungsberichte, 22.6.1916, 29.6.1916, 6.7.1916.
52 Ebd., 7.9.1916, 5.10.1916, 9.11.1916, 18.1.1917.
53 Explosive Situationen entstanden oft aus geringfügigen Anlässen oder sie basier-
   ten überhaupt auf Mißverständnissen. Unter dem Titel „Wie Gerüchte entstehen"
   brachte die „Arbeiter-Zeitung" am 10.10.1918, S. 5, folgenden Vorfall (Zit. bei Moser: Die Katastrophe der Juden in Österreich, S. 69): Eine jüdische Flüchtlings-
   frau wollte nach Tarnopol zurückkehren. Auf dem Streifenwagen, der sie mit
   ihrem Gepäck zum Bahnhof bringen sollte, lagen einige Reiskörner. Eine Wiene-
   rin sah die Körner und schrie: „So werden unsere Lebensmittel nach Polen ver-
   schleppt." Schnell sammelte sich um das Fuhrwerk eine Gruppe aufgeregter
   Menschen. Ein Polizist, der herbeikam, nahm eine Durchsuchung des Gepäcks
   vor, die negativ verlief. Es stellte sich heraus, daß die Reiskörner von einer Le-
   bensmittelfuhre vom Vortag stammten.

teilung spärlicher Mittel und standen im übrigen dem aufbrechen-
den Haß ebenso machtlos gegenüber wie das etablierte Wiener Judentum, das seinerseits wohl auf weitere Fortschritte in der Repatriierung hoffte.[54]

Im Juni 1918 initiierte eine nicht näher bestimmbare jüdische
Gruppe die Herausgabe eines „Almanachs für Kriegsflüchtlinge".[55]
Die Publikation wollte eine bewußt harmonisierende Darstellung
der Situation bieten. So sollte festgehalten werden,

> „wieviel Gutes die Stadt Wien für unsere Flüchtlinge geleistet hat, wir wol-
> len diese fasst (sic!) übermenschliche Arbeit, die verrichtet wurde, um die
> Not dieser Ärmsten der Armen zu mildern, schildern, welche bereit waren,
> lieber Hunger und Not zu ertragen, um unter dem Szepter des glorreichen
> Kaisers von Österreichs (sic!) zu bleiben, als in Feindeshände zu geraten."[56]

Der Almanach kam offenbar nicht mehr zustande. Der nahende Zusammenbruch, vielleicht aber auch mangelndes Interesse potentiel-
ler Förderer[57] ersparten „zukünftigen Geschlechtern" das idealisier-
te Bild einer „Donau-Hauptstadt", die sich den Flüchtlingen als „lie-
bende Mutter" gezeigt habe. Die Vorstellung vom „goldenen Wie-
nerherz"[58] basierte auf dem Wunschdenken etablierter jüdischer
Assimilanten.

---

54 Die Wiener Kultusgemeinde wahrte offenbar bis Kriegsende zumindest nach
   außen hin Distanz zu Flüchtlingsfragen. So unterzeichnete im Juli 1918 der Ge-
   meindevorstand zwar eine Resolution gegen die „systematische Wühlarbeit", die
   den Zweck verfolge, „die christliche Bevölkerung gegen die Juden zu verhetzen
   und zu Ausschreitungen gegen dieselben aufzureizen", nahm darin aber nicht direkt zur Hetze gegen die jüdischen Flüchtlinge Stellung, welche die antisemitische Agitation beherrschte. CAHJP/AW 71/16, Plenar-Protokolle 25. März 1915–
   31. Dezember 1918, Protokoll der öffentlichen Plenar-Sitzung vom 26. Juli 1918,
   S. 261 ff., Kundgebung der Wiener Israel. Kultusgemeinde und der Österr. Kultus-
   gemeinden gegen die antisemitische Verhetzung der Bevölkerung.
55 AVA, Ministerrat 1914–1918, Ministerratspräsidium, Presseleitung, Mixta. Schreiben des Redaktions-Komitees des Almanachs für Kriegsflüchtlinge, 26.6.1918.
   Adressat war vermutlich das Ministerratspräsidium, das aber namentlich nicht
   genannt wird. Die Unterschrift des Komiteeleiters ist unleserlich, Grammatik und
   Orthographie fehlerhaft. Das Komitee, das seinen Sitz wie die Zentralstelle für
   Flüchtlingshilfe im II. Bezirk in der Zirkusgasse hatte, wollte den Reinertrag des
   Almanachs einer „Gesellschaft zur Fürsorge für heimkehrende und heimgekehr-
   te Flüchtlinge in Wien" widmen. In der „Neuen Freien Presse", wo vierzehntägig
   diejenigen genannt werden sollten, die den Almanach finanziell unterstützten,
   fehlt allerdings jeder Hinweis auf eine Realisierung des Projekts. (Vgl. NFP, Spendenausweise, Juli und August 1918.)
56 Ebd.
57 Vgl. die lange Liste von Hilfsvereinen, die noch in den letzten Kriegsmonaten teils
   täglich in der „Neuen Freien Presse" ihre Spendenausweise veröffentlichten.
58 AVA/Ministerrat 1914–1918, Ministerratspräsidium, Presseleitung, Mixta, Schreiben des Redaktionskomitees des Almanachs.

Angemessener war die Reaktion vornehmlich junger Juden auf die massive Bedrohung während der Umsturzphase 1918/19. Unterstützt durch Schüler, Studenten und junge Arbeiter übernahmen jüdische Soldatenräte den bewaffneten Schutz der Leopoldstadt und der Brigittenau und verliehen auf diese Weise den hier lebenden Flüchtlingen sowie der jüdischen Bevölkerung dieser Bezirke ein gewisses Maß an Sicherheit,[59] das sogar im allgemeinen Chaos des Novembers 1918 wirksam war. Es kam nicht, wie befürchtet, zu antisemitischen Exzessen.

6.2. Ein Feindbild wird aufgebaut: Die Veranwortung politischer Mandatare

Die Flüchtlingsfeindlichkeit trug während der Kriegsjahre weitgehend spontanen Charakter. Sie ließ sich nicht durch Maßnahmen der k. k. Regierung unterbinden, blieb aber dank der Burgfriedenspolitik ohne organisatorische Einbindung in bestehende politische Strukturen. Dies vor allem unterschied sie von der Ostjudenhetze der Nachkriegsjahre, die von Politikern angeheizt, gelenkt und für eigene Zwecke funktionalisiert wurde. Der Wandel kündigte sich jedoch, wie sich am Beispiel der Wiener Gemeindepolitik aufzeigen läßt, bereits im letzten Kriegsjahr mit dem Zerfall der Zentralgewalt an.

Lange Zeit hatte der mäßigende Einfluß der Regierung auch den Aktionsradius antisemitischer Gemeindepolitiker beschränkt. Ihren Stellungnahmen gegen den „Zuzug" bzw. den Aufenthalt großer Flüchtlingsmassen lagen angesichts der Versorgungsprobleme der Reichshauptstadt immerhin auch Sachzwänge zugrunde. Antisemitische Untertöne fehlten zwar nicht, doch gezielte Hetzkampagnen ließ der gesetzliche Rahmen nicht zu. Noch im März 1917, als neue Richtlinien für die Zensur festgelegt wurden, blieb die Erhaltung des „Burgfriedens" ein wichtiges Ziel. Eine „verhetzende Besprechung der nationalen, sozialen oder konfessionellen Gegensätze" war in den Zeitungen weiterhin grundsätzlich zu verhindern[60] und offenbar auch in politischen Gremien nicht opportun. In den Sit-

---

59 Salawi-Goldhammer: Dr. Leopold Plaschkes, S. 40 f. Vgl. dazu auch: RP, 4.11.1918, S. 5, „Ein jüdischer Ordnungsdienst".
60 Gustav Spann: Zensur in Österreich während des I. Weltkrieges 1914–1918. Phil. Diss. Wien 1972, S. 211 f.

zungsprotokollen des Wiener Gemeinderates, der seit 1916 wieder agierte,[61] finden sich bis zum Sommer 1917 keine polemischen Äußerungen gegen Flüchtlinge. Erst dann änderte sich schlagartig die Situation. Mit dem Zerfall der Zentralgewalt, der im Oktober 1917 schließlich auch zur teilweisen Aufhebung der Zensur führte,[62] brachen nicht nur die sozialen und nationalen Konflikte offen aus. Wie im Wien Karl Luegers erfüllte nun auch der Antisemitismus wieder seine alte Rolle als politisch nutzbares Ablenkungsideologem. Erstes Angriffsziel waren die Flüchtlinge.

In periodisch wiederkehrenden Flüchtlingsdebatten griffen von nun an christlichsoziale und deutschnationale Abgeordnete teils mit beträchtlichem demagogischen Geschick und teils mit plumper Effekthascherei die dumpfen Ängste und Aggressionen auf, die das Verhältnis großer Bevölkerungsteile gegenüber den Flüchtlingen prägten. In gezielten Angriffen verliehen sie dem Feindbild Konturen, wobei jeder Bezug zur Realität verlorenging. Systematisch vorgetragen und mitunter geschliffen formuliert, heizten die Anschuldigungen der Wiener Gemeindepolitiker die Stimmung weiter an. Argumentation und Stil der „Ostjudenhetze" der Nachkriegsjahre zeichneten sich ab.

Ohne Skrupel fälschte man die Vorgeschichte: „Mitleid und Erbarmen" hätten die Wiener zu Kriegsbeginn den Flüchtlingen entgegengebracht, befand der christlichsoziale Abgeordnete Rummelhart.[63] Diese hingegen hätten die „Gastfreundschaft" mit Undank gelohnt.[64] Auf Kosten der Bevölkerung hätten die jüdischen Flüchtlinge sich ungeheuer bereichert und „das gesamte wirtschaftliche Leben vergiftet und untergraben".[65] Die „bezeichneten Elemente" gingen jeder Möglichkeit eines „ehrlichen Erwerbes scheu aus dem Wege", um in überfüllten Kaffeehäusern „ihren gerichtsbekannten, für das allgemeine Wohl so schädlichen Leidenschaften zu frönen". So sollten sie zumindest bei Bedarf „zwangsweise zur Schneearbeit verhalten werden", forderte Leopold Kunschak publikumswirksam im Dezember 1917.[66]

---

61 Vom September 1914 bis zum Februar 1916 gab es keine Gemeinderatssitzungen.
62 Am 12. Oktober erschien ein Erlaß des Innenministeriums, der „die erste echte Erleichterung aber auch entscheidende Schwächung der politischen Zensur brachte". Spann: Zensur in Österreich, S. 220.
63 AW, Sitzungsprotokolle des Gemeinderates, 20.6.1918, Rummelhart, S. 1301.
64 Vgl. auch: AW, Sitzungsprotokolle, 14.11.1917, Allreich, S. 2331; 27.2.1918, Rotter, S. 406; 4.9.1917, Spasowsky, S. 1833.
65 Ebd., 5.12.1917, Kunschak und Genossen, S. 2474 f.
66 Ebd., 19.12.1917, Kunschak und Genossen, S. 2574.

Gegen Ende des Krieges waren bereits alle Hemmungen gefallen. Der Wiener Gemeinderat wurde zur Bühne für antisemitische Ausfälle.

„Diese Tausende von galizischen Parasiten ... (die) in der gemeinsten Weise die Wiener betrogen und bestohlen haben, ohne daß denselben ihr betrügerisches Handwerk gelegt wurde und wenn, dann die Strafen viel zu gering waren, wo eigentlich Rad und Galgen am Platze gewesen wären. (Rufe: Sehr richtig!)",

wetterte unbeholfen, aber unmißverständlich der Abgeordnete Klotzberg im Oktober 1918.[67]

Auf der Grundlage pauschaler Verdächtigungen forderte Kunschak die „Ausfuhr der uns ausfressenden Flüchtlinge",[68] auch wenn das geltende Aufenthaltsrecht und die schweren Kriegsschäden im ehemaligen Frontgebiet dem entgegenstanden.[69] Unberücksichtigt blieb außerdem, daß der größte Teil der Flüchtlinge bereits in die Heimat zurückgekehrt war und sich die in Wien verbliebene Minderheit im wesentlichen in den Arbeitsprozeß integriert hatte.

Der permanente Hinweis auf die galizischen Juden diente den bürgerlichen Gemeindepolitikern als bequeme Ausrede in allen möglichen Sachfragen.[70] Besonders erfolgreich wurde das „Flüchtlingsproblem" mit der akuten Wohnungsnot in der Reichshauptstadt verquickt. Die insbesondere von christlichsozialen Abgeordneten vorgebrachte Behauptung, die fehlenden Wohnungen wären von Flüchtlingen „besetzt",[71] sollte von den Versäumnissen christlichsozialer Wohnbaupolitik der vergangenen Jahrzehnte ablenken. Rudolf Schwarz-Hiller bemühte sich als liberaler Abgeordneter vergeblich, den geringen Einfluß aller Zwangsmaßnahmen gegen Flüchtlinge auf die Lösung der Wohnungsfrage nachzuweisen.[72]

---

67 Ebd., 9.10.1918, Klotzberg, S. 2012.
68 Ebd., 18.6.1918, Kunschak, S. 1233.
69 Nach wie vor hätte zwangsweiser Abschub österreichischer Staatsbürger aus Wien das im Staatsgrundgesetz enthaltene Recht auf freien Aufenthalt verletzt. Außer über Unterstützungsgelder, deren Ausbezahlung an einen bestimmten Ort gebunden war, konnte legitimerweise kein Druck ausgeübt werden.
70 Der Abgeordnete Körber versuchte beispielsweise allein den Flüchtlingen die Schuld an der Zerstörung städtischer Gartenanlagen zuzuschieben; das war offenbar auch Bürgermeister Weiskirchner zu viel. In seiner Anwort betonte er auch die Verantwortung von Soldaten und Schülern in dieser Angelegenheit. AW, Sitzungsprotokolle des Gemeinderats, 13.6.1918, S. 1175.
71 Ebd., 14.11.1917, Rain, S. 2319 ff., 20.3.1918, Stich, S. 553 f., 20.3.1918, Allreich, S. 569 ff.
72 Ebd., 20.3.1918, Schwarz-Hiller, S. 571 ff.

Nach Kriegsende sollte die Wohnungsnot zum Hauptargument gegen den weiteren Aufenthalt galizischer und bukowinischer Juden in Wien werden.

In einer Wohnungsdiskussion kündigte sich auch die ambivalente Haltung der Sozialdemokraten an, die nach Kriegsende für die kommunale Flüchtlingspolitik charakteristisch werden sollte. Da eine Durchbrechung der Mieterschutzverordnung für die Sozialdemokraten aus prinzipiellen Gründen nicht in Frage kam, sprach sich Vizebürgermeister Reumann zwar gegen die Forderung christlichsozialer Politiker aus, durch eine gesetzliche Neuregelung Wohnungseigentümern uneingeschränktes Kündigungsrecht über Flüchtlingsfamilien zu verschaffen.[73] Er betonte auch, der Wohnungsmangel könne nicht durch Zwangsmaßnahmen gegen Flüchtlinge behoben werden. Dennoch geriet auch Reumann ins Fahrwasser seiner christlichsozialen und deutschnationalen Kollegen, wenn er sich für die Rückbeförderung jener Personen aussprach,

„welche nicht mehr gezwungen sind, sich anderswo aufzuhalten ... weil sie für uns eine zu starke Belastung sind, nicht etwa, weil wir diesen Leuten mit einer gewissen Animosität gegenüberstehen, sondern weil wir mit Rücksicht auf unseren Wohnungsmarkt das unmöglich ertragen können."[74]

Nicht immer blieben Sozialdemokraten in der Wortwahl gemäßigt. Eine Reihe wilder Streiks in Wien im Mai 1917 hatte einen wütenden Kommentar im Gewerkschaftsorgan zur Folge, in dem osteuropäische Juden offen als Unruhestifter angegriffen wurden. Der christlichsoziale Gemeinderat Allreich ließ sich diese Gelegenheit nicht entgehen und zitierte den Artikel genüßlich im Gemeinderat:

„Oder wir hören von Leuten, denen man den verbummelten Akademiker aus dem so sympathischen Osten Europas auf hundert Schritte ankennt, die als Arbeiter verkleidet, mit einem schwarzen Verband um den Kopf sich unter Arbeiter drängen, um in einem Jargon, der weit mehr an irgendeine östliche Stadt als an den Dialekt aus den Proletarier-Bezirken Ottakring oder Favoriten oder Floridsdorf erinnert, ihre dummen Phrasen zum Besten zu geben ... Wenn die Herrschaften das Bedürfnis fühlen, in den diversen Salons zusammenzukommen, um dort bei Kuchen und Kaffee ihre Phrasen zu dreschen, so kümmert das niemand etwas ... (Es) könnten die Damen und Herren, wenn sie versuchen wollten, in die Gewerkschaftsarbeiten einzugreifen, einen recht derben und unsanften Klaps über

73 Ebd., 14.11.1917, Rain, S. 2321; Reumann, S. 2325 f.
74 Ebd., 14.11.1917, Reumann, S. 2326.

die manikürten Fingerchen bekommen und da wäre es doch schade darum."[75]

Diese „Warnung" an die Arbeiterschaft, sich nicht von „unbekannten Elementen" verführen zu lassen,[76] war jedoch nicht typisch für die Arbeiterbewegung. Im allgemeinen griffen in dieser Phase weder Journalisten noch Politiker des sozialdemokratischen Lagers den üblichen Katalog stereotyper Vorwürfe an die Flüchtlinge auf. Fallweise wurde auch versucht, deren fiktiven Charakter zu entlarven.[77]

Die hier zitierten Passagen dokumentieren deutlich, daß das Feindbild „galizischer Jude" bereits vor den revolutionären Bewegungen des Jahres 1918 eine neue Dimension gewonnen hatte. Während des Zusammenbruchs schließlich projizierten große Teile der Wiener Bevölkerung ihre Aggressionen und auch ihre Angst vor der Revolution auf die (ost)jüdischen Anführer der „Roten Garde", und zwar in einem Ausmaß, daß ein Pogrom nicht mehr auszuschließen war.[78] Die Aversion gegen die Kriegsflüchtlinge verlieh der Vorstellung von einer unmittelbar drohenden jüdischen Weltverschwörung eine besondere Intensität.

---

75 Hueber: „Hände weg!" In: Die Gewerkschaft. Zit. nach AW, Sitzungsprotokolle, 26.6.1917, Allreich, S. 1329 f.
76 Ebd.
77 AZ, 10.10.1918, S. 5, Wie Gerüchte entstehen.
78 Bericht des Kommissariats Innere Stadt, 13.11.1918, zit. nach: Rudolf Neck (Hrsg.): Österreich im Jahr 1918. Berichte und Dokumente. Wien 1968, S. 152.

1. Galizische Juden auf der Flucht vor den Russen (Feigl: Kaiser Karl I.)

2. Flüchtlinge am Bahnhof Podhajce (Galizien), Ende 1916 (Österreichisches Staatsarchiv/Kriegs-archiv)

3. Kriegsverwüstungen in Galizien. Radomysl, Frühjahr 1915 (Österreichisches Staatsarchiv/Kriegsarchiv)

4. Rückwandernde galizische Flüchtlinge, Sommer 1915 (Österreichisches Staatsarchiv/ Kriegsarchiv)

5. Kampierende Juden aus der zerstörten Stadt Jozefow (Galizien), 1917 (Österreichisches Staatsarchiv/Kriegsarchiv)

6. Jüdische Familie in Sokolow (Galizien) (Österreichisches Staatsarchiv/Kriegsarchiv)

7. Barackenlager Bruck a. d. Leitha (Bildarchiv der Österreichischen Nationalbibliothek)

8. Flüchtlingslager Nikolsburg, 1914/15, Nähkurs für Frauen (Bildarchiv der Österreichischen Nationalbibliothek)

9. Flüchtlinge aus Galizien vor dem Wiener Ostbahnhof (Feigl: Kaiser Karl I.)

10. Wien, Zentralstelle für Flüchtlingsfürsorge, Hauptbüro (Bildarchiv der Österreichischen National-bibliothek)

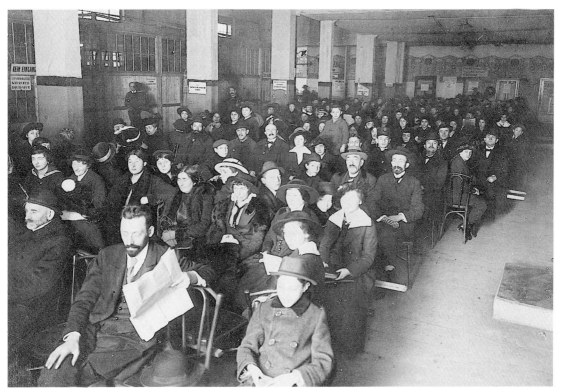

11. Wien, Zentralstelle für Flüchtlingsfürsorge, Auszahlungsstelle Römersaal, Warteraum (Bildarchiv der Österreichischen Nationalbibliothek)

12. Kinderhort für Flüchtlingskinder in Wien (Bildarchiv der Österreichischen Nationalbibliothek)

13. Wien, Kinderheim der Zentralstelle für Flüchtlingsfürsorge, Abteilung für Säuglinge (Bildarchiv der Österreichischen Nationalbibliothek)

14. Wien 1914/15, Ausspeisung von Flüchtlingskindern (Bildarchiv der Österreichischen Nationalbibliothek)

15. Asyl für obdachlose Flüchtlinge in Wien 1914/15 (Bildarchiv der Österreichischen Nationalbibliothek)

16. Ostjuden auf dem Karmeliterplatz in Wien, 1915 (Bildarchiv der Österreichischen Nationalbibliothek)

17. Wartende Flüchtlinge vor einer Suppen- und Teeanstalt (Müller: Ein Jahr Flüchtlingsfürsorge)

18. Flüchtlinge in einer Teestube (Müller: Ein Jahr Flüchtlingsfürsorge)

19. Ein Loch im Flüchtlingsheim, Wien-Hernals, Hernalser Hauptstraße 75 (Frei: Jüdisches Elend)

20. Flüchtlingselend in der Brigittenau, Karajangasse 15 (Frei: Jüdisches Elend)

21. Von Flüchtlingen bewohnter Keller in Wien-Ottakring, Redtenbachergasse 3 (Frei: Jüdisches Elend)

22. Die Bewohner des Kellers (Frei: Jüdisches Elend)

13. Juli 1829

24. Albert Sever (1867–1942), sozialdemokratischer Landeshauptmann von Niederösterreich (Archiv des Vereins für Geschichte der Arbeiterbewegung)

Kundmachung

der n.-ö. Landesregierung vom 9. September 1919, Z. VIIc–3698, betreffend die Abreisendmachung von Fremden.

— · · · —

Die überaus schwierige wirtschaftliche Gesamtlage Deutschösterreichs macht es unbedingt notwendig, Personen, welche in Deutschösterreich **nicht heimatsberechtigt** sind, aus dem Staatsgebiete zu entfernen.

Die Deutschösterreich zur Versorgung der eigenen Bevölkerung zur Verfügung stehenden Lebensmittel sind **vollkommen unzulänglich.** Aber auch diese für eine nur annähernd entsprechende Ernährung nicht ausreichenden Mengen müssen zum großen Teile mit den allerschwersten finanziellen Opfern aus dem Auslande bezogen werden. Um die eingeführten Lebensmittel nicht zu ganz unerschwinglichen Preisen verteilen zu müssen, ist die Staatsregierung gezwungen, auf diese Lebensmittel aus Staatsgeldern enorme Beträge aufzuzahlen. Es geht aber bei dem Stande unserer staatlichen Finanzen nicht an, diese im beträchtlichen Umfange zur Lebensverbesserung für fremdstaatliche Personen in Anspruch zu nehmen, zumal bedacht werden muß, daß diese Personen in ihrer Heimat billiger und reichlicher verpflegt werden könnten.

Die **Wohnungsnot** ist schon jetzt eine äußerst drückende; die Heimkehr von hunderttausend Kriegsgefangenen Soldaten aus Italien, die jetzt im Zuge ist, und die für einen späteren Zeitpunkt zu gewärtigende Rückkehr von Tausenden deutschösterreichischer Kriegsgefangener aus Sibirien erheischen gebieterisch, daß für diese Heimkehrer Platz geschaffen werde.

Dies kann, da an eine Erhöhung der Bautätigkeit bei den derzeitigen Verhältnissen nicht zu denken ist und dadurch auch ein rascher Erfolg nicht erzielt werden könnte, nur durch die tunlichst rasche und gründliche Evakuierung unseres Staatsgebietes bewirkt werden.

Auch der große **Arbeitsmangel** ist in Betracht zu ziehen; eine Entlastung des hiesigen Arbeitsmarktes und eine Herabminderung der Zahl der Arbeitslosen sind unbedingt notwendig.

Weitere Verschärfungen des herrschenden wirtschaftlichen Tiefstandes würden zu einer Katastrophe führen.

Diese Erwägungen lassen es für geboten erscheinen, daß alle diejenigen Personen, die sich bloß infolge der durch den Krieg geschaffenen außerordentlichen Verhältnisse in Deutschösterreich aufhalten und deren Anwesenheit nicht unbedingt notwendig ist, zum Verlassen des deutschösterreichischen Staatsgebietes verhalten werden.

Über Weisung des D.-ö. Staatsamtes für Inneres und Unterricht, welches von der Staatsregierung mit der Durchführung dieser Aktion betraut wurde, werden hiemit

alle ehemaligen Angehörigen der österr.-ungar. Monarchie, welche nicht in einer Gemeinde Deutschösterreichs heimatsberechtigt sind, soferne sie sich nicht bereits vor dem 1. August 1914 in Deutschösterreich dauernd aufgehalten oder seither die deutschösterreichische Staatsbürgerschaft erworben haben,

aufgefordert, sich

=== **bis zum 20. September 1919** ===

aus dem **deutschösterreichischen Staatsgebiete zu entfernen.**

Gegen Personen, welche bis zu diesem Tage nicht freiwillig abgereist sind, wird unnachsichtlich mit der **Abschaffung** im Sinne des Gesetzes vom 27. Juli 1871, RGBl. Nr. 88, vorgegangen werden.

Ausnahmsweise kann einzelnen Personen, deren Aufenthalt in Deutschösterreich im öffentlichen Interesse gelegen ist, oder welche seit längerer Zeit in Deutschösterreich in einer dauernden Arbeitsstellung sind oder bei welchen ganz besondere berücksichtigungswürdige Umstände, wie namentlich schwere Krankheit, vorliegen, über schriftliches Ansuchen von der politischen Behörde I. Instanz, bzw. der staatlichen Polizeibehörde ihres Aufenthaltsortes der Aufenthalt für die Dauer des unumgänglichen Bedarfes gestattet werden.

Wien, am 9. September 1919.

Sever m. p.
Landeshauptmann.

23. Der „Sever-Erlaß" – „Kundmachung betreffend die Abreisendmachung von Fremden." (Plakatsammlung der Wiener Stadt- und Landesbibliothek)

26. Robert Stricker (1879–1944), zionistischer Politiker (Bildarchiv der Österreichischen Nationalbibliothek)

25. Rudolf Schwarz-Hiller (1876–1952), Leiter der Zentralstelle für Flüchtlingsfürsorge (Bildarchiv der Österreichischen Nationalbibliothek)

28. Leopold Waber (1875–1945), großdeutscher Minister des Innern (Bildarchiv der Österreichischen Nationalbibliothek)

27. Leopold Kunschak (1871–1953), Führer der christlich-sozialen Arbeiterbewegung (Bildarchiv der Österreichischen Nationalbibliothek)

O. F. Berg's

Kikeriki!

Wiener humoristisches Volksblatt.

An unsere Mitarbeiter! Unsere P. T. Mitarbeiter werden ersucht, alle Einsendungen ausschließlich an den Herausgeber, VIII., Tigergasse 19, zu senden.

Alle Rechte vorbehalten.

Laib Schmeers Heimfahrt nach Galizien.

Laib Schmeer aus Kolomea war
Ein Flüchtling durch fünf volle Jahr',
Natürlich nicht vor Russer stets,
Nein, längst nur noch vorm Strafgesetz.

Als günstigstes Asyl erschien
Vor diesem ihm das liebe Wien,
Bis die Geduld ging diesem aus
Und es ihn schließlich wies hinaus.

Laib Schmeer zog endlich ein den Schwof
Und dachte auf den Nordbahnhof.
Die Abfahrt, zum Ereignis ward's,
Doch vorsichtsweise fuhr er schwarz.

Der Zug geteilt zwar nur mit Lort,
Kam glücklich bis nach Floridsdorf.
Von dort fuhr wohl noch weiter er,
Doch leider ohne den Laib Schmeer.

Denn dieser sah — das Schicksal
wollt's
Beim Bahnhof dort ein Lager Holz;
Auf einer Tafel stand dabei,
Dass dieses zu verkaufen sei.

Und da ihm eingefallen ist,
Dass er dafür 'nen Käufer wüsst'
In den Gemarkungen Stadlaus,
So stieg er selbstverständlich aus.

Das Holz gehörte einem Gol,
Wie ward der 'reingelegt esol.
Zwar Tausender erhielt er zwei,
Doch war ein falscher auch dabei.

Da fuhr Laib Schmeer wohl ab?
Ka Spur!
Begleitet hat er selbst die Fuhr,
Zu kontrollieren Kutscher, Knecht,
Mein Gott, die Welt ist heut so schlecht.

Trotz seinem seid'nen Kaftanrock
Setzt' er sich selbst mit auf den Bock.
So fuhr er durch des Marchfelds Gau
Statt nach Galizien nach Stadlau.

Und das Geschäft war rasch gemacht
Und hat ihm grossen Schad gebracht.
Was aber macht der Laib Schmeer nun?
Was soll er in Stadlau denn tun?

Laut Fahrplan leider geht von dort
Kein Zug bis nach Galizien fort.
Es kam ein Zug, der brachte ihn
In einer Viertelstund' nach — Wien.

Und die Moral von der Geschicht':
Man weise aus die Juden nicht;
Denn wirft man einen vorn hinaus,
So kommt von hinten er in's Haus.

30. Laib Schmeers Heimfahrt nach Galizien (Kikeriki, 19. 10. 1919, S. 1)

Der populärste Sport.

ZUM NORDBAHNHOF

Noch lieber als ein Stafettenlauf „Quer durch Wien" wär' uns ein Semitenlauf
„Fort von Wien"!

29. Der populärste Sport (Kikeriki, 5. 10. 1919, S. 1)

Schriftleitung u. Verwaltung:
Wien, 8/,, Josefstädterstr. 9.
Fernruf 19.269.

Bezugsgebühren:
Einzelne Folge 50 Heller.
Vierteljährlich 3·50 Kronen.
Postsparkassenzahl 190.478

Der eiserne Besen

Ein Blatt der Notwehr.

Erscheint am 1. und 15. jeden Monats.

Jahrgang 1920 — Wien, Donnerstag, 15. April — Folge 17

Was ist's mit der Ausweisung der Ostjuden?

Wieder einmal hat die niederösterreichische Landesregierung Verfügungen wegen des Abschubes der Ostjuden getroffen. Die Ereignisse der letzten Monate nehmen uns jeden Glauben, daß diese Verfügungen zur Tat werden. Die Wohnungs- und Nahrungsnot in Wien nimmt noch immer zu, in fast größerem Maße aber der Zustrom der Ostjuden, denen der Aufenthalt in allen übrigen Nationalstaaten mit vollem Rechte verleidet wird.

Wir müssen von unserer Regierung mit allem Nachdrucke die unverzügliche und ausnahmslose Abschiebung aller seit Kriegsbeginn zugewanderten Ostjuden verlangen. An alle, die unserer berechtigten Forderung zustimmen, ergeht der Ruf, zu der

👉 # Massenversammlung 👈

am Montag, den 28. April, um 6 Uhr abends, in der Volkshalle des neuen Rathauses zu erscheinen. Hinaus mit den galizischen, polnischen und ungarischen Schiebern und Preistreibern, Schmarotzern und Volksverhetzern!

Deutschösterreichischer Schutzverein „Antisemitenbund".

Ausweisung der Ostjuden?

Unserer derzeitigen Regierung, der man gewiß nicht den Vorwurf der Judenfeindlichkeit machen kann, scheint es bei dem stets zunehmenden Eindringen der Ostjuden mit der Zeit wieder einmal bange zu werden. Rat- und hilflos in allen Dingen, merkt sie doch, daß in immer größeren Schichten der Bevölkerung der Unmut gegen die jüdischen Freibeuter wächst; auch die sozialdemokratische Arbeiterschaft, auf die sie ihre Macht stützt, beginnt antisemitisch zu werden. Die Tagesereignisse allein besorgen hier die notwendige Aufklärung. Die wahnwitzigsten Lohnforderungen sind mehr hinreichend, um die jüdischen Schieber und Kettenhändler zu sättigen, die mit ihren Preisen für Nahrungs- und Bedarfsgegenstände noch immer höher steigen. Den Herren auf den Regierungsstühlen scheint wieder einmal die Erkenntnis gekommen zu sein, daß zumindest die hier nicht ansässigen jüdischen Schmarotzer abgeschoben werden müssen, um nicht alle Juden ohne Ausnahme in Gefahr zu bringen. Die einmal rasend gewordene Menge könnte am Ende so seine Unterscheidungen nicht

„Die Wiener Judenpresse".
III.

sehr ist unsere derzeitige „Regierung" mit dem Judentume verquickt. Ihre Maßnahmen gegen Juda waren immer noch Schläge ins Wasser und werden solche bleiben. An uns liegt es, in die Ausweisungsverfügungen der Regierung Ernst hineinzutragen, sie zur Tat werden zu lassen. Vorstehend angekündigte Massenversammlung soll den Anfang bedeuten. Kundgebungen in allen Wiener Bezirken, in den einzelnen Städten und auf dem flachen Lande müssen und werden folgen. Nur unermüdliches Drängen nützt bei unseren heutigen Machthabern!

Wie sehr unserer jetzigen Regierung der ernste Wille und wohl auch die Macht fehlt, um die eigenen Ausweisungsverfügungen gegen die jüdischen Freibeuter zur Tat werden zu lassen, beweisen die „Kommentare" der jüdischen Presse. Eine Wiener — natürlich jüdische — Tageszeitung erklärt, daß sich die Ausweisungsverordnung „hauptsächlich gegen alle diejenigen nicht in Österreich heimatberechtigten Personen richtet, die während der letzten Jahre in irgendwelchen Konflikt mit den staatlichen Behörden gekommen

31. Was ist's mit der Ausweisung der Ostjuden? (Der eiserne Besen, 15. 4. 1920, S. 1)

NACHKRIEGSZEIT 1918–1923

7. Vom Flüchtlingsproblem zur „Ostjudenfrage"

7.1. Die Dimension des Flüchtlingsproblems zu Kriegsende

Gegen Kriegsende lebten immer noch zahlreiche Menschen auf dem Gebiet der österreichischen Reichshälfte als Flüchtlinge im eigenen Land. Die Rückkehr in ihre Heimat hatte sich bis zu diesem Zeitpunkt aus vielfachen Gründen verzögert. Anfang September 1918 zählte man insgesamt 326.261 unbemittelte Personen, welche die staatliche Flüchtlingsunterstützung bezogen. Die größte Gruppe unter ihnen stellten mit rund einem Drittel (110.559 Personen) Flüchtlinge italienischer Nationalität dar, gefolgt von 69.604 Slowenen und 68.289 Juden. Auch Ruthenen und Polen, die fast ausschließlich in Galizien selbst in Unterstützung standen, waren mit 42.753 bzw. 23.802 Personen verhältnismäßig stark vertreten. Alle anderen nationalen Gruppen spielten eine zahlenmäßig untergeordnete Rolle.[1]

Von diesen mittellosen Flüchtlingen befand sich nur ein Drittel – rund 100.000 Personen – auf dem Boden der späteren Republik Deutschösterreich in Fürsorge. Ihre nationale Zusammensetzung und Verteilung auf die einzelnen Länder ist aus folgender Tabelle ersichtlich[2]:

Tabelle 8:

Mittellose Flüchtlinge am 1.9.1918 auf dem Gebiet Deutschösterreichs

Land	Insgesamt	Deutsche	Polen	Ukrainer	Rumänen	Italiener	Slovenen	Kroaten	Israeliten	Zigeuner	Sonstige
Niederöst.	19.108	163	24	22	0	13.459	3.998	1.177	121	144	0
Oberöst.	11.887	434	51	1	0	9.524	54	0	1.795	1	27
Salzburg	2.678	0	5	1	0	2.672	0	0	0	0	0
Steierm.	17.868	1.096	80	41	7	9.607	6.303	53	644	9	28
Kärnten	2.195	727	2	0	0	236	1.214	0	13	0	3
Tirol/Vorarlb.	28.717	2.302	0	0	7	26.441	37	1	0	0	9
Wien	20.081	755	256	385	12	1.200	126	16	17.275	2	54
Insgesamt	102.534	5.477	418	450	26	63.139	11.732	1.247	19.848	156	121

1 8.186 Deutsche, 1.662 Rumänen, 3.569 Kroaten, 156 Zigeuner und 681 „Sonstige". Flüchtlingsevidenz vom 1.9.1918, in: AVA, MdI, 19 in gen, F 1703/1918/63771, Flüchtlingsfürsorge (und damit zusammenhängende Agenden) und Behandlung der Flüchtlinge in Deutsch-Österreich, 5.11.1918.

2 Zusammenstellung nach Flüchtlingsevidenz vom 1.9.1918, ebd.

In Wien spielten neben den Italienern, die mehr als die Hälfte aller Flüchtlinge stellten, zahlenmäßig nur die galizischen und bukowinischen Juden eine bedeutendere Rolle. Auf diese Personengruppe sollte sich, da die Italiener innerhalb der ersten Wochen nach Kriegsende Deutschösterreich verließen, die Aufmerksamkeit des sich neu konstituierenden Staates schließlich konzentrieren.

Obwohl das k. k. Innenministerium bereits seit Sommer 1915 konsequent die Repatriierung der jüdischen Kriegsflüchtlinge betrieben hatte, erweckte die antisemitische Agitation der unmittelbaren Nachkriegszeit den Eindruck, als hätten sie zum überwiegenden Teil auf Dauer in Deutschösterreich Fuß gefaßt. Tatsächlich war es nur einer Minderzahl gelungen, sich dem vielfältigen Druck zu entziehen, oder sie gehörten zu jenen Bewohnern Ostgaliziens, deren Rückkehr auf Grund schwerster Verwüstungen des Heimatgebietes unmöglich war.

Die genaue Zahl der jüdischen Kriegsflüchtlinge, die sich nach dem Zusammenbruch um einen weiteren Verbleib in der ehemaligen Reichshauptstadt bemühten, ist nicht bekannt. Anläßlich einer Konferenz im Staatssekretariat für Inneres und Unterricht im Sommer 1919 erklärte der Wiener Polizeipräsident Schober dezidiert, die Behörden seien nicht in der Lage, zuverlässige Zahlen bekanntzugeben, da das übliche Melde- und Zählverfahren dazu keine Möglichkeit gäbe.[3] Amtliche Evidenzen der unmittelbaren Nachkriegsmonate geben so wie während der Kriegsjahre lediglich Auskunft über jene Personen, die in Wien Flüchtlingsunterstützung bezogen. Im Dezember 1918 belief sich ihre Zahl auf insgesamt 19.804, von denen 17.574 jüdisch waren.[4] Im Februar 1919 handelte es sich um 19.723 Personen, unter ihnen 18.371 Juden.[5] Da mit 15. März 1919 die Republik Österreich Unterstützungszahlungen an ehemalige Kriegsflüchtlinge einstellte,[6] entfällt für den weiteren Verlauf auch diese statistische Quelle. Die Anzahl jener Flüchtlinge, die zu Kriegsende ihren Aufenthalt in Wien aus Eigenmitteln bestritten oder in den Arbeitsprozeß integriert waren und daher keine Unterstützung bezogen, läßt sich nicht eruieren. Nicht genau erfaßt

---

3 AVA, D.ö.-Staatskanzlei, 3223/6/1919, Schreiben Robert Strickers an Staatskanzler Renner, 27.9.1919.
4 AVA, D.ö.-Staatskanzlei 1143/1919, Evidenz der Kriegsflüchtlinge 1.12.1918, (D.ö.-Staatsamt d. Inneren 4784/1919, Schreiben an Staatskanzlei, 26.2.1919).
5 AVA, D.ö.-Staatskanzlei, 1143/2/1919, Evidenz der Kriegsflüchtlinge, 1.2.1919, (D.ö.-Staatsamt d. Inneren an Staatskanzlei, 13.494, 22.4.1919).
6 WM, 31.1.1919, S. 6, Einstellung der Flüchtlingszentrale.

sind auch Personen, die in der ersten Nachkriegsphase vor Pogromen in Polen oder in Palästina nach Wien flüchteten. Der zionistischen „Wiener Morgenzeitung" zufolge belief sich ihre Anzahl im
Februar 1919 auf 2.100.[7]

Aussagen über die Zahl der in Wien verbliebenen Flüchtlinge trugen somit immer spekulativen Charakter. Dennoch waren sie in
den Nachkriegsjahren integraler Bestandteil antisemitischer Propaganda. Immerhin war in den prononciert judenfeindlichen „Wiener
Stimmen" Anfang März 1919 von lediglich 25.000 Personen die
Rede.[8] Auch seriöse Schätzungen bewegen sich in diesem Bereich:
Der Wiener Oberrabbiner Chajes berichtete im Frühjahr 1919 von
30.000 jüdischen Flüchtlingen in Wien,[9] Rudolf Schwarz-Hiller, als
ehemaliger Leiter der Zentralstelle wohl einer der besten Kenner
der Situation, sprach im Juli 1919 von maximal 20.000 Personen.[10]
Der Sozialdemokrat Eldersch, der in seiner Funktion als Staatssekretär für Inneres von Oktober 1919 bis Juli 1920 für die Kriegsflüchtlinge zuständig war, ging Anfang 1920 von 24.000 Personen
aus.[11] Im Dezember 1920 berichtete der Wiener Bürgermeister Reumann im Gemeinderat von 22.552 Aufenthaltsgesuchen, die von Angehörigen der Sukzessionsstaaten im Gefolge des Ausweisungserlasses vom September 1919 bei der Polizeidirektion eingegangen
wären. Rund zwei Drittel der Antragssteller stammten aus Ostgalizi-
en, das aus militärischen Gründen bis zum Umsturz von der Repatriierungsaktion ausgeklammert gewesen war.[12]

Trotz katastrophaler Bedingungen in ihrer Heimat bemühten sich
selbst im ersten Nachkriegsjahr nicht wenige jüdische Flüchtlinge
um ihre Rückkehr nach Polen. Im Juli 1919 sprach Rudolf Schwarz-
Hiller im Wiener Gemeinderat von 3.200 Personen, deren Heimreise immer wieder hätte verschoben werden müssen. Es fehlte an
Kohle, an Eisenbahnwaggons, oder Ungarn und die Tschechoslowakei sperrten die Durchfahrt.[13] Auch die polnische Regierung versuchte offenbar, die Rückkehr galizischer Juden zu verhindern.[14]

---

7 WM, 11.2.1919, S. 2.
8 Wr. St., 1.3.1919, S. 3, Die Ernährung Wiens und die Fremden.
9 WM, 6.4.1919, S. 5.
10 Moser: Die Katastrophe, S. 89.
11 WM, 11.1.19120, S. 5, Staatssekretär Eldersch über die Flüchtlingsausweisungen.
12 AW, Sitzungsprotokolle des Gemeinderates, 10.12.1920, S. 720 f.
13 AW, Sitzungsprotokolle des Gemeinderates, 11.7.1919, S. 1884.
14 AVA, Ö.-Staatskanzlei, 1014/3/1920, Schreiben des Wiener Vizebürgermeisters
   Emmmerling an Staatskanzlei, 23.8.1920.

Noch 1922 gab es einige bis zu 1.000 Personen umfassende Transporte ehemaliger Flüchtlinge nach Polen. Sie wurden zum Teil aus Geldmitteln des amerikanischen Joint gefördert. Der zionistischen „Wiener Morgenzeitung" zufolge handelte es sich dabei in erster Linie um alte und kranke Menschen, die in Wien über keinerlei Existenzmöglichkeit mehr verfügten oder sich gegen ihre Ausweisung nicht zur Wehr setzen konnten. Von Not gepeinigt, traten sie eine Reise ins Ungewisse an.[15] Die Gesamtzahl jener Spätheimkehrer läßt sich nicht feststellen, wird jedoch einige Tausend kaum überschritten haben.

Trotz aller Unwägbarkeiten im Detail bleibt die Anzahl der Flüchtlinge, die auf Dauer in Wien ansässig wurden, nicht ganz im Bereich des Spekulativen. Immerhin liegen die Volkszählungsergebnisse der Jahre 1910 und 1923 vor. An diesen läßt sich die Entwicklung der jüdischen Gemeinde exakt ablesen.[16]

Tabelle 9:

Entwicklung der Jüdischen Gemeinde Wiens 1910–1923

Jahr	Gesamteinwohner	Personen mit israel. Glaubensbekenntnis	Anteil an der Gesamtbevölkerung in %
1910	2,020.309	175.318	8,68
1923	1,865.780	201.513	10,80

Bei insgesamt sinkender Wohnbevölkerung der Stadt hatte die jüdische Gemeinde somit einen Zuwachs von 26.198 Personen erfahren, und dies trotz Religionsaustritten (zwischen 1911 und 1923 waren es 10.129)[17] und einer Geburtenrate, die unter der Sterberate lag. Der Zuwachs resultierte zum ganz überwiegenden Teil aus den Flüchtlingswellen der Kriegsjahre. Die Anzahl der Pogromflüchtlinge, Nachkriegsimmigranten, sowie aus Ungarn und der Tschechoslowakei stammenden Juden ist nicht genau eruierbar, lag vermutlich aber bei einigen Tausend.

Der Anteil der Kriegsflüchtlinge an der Gesamtbevölkerung Wiens stabilisierte sich somit bei etwas über einem Prozent. Ihre

---

15 WM, 28.7.1922, S. 3, Der große Flüchtlingstransport; WM, 11.10. 1922, S. 5, Heimkehr der Flüchtlinge.
16 Vgl. dazu Goldhammer: Die Juden Wiens, S. 9.
17 Berechnet nach ebd., S. 30. Die Übertritte zum Judentum spielten vergleichsweise wenig Rolle. Zwischen 1911 und 1923 traten 2.424 Personen zum jüdischen Glauben über. Ebd. S. 34.

Lebensbedingungen waren und blieben im allgemeinen miserabel. In ihrer „übergroßen Mehrheit" vegetierten sie in der ersten Nachkriegsphase unter den „schauderhaftesten wirtschaftlichen Verhältnissen und in einer hygienischen Verfassung", „die jeden Menschenfreund die Hände zusammenschlagen läßt", wie die „Wiener Morgenzeitung" konstatierte.[18] Die Hungersterblichkeit unter Flüchtlingskindern, aber auch Erwachsenen dürfte überdurchschnittlich hoch gewesen sein.[19] Das Überleben war vielfach nur durch eine großzügige Hilfsaktion des amerikanischen Judentums gewährleistet.[20] Doch wem es gelang, wirtschaftlich und sozial auch nur ansatzweise in Wien Fuß zu fassen, der versuchte auf Dauer das Recht auf Aufenthalt zu erlangen. Selbst wenn man wie die ehemalige Bankiersfamilie Sperber aus dem zerstörten Zablotow nun in Heimarbeit – Zigaretten drehend – seinen Lebensunterhalt verdienen mußte.[21] Die Zukunftsperspektiven schienen in der ehemaligen Reichshauptstadt hoffnungsvoller als in der Heimat.

Gegen eine Rückkehr gab es schwerwiegende Gründe: Galizien war ein verwüstetes Land, zahlreiche Ortschaften ausgelöscht, wie Zlotograd, „einst ein Städtchen, ein kleines Städtchen, aber immerhin ein Städtchen", nun zur „weite(n) große(n) Wiese" geworden, wie Joseph Roth es in der „Kapuzinergruft" formulierte.[22] Nach wie vor forderten Seuchen zahlreiche Opfer. Vor allem aber tobte seit dem Zusammenbruch im Nordosten der ehemaligen Monarchie sowie in der angrenzenden Ukraine „ein unaufhörlicher Krieg zwischen Polen und Ukrainern, Polen und Bolschewiken, Ukrainern und Bolschewiken",[23] in dessen Zusammenhang es zu schweren antijüdischen Ausschreitungen kam.[24] Nicht zuletzt wegen ihrer

---

18 WM, 1.8.1919, S. 1 f., Die Hetze gegen die Flüchtlinge.
19 Mit Lichtbildervorträgen versuchte die Flüchtlingshelferin Anitta Müller die Öffentlichkeit im Ausland auf diesen Umstand aufmerksam zu machen. Ebd.
20 WM, 15.2.1920, S. 4, Ein halbes Jahr jüdischer Hilfstätigkeit.
21 Sperber: Die Wasserträger Gottes, S. 250.
22 Joseph Roth: Die Kapuzinergruft. München 1975 (= dtv 459), S. 20.
23 WM, 1.8.1919, S. 1 f., Die Hetze gegen die Flüchtlinge.
24 Der Einschätzung Georg Mosses zufolge gehörten die osteuropäischen Pogrome von 1918 zu den brutalsten der Geschichte. Georg L. Mosse: Rassismus. Ein Krankheitssymptom in der europäischen Geschichte des 19. und 20. Jahrhunderts, Königstein/Ts. 1978, S. 166. Zu Berichten über Pogrome in einzelnen Ortschaften siehe: Jüdische Rundschau, 19.11.1918, S. 366 f., 29.11.1918, S. 390 f., Die Judenpogrome in Galizien. Vgl. dazu auch Elbogen: Ein Jahrhundert jüdischen Lebens, S. 450 ff.; Otto Heller: Der Untergang des Judentums. Die Judenfrage. Ihre Kritik. Ihre Lösung durch den Sozialismus. Wien/Berlin 1933, S. 92 ff.; Mac-Cagg: A History of Habsburg Jews, S. 203; Wrøbel: The Jews of Galicia, S. 135 f.

früheren Sympathie zu Österreich waren die Juden Galiziens in der Bevölkerung verhaßt. Die Verantwortung für die polnischen Pogrome von November 1918 bis Januar 1919 trugen jedoch reguläre Kampfverbände.[25] So spielten sich etwa bei der Eroberung Lembergs durch die Polen im Spätherbst 1918 „unbeschreibliche Vorgänge" ab, die wie eine Vorwegnahme nazistischer Greuel anmuten.[26] Bis zum Ende des polnisch-sowjetischen Krieges 1920/21 waren jüdische Bürger immer wieder in ihrer unmittelbaren Existenz bedroht. Erst dann traten an Stelle der Pogrome „Boykottaktionen, sublimere Formen psychischer und physischer Gewalt".[27] Die Zukunftsperspektiven blieben somit in Galizien wie auch in der Bukowina, wo die rumänischen Machthaber den Juden schwere wirtschaftliche und rechtliche Einschränkungen auferlegten,[28] selbst während der Stabilisierungsphase der zwanziger Jahre für die jüdische Minderheit sehr schlecht.

7.2. Die Flüchtlingspolitik der Republik Deutschösterreich in den ersten Nachkriegsmonaten

Nach Kriegsende waren zwischen den maßgeblichen Politikern der Republik vermutlich wenig Belange so unumstritten wie die weitere Vorgangsweise gegenüber den jüdischen Kriegsflüchtlingen. Vertreter der Christlichsozialen, der Großdeutschen, aber auch der Sozialdemokraten sahen allein in der Weiterführung und Vollendung der Repatriierungsaktion den Weg zur Lösung des Problems. So galt es,

---

25 Dietrich Beyrau: Antisemitimus und Judentum in Polen, 1918–1939. In: Dietrich Geyer (Hrsg.): Nationalitätenprobleme in Osteuropa (= Geschichte und Gesellschaft 1982/Heft 2), S. 205–232, hier: S. 205.

26 Dem Bericht eines Augenzeugen zufolge marschierten die polnischen Legionäre „unter dem Kommando von Offizieren in Doppelreihen in die jüdischen Straßen ein, begannen eine systematische Plünderung, erbrachen die jüdischen Geschäfte mit Bajonetten und Handgranaten, umzingelten die Häuser und brannten sie nieder. Einzelne Einwohner retteten sich durch Sprung aus dem Fenster. Die Legionäre schossen die Flüchtenden nieder. Cirka 10.000 Juden sind obdachlos, 80% der Lemberger Judenschaft sind zu Grunde gerichtet, 80 jüdische Häuser sind zerstört. Bisher wurden 600 Tote, 40 verkohlte Leichen gezählt .... Die Legionäre erklärten offen und ungescheut, daß bereits vor dem Einmarsch die Erlaubnis zu 48stündiger Plünderung erteilt worden war ....". Jüdische Rundschau, 29.11.1918, S. 390, Das Blutbad in Lemberg.

27 Beyrau: Antisemitismus und Judentum in Polen, S. 206.

28 Vgl. dazu Elbogen: Ein Jahrhundert jüdischen Lebens, S. 489 ff., Sternberg: Zur Geschichte der Juden in Czernowitz, S. 48 ff.

die Zeit bis dahin zu überbrücken. Die Überlegungen bezogen sich zum einen auf die Regelung einer Minimalversorgung, zum anderen aber schien es unabdingbar, die rechtliche Position jener Personen, die nun als polnische, ukrainische oder rumänische Staatsbürger betrachtet wurden, zu definieren. Nicht zufällig kam daher der Frage ihrer Ausgrenzung in den Verhandlungen über das Staatsbürgerschaftsgesetz vom 5. Dezember 1918 besonderer Stellenwert zu. Die in Wien lebenden jüdischen Flüchtlinge aus Galizien und der Bukowina sahen somit den Integrationsprozeß, der für viele von ihnen über Erwerbstätigkeit und familiäre Verflechtungen schon längst begonnen hatte, gefährdet. Das Gespenst neuerlicher Entwurzelung und Vertreibung sollte auf lange Zeit nicht gebannt werden.

Während der Umbruchsphase gab es offenbar Erwägungen, sich der Verantwortung für die Flüchtlinge auf radikale Weise zu entledigen. Eine mit 5. November 1918 datierte, Flüchtlingsangelegenheiten betreffende Verfügung des Innenministeriums[29] wies immerhin darauf hin, daß „die Abschaffung aller seit 1.8.1914 in Orte Deutschösterreichs eingewanderten (sic!), nichtdeutschösterreichischen Personen über die deutschösterreichische Grenze (in der Richtung ihrer Heimat) ... oder ein Repatriierungszwang in der Form des Entzuges der Lebensmittelkarte wohl zulässig (sei) und ... bei Besserung der Verkehrsverhältnisse eventuell bald praktisch möglich" wäre. Allerdings – und damit blieb man auf dem Boden der Realität – würde sich Deutschösterreich in diesem Falle „Retorsionsmaßregeln der anderen Teilstaatsregierungen und dem Vorwurf inhumaner Härte" aussetzen. „Wenigstens vorläufig" seien daher Zwangsmaßnahmen zu vermeiden. Auch der sofortige Entzug der Flüchtlingsunterstützung für alle „Nichtdeutschen" wurde im Innenministerium wegen möglicher Repressalien gegen deutschösterreichische Soldaten und Beamte in den Nachfolgestaaten abgelehnt. In den Überlegungen spielte auch die Furcht vor potentiellen Revolutionären eine Rolle: „Zweifellos" würden Personen, deren sofortige Heimkehr „schon aus bahntechnischen Gründen" unmöglich sei, im Falle des Entzuges jeder Unterstützung „die subversiven Elemente verstärken".

Das Innenministerium legte sich daher Anfang Oktober auf die Fortsetzung der Fürsorgeaktion, wenn auch in sehr eingeschränk-

---

29 AVA, MdI, 19 in gen, F 1703/1918/63771, Flüchtlingsfürsorge und Behandlung der Flüchtlinge in Deutschösterreich, 5.11.1918.

tem Umfang, fest.[30] Außer der Bargeldunterstützung für gemeinde-
weise untergebrachte Flüchtlinge, Unterkunft und Verpflegung in
den Lagern und dem kostenlosen Heimtransport entfielen alle bis
dahin zumindest theoretisch noch geleisteten „Accessorien der
Flüchtlingsfürsorge" wie Bekleidungsaktion, unentgeltliche ärztliche Versorgung und Ausbildungs- Schulungs- und Beschäftigungs-
programme. Die freiwillige Heimkehr von Flüchtlingen sollte hingegen unterstützt werden. Im übrigen wären in dieser Angelegenheit Verhandlungen mit den Regierungen Polens, der Ukraine und
Jugoslawiens sowie dem Kommando der Okkupationstruppen der
Entente in Südtirol und dem Küstenland aufzunehmen und Kom-
pensationsleistungen sicherzustellen. Nicht zuletzt in Hinblick auf
einen positiven Verlauf dieser Verhandlungen wollte das Innenministerium den weiteren Schutz der Flüchtlinge gewährleistet wissen: „Ausschreitungen der ortsansässigen Bevölkerung" aber auch
„Behelligungen durch die Lokalbehörden" seien „hintanzuhalten".[31]
Mit diesen Anweisungen war die Flüchtlingspolitik der Übergangs-
phase von der Monarchie zur Republik Deutschösterreich im wesentlichen abgesteckt.

Rund 6 Wochen später, am 19. November 1918, fand im Ministerium des Innern eine Besprechung statt, zu der Vertreter der übrigen
Staatsämter, des Obersten Rechnungshofes, der Gemeinde Wien,
der niederösterreichischen Landesregierung sowie Rudolf Schwarz-
Hiller in seiner Eigenschaft als Leiter der Zentralstelle der Fürsorge
für Kriegsflüchtlinge geladen waren. Auf der Tagesordnung stand
die weitere Flüchtlingspolitik der Republik Deutschösterreich, deren Richtlinien nun gemeinsam erstellt und in einem zwölfseitigen
Konvolut festgehalten wurden.[32]

Ausgangspunkt bildete die grundsätzliche Ablehnung aller gesetzlichen Verpflichtungen gegenüber nicht-deutschösterreichischen
Flüchtlingen. In Bezugnahme auf das Flüchtlingsgesetz vom 31. Dezember 1917, das im wesentlichen nur e i g e n e Staatsbürger im
Auge hatte, sollten zukünftig nur Deutschösterreicher, denen man

---

30 Die Fürsorgeaktion war schon ein oder zwei Tage zuvor durch die Verfügung
   Zl. 63532/18 auf das unumgängliche Ausmaß reduziert worden. Hinweis auf diesen Akt in ebd.
31 Ebd.
32 AVA, D.ö.-Staatsamt für Volksgesundheit 1918, Flüchtlinge 1–2000, F 5/7, 79/1918
   Aufnahmeschrift über die am 19.11.1918 im Sitzungssaal des Staatsamtes des
   Innern abgehaltene Besprechung, betreffend die Flüchtlingsfürsorge in Deutschösterreich.

aus „Billigkeitsgründen" „Flüchtlinge deutscher Nationalität, christlicher Konfession" aus den vormaligen österreichischen Kriegsgebieten gleichsetzte, die bis dahin gewährte obligatorische Fürsorge genießen. Alle anderen, explizit auch die jüdischen Flüchtlinge, hatten damit jeden Rechtsanspruch auf Unterstützung verloren.[33] Für sie wurde lediglich nach Übergangsmodalitäten gesucht.

Die deutschösterreichischen Beamten, die hier zum ersten und in so breiter Plattform auch zum letzten Mal über Flüchtlingsangelegenheiten konferierten, hielten fest, daß die Repatriierung aller nicht-deutschösterreichischen Flüchtlinge, gleichgültig, ob in staatlicher Unterstützung stehend oder nicht, „mit allergrößtem Nachdruck" anzustreben sei. „Der Mangel an finanziellen Mitteln, sowie die Wohnungs- und Lebensmittelnot erheisch(t)en" dies „gebieterisch". Nur in jenen Fällen, in denen die umgehende Repatriierung aus „technischen Gründen" nicht ohne weiteres möglich wäre,[34] wollte man in „restringiertem" Maße weitere Unterstützung gewähren.[35] Nachdrücklich legte man sich auch darauf fest, daß eine Neuaufnahme, außer in minutiös definierten Ausnahmefällen, die Militärpersonen betrafen, „unter allen Umständen" unterbleiben sollte.[36] Auf alle Fälle wären Leistungen an „ausländische" Flüchtlinge an Kompensationszusicherungen durch die Nachfolgestaaten – man dachte dabei in erster Linie an den „sofortigen Zuschub ausreichender Lebensmittelmengen" – gebunden.[37] Nach Ablauf einer Frist, die mit etwa 10. Dezember anberaumt wurde und innerhalb derer die Nachfolgestaaten einen „möglichst großen Teil" der Flüchtlinge übernehmen müßten, drohte man bei unbefriedigender Regelung der Kompensationsgeschäfte entgegen den „gastfreundlichen Absichten" des deutschösterreichischen Staates mit „einseiti-

---

33 Ebd., S. 2.
34 Ebd., S. 4.
35 Die weiter zu leistenden Fürsorgemaßnahmen hatten sich auf Bargeldunterstützungen in den Gemeinden bzw. auf Naturalverpflegung und „sanitäre Fürsorge" in Lagern und Heimen sowie auf kostenlosen Heimtransport zu beschränken. Ebd., S. 7.
36 Die Fürsorgeaktion sollte vor allem nicht durch Militärpersonen, welche nicht ohne weiteres in ihre Heimatgebiete zurückkehren konnten, belastet werden. Ausnahmen bildeten nur Militärpersonen deutscher Nationalität, die aus Gebieten der ehemaligen Monarchie stammten, sowie italienische, ukrainische, rumänische und jüdische Militärpersonen aus Galizien und der Bukowina, soweit sie in der Repatriierung behindert waren und Anschluß an bereits in Flüchtlingsfürsorge stehende Familienangehörige in Deutschösterreich gefunden hatten. Ebd., S. 7.
37 Ebd., S. 6.

gen, auf die Entlastung seines Lebensmittel- und Wohnungsmarktes abzielenden Maßnahmen".[38]

Konkrete Hinweise auf die Art der hier angedrohten Zwangsmaßnahmen fehlen. Wohl nicht zufällig, denn die Republik Deutschösterreich hatte in Flüchtlingsangelegenheiten de facto nur wenig Spielraum. Ein zwangsweiser Abschub großer Menschenmassen war aufgrund der chaotischen Verkehrsverhältnisse nach wie vor unmöglich. Der Entzug jeglicher Unterstützung hingegen hätte gerade vor Wintereinbruch den Tod zahlloser Menschen bedeutet. Die auf Hilfslieferungen der Entente angewiesene Republik war jedoch nicht zuletzt aus außenpolitischen Gründen zum Einhalten humanitärer Spielregeln gezwungen.

Ein Entwurf des Staatsamtes des Innern für eine gesetzliche Regelung künftiger Fürsorgemaßnahmen, dem am 26. November der Kabinettsrat seine Zustimmung gab,[39] vermied unrealisierbare Drohungen und fand im übrigen zu präziseren Formulierungen im Detail. Ansonsten folgte er im Prinzip jenen Richtlinien, welche die Beamtenrunde eine Woche zuvor erarbeitet hatte. An erster Stelle stand wiederum die Ausgrenzung aller nicht deutschösterreichischen Flüchtlinge. Nur „ e i g e n e " Staatsbürger und Flüchtlinge deutscher Nationalität hätten obligatorischen Unterstützungsanspruch. Eventuelle Leistungen für alle anderen, die jedoch nicht „plötzlich dem Elend" preisgegeben werden sollten, wären daher freiwillig und müßten in jedem Fall zur Gänze von den zuständigen Nachfolgestaaten refundiert werden.

Der Entwurf legte im folgenden relativ genau weitere Maßnahmen fest. Grundsätzlich wären alle Flüchtlinge in eingeschränktem Maße bis zum 30. November aus gemeinsamen Mitteln der Teilstaaten zu versorgen. In Ausnahmefällen wären auch entlassene nichtdeutsche Militärpersonen, die zu ihren in Unterstützung stehenden Familienangehörigen gestoßen wären, einzubeziehen. Danach könnten nur mehr Kinder unter 14 Jahren, Kranke und nicht transportfähige Personen „unter Vorbehalt aller Regressansprüche gegen den betreffenden Nationalstaat" weiter in den Genuß der Fürsorge kommen. Für alle anderen seien ab diesem Termin ausschließlich die Regierungen bzw. Gesandtschaften ihrer Nationalstaaten zuständig.

Der Entwurf des Staatsamtes des Innern trug jedoch der Realität

---

38 Ebd., S. 6 f.
39 AVA, Kabinettsprotokoll Nr. 16 vom 6. Dezember 1918, Beilage 2.

insofern Rechnung, als eine Reihe von Ausnahmeregelungen die rigiden gesetzlichen Bestimmungen entschärfte und den Behörden eine relativ flexible Vorgangsweise ermöglichte. So wurde in Fällen, in denen die Repatriierung auf unüberwindliche Hindernisse stieß, die Bereitschaft zu weiteren Leistungen erklärt. In den Lagern wären Flüchtlinge bis zum Abtransport zu versorgen, in den Gemeinden – wenn auch „nur in ausnahmsweisen Fällen" – zu unterstützen. Auch konnte Flüchtlingen Arbeit vermittelt werden, ohne daß ihnen daraus jedoch der Anspruch auf weiteren Aufenthalt erwuchs. Das Staatsamt des Innern befürwortete außerdem den Verzicht auf jede weitere Fristsetzung gegenüber den Nationalstaaten, die in den Wirren der Umbruchsphase ohnedies gegenstandslos war. Aufrechterhalten wurden dagegen die Forderungen nach weiteren Repatriierungsverhandlungen sowie Refundierung aller Kosten.

Am 6. Dezember lag dem Kabinettsrat ein „unverbindlicher Entwurf einer Vollzugsanweisung des Staatsrates ... betreffend den Schutz der Kriegsflüchtlinge" vor,[40] der jedoch keine wesentlichen Neuerungen mehr brachte. Bis Abschluß der Repatriierungsverhandlungen mit den Nachfolgestaaten sollten Flüchtlinge „in unumgänglich notwendigen Ausmaße" durch das Staatssekretariat des Innern weitere Unterstützung finden. Sollten die Kosten nicht aus Liquidationsmitteln der vormals österreichischen Länder sicherzustellen sein, behielt man sich Refundierungsansprüche vor. Über diesen Zeitraum hinaus dürften Flüchtlinge nur unterstützt werden, wenn – und hier wurde man präziser – „die betreffenden Nationalstaaten die erforderlichen Mittel beistellen oder Verpflichtungserklärungen abgeben, die vom deutschösterreichischen Staatssekretär des Innern im Einvernehmen mit dem Staatssekretär der Finanzen als ausreichende Grundlage für die Weiterversorgung" erachtet werden.

Da die Repatriierung der Italiener und Slowenen rasch vor sich ging, waren in erster Linie die jüdischen Flüchtlinge in Wien Gegenstand der hier zitierten Erklärungen und Regelungen. Ihnen gegenüber hatte die deutschösterreichische Regierung ihre Vorstellungen somit schrittweise den realen Gegebenheiten angepaßt. Transportschwierigkeiten, Kontrolle durch das Ausland, Interven-

---

40 AVA, Kabinettspotokoll Nr. 21 vom 6.12.1918, Beilage 2. Der Kabinettsrat erteilte Unterstaatssekretär Marckhl die Ermächtigung, den Entwurf dem Staatsrat zu unterbreiten.

tionen zionistischer Politiker[41] sowie humanitäre Erwägungen veranlaßten die deutschösterreichische Regierung zu einer Haltung, die Zwangsmaßnahmen zumindest vorläufig ausschloß und noch nicht repatriierte Personen bis zu einem gewissen Grad rechtlich absicherte. Die jüdischen Flüchtlinge in Wien mußten nun nicht mehr unmittelbar mit Abschub in ihre von Krieg, Bürgerkrieg und Pogromen gezeichneten Heimatgebiete oder mit dem abrupten Entzug jeglicher Unterstützung rechnen. Da die ukrainische Regierung, die für die zum überwiegenden Teil aus Ostgalizien stammenden Personen theoretisch zuständig war, offenbar Zahlungen in Aussicht stellte,[42] schien ihre weitere Existenz in Wien zumindest über die Wintermonate abgesichert.

Das Flüchtlingsproblem wurde von der Wiener Regierung jedoch nicht nur unter dem Aspekt der Repatriierung bzw. Weiterversorgung betrachtet. Vielmehr stellte sich im Spätherbst 1918 bereits die Frage nach dem rechtlichen Verhältnis der galizischen und bukowinischen Juden zur Republik Deutschösterreich. Anlaß bildete die Vorbereitung eines Gesetzes, das im Hinblick auf die kommenden Parlamentswahlen die Staatsbürgerschaft neu definieren sollte.[43] Da die in der Monarchie bestehende Verknüpfung zwischen Staatsbürgerschaft und Heimatrecht nun gegenstandslos geworden war, galt es, praktikable Kriterien aufzustellen. Dem Gesetzesbeschluß vom 5. Dezember 1918 gingen mehrwöchige Verhandlungen im Staatsrat,[44] im Verfassungsausschuß und schließlich im Parlament voraus,[45] in deren Verlauf mehrfach antisemitische Töne laut wurden.[46]

Interesse an einer raschen und großzügigen Regelung der Staats-

---

41 WM, 8.2.1919, S. 1 f., Die jüdischen Flüchtlinge.
42 WM, 8.2.1919, S. 1 f., Die jüdischen Flüchtlinge; WM, 2.3.1919, S. 7, Der Stand der Flüchtlingsfrage.
43 Vgl. zum folgenden Besenböck: Die Frage der jüdischen Option, S. 25 ff.
44 AVA, Staatsrat, Protokoll der 29. Sitzung vom 11.11.1918, Protokoll der 49. Sitzung vom 28.11.1918, Protokoll der 52. Sitzung vom 2.12.1918.
45 Das Staatsbürgerschaftsgesetz wurde in der Provisorischen Nationalversammlung während der Sitzungen vom 12.11.1918, vom 27.11.1918 sowie am 5.12.1918 behandelt.
46 Stenograph. Protokolle der Sitzung der Prov. Nationalversammlung, Reden des großdeutschen Abgeordneten Wolf am 12.11.1918 und am 27.11.1918, S. 72 f., S. 179 ff. AVA, Staatsrat, Protokoll der 29. Sitzung vom 11.11.1918, Hinweis des großdeutschen Abgeordneten Wolf, das Staatsbürgerschaftsgesetz (in seiner ersten Fassung, Anm. d. Verf.) ermögliche es den „zahlreichen zu einer Landplage (...) gewordenen galizischen Juden ..., das deutsch-österreichische Heimatrecht zu erwerben".

bürgerschaft hatten in erster Linie die Sozialdemokraten. Ihnen war am Stimmrecht für die aus Böhmen, Mähren, Schlesien und der Südsteiermark stammenden Industriearbeiter gelegen.[47] Die jüdischen Flüchtlinge spielten hingegen im parteipolitischen Kalkül der SDAP vorerst kaum eine Rolle.

Ein erster Vorschlag der Staatskanzlei, welcher die Staatsbürgerschaft an den Wohnsitz knüpfte, stieß auf vehemente Ablehnung der christlichsozialen und großdeutschen Mitglieder des Staatsrates, da dies die staatsbürgerliche Integration auch der jüdischen Kriegsflüchtlinge bedeutet hätte. Die Sozialdemokraten fügten sich der Argumentation des politischen Gegners.[48] So präsentierte am 12. November Julius Ofner, prominenter Repräsentant des liberalen Wiener Judentums und Mitglied des Staatsrates, der Provisorischen Nationalversammlung einen Rohentwurf, welcher die Ausgrenzung der jüdischen Flüchtlinge aus Galizien und der Bukowina bereits festschrieb.[49] Es war nun Aufgabe des Verfassungsausschusses, diese Intention in eine praktikable Form zu kleiden.

Am 27. November wurde dem Parlament das Ergebnis vorgestellt.[50] Die Staatsbürgerschaft war im Gesetzesvorschlag nun grundsätzlich an den Wohnsitz auf dem Gebiet der Republik geknüpft. Für Personen, die bereits vor dem 1. August 1914 hier gelebt hatten, galt dies vorbehaltlos, ebenso für „Zuwanderer" seit Kriegsbeginn, soweit es sich nicht um vormals in Krain, Dalmatien, Galizien und der Bukowina beheimatete Personen handelte.

Aus Krain und Dalmatien hatte es während der Kriegsjahre keine nennenswerte Zuwanderung gegeben. Die Vermutung liegt daher nahe, daß die Erwähnung der beiden südlichen Kronländer der Monarchie dazu diente, die ausschließlich gegen die jüdischen Kriegsflüchtlinge gerichtete Intention des Gesetzgebers zu verschleiern. Während der Debatte in der Provisorischen Nationalversammlung wurde diese Absicht von großdeutscher Seite auch offen thematisiert.[51]

---

47 Besenböck: Die Frage der jüdischen Option, S. 26 ff.
48 AVA, Staatsrat, Protokoll der 29. Sitzung vom 11.11.1918.
49 Stenographisches Protokoll der Sitzung der Provisorischen Nationalversammlung vom 12.11.1918, S. 71 ff. Die Abgeordneten wurden von Ofner auch über den ursprünglichen Entwurf der Staatskanzlei und seine Ablehnung im Staatsrat informiert.
50 Der Bericht des Verfassungsausschusses mit dem revidiertem Gesetzesentwurf vom 23.11.1918 wurde vom Abgeordneten Schacherl erläutert. Sten. Protokoll der Sitzung der Prov. Nationalversammlung vom 27.11.1918, S. 174 ff.
51 Ebd., Rede des großdeutschen Abgeordneten Wolf, S. 179 ff.

Nicht unumstritten blieb, was mit ehemaligen Bewohnern der Bukowina geschehen sollte. Immerhin betraf die Diskriminierung im Gesetzesentwurf nicht nur jüdische Flüchtlinge, sondern auch zahlreiche österreichiche Beamte, die in diesem kulturell deutsch orientierten und rein deutsch administrierten Kronland verankert gewesen waren und nun nach Deutschösterreich zurückfluteten. Ihnen sollte das Wahlrecht nicht vorenthalten werden.[52] So blieb schließlich die Bukowina in der endgültigen Fassung des Gesetzes unerwähnt. Damit hatten die jüdischen Flüchtlinge aus der Bukowina zumindest vorläufig eine wesentlich bessere Position als die große Mehrheit der Galizianer.

Das von der Provisorischen Nationalversammlung am 5. Dezember 1918 beschlossene Gesetz über die deutschösterreichische Staatsbürgerschaft definierte schließlich im Artikel § 2 den Personenkreis, der die Staatsbürgerschaft durch eine einfache Erklärung erwerben konnte, folgendermaßen:

I) „Personen, die mindestens seit 1. August 1914 im Gebiet der Republik Deutschösterreich ihren Wohnsitz haben.
II) Personen, die ihren ordentlichen Wohnsitz erst nach dem 1. August 1914 nach Deutschösterreich verlegt haben oder bis zur Wirksamkeit eines neuen, das Staatsbürgerrecht endgültig regelnden Gesetzes verlegen, sofern sie in einer außerhalb der Republik Deutschösterreich gelegenen Gemeinde, mit Ausnahme Dalmatiens, Istriens und Galiziens heimatberechtigt sind.“[53]

Mit der Verabschiedung des Gesetzes am 5. Dezember 1918[54] signalisierte die Legislative ihre Entschlossenheit, den jüdischen Flüchtlingen eine Integration in die Republik Deutschösterreich, jenen Nachfolgestaat, der ihnen sprachlich und kulturell am nächsten stand, zu verwehren. In der Öffentlichkeit fand dieser Akt der Ausgrenzung kaum Widerhall.[55] Lediglich die zionistische „Wiener Morgenzeitung“ protestierte gegen das „reaktionäre, antisemitische Staatsgrundgesetz“[56] und gab der Hoffnung Ausdruck, der deutschösterreichische Staatsrat und die Nationalversammlung würden „im eigenen Interesse dieses Unrecht gutmachen“.[57] Der Wunsch blieb

---

52 Ebd., Beitrag des Abgeordneten Keschmann, S. 177.
53 StGBl. Nr. 91/1918.
54 Sten. Protokoll der Sitzung der Prov. Nationalversammlung vom 5.12.1918, S. 281.
55 Besenböck: Die jüdische Option, S. 40.
56 WM, 23.1.1919, S. 3, Stimmvieh.
57 WM, 19.1.1919, S. 2, Deutschösterreich und Deutschböhmen.

unerfüllt. Vielmehr sollten weitere Schritte der Diskriminierung folgen.

Um die Jahreswende 1918/19 eröffneten Wiener Gemeindepolitiker die Diskussion über die jüdischen Flüchtlinge. Erste Vorstöße richteten sich gegen Personen, die auf der Flucht vor Pogromen in Polen im November und Dezember 1918 in Wien Schutz gesucht hatten. Ihr „Zuzug" sollte verhindert werden. In diesem Sinne intervenierte Bürgermeister Weiskirchner – im übrigen erfolglos – Ende Dezember bei Staatskanzler Renner.[58] Die „Sperrung" Wiens wurde Ende Jänner im Stadtrat diskutiert, wobei sich auch der spätere sozialdemokratische Bürgermeister Reumann – damals noch Vizebürgermeister – an vorderster Front beteiligte. Im Gegensatz zu seinen christlichsozialen Kollegen verlangte er jedoch nicht Absperrungsmaßnahmen. Er wollte nur vor weiterer „Zuwanderung" – eine in diesem Zusammenhang mißverständlich gewählte Vokabel – warnen.[59] Auch am 27. Februar wurde dieses Thema im Gemeinderat aufgegriffen, wobei die herrschende Lebensmittel- und Wohnungsnot mehr oder minder direkt den anwesenden Flüchtlingen angelastet wurde.[60]

Die Bemühungen Wiener Gemeindepolitiker um Entlastung der hungernden Zweimillionenstadt sind verständlich. Es war jedoch moralisch schwer zu rechtfertigen, ehemaligen österreichischen Staatsbürgern, die auf der Flucht vor Pogromen in Wien Zuflucht suchten, den Schutz zu verwehren. Außerdem bestand de facto keine Möglichkeit, die Stadt wirksam abzusperren. Absperrungs- und Ausweisungsforderungen hatten letztlich nur die eine Wirkung: In der Bevölkerung wurde die – irrige – Vorstellung geweckt, die Probleme Wiens hingen mit den Flüchtlingen zusammen.

Es blieb dem Christlichsozialen Anton Jerzabek vorbehalten, als erster im Parlament des neugeschaffenen Staates in der Flüchtlingsfrage offen antisemitisch zu agieren. Am 4. Februar 1919 brachte er zusammen mit weiteren 19 Christlichsozialen in der Provisorischen Nationalversammlung einen Gesetzesantrag ein, der vorsah, die Einwanderung zu verbieten und Flüchtlinge auszuweisen, da in einer wirtschaftlichen und sozialen Notzeit die Gefahr steige, daß Krankheiten eingeschleppt werden. Auch gegen Personen, die sich

---

58 AVA, D.ö.-Staatskanzlei, 1482/1918, Schreiben Weiskirchners an Renner vom 23.12.1919. Ablehnende Stellungnahme des Staatsamtes d. Innern vom 11.1.1919.
59 AZ, 29.1.1919, S. 5, Flüchtlingszuzug nach Wien.
60 Amtsblatt der Stadt Wien 1919, S. 652, Gemeinderatssitzung am 27.2.1919.

wirtschaftliche Straftaten oder politische Subversion zuschulden kommen ließen, sollte in diesem Sinne vorgegangen werden. Deutlich wurden die Abgeordneten in ihrem Motivenbericht, wo sie in Anspielung auf die Pogromflüchtlinge feststellten, daß es „der Bevölkerung in Deutschösterreich doch unmöglich zugemutet werden" könne, „daß sie jedes Gesindel, dem in seinem früheren Aufenthaltsorte der Boden zu heiß geworden" sei, „bei sich aufnehmen und von demselben zum Danke dafür sich bis auf die Haut ausziehen, ja zu guter letzt noch das Dach über dem Kopfe anzünden lassen müsse."[61]

Jerzabeks Beitrag hatte die Diskussion um die Flüchtlinge auf jene Ebene gebracht, auf der sie sich in den kommenden Wochen und Monaten bewegen sollte. Die „Ostjudendebatte" war eröffnet. Zeitlich traf dies mit Bestrebungen der Regierung zusammen, der Fürsorgeaktion ein definitives Ende zu setzen.[62] Mit 15. März 1919 sollten die Unterstützungszahlungen eingestellt und die „Flüchtlingsfrage" somit ad acta gelegt werden. Interventionen seitens der Zionisten, die auf Fortdauer der politischen Unruhen in Galizien, auf winterliche Verhältnisse Mitte März sowie auf mangelnde Transportmöglichkeiten hinwiesen,[63] fanden ebensowenig Berücksichtigung wie Appelle des westukrainischen Gesandten. Dieser wies ebenfalls auf größte Probleme hin und wollte – gegen Refundierungsgarantie aller Kosten – die Frist zumindest bis 1. Mai hinauszögern.[64] Das Staatsamt des Innern beabsichtigte, am 15. März jene Flüchtlinge, „welche tatsächlich auf eine öffentliche Fürsorge angewiesen sein sollten, der betreffenden Gesandtschaft zur Verfügung zu stellen."[65]

Die deutschösterreichische Regierung zog sich zum angekündigten Zeitpunkt aus allen Verpflichtungen zurück. Da jedoch die Probleme der Flüchtlinge bestehen blieben und die Repatriierungsaktion weiterhin auf größte Schwierigkeiten stieß, kam ihr die Bildung eines Komitees, das die Fürsorgeaktion bis auf weiteres auf

---

61 Nr. 188 der Beilagen zu den Stenographischen Protokollen der Provisorischen Nationalversammlung. Vgl. dazu Staudinger: Christlichsoziale Judenpolitik, S. 28.
62 WM, 31.1.1919, S. 6, Einstellung der Flüchtlingszentrale; WM, 8.2.1919, S. 1 f., Die jüdischen Flüchtlinge.
63 WM, 8.2.1919, S. 1 f., Die jüdischen Flüchtlinge.
64 AVA, D.ö.-Staatskanzlei 1341/1919, 11.3.1919, Repatriierung der Flüchtlinge aus Galizien und der Bukowina, Bericht des Staatsamts f. Inneres u. Unterricht über eine Besprechung am 7.3.1919.
65 Ebd.

Kosten Polens fortsetzen wollte, nicht ungelegen. Vertreter der polnischen Republik, der westukrainischen Volksrepublik sowie des jüdischen Nationalrates für Ostgalizien in Wien arbeiteten in diesem Gremium unter der Leitung Rudolf Schwarz-Hillers zusammen.[66] Räumlichkeiten in der Zirkusgasse durften offenbar weiter benützt werden, denn die Zentralstelle für Kriegsflüchtlinge, die über Auftrag des Staatsamts des Innern mit 30. Juni 1919 ihre Tätigkeit einstellte, wurde endgültig erst am 31. März 1921 aufgelöst. Erst zu diesem Zeitpunkt erfolgte die Rückstellung des Hauses in der Zirkusgasse an die Gemeinde Wien.[67]

---

66 AVA, D.ö.-Staatskanzlei 1341/2/1919, Heimbeförderung der Flüchtlinge nach Galizien und der Bukowina, Schreiben des Staatsamts f. Inneres u. Unterricht vom 10.5.1919.

67 Die Gemeindeverwaltung der Stadt Wien in der Zeit vom 1. Jänner 1914 bis 30. Juni 1919. Hrsg. v. Wiener Magistrat, Wien 1923, S. 168 f.

8. Die „Ostjudenhetze" des bürgerlichen Lagers

Die Angriffe, denen sich die jüdischen Flüchtlinge während des Krieges ausgesetzt sahen, waren lediglich ein Vorspiel zur eigentlichen „Ostjudenhetze", die nach Kriegsende in Österreich wie auch in Deutschland ausbrach und „eine nicht zu unterschätzende Vorarbeit für den Faschismus bei der politischen Demoralisierung weiter Teile des ... Volkes" darstellte.[1] Zwar scheute man um 1920 im allgemeinen noch vor Gewalttätigkeit gegen jüdische Bürger zurück, doch die Aggressivität, mit der die stereotype Beschuldigung vorgetragen wurde, der Versuch, den „Ostjuden" zum menschlich minderwertigen, aber umso gefährlicheren Gegner abzustempeln, und die Diktion der verbalen Drohung lassen das Kommende erahnen.

Der Antisemitismus der Nachkriegszeit war natürlich nicht auf jene Menschen beschränkt, auf welche die schillernde Vokabel „Ostjude" nun in stigmatisierender Weise angewandt wurde, auch wenn beispielsweise anläßlich einer Versammlung des „nationalsozialistischen Vereines" im August 1919 dessen Obmann Walter Riehl ausdrücklich erklärte, die Kundgebung richte sich nicht gegen die in Wien ansässigen, sondern nur gegen die aus Polen zugewanderten Juden.[2] Aufmerksamen Beobachtern war klar, daß „der Kampf gegen die Ostjuden ... von antisemitischer Seite als Vorstoß im Kampfe gegen das Gesamtjudentum gedacht (war) und ein Sieg in der Ostjudenfrage ... die Wiener Juden in ärgste Bedrängnis bringen" mußte.[3] Die Flüchtlinge blieben während der ersten Jahren der Republik jedenfalls der „Zündstoff für die antisemitische Agitation".[4]

Die Argumente waren nicht neu. Auch die Rolle prominenter Politiker in dieser Auseinandersetzung hatte sich bereits im letzten Kriegsjahr abgezeichnet, nachdem christlichsoziale und deutschnationale Abgeordnete die bis dahin „führungslos" dahinschwelende Flüchtlingsfeindschaft im Wiener Gemeinderat aufgegriffen hatten.

---

1 Walter Mohrmann: Antisemitismus. Ideologie und Geschichte im Kaiserreich und in der Weimarer Republik. Berlin (Ost) 1972, S. 178.
2 AVA, Berichte der Pol.Dion. 12036/1/1919, Versammlung des nationalsozialistischen Vereines, 26.8.1919.
3 Robert Stricker: Jüdische Politik in Österreich. Tätigkeitsbericht und Auszüge aus den im österreichischen Parlamente 1919 und 1920 gehaltenen Reden. Wien o. J., S. 18.
4 Moser: Die Katastrophe, S. 89.

Neu war jedoch das Ausmaß der Hetze, die jetzt alle Bereiche des öffentlichen Lebens erfaßte, sowie die Konsequenz, mit der die Ängste und Aggressionen der von Nachkriegselend und Wirtschaftskrise hart betroffenen Bevölkerung auf eine durch mangelnde Assimilation leicht faßbare Fremdgruppe abgewälzt wurden.

Die Basis der fremdenfeindlichen Agitation war der latente Antisemitismus, der traditionell die politische Vorstellungswelt des österreichischen Kleinbürgertums und auch jene der bäuerlichen Bevölkerung prägte, der nun aber auch verstärkt auf Teile des in seiner Position bedrohten Großbürgertums sowie auf Teile der Arbeiterschaft übergriff. Dennoch gab es in Wien offenbar keine s p o n t a n e n Ausschreitungen kleinerer und gar größerer Bevölkerungsgruppen gegen jüdische Flüchtlinge. Die antisemitische Presse, die ständig vor „Ausbrüchen des Volkszornes" „warnte" und sich Vorgänge dieser Art kaum hätte entgehen lassen, wußte jedenfalls nichts darüber zu berichten. Die Initiative zur „Ostjudenhetze" ging eindeutig von Politikern des christlichsozialen und des deutschnationalen Lagers aus. Ihre Demagogie konnte sich nun, von keiner Zensur behindert, ungehemmt entfalten.

Vertreter beider Seiten knüpften an antisemitische Traditionen der Vorkriegsära an, die seit der Erschütterung des liberalen Systems durch die Wirtschaftskrise der frühen 1870er Jahre ihre moderne Ausprägung gefunden hatten. Zwar war das „alte Gegen- und Feindbild ,Jude'" bereits seit dem ausgehenden 19. Jahrhundert „ins absolute Zentrum" der politischen Ideologie des katholisch-konservativen wie auch des nationalen Lagers gerückt.[5] Ein Spezifikum der österreichischen Entwicklung bildete jedoch die Spaltung der antisemitischen Bewegung seit den 1890er Jahren. Die von Lueger geführten Christlichsozialen argumentierten vor allem wirtschaftlich und religiös und somit von einer im wesentlichen vorliberalen Position aus gegen die vermeintliche jüdische Bedrohung. Die Deutschnationalen verbreiteten die „rassistische Variante des Antisemitismus" in Österreich.[6] Doch wäre es verfehlt, den Antisemitismus des katholischen Lagers vor dem Hintergrund schönerianischen Denkens als „gemäßigtere Spielart" zu bagatellisieren. Rassistisches Gedankengut, mehr oder minder explizit formuliert, spielte, wie Anton Staudinger in seiner Studie zur christlichsozialen Ju-

5 Günter Fellner: Antisemitismus in Salzburg 1918–1938. Veröffentlichungen des Historischen Instituts der Universität Salzburg, Wien 1979, S. 44.
6 Bunzl: Zur Geschichte des Antisemitismus in Österreich, S. 31 ff.

denpolitik in der Gründungsphase der Ersten Republik überzeugend nachwies, auch bei katholischen Ideologen eine Rolle.[7] Grundsätzlich machte sich die Partei Luegers ebenso wie das radikal deutschnationale Lager die integrative Kraft des Antisemitismus zunutze, und trug somit in beinahe gleichem Ausmaß zu einer nachhaltigen Vergiftung der Atmosphäre bei.

„Der Unterschied zwischen dem Antisemitismus der Vor- und dem der Nachkriegszeit liegt" – wie Peter Pulzer es treffend formulierte, „nicht im Gehalt, sondern im Erfolg."[8] Nach 1918 kam es vor allem in der Ostjudenhetze zu einer Annäherung in der politischen Praxis von Christlichsozialen und Deutschnationalen. Mit ihren Angriffen auf die ehemaligen Flüchtlinge erprobten Politiker beider bürgerlicher Parteien auf sehr ähnliche Weise die Funktion des Antisemitismus als disponibles Instrument politischer Massenbeeinflussung. Der Schauplatz variierte. Gelegenheit zur Agitation bot sich auf der Straße ebenso wie im Wiener Gemeinderat oder im österreichischen Nationalrat.

Für Publizität war gesorgt. Die antisemitischen Äußerungen fanden in der bürgerlichen Parteipresse zuverlässige Verbreitung. „Reichspost", „Wiener Stimmen" sowie die „Ostdeutsche Rundschau"[9] brachten etwa 1919 oder 1921, als die Diskussion um die Optionsfrage ihren Höhepunkt erreichte, sehr häufig Artikel, Glossen und Karikaturen zur „Ostjudenfrage". Es waren somit die „seriösen" katholischen und nationalen Presseorgane und nicht rein antisemitische Blätter wie Anton Orels „Volkssturm" oder der „Eiserne Besen", die das „Ostjudenproblem" in Wien zur „brennendste(n) Frage der Zweimillionenstadt überhaupt",[10] zur „Schicksalsfrage der Republik"[11] hochstilisierten.

8.1. Leopold Kunschak und die Christlichsozialen

Für die beiden spektakulärsten amtlichen Verfügungen gegen die jüdischen Flüchtlinge während der ersten Nachkriegsjahre trugen die Christlichsozialen keine unmittelbare Verantwortung. Der Aus-

---

7 Staudinger: Christlichsoziale Judenpolitik, S. 11–48.
8 Peter G. J. Pulzer: Die Entstehung des politischen Antisemitismus in Deutschland und Österreich 1867–1914. Gütersloh 1966, S. 242.
9 Später „Deutschösterreichische Tageszeitung".
10 Wiener Stimmen, 1.10.1919, S. 3, Zum Schutze Wiens.
11 RP, 26.9.1919, M, S. 1.

weisungserlaß vom September 1919, der unter den Betroffenen
große Unruhe hervorrief und auch im Ausland zu heftigen Reaktionen führte, ging auf den Sozialdemokraten Albert Sever zurück, den
damals noch für Wien und Niederösterreich zuständigen Landeshauptmann. Für die kategorische Zurückweisung jüdischer Bewerber um die österreichische Staatsbürgerschaft seit Ende Juni 1921
zeichnete dagegen der großdeutsche Innenminister Leopold Waber
verantwortlich. „Sever-Erlaß" und die Wabersche Optionspraxis bildeten, wie noch näher ausgeführt werden soll, die Höhepunkte im
Tauziehen um den Weiterverbleib der galizischen und bukowinischen Juden in Nachkriegsösterreich.

Die politische Verantwortung von Sozialdemokraten und Großdeutschen für die beiden bekanntesten Verfügungen gegen die jüdischen Kriegsflüchtlinge mindert den Anteil der Christlichsozialen
am antisemitischen Kesseltreiben der Jahre nach 1918 nicht. Im Gegenteil: Grundsätzlich entsprachen beide Maßnahmen dem Forde-
rungskatalog christlichsozialer Politiker und Publizisten, die vor allem beim „Sever-Erlaß" auf kompromißlose Durchführung drängten.[12] Den Christlichsozialen fehlte damals lediglich die unmittelbare politische Zuständigkeit. Sie hatten in Wien mit den Gemeinderatswahlen vom Mai 1919 ihre Rathausmehrheit verloren und waren somit von der Regierungsverantwortung ausgeschlossen. Auch
das für die „Ostjudenfrage" zuständige Innenressort stand bis Juli
1920 unter sozialdemokratischer Leitung. Erst danach kamen für
knapp ein Jahr christlichsoziale Politiker zum Zuge, die sich in der
Flüchtlingsfrage allerdings kaum exponierten.[13] Im Juni 1921 übernahm schließlich der Großdeutsche Leopold Waber das Innenministerium, dem wiederum parteilose und großdeutsche Minister in ra-
schem Wechsel folgten.

Christlichsoziale Agitatoren wie Leopold Kunschak oder Anton
Jerzabek mußten daher in ihren antisemitischen Vorstößen zur
Flüchtlingsfrage im Wiener Gemeinderat und im österreichischen
Parlament wenig parteipolitische Rücksicht üben. Die Durchführung dessen, was sie verlangten, lag zumeist bei Vertretern der
sozialdemokratischen Partei. Der christlichsozialen Parteispitze, die
sich nach 1918 in ihren antisemitischen Äußerungen nicht zuletzt in

---

12 „Weder Energie noch ernsthaften Wille" lasse die sozialdemokratische Landesregierung in der Ausweisungsfrage erkennen, beklagte etwa die „Reichspost" Ende
   September 1919. RP, 27.9.1919, M, S. 5, Für die Ausweisung der Ostjuden.
13 Vgl. dazu Kapitel 10.4.

Hinblick auf jüdische Geldgeber und Wähler relative Zurückhaltung auferlegte,[14] mag diese Konstellation nicht ungelegen gewesen sein. Sie trägt gewissermaßen exemplarischen Charakter für die Judenpolitik der Partei bis in den Ständestaat hinein. „In der Hauptsache blieb der offizielle christlichsoziale Antisemitismus verbal. Er schürte die Feindschaft gegen die Juden, aber er entwickelte und verwirklichte kein staatliches Verfolgungsprogramm wie das NS-Regime. Gleichwohl bildete" – wie Karl Stuhlpfarrer betont – „dieser christlichsoziale Antisemitismus die Basis, auf die die Nationalsozialisten später aufbauen konnten."[15]

Die herausragende Figur unter den „Vorkämpfern" in der „Ostjudenfrage" war Leopold Kunschak. An seinem Beispiel läßt sich die tiefe Verstrickung demokratisch geprägter christlichsozialer Politiker – und damit auch ihrer Partei – in die Abgründe einer antisemitischen Agitation aufzeigen. Dieser prominente christliche Arbeiterführer, der als Gegner des autoritären Dollfußkurses vor den Februarkämpfen 1934 zwischen den Parteien zu vermitteln versuchen und von 1945 bis 1953 dem österreichischen Nationalrat als Erster Präsident vorstehen sollte,[16] exponierte sich nicht nur in der Diskussion um die Flüchtlinge vor seinen Parteifreunden. Der Antisemitismus war in dem von ihm geführten Parteiflügel „neben der konfessionellen Bindung das wesentliche programmatische Unterscheidungsmerkmal gegenüber der Sozialdemokratie"[17] und somit mehr als eine „ebenso emotionale wie wahlpolitische Notwendigkeit".[18]

Kunschak drängte seit 1919 auf ein Gesetz, das die „Rechtsverhältnisse der jüdischen Nation" festlegen sollte. Die Parteiführung folgte ihm aus völkerrechtlichen und außenpolitischen Gründen in seinem Bemühen, die jüdische Minderheit zu dissimilieren, zwar nicht, behielt aber seinen Gesetzentwurf in Reserve.[19] Kunschaks An-

---

14 Zur Position Seipels vgl. Pulzer: Die Entstehung des politischen Antisemitismus, S. 259. Zu den Auseinandersetzungen innerhalb der Christlichsozialen Partei über den Stellenwert des Antisemitismus in der Parteiarbeit vgl. Staudinger: Christlichsoziale Judenpolitik, S. 15 f.
15 Karl Stuhlpfarrer: Judenfeindschaft und Judenverfolgung in Österreich seit dem Ersten Weltkrieg. In: Anna Drabek u. a.: Das österreichische Judentum. Voraussetzungen und Geschichte. 3., aktualisierte Auflage, Wien/München 1988, S. 141–204, hier: S. 145.
16 Österreich Lexikon in zwei Bänden. Hrsg. v. Richard Bamberger u. Franz Maier-Bruck. Wien/München 1966, S. 640.
17 Anton Pelinka: Stand oder Klasse. Die christliche Arbeiterbewegung Österreichs 1933–1938, Wien 1972, S. 213.
18 Pulzer: Die Entstehung des politischen Antisemitismus, S. 259.
19 Vgl. Staudinger: Christlichsoziale Judenpolitik, S. 36 ff.

tisemitismus unterschied sich von dem zahlreicher christlichsozialer Parteifreunde inhaltlich nur wenig, er drängte lediglich konsequenter auf die praktische Umsetzung seiner Anschauungen. Seine Partei ließ ihn als „Tribünenwetterer"[20] gewähren, nicht zuletzt, weil er aufgrund seiner rhetorischen Begabung gerade mit antijüdischen Auslassungen breite Wählerschichten anzusprechen vermochte.

Kunschaks antisemitische Reden im Wiener Gemeinderat zeugen nicht nur von einem besonderen demagogischen Geschick, sondern auch von einer Verrohung der politischen Umgangsformen.[21] Den Sitzungsprotokollen zufolge konnten seine Attacken auf die ostjüdischen Kriegsflüchtlinge stets auf den Beifall von Parteifreunden sowie von deutschnationalen Kollegen rechnen. Scharfe Repliken kamen nur von den wenigen jüdischnationalen Gemeindevertretern[22] sowie von Rudolf Schwarz-Hiller[23], kaum aber von sozialdemokratischer Seite.[24]

Exemplarisch für die antisemitische Argumentation ist ein Debattenbeitrag Kunschaks aus der Konstituierenden Nationalversammlung Ende April 1920. Es ging um einen brutalen Übergriff antisemitischer Studenten auf eine kleine Zahl jüdischer Kollegen. Nicht nur, daß er den Überfall als „elementaren Ausbruch einer unterdrückten Volksseele" legitimierte.[25] Er nutzte den parlamentarischen Rahmen, um vom Vorfall in der Mensa academica auf die ehemaligen Kriegsflüchtlinge überzuleiten:

„Und denken Sie sich weiter in die Stimmung der Leute hinein, die nicht nur den Schaden sehen, sondern sich immer wieder auch noch verspottet

---

20 Ebd.
21 AW, Sitzungsprotokolle des Gemeinderates der Stadt Wien 1920, Rede vom 10.12.1920, S. 722 ff.; Sitzungsprotokolle des Gemeinderates der Stadt Wien als Landtag 1921, Rede vom 14.1.1921, S. 57 ff.; ebd., Dringlichkeitsanfrage vom 30.9.1921, S. 1105 f.; Sitzungsprotokolle des Gemeinderates der Stadt Wien 1923, Rede vom 9.3.1923, S. 892 ff.
22 Vgl. z. B.: AW, Sitzungsprotokolle des Gemeinderates 1920, Rede Plaschkes vom 10.12.1920, S. 724 ff.; Sitzungsprotokolle des Gemeinderates als Landtag 1921, Rede Plaschkes vom 14.1.1921, S. 58 f.; ebd., Rede Plaschkes vom 30.9.1921, S. 1107 f.
23 Vgl. z. B. AW, Sitzungsprotokolle des Gemeinderates 1923, Rede Schwarz-Hillers vom 9.3.1923, S. 901 ff.
24 Die Sozialdemokraten versuchten fallweise, pauschalen Angriffen auf die Kriegsflüchtlinge sachlich-argumentativ entgegenzutreten. Vgl. z .B. eine Rede Reumanns anläßlich einer Debatte über den Wohnungsmangel, den die Christlichsozialen konsequent den Flüchtlingen anlasten wollten. AW, Sitzungsprot. d. Gemeinderates, Rede Reumanns vom 10.12.1920, S. 720.
25 Stenograph. Protokolle der Konst. Nationalversammlung, Rede Kunschaks vom 29.4.1920, S. 2379–2383, hier S. 2381.

und verhöhnt sehen: Wenn die ostgalizische Jüdin, die mit dem Blutgeld, das der Mann aus der Not unseres Volkes herausgesogen hat, aufgeputzt wie ein lächerlicher Palmesel durch die Straßen herumstolziert, wenn der ostgalizische Jude, der die ganze Woche über von Wucher und Betrug gelebt hat, am Sonntag mit seiner aufgedonnerten Kalle auch noch die Atmosphäre der Wiener Heurigen in seiner anmaßenden, protzenden, überhebenden Art verpestet, und wenn insbesondere die Studenten sehen, wie sie an der Hochschule verhöhnt und verlacht werden von Professoren und Studenten, dann, Verehrteste, sagen Sie nicht, die Studentendemonstrationen sind ein Ausfluß rückständiger Gesinnung ...“[26]

Kunschak unterschied sich in Argumentation und Sprache kaum von späteren nationalsozialistischen Rednern. Unter anderem verglich er die „Ostjuden“ mit dem „Heuschreck“, der „das Land, das er überfallen hat, nicht eher los (läßt), als bis er es kahl gefressen hat“.[27] Als Konsequenz forderte er schließlich, „die Juden, soweit sie nicht ausgewiesen werden können und soweit sie nicht freiwillig gehen, unverzüglich“ in „Konzentrationslagern“ zu internieren.[28]

Kunschaks Forderung entsprach der Stimmung des Jahres 1920. Bemerkenswert war lediglich der Rahmen, in dem sie vorgetragen wurde. Der Begriff „Konzentrationslager“ beinhaltete damals natürlich nicht die Assoziationen, die wir heute damit verbinden. Doch sollte keineswegs, wie auch Anton Staudinger betont, „die Tradition solcher Vorstellungen – rassisch, national oder politisch Diskriminierte zu internieren – ungerechtfertigt verkürzt werden“.[29] Außerdem war er seit dem Burenkrieg so negativ besetzt, daß der sozialdemokratische Staatssekretär Eldersch die Forderung seines Vorredners als „Kulturschande“ einstufte.[30] Negative Reaktionen oder abschwächende Kommentare von christlichsozialer Seite gab es – zumindest in der Öffentlichkeit – nicht.

Die Partei distanzierte sich auch nicht von den Aktivitäten Leopold Kunschaks oder anderer christlichsozialer Politiker im „Antisemitenbund“, in dem man parteiübergreifend mit Deutschnationalen und auch frühen Nationalsozialisten eng kooperierte.[31] Vielmehr unterstützte die Parteipresse die Bestrebungen dieses Vereines zu-

---

26 Ebd., S. 2379.
27 Ebd., S. 2379.
28 Ebd., S. 2382.
29 Staudinger: Christlichsoziale Judenpolitik, S. 39.
30 Stenograph. Protokolle der Konstituierenden Nationalversammlung, Rede Elderschs am 29.4.1920, S. 2408.
31 Zum Antisemitenbund vgl. Kapitel 8.3.

mindest auf regionaler Ebene, indem sie auf einschlägige Veranstaltungen hinwies und darüber berichtete.[32] Kunschak wiederum
trug als eines der politischen Zugpferde des „Antisemitenbundes"
letztlich auch Mitverantwortung an der infamen Polemik des
„Eisernen Besen", dessen Herausgeberschaft der „Antisemitenbund" im Frühjahr 1920 vom „Deutschen Volksrat für Wien und
Niederösterreich" übernommen hatte.[33] Dieses „unfaßlich blöde
Hetzblatt", wie Manès Sperber es einmal bezeichnete,[34] unterschied
sich in keiner Weise von Kampfschriften der Nazis. Es enthielt die
bösartigsten Auslassungen gegen jüdische Mitbürger, die in der
österreichischen Publizistik damals zu finden waren.[35]

8.2. Argumentationslinien

Zahlenspiele

Über die Notwendigkeit und auch Berechtigung einer Ausweisung
jüdischer Kriegsflüchtlinge aus Galizien und der Bukowina herrschte während der ersten Jahre der Republik ein Grundkonsens, der
weit ins sozialdemokratische Lager hineinreichte. Der Ausweisungserlaß des niederösterreichischen Landeshauptmannes Sever
vom 9. September 1919 goß Wasser auf die Mühlen katholischer
und nationaler Antisemiten, die auch außerhalb Wiens, wo de facto
keine Flüchtlinge lebten, das Thema mit Vorliebe aufgriffen. Bis in
die Länderparlamente hinein brachten Abgeordnete aller Parteien
in Anträgen und Anfragen diese Angelegenheit zur Sprache[36] und

---

32 Walter Hannot wies am Beispiel Salzburgs die Unterstützung des Antisemitenbundes durch die Parteipresse nach. Walter Hannot: Die Judenfrage in der katholischen Tagespresse Deutschlands und Österreichs 1923–1933. Mainz 1990. (= Veröffentlichungen der Kommission für Zeitgeschichte, Reihe B, Bd. 51.) S. 224.
33 Der eiserne Besen, Folge 13, 1920.
34 Manès Sperber: Die vergebliche Warnung. All das Vergangene ... Wien 1975, S. 20.
35 Zum „Eisernen Besen" vgl. Kapitel 8.3.
36 In der Salzburger Landesversammlung vom 11.12.1918 bezeichnete sie sogar der
   sozialdemokratische Abgeordnete Preußler als „Landplage". Der Nationalsozialist
   Prodinger erhielt im Salzburger Landtag am 26.11.1918 lebhaften Beifall der
   Christlichsozialen und Deutschfreiheitlichen, als er die Ausweisung der Ostjuden
   verlangte. Vgl. Fellner: Antisemitismus in Salzburg, S. 86. Die Tiroler Landesregierung hatte sich mit einer Resolution des Tiroler Antisemitenbundes vom
   18.11.1919 folgenden Inhalts auseinanderzusetzen: „Alle in Tirol nicht heimatberechtigten Juden und solche, die das Heimatrecht erst nach dem 1. August 1914
   erworben haben, sollen ausgewiesen werden, unbeschadet jeder Drohung der jüdischen Wiener Eintagsregierung, die der Zorn des betrogenen Volkes in Kürze
   hinwegfegen wird." Zit. nach Spira: Feindbild „Jud", S. 76.

nährten damit die Vorstellung vieler Menschen, im Abschub der Flüchtlinge läge der Schlüssel zur Lösung der schwierigen wirtschaftlichen Probleme.

Die Argumente entsprachen, wie bereits angedeutet, im wesentlichen den Vorwürfen, die sich die Flüchtlinge bereits während des Krieges hatten gefallen lassen müssen. Grundregel war, die Ostjudenfrage mit all dem in Verbindung zu bringen, was das Leben damals in Wien schwer machte. Diese Argumentation bedurfte jedoch einer einleitenden Begründung. Wohnungsnot, Hunger sowie die allgemeine Wirtschaftskrise einer Zweimillionenstadt ließen sich angesichts der Abwanderung von Zehntausenden Tschechen, Polen und Südslawen in die Nachfolgestaaten nicht ausschließlich mit dem Weiterverbleib von rund 25.000 jüdischen Kriegsflüchtlingen erklären. Daher begann man, mit Zahlen zu spielen.

Anfang März 1919 hatten die „Wiener Stimmen" noch korrekt von 25.000 Personen berichtet,[37] zu Jahresende war in der „Reichspost" bereits von 100.000 in Wien verbliebenen Flüchtlingen die Rede.[38] Das Operieren mit maßlos übertriebenen Zahlen sollte „soziale Ängste mobilisieren" und der Christlichsozialen Partei Wähler zuführen.[39] Noch drastischer verfuhr der großdeutsche Nationalratsabgeordnete Ursin: „Deutschösterreich beherbergt zur Zeit 250.000 inländische Altjuden", rechnete er in einem Vortrag über die „Judenfrage in neuzeitlicher Beleuchtung" seinem Publikum vor. Dazu kämen

„220.000 ausländische Ostjuden und 260.000 Taufjuden, zusammen also 730.000 Juden, gleich 11,6 Prozent der Bevölkerung. In Wien sind 175.000 inländische Altjuden, 198.000 ausländische Ostjuden und 210.000 Taufjuden, zusammen 583.000 Juden, gleich 31,4 Prozent der gesamten Bevölkerung."[40]

Ursin hatte damit die tatsächliche Zahl der Flüchtlinge in Wien verachtfacht und den prozentuellen Anteil aller Juden an der Wiener Bevölkerung von etwa einem Zehntel auf beinahe ein Drittel erhöht. Sein Parteikollege Stocker wiederum hatte wenige Monate zuvor in einem Vortrag in Graz unter Androhung von Pogromen die „gesetzliche Ausweisung der Ostjuden" verlangt und dabei die Zahl

---

37 Wiener Stimmen, 1.3.1919, S. 3, Die Ernährung Wiens und die Fremden.
38 RP, 7.12.1919, M, S. 7, Was uns die Ostjuden kosten.
39 Staudinger: Christlichsoziale Judenpolitik, S. 28.
40 DÖTZ, 2.4.1921, S. 6.

von 300.000 ins Spiel gebracht.[41] Das Salzburger Provinzpublikum schließlich wurde im Herbst 1920 vom nationalsozialistischen „Deutschen Volksruf" mit der Meldung erschreckt, in Wien lebten 400.000 „zugewanderte Juden".[42] Nach oben hin waren der Phantasie also kaum Grenzen gesetzt. Ein Kommentar im „Eisernen Besen" vom April 1920 schien somit konsequent:

„Noch einige Monate des tatenlosen Zusehens und wir sind gegebenenfalls nicht einmal mehr zur Selbsthilfe fähig, da wir vom Judentum zahlenmäßig überflügelt werden."[43]

Die „Besetzung" Wiens und die „Ausnutzung der Gastfreundschaft"

Die wesentliche Voraussetzung für die Ostjudenkampagne war jedoch die neue Eigenstaatlichkeit Österreichs. Sie ermöglichte es, die Flüchtlinge als menschlich minderwertige E i n d r i n g l i n g e zu qualifizieren. Nicht nur wurde diesen Bürgern Altösterreichs nunmehr das Recht auf weiteren Verbleib im neuen Staat abgesprochen, man begann auch, die Geschichte ihrer Flucht grob zu verzerren. Die Flucht – Ausdruck und Konsequenz der proösterreichischen Gesinnung der galizischen und bukowinischen Juden – wurde nun zu einem Akt der Böswilligkeit, des rücksichtslosen Schmarotzertums umgedeutet: „Als Przemysl von den Russen belagert wurde", konnte man im Juli 1919 in der „Ostdeutschen Rundschau" lesen,

„...begann die B e s e t z u n g Wiens durch die galizischen Juden. Przemysl wurde befreit, später wieder erobert, gehört jetzt gar nicht mehr zum deutschösterreichischen Staatsgebiet, die Flüchtlinge aber, die aus dem Lande, in dessen Mittelpunkt Przemysl liegt, stammten und damals Wien b e s e t z t haben, sind hier geblieben. Sie haben Anziehungskraft geübt. Sie lockten und riefen andere Stammesgenossen auch noch nach Wien. So oft im galizischen oder polnischen Gebiete die Empörung des Volkes in Pogromen sich Luft machte, gab es neuen Zuzug nach Wien ..."[44]

Die Nationalsozialisten fanden noch aggressivere Worte. Im Grunde war jedoch alles gesagt. Unterschwellig stand die Pogromdrohung

---

41 WM, 3.1.1921, S. 2, Aufreizung zu einem Pogrom.
42 Fellner: Antisemitismus in Salzburg, S. 86.
43 Der eiserne Besen, 15.4.1920, S. 1, Ausweisung der Ostjuden?
44 Ostdeutsche Rundschau, 13.7.1919, S. 1, Die Wohnungsnot – eine Judenfrage.

als Antwort auf den Weiterverbleib der Flüchtlinge im Raum. 1939
verlieh der Autor einer nationalsozialistischen Propagandaschrift
mit dem Titel „Rassesieg in Wien" den „Empfindungen" der Antisemiten von 1919 im nachhinein Ausdruck:

„Wien, das seit vielen Jahrzehnten das Reiseziel des jüdischen Wandertrie-
bes war, erbte aus der alten Monarchie den galizisch-jüdischen Menschen-
schlamm der ‚Kriegsflüchtlinge' und Kriegspiraten. Anstelle der helden-
mütigen Armee deutschösterreichischer Soldaten im Schützengraben trat
das eingewanderte Heer der Söhne eines asiatischen Wüstenvolkes in einem deutschen Land seine Herrschaft an."[45]

Zum Topos geriet die Vorstellung von der Gutmütigkeit und Hilfsbereitschaft der Wiener Bevölkerung, die im Gegenteil von Anfang an
kaum Zweifel an ihrer Abwehrhaltung gelassen hatte. Von „über-
triebenem Menschlichkeitsdusel" sprach der großdeutsche Abgeordnete Ursin in der Konstituierenden Nationalversammlung in diesem Zusammenhang.[46] Von „ahnungsloser Gastfreundschaft", die
auf das schmählichste ausgenutzt worden wäre, berichteten die
Zeitungen.

„Wir haben bis jetzt größte Gastfreundschaft geübt. Obwohl es uns an allem mangelt, was wir zum Leben brauchen, haben wir doch, die christliche Tugend der Nächstenliebe bis zum äußersten übend, mit den Fremd-
lingen alles geteilt und unsere Not damit nur noch erhöht. Die Fremdlinge
dankten uns in ihrer Art ..."[47]

Häufig flossen in diese Darstellungen auch rassenantisemitische
Angriffe mit ein:

„Die Bevölkerung kam allen galizischen Flüchtlingen mit aufrichtiger Teilnahme und Sympathie entgegen; sah man in ihnen doch vom Feinde vertriebene österreichische Untertanen, denen man Schutz und Hilfe gewähren müsse, weshalb man auch manche Unannehmlichkeit, welche die
Anwesenheit so vieler Gäste mit sich bringt, willig ertrug. Die Wiener Bevölkerung überwand die Abscheu, die sie vor den jüdischen Flüchtlingen
erfüllte, wenn die in höchstem Grade unreinlichen und von allem erdenk-
lichen Ungeziefer starrenden Gestalten in ihren langen Kaftanen durch die
reinlichen Straßen und Gassen Wiens wanderten, die Wiener Gast- und

---

45 Robert Körber: Rassesieg in Wien, der Grenzfeste des Reiches. Wien 1939, S. 201.
46 Stenograph. Protokolle der Konstituierenden Nationalversammlung, Anhang, An-
    fragen; Anfrage der Abgeordneten Ursin und Genossen an die Gesamtregierung
    am 3.7.1919, betreffend die Zuwanderung von Juden, S. 200.
47 Ostdeutsche Rundschau, 13.7.1919, S. 1, Die Wohnungsnot – eine Judenfrage.

Kaffeehausbesitzer drückten anfangs gerne ein Aug zu, wenn diese unreinlichen Menschen mit großem Sack und Pack ihr Lokal betraten und durch ihre orientalischen Sitten und Gebräuche, ihre stundenlange Anwesenheit den anderen Gästen den Aufenthalt im Lokal verekelten ... Das goldene Wiener Herz ertrug alle diese Unannehmlichkeiten mit einer eben nur dem bodenständigen Wiener innewohnenden Hingebung ... Nun hätte man meinen sollen, daß sich die jüdischen Flüchtlinge, die man von allem Anfang schon so protegierte, zur größten Dankbarkeit verpflichtet fühlen würden, aber leider war dies, wie uns die Erfahrung lehrt, keineswegs der Fall... Mit der ihrer Rasse eigentümlichen Schlauheit hatten sie binnen kurzem erkannt, bei welchen Artikeln zur Zeit eines Krieges sich die besten Geschäfte erzielen lassen ..."[48]

Das Gefühl der mißbrauchten „Opferbereitschaft", die Manipulation mit falschen Zahlen sowie die Verzerrung der Fluchtgeschichte taten ihre „logische" Wirkung: Der weitere Verbleib „zahlloser" „fremdstämmiger" Menschen wurde als Gefährdung der eigenen Existenz empfunden.

Im Detail lebte die bereits in den Kriegsjahren strapazierte Argumentation wieder auf, nämlich die Abwehr von Konkurrenten am Wohnungs- und Lebensmittelmarkt. Außerdem schob man den „Eindringlingen" die Schuld an Wirtschaftskrise und politischer Instabilität zu. Die Widersprüchlichkeit dabei war eklatant. Man warf den Flüchtlingen vor, „Träger kapitalistischer wie auch antikapitalistischer Exzesse zu sein".[49] Im Fall der Ausweisung stellten österreichische Parlamentarier die Gesundung des Wirtschaftslebens, „Brot und Beschäftigung" für „Tausende eigene Volksgenossen"[50] ebenso in Aussicht wie die Reduzierung der „bolschewistischen Gefahr".[51] Im allgemeinen dominierte das Klischee von den „Zehntausende(n) jüdische(n) Faulenzer(n) und Preistreiber(n),"[52] die nun in „aller Ruhe und Behaglichkeit mitten unter dem Volke, das sie selbst bewuchert und ausgesaugt" hätten, ihre Reichtümer genössen.[53] Be-

---

48 Edmund Daniek: Das Judentum im Kriege. Wien 1919, S. 12 f.
49 Spira: Feindbild „Jud", S. 75.
50 Stenograph. Protokolle der Konstituierenden Nationalversammlung 1919, Beilage 348, Antrag Stocker, Ursin und Genossen vom 26.7.1919, Ausweisung der Ostjuden, S. 2.
51 Stenograph. Protokolle der Konstituierenden Nationalversammlung, 1919/20, Anhang, Anfragen; Anfrage Ursin und Genossen an die Gesamtregierung am 3.7.1919, Zuwanderung von Juden, S. 200.
52 RP, 24.9.1919, M, S. 6, Die Ausweisung der Fremden.
53 Daniek: Das Judentum, S. 14.

sonders die „Reichspost" und die „Wiener Stimmen" taten sich mit emotional gehaltenen Artikeln und Glossen hervor.[54]

Fallweise gewährt jedoch die antisemitische Agitation einen Einblick in die triste Realität: Ein Gesetzesantrag christlichsozialer Abgeordneter in der Provisorischen Nationalversammlung wirft den jüdischen „Zuwanderern" wie üblich Wucher, Schleich- und Kettenhandel sowie „intensive kommunistische Propaganda" vor. Zusätzlich werden andere Ängste mobilisiert: Das „massenhafte Auftreten der Krätzeerkrankung während des Krieges" sei wahrscheinlich, die steigende Anzahl der Flecktyphusfälle jedoch „ohne geringsten Zweifel ... fast ausschließlich durch jüdische Flüchtlinge" verursacht.[55] Der Vorwurf der wirtschaftlichen Subversivität, des „Zusammenraffen(s) riesiger, unredlich erworbener Reichtümer", konnte, wie Anton Staudinger betont, „nach den vorgebrachten Motiven der Antragsteller nicht stimmen." Schließlich sollte das Gesetz „gleichzeitig die Ausbreitung von Krankheiten verhinder(n), ... die doch in größerem Umfang in jenen Teilen der Bevölkerung grassierten, die in sozialem Elend leben mußten."[56]

Die Wohnungsnot – eine „Judenfrage".
Ein Beispiel gezielter Manipulation

Der manipulative Charakter der Ostjudenhetze läßt sich eindeutig am Beispiel der Wohnungsdiskussion nachweisen. Für eine gewisse Zeit wurde die Wohnungsnot in der ehemaligen Reichshauptstadt, die sich nach Kriegsende aus einer Vielzahl von Gründen zuspitzte, stärker als jedes andere Problem mit der „Ostjudenfrage" verknüpft. „Not und Elend der eigenen Volksgenossen" kontrastierten in der antisemitischen Propagnda mit dem angeblichen Luxusleben „Tausender Ostjuden". „Sie sitzen behaglich in den Wohnungen, während die eigenen Volksgenossen in Kellerwohnungen, in Ba-

---

54 Vgl. etwa RP, 14.12.1918, M, S. 4, „Der Jammer der Kleinen". Reiche Ostjuden beschweren sich, daß ihnen kein Milchkaffee serviert wird und besprechen ihre Möglichkeiten, täglich drei Liter Milch ins Haus geliefert zu bekommen. Kontrastiert werden sie mit der „armselig gekleideten Mutter", die in ihren „frierenden, abgemühten Händen" krampfhaft die Milchkarten hält, für ihr krankes Kind aber keinen Tropfen erhält.

55 Stenograph. Protokolle der Provisorischen Nationalversammlung, Beilagen 1918/1919, Nr. 188, Antrag Jerzabek vom 4.2.1919, S. 2.

56 Staudinger: Christlichsoziale Judenpolitik, S. 28 f.

racken und Eisenbahnwagen elend verkommen", behauptete ein großdeutscher Antrag in der Konstituierenden Nationalversammlung und forderte die Ausweisung der Kriegsflüchtlinge.[57] Die antisemitische Presse propagierte die Ausweisung als Patentrezept zur Behebung der Wohnungsnot:

„An Wohnungen in Wien wird in dem Augenblick kein Mangel mehr sein, in dem man sich entschließt, den Zustrom aus dem Osten abzuweisen, und die vielen östlichen Ausländer, die zumeist höchst bedenkliche Element sind, zur Wiederabreise einzuladen."[58]

Die „Ostdeutsche Rundschau" stellte die einprägsame Gleichung „Die Wohnungsnot – eine Judenfrage" auf.[59] Mit ihr wurde auch auf Versammlungen des Antisemitenbundes und der Nationalsozialisten agitiert.[60] Ein „Aktionskomitee der Wohnungssuchenden" traf sich, nur um festzustellen, am Wohnungselend „seien hauptsächlich ... die Ostjuden durch deren Verbleiben in Wien schuld". Man verlangte die Ausweisung.[61]

Auch in Gemeinderatsdebatten wurde diese Argumentation verfolgt, wobei fallweise auch erheblich manipuliertes Zahlenmaterial eine Rolle spielte. 70.000 Juden aus Galizien und der Bukowina hielten in Wien 14.000 Wohnungen besetzt, rechnete der Christlichsoziale Glasauer im Juli 1919 seinen Kollegen vor. „Wenn diese 14.000 Wohnungen freigemacht werden würden, so könnten gewiß alle jene, welche das erste Anrecht auf eine Wohnung in Wien haben, in ihren Wünschen und Forderungen befriedigt werden."[62] Korrigierende Angaben Rudolf Schwarz-Hillers zu diesem Punkt wurden im weiteren Debattenverlauf seitens der Christlichsozialen nicht mehr kommentiert.[63]

Sachlich unwidersprochen blieb auch Bürgermeister Reumann, der im Dezember 1920 in einer Diskussion ein ganz anderes Material präsentierte: Rund 23.000 Personen aus den Sukzessionsstaaten,

---

57 Stenograph. Protokolle der Konstituierenden Nationalversammlung, Beilage 348, Antrag der Abgeordneten Stocker, Ursin und Genossen am 26.7.1919, S. 2.

58 Wiener Stimmen, 6.7.1919, S. 3, Die Wiener Wohnungsnot. Ganz ähnlich: Wiener Stimmen, 18.6.1919, S. 2, Wohnungsnot und Zuzügler.

59 Ostdeutsche Rundschau, 13.7.1919, S. 1, Die Wohnungsnot – eine Judenfrage.

60 Vgl. z. B.: AVA, Berichte der Pol.Dion., 6906/1920, Versammlung der Nationalsozialistischen Partei am 31.8.1920, Entschließung.

61 AVA, Berichte der Pol.Dion., 3941/1920, Versammlung des Aktionskomitees der Wohnungssuchenden am 8.5.1920.

62 AW, Sitzungsprotokolle des Gemeinderates der Stadt Wien 1919, Rede Glasauers vom 11.7.1919, S. 1882.

63 Ebd., Rede Schwarz-Hillers vom 11.7.1919, S. 1884 f.

die zu zwei Drittel aus Ostgalizien stammten, hätten sich um Aufenthaltsbewilligung bei der Gemeinde Wien beworben. In „ungeheurer Zusammenpferchung" lebten sie hier in 900 Wohnungen."[64] In seinem Debattenbeitrag konzedierte Leopold Kunschak zunächst, daß „die Beseitigung aller Flüchtlinge ... eine Erleichterung, aber nicht die Lösung" in der Wohnungsfrage bedeuten würde. Er beharrte aber auf einem ursächlichen Zusammenhang zwischen Wohnungsnot und Flüchtlingsfrage, den er – logisch schwer nachvollziehbar – mit den „üblen Lebensgewohnheiten der Flüchtlinge" begründete.[65] Ähnlich kommentierte Kunschak Ende September 1921 einen Gesetzesbeschluß zur Förderung der Bautätigkeit. Der Angriff zielte diesmal nicht nur auf die „fremdländischen Juden", sondern bezog den für die Wohnungsfürsorge verantwortlichen politischen Gegner mit ein:

„... es unterliegt keinem Zweifel, daß dieses Gesetz der Gemeinde große Lasten auferlegt. Was nützen aber alle diese Opfer, wenn der Wohnungsmarkt immer wieder überlastet wird durch Elemente, die hier nichts zu suchen haben, wenn sich die Wohnungsfürsorge der Gemeinde in ihrem Endeffekte nur darin zeigt, als Wohnungsfürsorge für Verbrecher, für ausländische Verbrecher, die wie Eiterbeulen auf unserem Volkskörper parasitär ihre Existenz fristen. (Beifall und Rufe rechts: Sehr richtig!) Es liegt im Interesse der Wohnungsfürsorge, daß hier endlich gründlich zugegriffen werde, daß man endlich daran geht, rücksichtslos die fremdländischen Juden aus der Stadt hinauszubringen und dadurch die Stadt von einem Verbrechervolke zu säubern, das nur von Spekulation und Betrug lebt und daß man im Interesse von Stadt und Land wieder die Möglichkeit schafft, die arme bodenständige Bevölkerung wenigstens notdürftig mit einem Obdache zu versehen."[66]

Sachlich richtig war jeweils nur die Feststellung des akuten Wohnungsmangels, der jedoch schon vor 1914 charakteristisch für Wien gewesen war. Seine Wurzeln lagen in der „völlige(n) Außerachtlassung einer planmäßigen Führung der öffentlichen Bautätigkeit" während der liberalen und christlichsozialen Ära.[67] Da während des Krieges der Wohnbau stagnierte, verschärfte sich die Situation zu-

---

64 AW, Sitzungsprot. des Gemeinderates 1920, Rede Reumanns vom 10.12.1920, S. 720 f.
65 Ebd., Rede Kunschaks vom 10.12.1920, S. 722 ff.
66 AW, Sitzungsprot. d. Gemeinderates als Landtag, Anfrage Kunschaks am 30.9.1921, S. 1106.
67 Felix Czeike: Wirtschafts- und Sozialpolitik der Gemeinde Wien in der Ersten Republik (1919–1934). Teil II, Wien 1959 (= Wiener Schriften. 11), S. 20.

sätzlich. Nach 1918 wurde der Mangel trotz schrumpfender Wohnbevölkerung noch fühlbarer. Obwohl sich die Wiener Bevölkerung
gegenüber 2,2 Millionen Einwohnern im Jahr 1914 auf 1,84 Millionen verminderte,[68] nahm der Wohnungsbedarf wegen einer beträchtlich steigenden Zahl an Haushalten objektiv zu. Als Haupt-
grund werden die besonders zahlreichen Eheschließungen in den
ersten Nachkriegsjahren genannt. 22.294 Neuehen im Jahr 1914
standen 31.164 im Jahr 1920 gegenüber.[69] Dazu kamen die kriegsbedingten Wanderbewegungen, die vor allem wegen des Rück-
stroms der k. k. Beamtenschaft aus den neuen Nationalstaaten zu
einer Vermehrung der Haushalte führten.[70] Zunehmende Nachfrage
ergab sich auch aus einer bedeutenden Verschiebung im Altersauf-
bau der Gesellschaft, die zu einer relativen und absoluten Zunahme
der am Wohnungsmarkt in erster Linie als Bewerber auftretenden
Gruppe der 30- bis 60jährigen führte.[71] Schließlich spielte auch die
„Reduzierung familienfremder Mitbewohner" eine Rolle: Dienst-
und Hauspersonal verlor Arbeits- und Wohnplatz, die „Wohn- und
Konsumgemeinschaft von Lehrling und Meister" wurde vielfach
aufgelöst, die Verbilligung des Hauptmietzinses machte zahlreichen
einkommensschwachen Haushalten die Weitervermietung eines
Raumes oder einer Schlafstelle entbehrlich.[72] Außerdem nahm die
Zahl der unbenützbar werdenden Wohnungen von Jahr zu Jahr
zu.[73]

Trotz sinkender Einwohnerzahl hatte somit die Zahl der Haushalte, die bestimmend für den Wohnungsbedarf ist, gegenüber der Vorkriegszeit um mehr als 40.000 zugenommen,[74] wobei die rund
25.000 ehemaligen Flüchtlinge nur eine marginale Rolle spielten.
Nur ein kleiner Teil von ihnen war wohlhabend genug, um sich mit
Familie überdurchschnittliche Wohnverhältnisse leisten zu können.
Die große Mehrheit lebte unter erschreckenden Bedingungen. Von

---

68 Rainer Bauböck: Wohnungspolitik im Sozialdemokratischen Wien 1919–1934.
   Salzburg 1979 (= Geschichte und Sozialkunde. 4), S. 17.
69 Ebd.
70 Die an sich beträchtliche Abwanderung tschechischer und slowakischer Arbeitskräfte aus der alten Reichshauptstadt führte demgegenüber kaum zur Entlastung
   am Wohnungssektor, da es sich dabei vielfach um Bettgeher und Untermieter
   handelte. Ebd., S. 18.
71 Der Bevölkerungsrückgang betraf zu 92,5% die Gruppe der 0- bis 29jährigen (Ge-
   burtenrückgang, Kindersterblichkeit, Kriegstote). Ebd., S. 18.
72 Ebd., S. 18.
73 Czeike: Wirtschafts- und Sozialpolitik, S. 52.
74 Ebd., S. 52.

jenen oben erwähnten 23.000 Personen, die sich 1920 um Aufenthaltsrecht in Wien bemüht hatten, teilten, den Angaben Bürgermeister Reumanns zufolge, im Schnitt jeweils rund 25 eine Wohnung.[75] Auch eine spezielle Untersuchung der jüdischen Wohnverhältnisse in der Leopoldstadt und in der Brigittenau im Jahr 1919 hatte ähnliche Ergebnisse zutage gebracht. Vor allem Flüchtlinge lebten „zu einem sehr großen Teile zu mehreren Familien in unbeschreiblicher Enge zusammen". Wohnungen, in denen vier bis sechs Personen einen Raum belegten, waren offensichtlich die Norm.[76] In zahlreichen Fällen handelte es sich bei diesem „Wohnraum" um „Mansarden und Kellerlöcher, deren kein erbeingesessener Wiener je froh wird", wie es Robert Danneberg einmal ausdrückte.[77]

Anders als der prominente Sozialdemokrat leugneten christlichsoziale und deutschnationale Politiker und die ihnen nahestehende Presse das soziale Elend unter den ehemaligen Flüchtlingen. Sie ignorierten, wie wenig die verhaßten „Ostjuden" tatsächlich zur Verschärfung des akuten Wohnungsmangels beitrugen. Die Formel „Ostjuden hinaus!" war publikumswirksam und bot die Möglichkeit, sich jeder ernsthaften Auseinandersetzung mit den politischen Versäumnissen der Vorkriegsära auf dem Gebiet des Wohnbauwesens zu entziehen.

8.3. Der „Volkszorn" wird entfacht: Antisemitenbund und ihm nahestehende Organisationen

Am 13. August 1919 übermittelte das Staatsamt für Inneres und Unterricht der Deutschösterreichischen Staatskanzlei ein Schriftstück zur Einsichtnahme, das mit gutem Grund als früher Markstein in der Geschichte des österreichischen Faschismus bezeichnet werden kann. Es handelte sich um den Statutenentwurf für den „Deutschösterreichischen Schutzverein Antisemitenbund", dessen Gründung mithin angemeldet wurde. Die Organisation sollte ihren Sitz in Wien haben, ihre Tätigkeit aber auf ganz Deutschösterreich erstrecken. Der Zweck des Vereins war, wie unbeholfen, aber unmißverständlich formuliert wurde,

---

75 AW, Sitzungsprot. d. Gemeinderates, Rede Reumanns vom 10.12. 1920, S. 721.
76 Frei: Jüdisches Elend, S. 41–55.
77 Die Wahrheit, 3.2.1921, S. 8 f., Der ewige (Ost)jude.

„die möglichst vollständige Sammlung aller deutscharischen Staatsbürger Deutschösterreichs in gemeinsamer, lückenlos geschlossener Abwehrreihe behufs einiger Führung des Notwehr- und Selbsterhaltungskampfes des d.ö. Volksganzen gegen das des letzteren gesamtes häusliche, Wirtschafts-, Rechts- und öffentl. Leben zersetzende, unterwühlende und erwürgende Semiten(Juden)tum".[78]

Der Verein sah sich auf dem „Standpunkte der Rassenfrage". Die „jüdische Gesinnung" sollte aber auch bei „Ariern (Volksdeutschen, Christen)" bekämpft werden. Antisozialismus und reaktionäres Kulturverständnis offenbaren sich in der weiteren Forderung nach „volle(r) Sicherung und rücksichtslose(m) Schutz des d.ö. völkischen, wirtschaftlichen Besitzstandes jeglicher Art", der „restlose(n) Wiederaufrichtung der deutschen Geistesrichtung in Wesen, Sitte, Erziehung, Schule, Recht, Schrifttum, Kunst und Wissenschaft" sowie der „bewußtdeutsche(n) Volksfürsorge, Volksförderung ..."[79]

Auffällig unpräzise in Inhalt und Sprache, „verschwommen", wie Günter Fellner es in seiner Analyse des Programmes definiert, ist der „Versuch einer theoretischen Differenzierung der besonderen Aufgaben".[80] Die Vereinsstatuten, an deren Entwurf offenbar auch der „Schriftsteller" Karl Sedlak beteiligt war,[81] forderte als „Mittel" zur Errichtung des „Zweckes" zunächst die

„genaue Feststellung und Umgrenzung der schon erfolgten Verjudung und Durchsetzung der d.ö. Rechts-, Wirtschafts-, Gesellschafts- und anderen Notwendigkeiten durch das Semiten(Juden)tum". (sic!)

Verlangt wurden „wirtschaftliche (...) und sonstige (...) Schutzgesetze" sowie eine – die Nürnberger Rassegesetzgebung formulierte es lediglich mit größerem sprachlichem Geschick –

„schon äußerlich zum Ausdrucke zu bringende gesetzliche Scheidung des volksdeutschen Deutschösterreichertums von jedem jüdischen Anhange und semitischen Durchmischtwerden in Erziehung, Unterricht, Rechtssprechung und Volksfürsorge".[82]

---

78 AVA, D.ö.-Staatskanzlei, 3073/1919, Bildung des Vereines „Deutschösterr. Schutzverein Antisemitenbund". Statutenentwurf und Schreiben des Staatsamtes für Inneres und Unterricht an Staatskanzlei vom 13.8.1919 (Z. 28716).

79 Ebd.

80 Fellner: Antisemitismus in Salzburg, S. 129.

81 Der Arzt Dr. Julius Rader, der Schriftsteller Karl Sedlak sowie ein Dr. jur. et phil. Anton Schubert, alle in Wien zuständig, überreichten den Entwurf gemeinsam dem Ministerium. AVA, D.ö.-Staatskanzlei, 3073/1919.

82 Ebd.

„Reinigung und Befreiung" jeglichen Schrifttums, „umfassendste Bekämpfung semitischer(jüdischer) Vergiftung volksdeutschen Denkens, angestammter Art und Sitte, heimischen Treu und Glaubens und deutsch-vaterländischer Anschauung" und „schärfste einmütige Zurückweisung semitischer (jüdischer) Anmaßung und Überhebung, wo, wann und wie immer selbe sich geltend zu machen versucht", bildeten weitere Inhalte des Statutes.

Angestrebt wurden auch „Fühlungnahme und Zusammenarbeit" mit antisemitischen Organisationen des In- und Auslandes sowie die „Anbahnung eines Gegenstückes der heute so allmächtigen semitisch(jüdisch)en Weltvereinigung in Gestalt eines Welt-Antisemiten-Bundes". Zunächst jedoch schien die Gründung von „Ortsgruppen und Vereinsgauen" der „Erreichung der Vereinsziele" dienlich.[83]

Der Sachbearbeiter im Staatsamt für Inneres und Unterricht kommentierte, daß die geplante Gründung den Rahmen dessen sprenge, was die österreichische Gesetzgebung für zulässig erachte. Nach § 302 des Strafgesetzes mache sich immerhin schon derjenige eines Vergehens schuldig, der „die Einwohner des Staates zu feindseligen Parteiungen gegeneinander auffordert, aneifert oder zu verleiten sucht".[84] Trotzdem wandte sich der Ministerialbeamte in seiner Stellungnahme gegen ein Verbot. Einerseits erachtete er die strikte Auslegung der gesetzlichen Bestimmungen unter den veränderten Zeitumständen ohnedies für fragwürdig. Keine politische Partei hielte sich bei der Verfolgung ihrer Ziele an den gesetzlichen Rahmen, ein Einschreiten in diesem Falle wäre somit „mit dem Makel der Einseitigkeit behaftet". Andrerseits – hier unterlief ihm eine Fehleinschätzung – sei eine „ziemlich bedeutungslose Existenz" des Vereines ohnedies voraussehbar. Eine „ablehnende Haltung gegen dessen Gründung (würde) sicherlich aber Anlaß zu politischen Reibungen bieten".[85]

Die Deutschösterreichische Staatskanzlei schloß sich dieser Argumentationslinie an, und so wurde aus „politischen Erwägungen" der Gründung des Antisemitenbundes nichts in den Weg gelegt.[86]

Die jüdischen Flüchtlinge in Wien sollten in den folgenden Wochen und Monaten die Hauptleidtragenden dieser Entscheidung

---

83 Ebd.
84 Ebd., Kommentar des Sachbearbeiters zum Statutenentwurf. Die geplante Gründung wäre somit im Sinne des § 6 des Vereinsgesetzes als gesetzwidrig zu untersagen.
85 Ebd.
86 Ebd., Stellungnahme vom 19.8.1919.

werden, denn die Aktivitäten des neu gegründeten Vereines waren zunächst darauf gerichtet, den Kampf gegen die „Ostjuden" auf die Straße zu tragen. Den permanenten Attacken in Presse, National- und Gemeinderat der Stadt Wien[87] wurde der – auch gewalttätige – Druck des antisemitischen Fußvolkes hinzugefügt. Die Regierung ihrerseits leistete der Hetze weiter Vorschub, indem ein Anfang September verfügter Ausweisungserlaß die Flüchtlinge in den Augen der Öffentlichkeit jeder weiteren Aufenthaltsberechtigung beraubte.[88] Der Antisemitenbund erhob seine Forderungen somit unter dem Deckmantel der Legitimität. Von September bis Dezember 1919 häuften sich Versammlungen und Aufmärsche, die sich zwar nicht ausschließlich, aber doch vorrangig gegen die Flüchtlinge richteten. Drahtzieher war zumeist der Antisemitenbund.

Auftakt bildete eine Versammlung des „Deutschen Volksrates für Wien und Niederösterreich" in der Wiener Volkshalle am 25. September 1919. Bereits am Tag zuvor hatten Plakate mit den Parolen „Ostjuden hinaus, Platz den Heimkehrern!" sowie „Ostjuden hinaus, fort mit den fremden Schmarotzern!" Stimmung gemacht.[89] Einem Polizeibericht zufolge wurden an die 5.000 Personen mobilisiert, die den Ausführungen des großdeutschen Nationalratsabgeordneten Ursin und des Nationalsozialisten Walter Riehl, zu diesem Zeitpunkt niederösterreichischer Landtagsabgeordneter, folgten. Wichtigster Programmpunkt war die Verlesung und Abstimmung einer Resolution, welche die „Ausweisung der Ostjuden" ultimativ bis zum 3. Oktober forderte. Im übrigen wurde für eine Veranstaltung des Antisemitenbundes, die am 5. Oktober in der Volkshalle stattfinden sollte, geworben.[90] Im Anschluß an die Kundgebung zog ein Demonstrationszug zur Redaktion des linksliberalen „Abend". Dabei kam es zu gewalttätigen Zusammenstößen mit Polizei und Zionisten, in deren Verlauf ein Exekutivbeamter und ein jüdischer Arbeiter schwer verletzt wurden.[91]

---

87 Vgl. etwa AW, Sitzungsprotokolle des Wiener Gemeinderates vom 27.2.1919, 16.4.1919, 24.4.1919, 26.6.1919, 11.7.1919 sowie die Nationalratsprotokolle vom 3.7.1919 und vom 26.7.1919.

88 Vgl. dazu Kapitel 9.1.

89 HHStA, NPA, Präs., Fas. 3, 2630/1919, Bericht der Polizeidirektion Wien vom 25.9.1919 an das D.ö.-Staatsamt f. Äußeres, Versammlung des Deutschen Volksrates in der Volkshalle; Propaganda (Z. 13802).

90 HHStA, ebd., 2631/1919, Bericht der Pol.Dion. vom 25.9.1919, Versammlung des Deutschen Volksrates (Z. 13814).

91 Der Polizeibeamte erlitt eine schwere Kopfverletzung, der zionistische Gegendemonstrant mußte mit einem Messerstich an der Schulter ins Krankenhaus eingeliefert werden. Ebd., 2631/1919, Bericht vom 25.9.1919; ebd., 2637/1919, Bericht vom 25.9.1919.

Am 5. Oktober 1919 fand die angekündigte Massenversammlung statt, die diesmal unter der Regie des Antisemitenbundes stand. Polizeilichen Angaben zufolge hatten sich rund 10.000 Personen in und vor der Wiener Volkshalle eingefunden. Hauptangriffsziel der Redner waren abermals die jüdischen Flüchtlinge. Auf der Rednerliste standen der Christlichsoziale Jerzabek sowie der katholische Ideologe Anton Orel, der sich dazu bekannte, „nicht nur die Ostjuden, sondern a l l e Juden müßten aus Wien entfernt werden".[92] Im übrigen dominierten, wie die zionistische „Wiener Morgenzeitung" ironisch bemerkte, Redner der „zehnten Garnitur".[93] Der Bericht eines Exekutivbeamten faßt eine Rede zusammen:

„Nach Pogatschnig ergriff Bürgerschullehrer Volkert das Wort. Er geißelte das Vorgehen der Regierung, die sich bei der Ausweisung der Ostjuden überaus saumselig zeige, und suchte in längerer Rede die Gefahren darzutun, die ein weiteres Verbleiben der Ostjuden in Wien für das arische Volk mit sich brächten. Er wies insbesondere darauf hin, daß die Ostjuden, denen Wien nach Kriegsausbruch bereitwilligst ein Asyl gewährt habe, der Wiener Bevölkerung schlecht gedankt hätten. Sie hätten sogleich angefangen, Schleich- und Kettenhandel zu treiben, hätten sich hier Reichtümer erworben und Paläste gekauft, während die bodenständige Bevölkerung hungern müsse. Die Juden hätten den Weltkrieg herbeigeführt, und überall dort, wo es gälte, der Bevölkerung zu schaden und den Geist der Fäule und Zersetzung in sie zu tragen, seien Juden zu finden. Auch die kommunistische Bewegung werde von Juden getragen, man könne es wiederholt sehen, wie ein Jude mit gebügelter Hosenfalte und Goldringen vor Arbeitern stehe und die Phrase: ‚Wir Proletarier!' gebrauche. Auch sonst wirke das Treiben der Juden über alle Maße aufreizend. In den Restaurants und Kaffeehäusern sehe man vollgemästete Juden, deren Wohlleben im schreienden Gegensatze zu dem Elend der vertriebenen deutschen Eisenbahner stehe ... Die Ostmark sei als Bollwerk des Germanentums gegründet worden und müsse es bleiben. Darum müsse die Ausweisung der Ostjuden rasch und energisch durchgeführt werden."[94]

Auch dieses Mal wurde am Ende eine Resolution an die Regierung verlesen, mit der Aufforderung, binnen 14 Tagen den „Abtransport der Ostjuden" durchzuführen. Nach Ablauf dieser Zeit – so die kaum kaschierte Drohung – „müßte seitens der Veranstalter jedwede Verantwortung an den kommenden Geschehnissen abgelehnt werden".[95]

---

92 Ebd., 2685/1919, Bericht der Pol.Dion. vom 5.10.1919, Versammlung des d.ö. Schutzvereines „Antisemitenbund".
93 WM, 6.10.1919, S. 2, Die Antisemitenversammlung vor dem Rathaus.
94 HHStA, NPA, Präs., Fas. 3, 2685/1919, Bericht der Pol.Dion. vom 5.10.1919.
95 Ebd.

Obwohl die Veranstalter sich der Polizeidirektion gegenüber verpflichtet hatten, antisemitische Ausschreitungen zu verhindern,[96]
hatte die Polizei Mühe, einen Demonstrationszug im Anschluß an
die Veranstaltung unter Kontrolle zu halten. Mehrere hundert Personen gelangten in den Stadtpark, wo sie Besucher eines Restaurants bedrohten. Gegen etwa 300 zumeist „jugendliche (...) und tu-
multuose (...) Elemente" mußte die Exekutive laut eigener Darstellung „aufs energischste vorgehen", um sie am Eindringen in die
Leopoldstadt zu hindern.[97] Amtshandlungen gab es auch gegen
kommunistische Gegendemonstranten, die versucht hatten, die Veranstaltung zu stören. Ihnen war es immerhin gelungen, zwischen
Mariahilferstraße und Stadtpark „heulend und pfeifend v o r dem
deutschnationalen Demonstrationszug einher" zu marschieren.[98]
Gegen das „kleine Häuflein verzweifelter Proletarier" dürfte die Polizei, einer Darstellung der „Roten Fahne" zufolge, mit brutaler Gewalt vorgegangen sein.[99]

Mit diesem Einstand hatte der „Deutschösterreichische Schutzverein Antisemitenbund" sich als das präsentiert, was er war: ein
„überparteiliches" Podium all jener, die Not und Elend breiter Bevölkerungsschichten, Angst vor politischer Unsicherheit und sozialer Deklassierung sowie die damit verbundene latente Aggressivität
dazu nutzen wollten, die Politik in undemokratische, antisozialisti-
sche, gegen ein liberales, humanes Weltbild gerichtete Bahnen zu
lenken. Die Konfrontation galt ohne Zweifel a l l e n Juden. Die ak-
tuelle Tagespolitik legte es jedoch nahe, zunächst in erster Linie
den Haß gegen die schwächste Gruppe, die Flüchtlinge, zu schüren.
„Ostjuden hinaus!" war eine griffige Parole, die auf breite Zustimmung stieß. In diesem Punkt setzten die Antisemiten die Regierung
mittels Pogromdrohungen gezielt unter Druck. Die Bereitschaft zur
Gewalt war von Anfang an gegeben.

Auch wenn, wie noch zu zeigen sein wird, die Polizei den Spielraum des Antisemitenbundes in Wien in der Folge zeitweise ein-

---

96 Ebd., 2662/1919, Mitteilung der Pol.Dion. vom 2.10.1919.
97 Ebd., 2685/1919, Bericht der Pol.Dion. vom 5.10.1919.
98 Ebd.; Unter den 4 Personen, die die Polizei wegen Nichtfolgeleistung bzw. verbo-
tenen Waffentragens arretierte, befand sich zumindest ein linker Gegendemonstrant, ein Angehöriger des Volkswehrbataillons Nr. 40.
99 „Berittene Wache (sei) mit einer wuchtigen Attacke" vorgegangen und hätte die
Gegendemonstranten „an die Mauern und weit hinunter in die umliegenden Gassen" geritten, „während sich der Zug der Progromhetzer ruhig und sicher unter
dem Schutz der Polizei weiterbewegen konnte". Die Rote Fahne, 7.10.1919, S. 2,
Polizei schützt Monarchisten.

schränkte, stand er nicht im politischen Abseits. Das Naheverhältnis zu den demokratisch legitimierten bürgerlichen Parteien war unübersehbar und äußerte sich nicht zuletzt darin, daß sich der christlichsoziale Abgeordnete Jerzabek sowie der Großdeutsche Robert Körber den Vorsitz teilten.[100] Die Berichterstattung etwa in der „Reichspost" war von uneingeschränkter Sympathie gegenüber dem neugegründeten Verein und seinen Aktionen gekennzeichnet.[101] Auch ein Blick in die Rednerlisten von Wiener Veranstaltungen im Jahr 1920 bestätigt diese Einschätzung. Zumindest in zwei Fällen trat Leopold Kunschak gemeinsam mit dem Nationalsozialisten Walter Riehl auf. Auch Anton Jerzabek, Anton Orel, der Gemeinderatsabgeordnete Preyer sowie der deutschnationale Abgeordnete Ursin gehörten zu den prominenten Politikern, die sich als Redner zu einem Zeitpunkt zur Verfügung stellten,[102] als der „Antisemitenbund" bereits als Herausgeber des „Eisernen Besen" verantwortlich zeichnete. Berührungsängste waren offenbar nicht vorhanden.

Die Übernahme des „Eisernen Besen" im Frühjahr 1920[103] ist symptomatisch für die weitere Entwicklung des Antisemitenbundes,[104] dessen sukzessives Aufgehen in der nationalsozialistischen Bewegung programmiert war.[105] Das „Blatt der Notwehr",[106] wie sich dieses Pamphlet bezeichnete, gilt zu Recht als Vorläufer des „Stürmer". „Grundsätzlich ungehemmt" widmete es sich als antisemitisches Hauptorgan „seiner Leitidee".[107] Schon das Bild im Titel-

---

100 Pulzer: Die Entstehung des politischen Antisemitismus, S. 259.

101 Vgl. etwa die Darstellung der Kundgebung vom 5.10.1919. RP, 6.10.1919, S. 1–3.

102 AVA, BKA I, Staatsarchiv des Innern u. der Justiz. Berichte der Pol.Dion. Wien 1919, 1920; Berichte vom 27.4.1920 (Z. 3700), vom 7.6.1920, und vom 7.11.1920.

103 Der eiserne Besen, Folge 13, 1920; zuvor hatte der „Deutsche Volksrat für Wien und Niederösterreich" als Herausgeber gezeichnet.

104 Verwiesen sei in diesem Zusammenhang nochmals auf Günter Fellners exemplarische Darstellung der Salzburger Verhältnisse, wo er unter anderem auch die Richtungskämpfe und internen Querelen des Milieus beschreibt, vor allem aber die überragende Bedeutung dieses „Schutzvereines" in der Früh- und Vorgeschichte des Faschismus darlegt. Fellner: Antisemitismus in Salzburg, S. 128 ff.

105 Moser: Die Katastrophe der Juden in Österreich, S. 93. Symptomatisch ist auch der politische Weg des Vorsitzenden Roberts Körbers, der sich nach dem Anschluß als Verfasser der nationalsozialistischen Propagandaschrift „Rassesieg in Wien" hervortat.

106 „Der eiserne Besen" erschien zweimal monatlich. Die österreichische Nationalbibliothek verfügt über einen geschlossenen Bestand von Folge 2 (August 1919) bis Folge 37/38 (November 1921). Von 1923 bis 1932 erschien das Blatt, das sich zu Recht rühmte, „das radikalste Blatt Österreichs gegen jüdische Übergriffe" zu sein, in Salzburg. Fellner: Antisemitismus in Salzburg, S. 142 ff.

107 Ebd., S. 142.

kopf enthüllte das Programm: Ein furchterregender Mann kehrt mit einem großen Besen Ungeziefer gemeinsam mit „Juden" von einer frei schwebenden Plattform ins Bodenlose. Dieser Zeichnung entsprachen die wohl unverhülltesten Pogromdrohungen und Aufforderungen zur Gewalt, die damals in der österreichischen Publizistik zu finden waren.

Im Herbst 1919, zur Zeit der ersten großen Antisemitenveranstaltungen, war das Blatt jedenfalls präsent und wurde auch im Dunstkreis der Kundgebungen verteilt.[108] „Seid auf der Hut, Ostjuden!", so lautete die Drohung:

„Ein kleiner Anlaß kann die ungeheure Lawine erzeugen, die Euch ... in den Abgrund schmettert. Geht freiwillig, solange Ihr freiwillig gehen könnt! In der Bevölkerung und besonders in der Arbeiterschaft, wächst eine unheimliche Wut heran, und niemand kennt den Tag, an dem sie sich auf Euch stürzen wird. Aber jeder ahnt, daß dieser Tag nahe ist. Sehr nahe! ... Ostjuden, wir haben Euch hassen gelernt, tief und inbrünstig hassen. Und in uns fiebert die Rachgier ..."[109]

Adressat dieser Vernichtungsphantasien waren in den ersten Nachkriegsjahren zwar in erster Linie die „Hyänen aus dem Osten, diese(r) ekelerregende (...) Auswurf der Menschheit".[110] Es gab aber auch Artikel, Glossen und Sprüche, in denen diese Eingrenzung fehlte.[111] Fallweise reagierte die Staatsanwaltschaft mit Beschlagnahmung, doch tat das der Blattlinie keinen Abbruch.[112]

---

108 Am 24.9.1919 wurden drei Personen wegen „unbefugten Verteilens" der Druckschrift von der Polizei angehalten (und wieder auf freien Fuß gesetzt). Die fragliche Nummer des „Eisernen Besens" enthielt die Aufforderung zum Besuch der Antisemitenveranstaltung am 25. September und war offenbar wegen einiger Artikel „extrem antisemitischer Tendenz" von der Staatsanwaltschaft beschlagnahmt. HHStA, NPA, Präs., Fas. 3, 2630/1919, Bericht der Pol.Dion. vom 25.9.1919.
109 Der eiserne Besen, Folge 5 (Oktober 1919), S. 1 f., Ostjuden – hinaus.
110 Der eiserne Besen, 15.9.1920, S. 1, Was ist's mit den Ostjuden?
111 „Herr! Sende uns den Moses wieder,
    Auf daß er seine koschern Brüder,
    Heimführe ins gelobte Land.
    Laß auch das Meer sich wieder teilen,
    Auf daß die beiden Wassersäulen,
    Sich trennen wie eine Felsenwand.
    Und wenn dann in der Tiefe Rinnen,
    Die ganze Judenschaft ist drinnen,
    Dann Herrgott mach die Klappe zu,
    Und alle Menschen haben Ruh!"
    Der eiserne Besen, Folge 5 (Oktober 1919), S. 2
112 Der eiserne Besen, Folge 5 (o. Datum, vermutlich Oktober 1919) erschien nach der Beschlagnahme in einer 2. Auflage.

Die Gefährlichkeit des Antisemitenbundes, seines personellen und publizistischen Umfeldes, wurde vielfach unterschätzt. Jüdische Schüler und Studenten, welche die Provokationen der Antisemiten regelmäßig mit Gegendemonstrationen beantworteten, waren wie Manès Sperber vielfach davon überzeugt, es handle sich bei diesen „Wildjackenhelden" lediglich um „die letzten Nachhutscharmützel der Reaktion".[113] Eine krasse Fehlinterpretation unterlief den Kommunisten, die im Herbst 1919 verbreiteten, der Antisemitenbund richte sich nur scheinbar gegen die Juden. In Wirklichkeit handle es sich um reaktionäre, monarchistische Propaganda.[114] Auch die Redaktion des „Abend" folgte dieser Argumentationslinie und informierte über das „Treiben der Monarchisten", das auf die Restauration der Hohenzollern abziele „und gar nicht so sehr" gegen die „Ostjuden" gerichtet sei.[115]

Die „Neue Freie Presse" hüllte sich weitgehend in Schweigen. Das Meinungsforum des assimilierten jüdischen Bürgertums berichtete weder zum „Ostjudenproblem" im allgemeinen noch bezog es Stellung zur antisemitischen Agitation im besonderen. Die Berichterstattung beschränkte sich auf die Flüchtlingsdebatten im Wiener Gemeinderat sowie nüchterne Fakten, wie z. B. die Einstellung der Flüchtlingsunterstützung im April 1919. Auch über den Severschen Ausweisungserlaß und seine Konsequenzen wurde im Prinzip kommentarlos informiert.[116] Die großen Antisemitenkundgebungen vom September und Oktober 1919 konnten zwar nicht völlig übergangen werden. Unverkennbar war jedoch das Bemühen der „Neuen Freien Presse" um eine Bagatellisierung der Vorfälle, etwa durch den Hinweis, die Bevölkerung hätte negativ reagiert.[117] Die Berichterstattung über die Veranstaltung vom 5. Oktober konzentrierte sich im wesentlichen auf die Warnung vor Reaktionen des Auslandes:

---

113 Sperber: Die vergebliche Warnung, S. 20.
114 Johannes Wertheim, der immerhin der Parteispitze angehörte, erklärte laut polizeilicher Berichterstattung auf einer Versammlung der Kommunisten am 3.10.1919 im Wiener Rathaus, die Partei hätte „zuverlässige Nachrichten", die besagten, daß es sich hier „in der Tat um eine reaktionäre, monarchistische Propaganda handle". AVA, BKA I, Staatsarchiv d. Innern u. d. Justiz, Berichte der Pol.Dion. vom 1.6.1919–31.3.1920, Bericht vom 3.10.1919 (Z. 14117).
115 Der Abend, 25.9.1919, S. 2, Das Treiben der Monarchisten.
116 Vgl. etwa: NFP, 29.1.1919, M, S. 8, Maßnahmen gegen den Zuzug von Fremden nach Wien; 14.2.1919, M, S. 3, Einstellung der staatlichen Flüchtlingsunterstützung; 18.4.1919, M, S. 7, Beginn der Fremdenausweisungen.
117 NFP, 6.10.1919, N, S. 6, Die Kundgebung für die Fremdenausweisung in der Volkshalle.

„Die Aufreizung der Volksleidenschaften gegen die Ostjuden bringt Wien und die Republik Österreich in die Gefahr, in Widerspruch zu den politischen Überzeugungen der Vereinigten Staaten und anderen demokratischen Ländern zu kommen. Das Spiel gewisser radikaler Elemente, sich auf dem Rücken der Ostjuden in die Höhe zu schwingen, kann uns die letzte Möglichkeit nehmen, durch die Hilfe von Amerika, das jetzt über die Rohstoffe und den Kredit der Welt verfügt, die Schrecken des Winters zu mildern."[118]

Halbherzig war schließlich auch die Reaktion der Exekutive auf die antijüdischen Krawalle. Um weitere Eskalationen zu vermeiden, belegte die Polizeidirektion auf Anweisung der Regierung den Antisemitenbund zwar am 6. Oktober 1919 mit einem Verbot von Veranstaltungen unter freiem Himmel und Umzügen,[119] unternahm jedoch nichts, als sie „vertraulich" von dessen geplanter weiterer Agitation gegen die „Ostjuden" in Kenntnis gesetzt wurde. Die sogenannten „Bummel" am Donaukanal zwischen Marien- und Stephaniebrücke boten die Möglichkeit, das polizeiliche Verbot zu umgehen. Der erste wurde am 26. Oktober 1919 inszeniert.[120] Weitere Aufmärsche von jeweils einigen 100 Personen, bei denen es in der Regel zu Zusammenstößen mit jüdischen oder kommunistischen Gegendemonstranten kam, folgten.[121] Manès Sperber erinnert sich an die bedrohliche Stimmung dieser Aufmärsche, die längst gegen a l l e Juden gerichtet waren.

„Demobilisierte Soldaten und junge Leute, die sich in Haltung und Kleidung soldatisch gaben, versammelten sich am Kai des Donaukanals, zwischen den Brücken, die in die jüdischen Wohngegenden des zweiten Bezirks führten. Sie bedrohten mit Stöcken und Revolvern die jüdischen Passanten und mißhandelten sie, wenn sich eine Gelegenheit dazu bot. Sie schrien sich heiser, ihre Hetzrufe waren stets die gleichen, herausfordernd, beleidigend, drohend."[122]

Seit dem Frühjahr 1920 fanden antisemitische Veranstaltungen wie-

---

118 NFP, 6.10.1919, N, S. 1, Die fremden Missionen und die Zustände in Wien.
119 WM, 6.10.1919, S. 2, Die Regierung verbietet weitere Straßenkundgebungen.
120 AVA, BKA I, Staatsarchiv d. Inneren u. d. Justiz, Berichte der Pol.Dion. Wien vom 1.6.1919–31.3.1920, Bericht vom 24.10. 1919 (Z. 14958).
121 Antisemitenbummel am 9.11.1919. HHStA, NPA, Präs., Fas. 3, 2832/1919, Bericht der Pol.Dion. vom 9.11.1919; Antisemitenbummel am 30.11.1919, AVA, BKA I, Staatsarchiv d. Innern u. d. Justiz, Bericht der Pol.Dion. vom 30.11.1919 (Z. 14958). Antisemitenbummel am 7.12.1919 im Anschluß an eine „Danksammlung für die Hilfsbereitschaft Deutschlands". A/Pol.Dion., Schober-Archiv, Berichts-Abschriften der Pol.Dion. Wien, K 25, Bericht vom 7.12.1919 (Z. 16462).
122 Sperber: Die vergebliche Warnung, S. 19.

der mit polizeilicher Genehmigung in großem Rahmen statt. Nach bewährtem Muster hetzten die Redner der vom Antisemitenbund oder auch von den Nationalsozialisten einberufenen Versammlungen in erster Linie gegen die „Ostjuden" und verlangten nachdrücklich ihre „Außerlandschaffung".[123] Sollte die Ausweisungsfrage nicht „raschestens gelöst werden", käme es zu Gewaltaktionen, die sich, wie der nationalsozialistische Landtagsabgeordnete Riehl offen ankündigte, auch „gegen das gesamte Judentum richten" würden.[124]

Krawalle im Anschluß an Antisemitenversammlungen unterstrichen diese Drohung. Am 26. April zogen Demonstranten zur Universität und wandten sich gegen jüdische Studenten, ohne die Frage nach ihrer Herkunft zu stellen.[125] Am 7. Juni hatte die Polizei die Leopoldstadt vor rund 4.000 Randalierern, die zuvor eine antisemitische Veranstaltung in der Volkshalle des Rathauses besucht hatten, abzuschirmen.[126] Ungeniert wurde der Haß gegen a l l e Juden zur Schau getragen. Damit offenbarte sich auch, daß die „Ostjudenfrage" lediglich als Vorwand in der Strategie nationaler und auch katholischer Antisemiten diente.

Die Ostjudenhetze des Antisemitenbundes und seines Umfeldes setzte seit dem Spätsommer 1919 die Hemmschwelle gegen Gewalt herab und leistete mit ihren Vernichtungsphantasien einen wesentlichen Beitrag zur mentalen Vorbereitung des Holocausts. Hugo Bettauers gespenstische Vision von der „Stadt ohne Juden" erschien nicht zufällig in Wien im Jahr 1922.

8.4. Der Kampf an den Hochschulen

Auch an den Hochschulen, diesen „Brutstätten des Antisemitismus",[127] konzentrierte sich rassistischer Aktionismus nur vordergründig auf galizische und bukowinische Juden. Als während des

---

123 Versammlung des Antisemitenbundes am 26.4.1920 in der Volkshalle des Rathauses. AVA, BKA I, Staatsarchiv d. Innern u. d. Justiz, Bericht der Pol.Dion. Wien vom 27.4.1920 (Z. 3700).
124 Versammlung der nationalsozialistischen Partei am 31.8.1920. Ebd., Bericht der Pol.Dion. vom 1.9.1920 (Z. 6906).
125 Ebd., Bericht der Pol.Dion. vom 27.4.1920 (Z. 3700).
126 Die Versammlung war in Gemeinschaftsaktion von Antisemitenbund und Frontkämpfervereinigung veranstaltet worden. Ebd., Bericht der Pol.Dion. vom 7.6.1920.
127 Moser: Die Katastrophe des österreichischen Judentums, S. 94.

Krieges mit dem Flüchtlingsstrom zahlreiche Studenten nach Wien kamen, setzte auch hier eine Verschärfung der traditionellen antisemitischen Agitation deutschnationaler und christlichsozialer Studenten ein. Mit Hilfe zahlreicher, zumeist einschlägig manipulierter Statistiken, welche die Erhöhung des jüdischen Anteils an der Studentenschaft nachweisen sollten, wurde die Angst vor der jüdischen „Überflutung" der Hochschulen und der akademischen Berufe geschürt. Die „Reichspost" etwa verbreitete im Jänner 1918 die Horrormeldung, der Prozentsatz der „arischen" Hörer an den Wiener Universitäten sei auf 8% gesunken. „Die Überwucherung der Fakultäten besorgt beinahe ausschließlich der semitische Zufluß aus dem Nordosten."[128]

Bereits während des Krieges gab es Bestrebungen, indirekt einen Numerus clausus für galizische Studenten einzurichten, indem besonders an der Medizinischen Fakultät „alle nur denkbaren bürokratischen Schwierigkeiten für die Flüchtlinge ersonnen" wurden.[129] In der Folge forderten die Studenten des „Deutschen Burschenbundes" und diverser deutschkatholischer Verbindungen immer vehementer die Einführung des Numerus clauses für die jüdische Hörerschaft. Die Zahl der jüdischen Studenten sollte den prozentuellen Anteil der jüdischen Bevölkerung Österreichs nicht übersteigen. Diese Forderung galt nun nicht mehr ausschließlich jüdischen Flüchtlingsstudenten aus Galizien und der Bukowina, sondern „sie richtete sich in gleicher Weise auch gegen die bereits assimilierten Juden aus den ehemaligen westlichen Kronländern der Monarchie, insbesondere gegen die in Wien schon seit langem ansässigen. Das erklärte Ziel war die Dissimilierung dieser wie die Verhinderung der Assimilierung jener neu hinzugekommenen jüdischen Bürger."[130]

1920 erfuhren die Studenten Schützenhilfe von Ignaz Seipel, der einen Numerus clausus als „Notwehrantisemitismus" rechtfertigte. Ein einschlägiger Beschluß des akademischen Senates der Univer-

---

128 RP, 17.1.1918, zit. nach Daniek: Das Judentum, S. 27. Vgl. dazu Helge Zoitl: „Student kommt vom Studieren!" Zur Geschichte der sozialdemokratischen Studentenbewegung in Wien. Wien/Zürich 1992, S. 197.

129 Zoitl: „Student kommt vom Studieren!", S. 198.

130 Ebd., S. 202. Für das Sommersemester 1919 und das Wintersemester 1920 wurden seitens der akademischen Behörden Inskriptionsbeschränkungen beschlossen, die erst ab dem zehnten Inskriptionstag Hörer nicht-deutschösterreichischer Nationalität zur Inskription zuließen. Die antisemitische Auslegung dieser Bestimmung blieb der Universitätsbürokratie überlassen. Ebd., S. 196.

sität Wien wurde jedoch vom christlichsozial geführten Unterrichts-
ministerium abgelehnt. Akademische Behörden der Wiener Hochschulen und der Universität mußten es bei „verbalen Unterstützungen der rassistischen Forderungen" der Studenten und antisemitischen Entschließungen belassen.[131] Auch dieser eingeschränkte
Handlungsrahmen war nicht zu unterschätzen. So exponierte sich
im Herbst 1922, vor dem Hintergrund antisemitischer Studenten-
krawalle, Rektor Carl Diener, indem er die antijüdischen Forderungen der Hochschüler präzisierte.

„Der ... geforderte Numerus clausus läßt sich nicht durchführen, soweit es
sich um österreichische Staatsbürger jüdischer Konfession handelt, insofern sie sich im Besitz eines rechtsgültigen Heimatscheines befinden – die
Zahl erschlichener und gefälschter Heimatscheine ist leider eine erhebli-
che, und auf solche wird bei künftigen Inskriptionen ein besonderes Au-
genmerk zu richten sein. Wohl aber kann die Zahl der ausländischen jüdischen Studenten aus Polen, Rumänien und Rußland auf loyale Weise eingeschränkt werden ..."[132]

Die „männliche Haltung" Rektor Dieners in der Frage des „Abbaus
der Ostjuden" und sein Kampf gegen die „fortschreitende Levanti-
sierung Wiens" – so Diener – fanden nach dem „Anschluß" 1938 aus
dem Blickwinkel nationalsozialistischer Geschichtsbetrachtung
nicht zu Unrecht besondere Hervorhebung.[133]

Im Februar 1923 beschloß das Professorenkollegium an der Wiener Technischen Hochschule (ein gleichlautender Antrag an der
Universität war offensichtlich nicht durchgekommen) tatsächlich
einen Numerus clausus für jüdische Ausländer, dessen unklare Formulierung jedoch auch Maßnahmen gegen österreichische Juden
ermöglicht hätte:

„Die Immatrikulation fremdstaatlicher Bewerber wird künftighin auf
Grund ihrer tatsächlichen Eignung und ihrer Volkszugehörigkeit unter Be-
dachtnahme auf volkswirtschaftliche Interessen erfolgen. Für die jüdischen Bewerber des Auslandes wird noch insbesondere bestimmt, daß ihre
Immatrikulation nur in dem Ausmaß erfolgen wird dürfen, daß die Ge-

---

131 Stuhlpfarrer: Judenfeindschaft und Judenverfolgung, S. 150. Zu Seipels Überle-
      gungen, Abwehrmaßnahmen gegen jüdische Studenten aus dem Osten zu er-
      greifen vgl. auch die Studie von Friedrich Rennhofer: Ignaz Seipel. Mensch und
      Staatsmann. Eine biographische Dokumentation. Wien/Köln/Graz 1978, S. 222.
132 AZ, 12.12.1922, Der bodenständige Rektor. Zit. nach Zoitl: „Student kommt vom
      Studieren!", S. 324 f.
133 Körber: Rassesieg in Wien, S. 230.

samtzahl aller an einer Fachschule zu immatrikulierenden jüdischen Bewerber zehn Prozent nicht überschreiten dürfe."[134]

Die Hochschulbehörden scheuten aber letztlich davor zurück, offen für Sanktionen gegen a l l e Juden einzutreten. Die antisemitischen Ausschreitungen der Studenten richteten sich allerdings gleichermaßen gegen Wiener und galizische Juden.[135]

---

134 Zit. nach Zoitl: „Student kommt vom Studieren!", S. 329.
135 Vgl. ebd., S. 320 ff.

9. „Ostjudenfrage" und Sozialdemokratie

9.1. Der „Krebsgang". Sozialdemokratische Flüchtlingspolitik während der Koalitionszeit

Am 15. März 1919 übernahmen in Deutschösterreich erstmals sozialdemokratische Politiker wichtige Funktionen innerhalb der Regierung. Nach ihrem Wahlerfolg vier Wochen zuvor konnte die Arbeiterpartei nicht nur die Kanzlerschaft, sondern – neben weiteren Regierungsfunktionen – auch das Innenressort beanspruchen. Bis Juli 1920, als die Koalitionsregierung durch das vom Christlichsozialen Mayr geführte Proporzkabinett abgelöst wurde, waren Sozialdemokraten für alle Flüchtlingsfragen zuständig. Dies betraf Ausweisungsversuche ebenso wie das Gewährenlassen des Antisemitenbundes. Bis 9. Mai 1919 führte Karl Renner selbst das Innenressort, danach wurde Matthias Eldersch die Verantwortung übertragen.[1]

Mit der Übernahme der damals noch für Wien zuständigen niederösterreichischen Landeshauptmannschaft fiel den Sozialdemokraten eine weitere Machtposition zu, die, wie sich herausstellen sollte, für die ehemaligen Flüchtlinge von nicht zu unterschätzender Bedeutung war. Denn mit Albert Sever übernahm ein Politiker diese Funktion, der sich als zielstrebiger Verfechter einer radikalen „Lösung" des Flüchtlingsproblems profilierte. Nicht zufällig trug der am 10. September 1919 in Wien plakatierte berüchtigte Ausweisungserlaß, dem allerdings eine Entscheidung des Staatsamts des Innern zugrunde lag, seine Unterschrift. Demgegenüber war die Machtübernahme der Arbeiterpartei in der Bundeshauptstadt im Mai 1919 für die galizischen und bukowinischen Juden zunächst sekundär. Die Zeit der Heimatrechtsverleihungen, also jener praktischen Integrationspolitik, über die schließlich in den zumeist sozialdemokratisch dominierten Bezirksvertretungen entschieden wurde, war noch nicht gekommen.

Die sozialdemokratische Partei trug somit mehr als ein Jahr die Hauptverantwortung bei allen Entscheidungen über die Flüchtlinge. Es erwies sich als verhängnisvoll, daß sie sich der von reaktionären Politikern und Publizisten gelenkten Auseinandersetzung

---

1 Erika Weinzierl/Kurt Skalnik: Österreich 1918–1938. Geschichte der Ersten Republik, Bd. 2, Graz/Wien/Köln 1983, S. 1067 ff.

um die „Ostjuden" nicht entzog. Wie sich alsbald erweisen sollte, hatten die Flüchtlinge seitens der Arbeiterpartei in dieser Phase nicht viel an Unterstützung zu erwarten. Allenfalls gab es Versuche, Repressionsmaßnahmen zu entschärfen.[2] Zu einer klar definierten Gegenposition rangen sich führende Sozialdemokraten erst im Frühjahr 1920 durch, als Leopold Kunschak mit seinem erwähnten Vorschlag, nicht heimkehrwillige Personen in „Konzentrationslagern" zu internieren, Aufsehen erregte.[3] Doch zunächst fanden die Sozialdemokraten zu keiner eigenständigen, den humanitären Wurzeln des demokratischen Sozialismus verpflichteten Position. Es fehlte an Initiative zur Entwicklung alternativer Lösungsmodelle. Im entscheidenden Punkt, in der Ausweisungsfrage, stellte sich die Partei in keiner Weise gegen die Linie der Antisemiten. Vielmehr kam sie mit dem eben zitierten Ausweisungserlaß den Forderungen ihrer politischen Gegner in der „Ostjudenfrage" weiter entgegen, als diese jemals erwartet hätten.

Absichten und Rücksichten: Der Zwiespalt in der Ausweisungsfrage

Erste Ansätze einer restriktiven Politik lassen sich seit Mitte April 1919 erkennen. Zunächst wurde die Möglichkeit ausgelotet, Kriegsflüchtlinge zur Heimkehr zu zwingen. Der Wiener Stadtrat beantragte, Lebensmittelkarten an Flüchtlinge nur mehr unter genauer Prüfung der Verhältnisse für einige Tage auszugeben und „von dem bestehenden Ausweisungsrecht gegenüber den Ausländern aus den östlichen Nachbarstaaten angemessen Gebrauch zu machen". Der Antrag wurde mit den Stimmen der Christlichsozialen und Sozialdemokraten angenommen.[4] In den nächsten Tagen kam es tatsächlich zu Ausweisungen.[5] Die sozialdemokratische Arbeiter-Zeitung unterstützte diese Verfügung voll und ganz. Zwar wäre, wie eingeräumt wurde, „Gastfreundschaft" natürlich „schöner", doch der „Trieb zur nackten Selbsterhaltung" zwinge zu diesem Schritt.[6]

---

2 Vgl. z. B. AZ, 29.1.1919, S. 5, Flüchtlingszuzug nach Wien.
3 Sten. Protokolle der Konstituierenden Nationalversammlung, Rede Severs am 29.4.1920, S. 2382; Rede Elderschs am 29.4.1920, S. 2408.
4 Zit. nach: WM, 17.4.1919, S. 4, Die Ausweisung der Flüchtlinge.
5 NFP, 19.4.1919, M, S. 7, Beginn der Fremdenausweisung.
6 AZ, 17.4.1919, S. 5 f., Für Flüchtlinge keine Lebensmittelkarten.

Damit machte sich die Arbeiterpartei erstmals zum Gehilfen einer Politik, welche Versorgungskrise und Wohnungsnot der Zweimillionenstadt ursächlich mit dem Weiterverbleib der rund 25.000 Flüchtlinge in Zusammenhang brachte. Entsprechend sarkastisch fiel der Kommentar der zionistischen Wiener Morgenzeitung aus:

„Die Flitterwochen der sozialdemokratischen ‚Vernunftehe‘ mit den Christlichsozialen beginnen bereits ihre Früchte zu tragen. Die ‚unüberbrückbare Kluft‘, welche, wie Staatskanzler Dr. Renner sich äußerte, in ‚Kulturfragen‘ die Weltanschauung der Sozialdemokraten von jener der Christlichsozialen trennt, scheint sich immer mehr auszufüllen. Die ‚Flüchtlingsfrage‘ ist nicht nur eine ‚Lebensmittelfrage‘, sie berührt auch eine Kulturfrage, und da fielen die Sozialdemokraten um."[7]

Proteste seitens der Betroffenen waren zumindest dem Regierungschef, der jede Störung der Staatsvertragsverhandlungen durch aufsehenerregende Zwangsmaßnahmen gegen Kriegsflüchtlinge ausschließen wollte, unangenehm. Wenige Tage später wurde die Aktion ausgesetzt. Vertretern des „Verbandes östlicher Juden", aber auch dem Zionistenführer Robert Stricker gegenüber erklärte Renner, die Ausweisungen kehrten sich nicht gegen die Kriegsopfer, sondern gegen den „Bolschewismus aus dem Osten", „damit es Österreich nicht so ergehe wie Ungarn und Bayern".[8] Diese Äußerung verleugnete die ursprünglichen Intentionen und offenbarte zugleich Unsicherheit, schlechtes Gewissen und argumentative Hilflosigkeit der Partei. Der sozialdemokratische „Krebsgang" in der Ostjudenfrage, wie der einige Monate später in der antisemitischen Presse erhobene Vorwurf lautete,[9] begann sich abzuzeichnen.

Die Distanzierung des sozialdemokratischen Staatskanzlers von diesem ersten Ausweisungsversuch bedeutete jedoch keine Korrektur an der Generallinie der Partei. Stellungnahmen der „Arbeiter-Zeitung" zum Flüchtlingsproblem dokumentieren das Festhalten der Sozialdemokraten an einer Radikallösung, wobei sich das Blatt in der Wahl mancher Formulierungen nicht zimperlich erwies.[10]

---

7 WM, 17.4.1919, S. 4 f., Die Ausweisung der Flüchtlinge.
8 Kreppel: Juden und Judentum, S. 255; WM 19.4.1919, S. 1, Zur Flüchtlingsausweisung.
9 Wr. St., 9.10.1919, S. 2, Rund um die Ostjuden.
10 Dabei nahm die Redaktion sogar das Risiko auf Beifall der antisemitischen „Wiener Stimmen" in Kauf, die ihren Lesern beispielsweise folgende Passage aus einem Leitartikel der AZ vom 17.7.1919 nicht vorenthielten: „Man wird doch daran gehen müssen, den Bodensatz der Flüchtlinge, die während des Krieges nach Wien gekommen sind, endlich zur Abwanderung zur bestimmen." Wr. St., 17.7.1919, S. 3.

Die ersten Erfahrungen hatten jedoch gelehrt, daß Zwangsmaßnahmen auf Widerstand treffen würden und zukünftige Aktionen einer
besseren Vorbereitung bedurften. Die weiteren Schritte lagen bei
der Regierung.

Am 27. Juni 1919 beantragte Johann Loewenfeld-Ruß, der politisch ungebundene Staatssekretär für Volksernährung, im Kabinettsrat „Maßnahmen, durch welche im Interesse der Erleichterung
der Ernährungssituation die in Wien anwesende Bevölkerung ver-
ringert werden" sollte. Die Flüchtlingsproblematik kam zwar weder
im Antrag noch – dem Kabinettsprotokoll nach zu schließen – in der
Diskussion über den Maßnahmenkatalog explizit zur Sprache. Allerdings hatte Loewenfeld-Ruß an erster Stelle die „Fernhaltung
und Abschaffung lästiger Ausländer" genannt.[11] Der Kabinettsrat
genehmigte den Antrag, Zeitpunkt und Modalitäten mußten jedoch
erst ausgehandelt werden. Die Koordination der geplanten Aktion
lag beim Staatssekretär des Innern, dem Sozialdemokraten Matthias
Eldersch,[12] der nun versuchte, mögliche Schwierigkeiten auszulo-
ten und potentiellen Widerstand von vornherein auszuschalten.

Bereits am 3. Juli veranlaßte er Otto Bauer, den Leiter des Außen-
amtes, die polnische sowie die tschechische Gesandtschaft in Wien
zu kontaktieren, um mögliche Reaktionen der beiden Nachfolgestaaten abzuklären. Die Antwort lag nach wenigen Tagen vor. Die
Tschechen erhoben keinen Einwand gegen einen Flüchtlingstransport durch ihr Territorium, „insoferne derselbe in geschlossenen
und bewachten Zügen stattfindet". Die Polen wiesen auf „gewisse
Grenzschwierigkeiten mit der Tschechoslowakei" hin, die aber bald
behoben wären. Grundsätzlich legten sie zu diesem Zeitpunkt noch
kein Veto gegen die Absicht der österreichischen Regierung ein.
Nach Ansicht des Staatsamts des Äußeren lag somit dem „ehebal-
digst(en) ... Abtransport der fraglichen Repatrianten mit Extra-
zügen" nichts im Wege.[13]

Zu mehr Vorsicht riet hingegen die Wiener Polizeidirektion, die

---

11 Der Antrag sah allerdings auch die Unterbringung von Rückwanderern, Pensioni-
   sten, Arbeitslosen und Kriegsversehrten außerhalb Wiens vor. AVA, Kabinettsprotokoll Nr. 83 vom 27.6.1919, Beilage. Hinweis auf die Übereinkunft im Kabinettsrat auch in: AVA, D.ö.-Staatskanzlei 3223/6/1919, Schreiben Robert Strickers an
   Staatskanzler Renner vom 27.9.1919.
12 AVA, Kabinettsprotokoll Nr. 83 vom 27.6.1919, S. 10.
13 AVA, Innenministerium, Karton 88. Präsidialzahl 9591 ad 24694. Schreiben
   Bauers an Eldersch vom 7.7.1919. Zit. nach Besenböck: Die Frage der jüdischen
   Option, S. 43 f.

von Eldersch ebenfalls konsultiert worden war. Schwierigkeiten mit
den Tschechen, Polen und Ungarn seien nicht auszuschließen, und
im übrigen wäre auch die spezifische Situation der Betroffenen zu
bedenken:

„... die große Mehrheit von ihnen hat sich nichts zu Schulden kommen lassen und verdiene ihr kärgliches Brot mit ehrlicher Arbeit. Sie werden daher die Maßregel der Abschaffung und die Verweisung in ihre Heimatorte,
in welchen größtenteils noch Krieg geführt wird und Unordnung herrscht,
als Gehässigkeit empfinden."[14]

Innenpolitischen Widerstand gegen die geplante Aktion erwartete
Matthias Eldersch in erster Linie von Robert Stricker, dem Führer
der Jüdischnationalen, der sich bereits als engagierter Verteidiger
der Flüchtlinge profiliert hatte. So bemühte er sich zunächst, den
prominenten Zionisten zu gewinnen. Ein erstes Sondierungsge-
spräch verlief nicht unkonstruktiv. Eldersch war bemüht, den Kabi-
nettsratsbeschluß als rein sachliche Entscheidung, die nichts mit
dem Druck der antisemitischen Parteien zu tun hätte, darzustellen.
Er nahm die Entgegnungen und Vorschläge Strickers, der auf die
Unrechtmäßigkeit und Undurchführbarkeit jeder Zwangsaktion
hinwies, zur Kenntnis und erklärte, vorläufig keine Maßnahmen
setzen zu wollen. Eine Konferenz, zu der alle in Betracht kommenden Behörden beizuziehen wären, sollte Klarheit schaffen.[15]
    Mitte Juli fand unter Vorsitz Matthias Elderschs die angekündigte
Besprechung statt. Vertreter fast aller Ministerien, der niederösterreichischen Landesregierung und der Gemeinde Wien, Robert
Stricker mit einigen Parteikollegen sowie Vertreter der Poalezionisten und Rudolf Schwarz-Hiller waren anwesend. Die vierstündige
Diskussion zeichnete sich, den Erinnerungen Strickers nach zu
schließen, durch relativ offene Darlegung der Positionen aus. So
blieb die Feststellung des Zionistenführers, die geplante Aktion
richte sich ausschließlich gegen Ostjuden, offenbar unwidersprochen. Der Verteter des Staatsamt des Äußeren konzedierte vielmehr
unumwunden, er sei tatsächlich beauftragt, weitgehende Schonung
ungarischer, tschechoslowakischer und jugoslawischer Staatsbürger zu fordern, um Konflikte und Repressalien zu vermeiden. In der
Auffassung, die polnische Regierung würde in ihrer bekannt antijüdischen Haltung eine gegen ihre Staatsangehörigen gerichtete Aus-

---

14 Ebd., Schreiben der Polizeidirektion an das Innenministerium vom 6.7.1919.
15 AVA, D.ö.-Staatskanzlei 3223/6/1919, Bericht Strickers über dieses Gespräch in
    Schreiben an Staatskanzler Renner vom 27.9.1919.

weisungsaktion widerspruchslos hinnehmen, unterlag das Außenamt jedoch, wie Stricker schon damals prophezeite, einer Täu-
schung.

Robert Stricker verstand es offenbar, den Diskussionspartnern zumindest für den Moment seine Zweifel und Bedenken plausibel zu
machen. Seinen Argumenten war sachlich wenig entgegenzusetzen:
Der Abtransport von maximal 30.000 Personen würde weder die
Versorgungslage der Zweimillionenstadt merklich entspannen,
noch sei er bei den herrschenden Verkehrsproblemen überhaupt
durchführbar. Seit Wochen warteten zahlreiche Flüchtlinge vergebens auf ihren Heimtransport. Im übrigen bedeuteten Zwangsmaßnahmen eine unmenschliche Härte gegenüber Personen, die vielfach gegen ihren Willen evakuiert worden wären und in der Heimat
ihre Existenzgrundlage völlig verloren hätten. Weitgehende Ausnahmeregelungen, die Eldersch für den Fall einer Ausweisungsaktion in Aussicht stellte, würden lediglich zu Protektion und Korruption führen.

Stricker kündigte jedoch seine Unterstützung einer Entlastungs-
aktion zugunsten der Hauptstadt an: Personen, die tatsächlich in
ihre Heimat zurückkehren könnten, würden von den Jüdischnationalen motiviert und unterstützt. Er sprach sich weiters für eine Perlustrierung der Flüchtlinge sowie für die konkrete Vorbereitung von
Repatriierungstransporten aus.[16]

Eldersch wiederum zweifelte zu diesem Zeitpunkt selbst am Erfolg einer Aktion, die „einseitig nur die Abschaffung der aus Galizien Zugereisten zum Gegenstande hätte" und erklärte, die Regierung würde Strickers Vorschläge prüfen.[17] Ende Juli erteilte er dem
zionistischen Politiker die verbindliche Zusage, die Regierung würde von einem Ausweisungserlaß absehen und nur eine Perlustrierung der Flüchtlinge vornehmen.[18] Auch Vertreter der Poalezionisten wurden in ähnlicher Weise beruhigt.[19]

---

16 Ebd.
17 Der Staatssekretär befürchtete, wie er es rückblickend der Staatskanzlei gegenüber formulierte, Widerstände, „denen eine Berechtigung nicht gänzlich hätte
   abgesprochen werden können". AVA, Ö.-Staatskanzlei, 3223/8/1919, Schreiben
   Elderschs an die Staatskanzlei vom 19.10.1919, Ausweisung der Fremden.
18 AVA, D.ö.-Staatskanzlei 3223/6/1919, Bericht Strickers über dieses Gespräch in
   Schreiben an Staatskanzler Renner vom 27.9.1919. Stricker bleibt in seinem Bericht an Renner unpräzise in der Datierung. Die „Wiener Morgenzeitung" jedoch
   datiert eine „strikte Erklärung" Elderschs an Stricker, die geplante Ausweisungsaktion würde unterbleiben, mit 28. Juli 1919. WM, 1.8.1919, S. 1 f., Die Hetze gegen die Flüchtlinge.
19 Freie Tribüne, 2.8.1919, S. 1., Ausweisung!

Der sozialdemokratischen Regierungsmannschaft gelang es jedoch nicht, die mit Rücksicht auf die laufenden Friedensverhandlungen in St. Germain getroffene moderate Entscheidung innerhalb der eigenen Partei plausibel zu machen. Nur wenige Tage später kündigte die „Arbeiter-Zeitung" einen „radikalen Schritt" zur Lösung des Flüchtlingsproblems an. Die niederösterreichische Landesregierung unter Führung des Sozialdemokraten Sever habe sich zu einer Ausweisungsaktion entschlossen, von der auch ungarische Flüchtlinge, in erster Linie jedoch galizische Juden betroffen sein sollten. Das sozialdemokratische Parteiorgan publizierte den Wortlaut der Kundmachung, die in den niederösterreichischen Bezirkshauptmannschaften und in Wien plakatiert werden sollte, in der Ausgabe vom 31. Juli. Ein lakonischer Kommentar bekräftigte Notwendigkeit und Rechtmäßigkeit dieser Maßnahme.[20]

Es ist nicht anzunehmen, daß dieses sprunghafte Agieren auf Kommunikationsmängel innerhalb der SDAP zurückzuführen war. Vermutlich bestanden zu diesem Zeitpunkt Meinungsunterschiede zwischen Eldersch einerseits und dem einflußreichen sozialdemokratischen Sprachrohr andrerseits, das die harte Linie, die Sever in der Flüchtlingsfrage einschlagen wollte, unterstützte.[21] Für die Flüchtlinge blieb dieser erste Vorstoß der niederösterreichischen Landesregierung folgenlos. Heftige Proteste Strickers aber auch der poalezionistischen Funktionäre trugen zur Rücknahme des Erlasses bei.[22]

Sever nahm diesen Rückschlag nur widerwillig hin und wurde daher auf einer antisemitischen Kundgebung vom nationalsozialistischen Parteiführer Walter Riehl gelobt.[23] Weitere Bemühungen des niederösterreichischen Landeshauptmannes um eine Zwangsmaßnahme gegen die Kriegsflüchtlinge waren erfolgreicher.

---

20 AZ, 31.7.1919, S. 5, Ausweisung der Fremden. In der Hauptsache treffe die Abschaffung Flüchtlinge aus Galizien, „die sich noch immer nicht entschlossen haben, in ihre alte Heimat zurückzukehren". Das sozialdemokratische Organ verlor zu diesem Zeitpunkt nie ein Wort über die Motive, die die Flüchtlinge von ihrer Rückkehr abhielten.

21 Vgl. AZ, 13.8.1919, S. 1 f., Halbasien.

22 AVA, D.ö.-Staatskanzlei, 3223/6/1919, Schreiben Strickers an Staatskanzler Renner vom 27.9.1919; Freie Tribüne, 13.9.1919, S. 1, Ausweisung.

23 Angeblich hatte Severs in einem Gespräch mit Riehl konstatiert, es sei nicht seine Schuld, daß die jüdischen Flüchtlinge nicht ausgewiesen würden. Der Abgeordnete Stricker hätte dies verhindert. WM, 20.8.1919, S. 5, Antisemitische Demonstration in Wien.

Der „Sever-Erlaß"

Am 10. September 1919, dem Tag der Unterzeichnung des Staats-
vertrags, wurde in den Straßen Wiens, aber auch in den niederösterreichischen Bezirkshauptmannschaften ohne Vorankündigung
in der Presse eine „Kundmachung betreffend die Abreisendmachung der in Deutschösterreich nicht heimatberechtigten Personen" angeschlagen. Sie war mit 9. September datiert und vom niederösterreichischen Landeshauptmann Sever unterzeichnet. Sie berief sich auf eine entsprechende Weisung des Staatsamtes für Inneres und Unterricht, das von der Regierung mit der Durchführung
der Aktion betraut worden sei. Die Argumentation war nicht neu.
Lebensmittel- und Wohnungsnot, die sich mit der Rückkehr von
Kriegsgefangenen noch verschärfen würde, aber auch der Mangel
an Arbeitsplätzen machten die „tunlichst rasche und dringliche
Evakuierung unseres Staatsgebietes" erforderlich. Daher würden

„alle ehemaligen Angehörigen der österreichisch-ungarischen Monarchie,
welche nicht in einer Gemeinde Deutschösterreichs heimatberechtigt sind,
sofern sie sich nicht bereits vor dem 1. August 1914 in Deutschösterreich
dauernd aufgehalten haben, aufgefordert, sich bis 20. September aus dem
deutschösterreichischen Staatsgebiet zu entfernen".

Gegen Personen, die der Aufforderung innerhalb dieser Frist nicht
Folge leisteten, wollte man im Sinn des Gesetzes vom 27. Juli 1871
(RGBl. Nr. 88) „unnachsichtlich" mit Abschaffung vorgehen. In Einzelfällen – genannt wurden öffentliches Interesse, dauernde Arbeitsstellung oder „ganz besonders berücksichtigungswürdige Umstände, wie namentlich schwere Krankheit" – könnte über schriftliches Ansuchen seitens der zuständigen Behörde der vorläufig weitere Aufenthalt gestattet werden.[24]

Diese Verfügung, die als „Sever-Erlaß" in die Geschichte einging,
wurde bisher als Aktion des niederösterreichischen Landeshauptmannes dargestellt.[25] Die Entscheidung für die Ausweisungsaktion
war jedoch im Staatsamt des Innern gefallen und mit Erlaß vom 5.

---

24 Vgl. Tageszeitungen vom 11.9.1919. Siehe auch Wiener Stadt- und Landesbibliothek, Plakatsammlung, Nr. 7978.
25 Vgl. z. B. Moser: Die Katastrophe, S. 89; Spira: Feindbild „Jud", S. 77; Pauley: Eine
   Geschichte des österreichischen Antisemitismus. Auch die Verfasserin gelangte –
   allerdings ohne vollständige Kenntnis der Quellenlage – 1978 in einer Diplomarbeit über „Die ostjüdischen Kriegsflüchtlinge in Wien 1914–1923" zu dieser
   Auffassung.

September an alle Landesregierungen ausgegeben worden. Lediglich den Zeitplan des Staatsamtes hatte Sever mißachtet, indem er offenkundig die für die nächsten Tage geplante „Veröffentlichung der vorstehenden Maßnahmen in der Presse"[26] nicht mehr abwarten wollte. Die Affichierung der Kundmachung war somit, wie Eldersch bemerkte, „etwas vorzeitig getroffen".[27]

Die Rahmenbedingungen waren gegenüber Ende Juli, als die Regierung noch gegen eine Ausweisung entschieden hatte, nur in einem Punkt verändert: Am 3. September, zwei Tage vor dem Erlaß des Staatsamtes des Innern an alle Landesregierungen, war Karl Renner in St. Germain der Staatsvertrag überreicht worden. Außenpolitische Rücksichtnahmen schienen nun weniger zwingend als in den Wochen zuvor. Davon allerdings war in einer Darstellung Matthias Elderschs, der einige Wochen später vom Kanzleramt zu einer Stellungnahme aufgefordert wurde, nicht die Rede. Der Staatssekretär führte als Rechtfertigung wiederum die sich verschärfende Lebensmittel- und Wohnungsnot an, argumentierte aber auch damit, daß „weite Kreise der Bevölkerung" seiner Meinung nach „zu Recht" überzeugt wären,

„daß nicht zum geringen Teile die zahllosen Fremden, die sich in Wien aufhalten, ohne sich in einer für die deutschösterreichische Volkswirtschaft nützlichen Weise zu betätigen, eine Besserung der Verhältnisse erschweren."[28]

De facto gestand Eldersch damit den Einfluß der antisemitischen Hetzkampagne gegen die Flüchtlinge auf die Entscheidung des Staatsamtes ein. Eine Lehre jedoch hatte der Sozialdemokrat aus seiner Auseinandersetzung mit Robert Stricker gezogen. Auch wenn die Maßnahme ausschließlich auf diese Gruppe abzielte, mußte der Schein der Objektivität gewahrt werden:

„Diesmal wurde die Aktion auf alle Fremden ausgedehnt, die ehemals dem Verbunde der österreichisch-ungarischen Monarchie angehörten, und so von vorneherein den allfälligen Einwürfen, die Ausweisung richte sich nur gegen eine bestimmte Kategorie der Fremden, der Boden entzogen."[29]

---

26 AVA, D.ö.-Staatskanzlei, 3223/1919, 11.9.1919, Abschrift eines Erlasses des Staatsamtes für Inneres und Unterricht an alle Landesregierungen vom 5. September 1919 (Z. 24694).
27 AVA, Ö.-Staatskanzlei, 3223/8/1919, Schreiben Elderschs an die Staatskanzlei vom 19.10.1919.
28 Ebd.
29 Ebd.

Formal schienen somit auch die Verpflichtungen Robert Stricker gegenüber ohne Bedeutung, dem Eldersch im August immerhin zugesichert hatte, ohne vorherige Perlustrierung nichts gegen die Flüchtlinge zu unternehmen. Konsequenterweise wurde Stricker nun auch nicht mehr kontaktiert:

„Es ist nur natürlich, daß bei einer solchen allgemeinen Aktion nicht weiter mit Personen, die bloß als Vertreter eines Teiles der Betroffenen angesehen werden können, in Verhandlungen eingetreten werden konnte..."[30]

Während Eldersch im Erlaß vom 5. September die Landesregierungen angehalten hatte, „Veröffentlichungen und Gerüchten" entgegenzutreten, es handle sich um eine Maßnahme gegen „Angehörige (...) gewisser Volksstämme",[31] lauteten die internen Weisungen anders. Am 18. September veranlaßte Eldersch ein Telegramm folgenden Wortlautes an alle Landesregierungen:

„Mit Durchführung h. o. Erlasses Z. 24694 vom 5. September 1919 gegenüber gegenwärtig tschechoslovakischen, jugoslavischen und italienischen Staatsangehörigen bis auf weiteres mit größter Schonung vorgehen. Unterbehörden sofort entsprechend intern anweisen, jedoch vorläufig keine Veröffentlichungen in Presse."[32]

Diese Einschränkung sei, wie er der Staatskanzlei gegenüber betonte, „lediglich aus Gründen der äußeren Politik ... über dringenden Wunsch des Staatsamtes für Äußeres" geschehen.[33] Entgegen allen Beteuerungen war der Erlaß somit in allererster Linie gegen die jüdischen Flüchtlinge nunmehr polnischer bzw. ukrainischer Staatsangehörigkeit gerichtet. Außer ihnen konnten nur ungarische Staatsbürger – auch sie in vielen Fällen jüdischer Konfession – behelligt werden.

Angesichts der katastrophalen Ernährungsprobleme ist das Bemühen der deutschösterreichischen Regierung nachvollziehbar, jeder Möglichkeit einer Entlastung nachzugehen. Die schlechte Ernte des Sommers 1919 ließ einen weiteren Hungerwinter vor allem für die Bevölkerung Wiens erwarten. Jedoch: Der Abschub der jüdischen Flüchtlinge, die insgesamt 20.000 bis 30.000 Personen

---

30 Ebd.
31 AVA, D.ö.-Staatskanzlei 3223/1919, Erlaß des Staatsamtes für Inneres und Unterricht vom 5.9.1919 (Z. 24694).
32 AVA, D.ö.-Staatskanzlei, 3223/4/1919, Abschrift eines Telegrammes des Staatsamtes für Inneres und Unterricht vom 18.9.1919 (Z. 33261).
33 AVA, Ö.-Staatskanzlei, 3223/8/1919, Schreiben Elderschs an Staatskanzlei vom 19.10.1919.

zählten, von denen aber aufgrund der dehnbaren Ausnahmebestimmungen nur ein Teil tatsächlich von der Aktion betroffen werden sollte, konnte auch nicht ansatzweise die schweren Versorgungsmängel der Zweimillionenstadt beheben.

Überdies war die Ausweisungsaktion rechtlich nicht gedeckt. Sie kollidierte sowohl mit dem österreichischen Staatsgrundgesetz als auch mit dem Friedensvertrag:[34] Das Staatsgrundgesetz über den Schutz der persönlichen Freiheit enthielt das Verbot, eine Person außer in vom Gesetz bestimmten Fällen auszuweisen oder zu konfinieren. Auch Ausländer waren durch diese Bestimmung grundsätzlich geschützt. Es existierte somit kein Gesetz, welches zu einer allgemeinen Fremdenaustreibung ermächtigen konnte. Vermutlich aus diesem Grunde hatte das Staatsamt des Innern im Erlaß auch nicht direkt die Ausweisung verfügt, sondern lediglich eine Aufforderung zur Abreise und eine daran geknüpfte Drohung mit dem Abschaffungsgesetz vom 27. Juli 1871 (RGBl. Nr. 88) formuliert. Diesem Gesetz zufolge konnten Ausländer „aus Rücksichten der öffentlichen Ordnung und Sicherheit" aus dem Staatsgebiet verwiesen werden. Die Bestimmung war zwar dehnbar, doch war eine Interpretation, die sich nicht auf Einzelpersonen und konkrete, die öffentliche Sicherheit und Ordnung gefährdende Umstände bezog, sondern die Abschaffung einer ganzen Gruppe von Ausländern bezweckte, zumindest fragwürdig, wenn nicht gar „mißbräuchlich".[35]

Der Friedensvertrag wiederum enthielt eine „Reihe von Bestimmungen, mit welchen derartige Ausweisungen gänzlich unvereinbar" waren und sie „zu Verletzungen des Vertrages" stempelten.[36] In Artikel 63 hatte Österreich sich verpflichtet, allen Einwohnern, ohne Unterschied der Geburt, Nationalität, Sprache, Rasse oder Religion, vollen und ganzen Schutz von Leben und Freiheit zu gewähren. Eine generelle Abschaffung oder Konfinierung widersprach dieser Minoritätenschutzbestimmung grundsätzlich. Darüber hinaus war die Ausweisung auch aufgrund der Bestimmungen über die Regelung der Staatsangehörigkeit unzulässig. Denn der Friedensvertrag enthielt eine Reihe von Vorschriften über den Er-

---

34 Vgl. zum folgenden: Isidor Margulies: Der Rechtsschutz gegen die Ausweisungen. In: WM, 24.9.1919, S. 2; WM 25.9.1919, S. 2.

35 Margulies: Der Rechtsschutz, WM, 25.9.1919, S. 2. Das Gesetz eröffnete im übrigen betroffenen Personen die Möglichkeit, bei der zuständigen Polizeidirektion ein formelles Abschaffungserkenntnis zu verlangen, gegen das Rekursrecht – mit aufschiebender Wirkung – bei der Landesregierung bestand.

36 Ebd.

werb der Staatsbürgerschaft und normierte insbesondere die Bedingungen und Fristen für eine Ausübung von Optionsrechten. Artikel 92 bestimmte, daß niemand wegen Regelung seiner Staatsangehörigkeit aufgrund des Friedensvertrages behelligt oder belästigt werden dürfe. Ein Optant unterlag lediglich dem Zwang, seinen Wohnsitz innerhalb von zwölf Monaten in den Staat, für den er optierte, zu verlegen. Eine Ausweisung während der Optionsfrist bedrohte damit auch jene Personen, die laut Friedensvertrag das Optionsrecht für Deutschösterreich hatten.

Außerdem enthielt der Friedensvertrag in Artikel 228 besondere Schutzbestimmungen gegenüber den Angehörigen der verbündeten und assoziierten Mächte. Im Punkt b) verpflichtete sich Österreich ganz allgemein, „den Angehörigen irgendeiner der verbündeten oder assoziierten Mächte keine Beschränkung aufzuerlegen, die nicht am 18. Juli 1914 auf Angehörige dieser Mächte" – im konkreten Fall ging es um Polen, Rumänen, Italiener und Tschechen – anwendbar gewesen war, sofern Österreich „nicht diese Beschränkung seinen eigenen Angehörigen ebenfalls" auferlege. Diese Bestimmung gewährte Schutz vor einer Ausweisung, wenn sie auch vor Ratifizierung des Vertrages im Parlament in Österreich noch keine praktisch-juristische Bedeutung besaß.[37]

Die Folgen des Ausweisungserlasses

Der Ausweisungserlaß war rechtlich nicht abgedeckt und fragwürdig in der Begründung. Die Aktion war vor allem aber undurchführbar, da selbst heimkehrwillige Flüchtlinge Wien wegen der Transportprobleme nicht verlassen konnten. Eine dreimonatige Wartefrist war die Regel, und Hunderte warteten bereits auf ihre Repatriierung.[38] Die Regierung hatte keinerlei Maßnahmen getroffen, die den Erlaß organisatorisch vorbereitet hätten. In der Terminisierung mit 20. September dokumentierte sich ein großes Maß an „Unfähigkeit, Schlamperei im Denken" sowie ein „verbrecherischer Mangel jeder berechnenden Voraussicht".[39] Die Folgen waren abzusehen:

---

37 Ebd. Vor Ratifizierung des Vertrages im österreichischen Parlament bildeten die Bestimmungen des Friedensvertrages allerdings kein in Österreich geltendes Recht. Eine durch Ausweisung bedrohte Partei konnte sie daher vorläufig nicht im Rechtsmittelweg geltend machen.
38 WM, 12.9.1919, S. 2, Die Verbeugung vor der Gasse.
39 Freie Tribüne, 20.9.1919, S. 1, Wir klagen an!

„Die Fremden können Deutschösterreich nicht verlassen. Es werden keine
Wohnungen frei, keine Lebensmittel erspart werden. Demgegenüber wurde jedoch der Stichtag für eine regelrechte Fremdenverfolgung und Pogromhetze gegeben. Ja, das haben sie wohl erreicht: jeder, der einem
Fremden ähnlich sieht (die Herren, die das zu verantworten haben, wußten zu gut, wer das sein wird ...), kann auf der Straße gepackt werden: ‚Sie
sind noch hier?' Erpresser, Verbrecher aller Art, lichtscheues Gesindel
kann jetzt in Flüchtlingswohnungen kommen, um die Verhetzten, Veräng-
stigten, der Willkür Preisgegebenen sich gefügig zu machen."[40]

Die Befürchtung der poalezionistischen „Freien Tribüne" fand nur zu
bald ihre Bestätigung. Der antisemitische Pöbel sollte jedoch zugleich
jene unter Druck setzen, die den Erlaß zu verantworten hatten.

Die Regierung zeigte bereits wenige Tage nach der aufsehenerre-
genden Aktion vom 10. September Anzeichen von Verunsicherung.
Sie begann, den Ausweisungserlaß zu entschärfen. Ausdrücklich betonte ein Regierungskommentar jene Verfügungen, welche Ausnahmeregelungen betrafen.[41] Dieser partielle Rückzug wurde vor allem
in Hinblick auf den drohenden Reputationsverlust im Ausland angetreten. Denn die Republik, deren Staatskanzler eben den Friedensvertrag entgegengenommen hatte, erregte mit ihrer Ostjudenpolitik
mehr internationale Aufmerksamkeit, als ihre Repräsentanten erwartet hatten. Dem polnischen Protest[42] gegen den „Sever-Erlaß"
waren ablehnende Reaktionen in Rumänien gefolgt, das im Falle
bukowinischer Juden involviert war.[43] Auch im britischen Foreign
Office beschäftigte man sich mit dem Vorhaben der österreichischen Regierung und erwog sogar, den Völkerbund damit zu befas-
sen.[44] Die Warnungen zionistischer Politiker vor außenpolitischen
Schwierigkeiten hatten sich somit bestätigt.[45]

Das internationale Echo verfehlte nicht seine Wirkung. Eine weitere Kundmachung, die offenbar dem Unbehagen über die antisemitische Agitation vor der für den 25. September geplanten Massen-

---

40 Ebd.
41 WM, 13.9.1919, S. 3, Der Ausweisungsukas.
42 WM, 12.9.1919, S. 2, Die Verbeugung vor der Gasse.
43 WM, 18.9.1919, S. 2, Die Ausweisung der Fremden. In Rumänien übte ein Teil der
   Presse Druck auf die Regierung aus, in Rumänien ansässige deutschösterreichische Staatsangehörige zum Verlassen des Landes zu zwingen.
44 Documents on British Foreign Policy 1919–1939. Hrsg. v. E. L. Woodward und Ro-
   han Butler. Reihe I, Bd. 6, London 1956, Brief J. A. Tilleys an Eyre A. Crowe (Paris) vom 18.9.1919, S. 242; Crowe zeigte in seinem Antwortschreiben allerdings
   Verständnis für die Position der österreichischen Regierung. Antwortschreiben
   Crowes vom 27.9.1919, S. 263 f.
45 WM, 1.8.1919, S. 1, Die Hetze gegen die Flüchtlinge.

kundgebung entsprang, läßt bereits große Distanz zu den Formulierungen des „Sever-Erlasses" erkennen. Nicht nur aus verkehrstechnischen Gründen sei der Abschub größerer Menschenmassen unmöglich. Es wären auch Komplikationen zu vermeiden, die sich „aus der Frage der Fremdenbehandlung ergeben könnten, (und) die Schwierigkeiten, von denen Deutschösterreich jetzt betroffen ist, nur vermehren würden". „Die Bevölkerung sollte Verständnis aufbringen und Ruhe bewahren."[46]

Einschränkende Bestimmungen und Appelle an die Bevölkerung zeigten keine Wirkung. Sie trugen den sozialdemokratischen Regierungsmitgliedern lediglich den Vorwurf ein, in der „Ostjudenfrage" einen „Krebsgang" zu betreiben. Und in diesem Falle hatten die „Wiener Stimmen" nicht unrecht:[47] Die durch den Ausweisungserlaß provozierte antisemitische Welle ließ sich nicht mehr eindämmen. Es häuften sich Zwischenfälle. Jüdische Bürger – ob Flüchtling oder nicht – wurden auch auf belebten Straßen belästigt, mißhandelt und mit Mord bedroht.[48] Vor allem aber ist ein unmittelbarer Zusammenhang zu erkennen zwischen dem Ausweisungserlaß und der ersten antisemitischen Großkundgebung am 25. September. Ihr sollte eine Reihe weiterer Veranstaltungen folgen.

Das Staatsamt des Innern hatte sich mit der Ausweisungsverfügung dem Druck radikal antisemitischer Kräfte ausgeliefert, die sich in ihrer Parole „Ostjuden hinaus!" bestätigt sahen. Die praktische Undurchführbarkeit des Erlasses versetzte daher den Leiter des Innenressorts unter Legitimationszwang. Eldersch war der logische Adressat einer Resolution der Veranstaltung vom 25. September, mit welcher der sofortige Abschub der Flüchtlinge verlangt wurde.[49] In seiner Antwort bemühte sich der Sozialdemokrat offenkundig darum, die Antragsteller zu beschwichtigen, indem er die Verzögerung mit außenpolitischen und administrativen Schwierigkeiten erklärte. An den ursprünglichen Intentionen würde man festhalten.[50]

---

46 Kundmachung vom 23.9.1919. Zit. nach: WM 24.9.1919, S. 2, Die „Reichspost" hetzt.
47 Wr. St., 9.10.1919, S. 2, Rund um die Ostjuden.
48 Anfrage der Gemeinderäte Plaschkes, Ehrlich und Pollak im Wiener Gemeinderat am 19.9.1919. Zit. in: WM, 20.9.1919, S. 1, Das Ergebnis des Ausweisungsukases der Landesregierung.
49 HHStA, NPA, Präs., Fas. 3, 2631/1919, Bericht der Pol.Dion. vom 25.9.1919, Versammlung des Deutschen Volksrates (Z. 13814).
50 WM, 27.9.1919, S. 4, Die Fremdenausweisungen.

Die Tumulte im Anschluß an die Kundgebung verstärkten wiederum den Druck der internationalen Öffentlichkeit auf die österreichische Regierung. Bereits wenige Stunden nach der Veranstaltung suchte der amerikanische Generalkonsul Albert Halstead Staatskanzler Renner auf und zeigte sich zutiefst beunruhigt über das Ausmaß der antijüdischen Hetze. Sollten sich Gerüchte über bevorstehende Verfolgungen bewahrheiten, hätte dies einen „schlimmen Einfluß" auf die öffentliche Meinung der Vereinigten Staaten gegen Deutschösterreich. Renner beeilte sich zu versichern, man hätte die Situation unter Kontrolle.[51]

Zehn Tage später sah sich die Regierung mit einer Resolution konfrontiert, die unmißverständlich offenbarte, mit wem man es zu tun hatte: Die Teilnehmer der Veranstaltung des Antisemitenbundes vom 5. Oktober 1919 verlangten den Abschub aller Flüchtlinge innerhalb einer zweiwöchigen Frist. „Nach Ablauf dieser Zeit müßte seitens der Veranstalter jedwede Verantwortung an den kommenden Geschehnissen abgelehnt werden." Gewalttätige Ausschreitungen im Anschluß an die Kundgebung unterstrichen die Drohung.[52] Erst jetzt reagierte die Regierung mit einem – halbherzig exekutierten – Verbot von Massenversammlungen dieser Art.[53]

Der „Sever-Erlaß" hatte, indem er die galizischen Juden dem Druck der Öffentlichkeit preisgab, die Emotionen aufgeschaukelt und das politische Klima weiter vergiftet. Zudem war der Erlaß nicht exekutierbar. Die Zahl der Ausweisungen dürfte minimal gewesen sein,[54] sich auf die Abschiebung einzelner im Zuge willkürlicher Polizeiaktionen beschränkt haben.[55] Die im „Sever-Erlaß" angesprochene Notwendigkeit einer Entlastung Wiens im Versorgungs- und Wohnungswesen sowie des Arbeitsmarkts erwies sich als demagogisches Ablenkungsmanöver.

---

51 AZ, 26.9.1919, S. 5, Was die deutschnationalen und christlichsozialen Hetzer anrichten.
52 HHStA, NPA, Präs., Fas. 3, 2685/1919, Bericht der Pol.Dion. vom 5.10.1919, Versammlung des d.ö. Schutzvereines „Antisemitenbund".
53 WM, 6.10.1919, S. 2, Die Regierung verbietet weitere Straßenkundgebungen.
54 Das Fehlen entsprechender Hinweise in der zionistischen „Wiener Morgenzeitung" läßt vermuten, daß aufgrund des Erlasses im Herbst 1919 keine einzige größere Abschubaktion zustande kam.
55 Vgl. z. B.: Freie Tribüne, 13.9.1919, S. 4, Zur Linderung der Wohnungsnot. Die Zeitung berichtete über die beabsichtigte Räumung eines Waisenhauses, in welchem 30 galizische Flüchtlingskinder im Alter zwischen wenigen Monaten und sieben Jahren Aufnahme gefunden hatten. Diese Aktion wurde jedoch seitens des Arbeiterrates der Leopoldstadt unterbunden.

Das Versagen der Sozialdemokratie

Das Ausweisungsdekret Albert Severs war vermutlich die einzige administrative Verfügung während der gesamten Koalitionsära, die auf breiten, ungeteilten Konsens innerhalb der Bevölkerung stieß. Dabei spielte nicht nur die weit verbreitete Judenfeindschaft eine Rolle. Auch die ungeheure Not, von der selbst große Teile des Bürgertums betroffen waren, erklärt den Fremdenhaß, welchem die Flüchtlinge ausgesetzt waren. Dankbar wurde jeder Strohhalm ergriffen, jede Maßnahme begrüßt, die Erleichterung versprach, auch wenn sie nichts weiter als eine Schimäre war. So blieb in Österreich der Kreis der Kritiker an der offiziellen Flüchtlingspolitik sehr eng. Vertreter der bürgerlichen Zionisten hatten wie die Poalezionisten schon vor dem „Sever-Erlaß" wiederholt in Flüchtlingsangelegenheiten interveniert. Sie erhoben nun in ihren Presseorganen scharfen Protest. Darüber hinaus betonten lediglich die österreichischen Kommunisten ihre Solidarität mit den „jüdischen Proletariern".[56]

Präzise Analysen der Hintergründe und Folgen des Erlasses finden sich in mehreren Artikeln der „Wiener Morgenzeitung",[57] die den Betroffenen darüber hinaus rechtliche Beratung anbot.[58] Zutreffend erklärte das Blatt die blamable Aktion mit dem „Bedürfnis" der Regierung, „sich populär zu machen". Dies könne nicht „wirkungsvoller" geschehen, „als durch eine Verbeugung vor den aufgehetzten und aufgestachelten Instinkten der Gasse". Der Ausweisungsbefehl richte sich gegen die Juden. Somit sei er „eine verkappte antisemitische Mache und geeignet, das antisemitische Fieber in der Bevölkerung zu schüren".[59]

Ähnlich interpretierten die Poalezionisten das Ausweisungsdekret als Ablenkungsmanöver, zugleich als politische Bankrotterklärung der Koalitionsregierung. Ein Leitartikel in der „Freien Tribüne",[60] dem wöchentlich erscheinenden Parteiorgan, brachte Enttäuschung und Verbitterung über das Versagen der Sozialdemokratie zum Ausdruck, welche die Arbeiterschaft zum Verzicht auf die Weiter-

---

56 Die Rote Fahne, 23.9.1919, S. 3, Gegen die Ausweisung der polnischen Arbeiter.
57 WM, 11.9.1919, S. 3, Ausweisung der Flüchtlinge; 12.9.1919, S. 2, Die Verbeugung vor der Gasse; 13.9.1919, S. 3, Der Ausweisungsukas; 20.9.1919, S. 1, Der Ergebnis des Ausweisungsukases der Landesregierung.
58 Isidor Margulies: Der Rechtsschutz gegen die Ausweisungen. In: WM, 24.9.1919, S. 2; 25.9.1919, S. 2.
59 WM 12.9.1919, S. 2, Die Verbeugung vor der Gasse.
60 Freie Tribüne, 20.9.1919, S. 1, Wir klagen an!

führung der Revolution bewogen hätte und nun am „Altare der Koalitionsregiererei mit den Christlichsozialen ihre sozialistischen
Grundsätze opfern mußte". Es sei nicht einmal gelungen, die extreme Not zu mildern. Die ungeheuren Belastungen des Friedensvertrages würden wiederum „auf die Schultern des arbeitenden
Volkes" abgewälzt. Indem der Ausweisungserlaß die „Aufmerksamkeit der breiten Volksschichten von den brennenden sozialen Problemen des Tages auf ein Seitengeleise, auf einen nebensächlichen
Umstand abzulenken" versuche, käme er einem Pogrom gleich.

Penibel listete ein ungenannter Redakteur der „Freien Tribüne",
die auch in der Vergangenheit schon wiederholt die sozialdemokratische Flüchtlingspolitik angeprangert hatte,[61] das Schuldenregister
der Arbeiterpartei auf.[62] Die jüdischen Sozialisten, die seit ihrem de-
facto-Anschluß an die KPDÖ und an die 3. Internationale Ende April
1919[63] in scharfem ideologischem Gegensatz zur österreichischen
Sozialdemokratie standen, waren freilich nur gering an Zahl, und
ihre Wirksamkeit reichte nicht über die Rätebewegung hinaus.[64]

---

61 Freie Tribüne, 19.4.1919, S. 1, Judenvertreibung; 10.5.1919, S. 1, Der Maiengruß
der Arbeiterzeitung.

62 „Alle tragen ihr redlich Maß Schuld daran: die Sozialdemokratie, die am Altare
der Koalitionsregiererei mit den Christlichsozialen ihre sozialistischen Grundsätze opfern mußte; die sozialistischen Mitglieder der Regierung, die eine durch den
Kapitalismus verursachte wirtschaftliche Kalamität nicht durch den Aufbau einer
Wirtschaftsordnung auf der Grundlage der Vergesellschaftung aller Produktions-
mittel, also auch aller produktiven Arbeitskräfte, sondern durch Abschiebung der
Fremden zu lösen versuchen; die sozialistischen Redakteure, die berufen sind, in
ihrer verantwortungsvollen Aufklärungsarbeit sich mit allen Mitteln gegen die
um sich greifende Fremdenhetze und (den) Judenhaß entgegenzustemmen; das
Staatsamt des Äußeren, das, die internationalen Verwicklungen voraussehend,
nicht energisch genug rechtzeitig die entsprechenden Behörden aufgeklärt hat;
das Staatsamt des Innern, das, informiert, gewarnt und des öfteren angegangen,
trotzdem unterlassen hat, alle notwendigen Vorbereitungen, die da sind, Perlustrierung der Fremden, Vorbereitung der Transportmittel, Vereinbarungen mit
den Sukzessionsstaaten usf., früher zu treffen, bevor die ominöse Ausweisungskundmachung in die Welt gesetzt wurde; die Landesregierung, die dem antisemitischen Drängen von beiden Seiten, von rechts und von links, keinen Widerstand
leistete, am 1. August eine Ausweisungskundmachung erließ, um sie am 2. widerrufen zu müssen, und am 9. September neuerlich kundmachte, ohne die Gewähr
und die Möglichkeit der Durchführung zu haben." Freie Tribüne, 20.9.1919, S. 1,
Wir klagen an!

63 Vgl. dazu Hautmann: Die verlorene Räterepublik, S. 167 f.; Freie Tribüne,
10.5.1919, Der Maiengruß der Arbeiter-Zeitung.

64 Hier kooperierten sie mit linken Sozialdemokraten, vor allem aber mit Kommunisten und fanden fallweise auch Unterstützung in ihrem Einsatz für die Flüchtlinge. Eine Resolution gegen die Ausweisungsaktion, welche Poalezionisten im Arbeiterrat der Leopoldstadt am 12.9.1919 einbrachten, fand einstimmige Annahme.
Freie Tribüne, 20.9.1919, S. 4, Aus den Arbeiterräten.

Eine Beeinflussung der sozialdemokratischen Flüchtlingspolitik war auf dieser Basis ausgeschlossen.

Auch ohne Auswirkungen auf die Tagespolitik war die poalezionistische Analyse des „Sever-Erlasses" weit mehr als bloße Polemik gegenüber einem politischen Gegner, der gerade wegen seiner ideologischen Nähe besonders heftig angegriffen wurde. Zum einen legten die Poalezionisten entschieden, präzise und zu einem sehr frühen Zeitpunkt eine Schwachstelle der österreichischen Sozialdemokratie bloß, die bis in die jüngere Vergangenheit weitgehend unbeachtet geblieben ist: die Nachgiebigkeit der SDAP gegenüber der Versuchung des Antisemitismus. Zum anderen schätzte der Artikel den Stellenwert des „Sever-Erlasses" innerhalb des politischen Kräftespiels zwischen revolutionären und restaurativen Tendenzen richtig ein: Die Definition des 20. September – des im Erlaß gesetzten Termines für die „Abreisendmachung" – als „Siegestag" der „blindwütende(n) Reaktion" war in der Schärfe der Formulierung zwar überzogen, sachlich jedoch zutreffend. Der „Solidaritätsbruch" der Sozialdemokraten ermöglichte den „klerikal-antisemitischen Kreise(n)"[65] in der Koalitionsregierung einen bedeutenden Erfolg. Er markierte damit eine Wende in der österreichischen Innenpolitik, die sich allerdings schon während der Sommermonate abgezeichnet hatte.

Nach den Erfolgen der österreichischen Arbeiterpartei gegen radikale politische Strömungen von links und dem Niedergang der Räterepublik in Ungarn und in Bayern schien die revolutionäre Phase zu Ende, die Gefahr eines kommunistischen Umsturzes gebannt. Doch bedeutete dies keine Beruhigung der politischen Situation. „Die monarchistischen Umtriebe verstärkten sich, die restaurative Frontkämpfervereinigung und die Heimwehren begannen sich, vor allem in den christlichsozial dominierten Ländern, zu formieren." In Wien, wo die „öffentliche Szene" bisher fast ausschließlich von der Arbeiterbewegung beherrscht worden war,[66] demonstrierten die Antisemitenkrawalle von Ende September und Anfang Oktober diese „Veränderung der innenpolitischen Atmosphäre" besonders deutlich:

„Im Frühjahr 1919 hätten und haben es rechtsradikale Kreise in Wien nicht gewagt, derartige Aktionen zu starten, und eine scharfe Warnung des

---

65 Freie Tribüne, 20.9.1919, S. 1, Wir klagen an!
66 Hans Hautmann: Geschichte der Rätebewegung in Österreich 1918–1924, Wien/Zürich 1987, S. 470.

Arbeiterrats bzw. die Ankündigung, nötigenfalls seine Anhänger auf den Plan zu rufen, hätte wohl genügt, um den ganzen Spuk in ein Nichts zerfließen zu lassen."[67]

Die Veranstaltungen, die mit ihren Ostjuden-hinaus-Parolen unmißverständlich an den „Sever-Erlaß" anknüpften, wurden toleriert. Es gab keine „scharfen Warnungen", keine größeren, von der Partei veranstalteten Solidarisierungsaktionen. Vielmehr hinderten gewalttätige Exzesse im Anschluß an die erste Kundgebung die regierenden Sozialdemokraten nicht daran, die Volkshalle des Rathauses für eine weitere antisemitische Großveranstaltung zur Verfügung zu stellen. Die Parteiführung war außerdem darum bemüht, die Vorgänge zu bagatellisieren und die eigene Basis, deren Widerstand gegen diesen Kurs sich durchaus regte, von jeder „Machtprobe auf der Straße" abzuhalten.[68] Die „Arbeiter-Zeitung" leistete dazu ihren Beitrag, indem sie prophezeite, durch klugen Verzicht auf Gegenkundgebungen würde die Antisemitendemonstration zu einem „leeren Lärm", der „bald allen gleichgültig" wäre.[69]

Entscheidend für die weitere Entwicklung war jedoch eine Diskussion am 3. Oktober im Arbeiterheim Wien-Ottakring, in welcher der Kreisarbeiterrat auf diese Linie eingeschworen wurde. Zur Debatte stand ein eventuelles Vorgehen gegen die für 5. Oktober angesetzte Veranstaltung des Antisemitenbundes. Die kommunistische Fraktion befürwortete entschieden die Organisation einer Gegenkundgebung und fand auch Unterstützung bei einzelnen sozialdemokratischen Arbeiterräten. Friedrich Adler, Julius Deutsch und Albert Sever wandten sich aber dagegen. Der niederösterreichische Landeshauptmann wies darauf hin, wegen der „paar Leute" des Antisemitenbundes wäre es unwürdig, die ganze Wiener Arbeiterschaft zu mobilisieren. Nach Ansicht Julius Deutschs, des sozialdemokratischen Leiters des Staatsamtes für Heereswesen, gefährdeten Gegenaktionen nur „unsere ganze bisherige Politik", die darauf eingestellt sei, den Bürgerkrieg zu vermeiden.[70] Die Begründung der prominenten Sozialdemokraten ließ, wie Hans Hautmann konstatiert, bereits „im Keim das Argumentationsschema" erkennen, „mit dem die sozialdemokratischen Führer später die Problematik von Abwehrmaßnahmen gegen provokante Vorstöße des Faschis-

---

67 Ebd., S. 472.
68 Ebd., S. 470.
69 Zit. nach ebd., S. 472.
70 Hautmann: Geschichte der Rätebewegung, S. 471.

mus behandelten". Der Arbeiterrat folgte einem Antrag Friedrich Adlers, der jede Gegenveranstaltung ablehnte.[71]

Ein erstaunliches Maß an Passivität kennzeichnet somit die Reaktion der Parteiführung auf die ersten großen Manifestationen sich formierender faschistoider Strömungen,[72] als welche die Antisemitenkrawalle zweifellos einzustufen sind. Fraglos untergrub die Partei damit ihre eigene Position. Aufschlußreich war auch die Berichterstattung der „Arbeiter-Zeitung" über die Ereignisse des 25. Septembers. Einerseits darum bemüht, die Angelegenheit zu bagatellisieren und die Veranstaltungsteilnehmer der Lächerlichkeit preiszugeben, zeigte das Blatt zum anderen unmißverständlich seine Ablehnung der Flüchtlinge, an deren „Abschaffung" die Landesregierung „ehrlich arbeite":

„Damit nicht ungezogene Leute an einzelnen Menschen zwecklose Gewalttätigkeiten begehen, die als Rohheit an sich zu verwerfen wären, unserem Staate aber auch im Ausland Schaden bringen könnten, war viel Wache aufgeboten."[73]

Diese Verharmlosung einer gewalttätigen Veranstaltung bildete eine konsequente Fortsetzung der Berichterstattung zur „Ostjudenfrage" in der „Arbeiterzeitung" seit den Anfängen der Republik. Indem das offizielle Parteiorgan eine objekive Schilderung der Flüchtlingsproblematik vermied, zugleich jedoch – ebenso wie die Presse des katholischen und des nationalen Lagers – die Versorgungskrise mit der Flüchtlingsdebatte verknüpfte, wurde dem unterschwellig vorhandenen Antisemitismus in der Arbeiterschaft Nahrung gegeben. Solidarität mit den ostjüdischen Kriegs- und Pogromopfern war unpopulär.

Nach den Ereignissen des Herbstes 1919 schlug die sozialdemokratische Flüchtlingspolitik zwar einen gemäßigteren Kurs ein. Das Fehlverhalten im Zusammenhang mit dem „Sever-Erlaß" stellt jedoch einen dunklen Fleck in der Parteigeschichte dar. Eine Interpretation dieses Versagens hat zwar den wachsenden Druck des politischen Gegners in Rechnung zu stellen, der nach 1918, wie gerade die „Ostjudenhetze" veranschaulicht, verstärkt und mit Erfolg den Antisemitismus als Waffe gegen die Sozialdemokratie einsetzte.

---

71 Ebd., S. 471.
72 Zum Aufstieg des Faschismus in Österreich vgl. auch F. L. Carsten: Faschismus in Österreich. Von Schönerer zu Hitler. München 1978 (= Kritische Information Bd. 55)
73 AZ, 26.9.1919, S. 5, Eine Kundgebung gegen die Flüchtlinge.

Ohne Berücksichtigung der tiefen Verwurzelung antisemitischer Leitbilder in der Sozialdemokratie selbst bliebe eine Analyse der Hintergründe des Severschen Ausweisungserlasses jedoch unvollständig.

9.2. Der Hintergrund sozialdemokratischer Flüchtlingspolitik

Die Versuchung des Antisemitismus

Eine Auseinandersetzung mit der Geschichte des österreichischen Antisemitismus muß auch die Haltung der Sozialdemokratie miteinbeziehen. Dabei lassen sich – für jede Phase der Geschichte – zwei, einander scheinbar widersprechende Phänomene konstatieren. Die Sozialdemokratie repräsentiert, wie Anton Pelinka formulierte, „die einzige durchgängige politische Tradition in Österreich, die – in ihrem theoretischen Selbstverständnis und in ihren theoretischen Ansprüchen – von Antisemitismus vollständig frei ist."[74] Sie war daher nicht nur wählbar für jüdische Bürger, sondern in den ersten Jahren nach 1918 wegen des „mehr oder weniger kämpferischen" Antisemitismus der bürgerlichen Parteien im Prinzip ohne Alternative. Darüber hinaus übte die „gewaltige emanzipatorische Kraft des Sozialismus" gerade in der Zwischenkriegszeit eine „besondere Anziehungskraft" auf die österreichischen Juden aus. Die „Übereinstimmung zwischen Juden und Sozialisten in der von ihnen der Bildung zugeschriebenen Bedeutung" kam hinzu.[75] Auch die jüdischen Flüchtlinge fanden mehrheitlich ihre politische Heimat nicht bei den bürgerlichen Zionisten, die ihnen so vorbehaltlos Unterstützung gewährt hatten, sondern in der österreichischen Arbeiterpartei.[76]

Dieser emanzipatorischen Tradition steht eine auffallende Fahr-

---

74 Anton Pelinka: Sozialdemokratie und Antisemitismus. In: ÖZG 4/1992, Antisemitismus, S. 540–554, hier S. 540.

75 Stuhlpfarrer: Judenfeindschaft und Judenverfolgung, S. 153.

76 Vgl. dazu: Spira: Feindbild „Jud", S. 81. Zum jüdischen Wahlverhalten sowie zur Attraktivität der Sozialdemokratie für jüdisches Kleinbürgertum generell vgl. auch John Bunzl: Arbeiterbewegung, „Judenfrage" und Antisemitismus. Am Beispiel des Wiener Bezirks Leopoldstadt. In: Bewegung und Klasse, Studien zur österreichischen Arbeitergeschichte. Hrsg. v. Gerhard Botz u. a., Wien/München/Zürich, 1978, S. 743–763.

lässigkeit von Sozialdemokraten im praktischen Umgang mit dem Antisemitismus gegenüber. Dies gilt insbesondere für die Zwischenkriegszeit. Die Partei scheint der antisemitischen Versuchung nicht gewachsen gewesen zu sein. Es fehlte eine klare Gegenstrategie, den Abgrenzungsversuchen mangelte es häufig an Eindeutigkeit, generell wurde der Kampf gegen den Antisemitismus nicht entschieden aufgenommen. Darüber hinaus machte die Partei bereitwillig Konzessionen an das dominant judenfeindliche Klima.

So konnte Günter Fellner in einer Analyse der Salzburger Landtagsprotokolle nachweisen, daß sozialdemokratische Funktionäre in ihren Wortmeldungen ganz offen antisemitischen Ressentiments ihrer Klientel huldigten.[77] Landtagsabgeordnete bekräftigten, keine „Judenfreunde" zu sein und warfen dem politischen Gegner Inkonsequenz in der praktischen Umsetzung des Antisemitismus vor. Die Verwendung eines diffamierenden Vokabulars – es war ganz selbstverständlich von „Judenkapital", „Börsenjuden", „Judenpresse" etc. die Rede – unterlag keinem Tabu, sondern gehörte zum „festen Inventar der politischen und interparlamentarischen Auseinandersetzung".[78] Zumeist handelte es sich um spontane Äußerungen bei „Judendebatten", die von den übrigen Parteien lanciert wurden. Indem sozialistische Politiker darauf eingingen, offenbarten sie ihre argumentative Hilflosigkeit. Vor allem in dem Versuch, den Antisemitismus der Christlichsozialen als Farce zu entlarven, manifestierte sich das beträchtliche Potential antijüdischer Vorurteile im Lager der Sozialdemokratie.[79]

Mitunter wurde mit der Verwendung antijüdischer Klischees auch gezielt Politik gemacht. Dieter A. Binder analysierte anhand des steirischen Parteiorgans „Arbeiterwille", wie die steten Angriffe gegen den „reichen Juden" nicht nur einen festen Bestandteil sozialdemokratischer Kapitalismuskritik darstellten, sondern „allgemeinen, von der Kapitalismuskritik völlig losgelösten Angriffen den Weg" ebneten.[80] Eine deutliche Massierung judenfeindlicher Äußerungen konstatierte der Autor während des steirischen Wahlkampfes Anfang 1919. Seine Schlußfolgerung, es handle sich dabei um

---

77 Fellner: Antisemitismus in Salzburg, S. 115 ff.
78 Ebd., S. 124.
79 Ebd.
80 Dieter A. Binder: Der „reiche Jude". Zur sozialdemokratischen Kapitalismuskritik und zu deren antisemitischen Feindbildern in der Ersten Republik. In: Geschichte und Gegenwart. Vierteljahreshefte für Zeitgeschichte, Gesellschaftsanalyse und politische Bildung. 1/1985, S. 43–53, hier S. 53.

„bewußte Versatzstücke politischer Propaganda", ist nicht von der Hand zu weisen. Sie stärkten, kaum weniger als der christlichsoziale Antisemitismus, antijüdische Ressentiments in der Bevölkerung und ebneten damit nationalsozialistischer Agitation den Weg.[81]

Eine offen antisemitische Tendenz wies auch die 1923 im Parteiverlag unter dem Titel „Der Judenschwindel" erschienene Broschüre auf, die darauf abzielte, den Antisemitismus der Christlichsozialen als leere Propaganda ohne praktische Konsequenz zu entlarven.[82] Besonders in der Darstellung des Schicksals der jüdischen Flüchtlinge spekulierte dieses Werk mit den antisemitischen Gefühlen seiner Leserschaft. In manchen Passagen unterschied es sich kaum von entsprechenden Elaboraten auf katholisch-konservativer oder deutschnationaler Seite.

Ohne die Frage nach dem Aufenthaltsrecht der galizischen und bukowinischen Juden zu stellen, unterstreicht der Verfasser das Bemühen der Regierung Renner und des sozialdemokratischen Landeshauptmannes Reumann, die „im Rahmen des Möglichen" alles getan hätten, um die „Ostjuden hinauszubringen".[83] Das Scheitern dieses Unterfangens sei auf bürokratische Schwierigkeiten, aber auch auf die Haltung der Christlichsozialen und Großdeutschen zurückzuführen, deren Antisemitismus reine Demagogie sei. Nun trüge die bürgerliche Regierung Schuld daran, daß die „Ostjuden" für Österreich optieren könnten.[84] Geschäftsbeziehungen vor allem der „christlichsozialen Häuptlinge" zu den zahlreichen „ostjüdischen Valutaschieber(n) und Börsenspekulanten"[85] hätten eine klare Linie in der Ausweisungsfrage verhindert. Der Verfasser weist zwar darauf hin, daß sich die zahlreichen ostjüdischen Schleichhändler und Spekulanten nicht als „einzige Menschen" (sic!) unzulässig bereicherten. Zugleich verwendet er aber das Bild von den im „Körper der Volkswirtschaft" nistenden „Parasiten",[86] das dem rassistischen Vokabular der Antisemiten entstammte.

Auf eine eingehende Analyse dieses mißglückten Versuches, den demagogischen Charakter des Antisemitismus zu entlarven und ihn gleichzeitig als Waffe gegen den politischen Gegner zu verwenden, kann hier verzichtet werden. Es darf angenommen werden, daß

---

81 Ebd., S. 53.
82 Christian Hinteregger: Der Judenschwindel. Wien 1923.
83 Ebd., S. 72.
84 Ebd., S. 76.
85 Ebd., S. 77.
86 Ebd., S. 70.

diese Schrift die latenten Ressentiments gegen jüdische Mitbürger verstärkt hat.

Antijüdische Äußerungen sozialdemokratischer Funktionäre und Publizisten ebneten auch dem einfachen Parteimitglied den Weg zur Kooperation mit dem politischen Gegner. Im antisemitischen Aktionismus gegen die „Ostjuden" kündigte sich somit schon früh eine Art nationalsozialistischer „Volksgemeinschaft" an. Mit Genugtuung berichtete die „Reichspost" von der Teilnahme zahlreicher sozialdemokratischer Arbeiter an Versammlungen des Antisemitenbundes[87] – eine Meldung, die durch einen Bericht der kommunistischen „Roten Fahne", die von „irregeführten Proletariern" sprach, indirekt bestätigt wurde.[88] Selbst sozialdemokratische Räte unterlagen gerade in der „Ostjudenfrage" der antisemitischen Versuchung. Arbeiterräte, die im Dezember 1919 auf einer Versammlung des „Bürger- und Ständerates" auftraten, bezeichneten den Schleichhandel, diese aus Versorgungsmangel und Not resultierende Form der Wirtschaftskriminalität der Kriegs- und Nachkriegsjahre, unzweideutig als „Seuche aus dem Osten", die es gemeinsam mit dem „Bürger- und Ständerat" zu bekämpfen gelte.[89]

Diese Beispiele sozialdemokratischen Antisemitismus dürfen in Ausmaß und Bedeutung freilich mit der aggressiven Judenfeindschaft der bürgerlichen Parteien nicht gleichgesetzt werden. Der Antisemitismus des katholischen und des nationalen Lagers war integraler Bestandteil ihrer politischen Ideologie. Judenfeindliche Stereotypien beherrschten bei ihnen die Auseinandersetzung mit dem politischen Gegner. Im Vergleich dazu spielte der Antisemitismus bei der Sozialdemokratie eine untergeordnete Rolle. Die oben zitierte Schrift über den „Christlichsozialen Judenschwindel" war ohne Zweifel ein atypisches Presseerzeugnis des sozialdemokratischen Lagers. Es stellte, wie Jonny Moser es formulierte, vermutlich den „Höhepunkt" sozialdemokratischer Beteiligung an der „antisemitischen Hetze" dar. Auch in der Flüchtlingspolitik rückte die Partei nach den Geschehnissen des Herbstes 1919 von ihrem harten Kurs ab.

Die antijüdischen Entgleisungen der österreichischen Arbeiterpartei waren eine Reaktion auf die permanenten antisemitischen

---

87 RP, 6.10.1919, S. 1 f.
88 Die Rote Fahne, 7.10.1919, S. 2, Polizei schützt Monarchisten.
89 A/Pol.Dion., Schober-Archiv, Berichtsabschriften der Pol.Dion. Wien, K 25, 16463/3/1919, Bericht vom 7.12.1919.

Untergriffe der bürgerlichen Parteien, durch welche sich die Sozialdemokraten „in die Defensive gedrängt und zum Zurückschlagen
verpflichtet" fühlten.[90] Die Frage bleibt, weshalb die Sozialdemokratie keine adäquate Abwehrstrategie entwickelte, sondern mit antijüdischen Klischees taktierte.

Der Vorwurf des Opportunismus reicht jedenfalls nicht aus. Anton
Pelinka hat in der sozialdemokratischen Reaktion auf den Antisemitismus ein „Defizit an Sensibilität" geortet, das „zwar nicht für alle
Phasen sozialdemokratischer Geschichte und auch nicht für alle innerparteilichen Strömungen und Positionen gilt, sich aber dennoch
durch die mehr als hundertjährige Geschichte der österreichischen
Sozialdemokratie zieht."[91] Dieser Mangel wurzle in gravierenden
Fehleinschätzungen sozialistischer Theoretiker und habe schließlich eine Neigung zur Überanpassung bei gleichzeitiger Übernahme
antijüdischer Feindbilder nach sich gezogen.[92]

Symptomatisch sind Äußerungen Otto Bauers, der in seiner
„Österreichischen Revolution" galizische Juden als „Nutznießer der
Geldentwertungskonjunktur" anprangert. Die neue Bourgeoisie be-
stünde „zum großen Teil aus landfremden, kulturell tiefstehenden
Elementen, die ihren Erfolg ihrer geschäftlichen Findigkeit und ihrer moralischen Skrupellosigkeit verdanken". „Es ist wahr geworden, was der junge Friedrich Engels im Jahre 1848 ... vorausgesagt
hatte: ‚daß es recht gemeine, recht schmutzige, recht jüdische Bourgeois sein werden, die dies altehrwürdige Reich ankaufen.' Der kul-
turlose Luxus der an der Not des Landes bereicherten neuen Bourgeoisie erbitterte die Volksmasse. Eine Welle des Antisemitismus er-
goß sich über das Land."[93]

---

90 Pauley: Eine Geschichte des österreichischen Antisemitismus, S. 197.
91 Pelinka: Sozialdemokratie und Antisemitismus, S. 540.
92 Ebd., S. 54; nach Pelinka galt der Antisemitismus seit den Anfängen der Bewegung wohl als reaktionär, unter Umständen auch als „nützliches Instrument zur
   Stärkung antikapitalistischer Tendenzen". Fixiert auf den Hauptwiderspruch zwischen Arbeiterklasse und Bourgeoisie, sei die Sozialdemokratie nicht in der Lage
   gewesen, die Eigenständigkeit des Phänomens zu erkennen. Der Antisemitismus
   habe für sie „kein zentrales Ärgernis" dargestellt. Er würde – so der weitverbrei-
   tete Irrglaube – „gleichsam von selbst verschwinden, sobald die Klassenfrage einer sozialistischen Lösung zugeführt wäre". Vor dem Hintergrund dieser Fehlkal-
   kulation habe die Sozialdemokratie bereits im ausgehenden 19. Jahrhundert begonnen, „gewisse Konzessionen an den herrschenden Antisemitismus zu machen". Sozialisten jüdischer Herkunft neigten – so Pelinka – häufig dazu, sich „ihrer antisemitischen Umwelt im Übermaß anzupassen" und standen damit durchaus in der Tradition von Karl Marx, der seinerseits „antisemitische Stereotypien
   übernommen und internalisiert" habe. Ebd., S. 544.
93 Otto Bauer: Die österreichische Revolution. Wien 1965, S. 219.

Gerade sozialistische Theoretiker jüdischer Herkunft kennzeichnete in der Frage der Assimilation eine Neigung zur Überanpassung. Kompromißlos wiesen sie „jede Betonung einer eigenen jüdischen Identität" zurück und bestanden – so Pelinka – auf einer „Auflösung des Judentums in seinem gesellschaftlichen Umfeld".[94] Jacques Hannak sprach sich im Jahr 1919 gegen ein besonderes Schutzvorrecht für ein bestimmtes Land oder eine bestimmte Nation aus, denn „im Grundsätzlichen steht der Sozialismus dem Juden an sich kühl bis ans Herz hinan gegenüber, er fragt gar nicht, ob Jude oder Nichtjude, er fragt nur, ob Bourgeois oder Proletarier."[95] Otto Bauer wiederum hatte bereits 1907 in „Die Nationalitätenfrage und die Sozialdemokratie"[96] die osteuropäischen Juden als „geschichtslose Nation" bezeichnet und ihnen jede nationale Identität abgesprochen. In Übereinstimmung mit den sozialistischen Klassikern erklärte er die Sonderrolle der Juden in der Geschichte ausschließlich aus ihrer historischen Funktion als alleinige Träger der Geldwirtschaft im Rahmen der Naturalwirtschaft. Mit dem Verlust dieser Funktion wäre die Assimilation unausweichlich. Auch die Juden Osteuropas bildeten in dem zu erwartenden historischen Ablauf keine Ausnahme. Allein der Entwicklungsrückstand des Kapitalismus sei für ihre atavistische Funktion verantwortlich. Mit fortschreitender Kapitalisierung würden auch sie den Gesetzmäßigkeiten der Assimilation unterliegen.

Dieses mechanistische Geschichtsbild, das von einer gesetzmäßigen Lösung aller gesellschaftlichen Gegensätze und Widersprüche ausging, blockierte nicht nur eine offensive Auseinandersetzung mit dem Antisemitismus. Es desavouierte die osteuropäischen Juden, die ihre Identität in allererster Linie aus ihrem „Jüdisch-Sein" bezogen, als historischen Anachronismus. Daraus ergaben sich jene Berührungsangst und jener Mangel an Solidarität, der die sozialdemokratische Flüchtlingspolitik im Jahr 1919 kennzeichnete. Die Hoffnung, der Antisemitismus würde, wie Viktor Adler angenommen hatte, letztlich die „Geschäfte der Sozialdemokratie"[97] besor-

---

94 Pelinka: Sozialdemokratie und Antisemitismus, S. 545.
95 Jacques Hannak: Das Judentum am Scheideweg. In: Der Kampf 12 (1919), S. 649–653, hier S. 650.
96 Otto Bauer: Die Nationalitätenfrage und die Sozialdemokratie. 2. Auflage Wien 1924, S. 371 ff. Vgl. dazu: Stuhlpfarrer: Judenfeindschaft und Judenverfolgung, S. 151.
97 Zit. nach Edmund Silberner: Sozialisten zur Judenfrage. Ein Beitrag zur Geschichte des Sozialismus vom Anfang des 19. Jahrhunderts bis 1914. Berlin 1962, S. 235.

gen, hatte sich somit als illusorisch erwiesen. Die permanenten antisemitischen Untergriffe des politischen Gegners stießen nach 1918
in der Arbeiterschaft auf Resonanz und bereiteten der Parteiführung
„schlaflose Nächte", wie es Karl Seitz in einer Unterredung mit Vertretern des nationalen Lagers formulierte.[98] Die Sozialdemokratie
sah im Antisemitismus jedoch kein destruktives gesellschaftliches
Grundproblem, sondern nur eine Gefahr für die eigene Sache, womit ihre halbherzige Abwehrstrategie gegen den Antisemitismus in
der Ersten Republik von vornherein zum Scheitern verurteilt war.

Die „Ostjudenschutztruppe". Bedrohung der
Sozialdemokratie durch den Antisemitismus

Aus der traditionellen Schwäche gegenüber dem Antisemitismus er-
wuchsen der Sozialdemokratie nach 1918 gravierende Probleme.
Verglichen mit der Vorkriegszeit hatten antisemitische Strömungen
an Intensität zugenommen. Sie richteten sich in viel stärkerem
Maße als zuvor unmittelbar gegen die marxistische Arbeiterbewegung, die zunächst als einzige politische Kraft vom Sturz des alten
Systems profitiert hatte. Träger waren depravierte mittelständische
und kleinbürgerliche Bevölkerungsschichten. Für sie bedeutete der
Kriegsausgang nicht nur eine traumatische Erfahrung, sondern sie
sahen sich überdies durch das revolutionäre Geschehen gefährdet.
„Nicht ohne Erklärungshilfe der daran interessierten politischen
und gesellschaftlichen Kräfte" – so Karl Stuhlpfarrer – personalisier-
ten diese Bevölkerungsschichten nun auch ihre Angst vor dem politischen Umsturz „in einem einzigen Subjekt, dem ‚Juden'."[99]
   Der Antisemitismus veränderte seine Konturen, vor allem in seiner Funktion als Integrations- und Kampfinstrument des bürgerlichen Lagers: Die antikapitalistische Demagogie trat in den Hintergrund, die Stoßrichtung zielte gegen die Sozialdemokratie.[100] Antisemitische Untergriffe ersetzten vielfach die inhaltliche Auseinandersetzung mit dem politischen Gegner. „Die Gleichsetzung von Bolschewismus, Sozialdemokratie und Judentum"[101] war den Christ-

---

98 AVA, Großdeutsche Partei, K 58, Mappe V-7 (Vorstand), Verhandlungsschrift
    über die Vorstandssitzung vom 4.1.1919, S. 6, Debattenbeitrag Conrad.
99 Stuhlpfarrer: Judenfeindschaft und Judenverfolgung, S. 159.
100 Vgl. Bunzl: Zur Geschichte des Antisemitismus in Österreich, S. 54.
101 Stuhlpfarrer: Judenfeindschaft und Judenverfolgung, S. 142.

lichsozialen ebenso geläufig wie den Deutschnationalen. Für die Funktionalisierung antisemitischer Ressentiments gegen die österreichische Sozialdemokratie finden sich zahllose Belege. Jedes Provinzblatt katholischer oder nationaler Ausrichtung, jeder Bauernkalender rief zum Kampf gegen die „verjudete Sozialdemokratie", die „rote Judenregierung" oder generell gegen die „jüdisch-sozialistische Weltverschwörung" auf.[102] Die „Ostjudenhetze" der ersten Nachkriegsjahre ist auch in diesem Zusammenhang zu sehen.

Politiker und Publizisten des bürgerlichen Lagers hatten rasch die Munition erkannt, welche die „Ostjudenfrage" für den Kampf gegen die österreichische Sozialdemokratie enthielt. Besondere Breitenwirksamkeit erlangte das Schlagwort von der „Ostjudenschutztruppe",[103] das die Sozialdemokraten als alleinverantwortlich für den weiteren Verbleib der Flüchtlinge in Wien stigmatisieren sollte.[104] Die Sozialdemokratie setze sich – so die Argumentation der bürgerlichen Parteien – über die Interessen ihrer Wählerschaft hinweg.[105] Die mangelnde Konsequenz in der Ausweisungsfrage fände ihre Erklärung in der „Macht der jüdischen Führung in der Sozialdemokratie",[106] in den „innigen Beziehungen zwischen unseren Ostjuden und unseren gleichblütigen Herrn Staats- und Unterstaatssekretären."[107]

Bereits im Mai 1919 machten die den Christlichsozialen nahestehenden „Wiener Stimmen" für die schwere bürgerliche Wahlniederlage in Wien allein die Kriegsflüchtlinge verantwortlich. Eine Karikatur zeigte die „Jungfrau Vindobona": Sie überreicht den Rathausschlüssel sozialdemokratischen Führern, welche mit „jüdischer" Physiognomie dargestellt sind. Der Text dazu lautet:

> „Ihr habt infolge der vielen neuen Mitwähler aus dem Osten die Mehrzahl der Mandate erhalten, so nehmt denn Besitz von meinem Hause! Ich übergebe euch den Schlüssel und werde zufrieden sein, wenn ihr meinem Lueger, dessen Partei mir seit einem Vierteljahrhundert die Wirtschaft führte, auch nur bis zur kleinen Zehe reicht ..."[108]

---

102 Vgl. dazu auch Beispiele aus Flugblättern und anderen publizistischen Dokumenten, zitiert bei: Herbert Rütgen: Antisemitismus in allen Lagern. Publizistische Dokumente zur Ersten Republik Österreich 1918–1938. Phil. Diss. Graz 1989, S. 87 ff.
103 Z. B.: RP, 19.1.1919, M, S. 7, Die Zuwanderung nach Wien.
104 Vgl. z. B: RP, 24.4.1919, M, S. 6, Die unerwünschten Ausländer; RP, 27.9.1919, M, S. 5, Für die Ausweisung der Ausländer; RP, 23.11.1919, M, S. 6, Neue Glöckeleien.
105 Z. B.: RP, 29.1.1919, M, S. 7, Die Zuwanderung nach Wien.
106 Ebd.
107 RP, 7.12.1919, M, S. 7, Was uns die Flüchtlinge kosten.
108 Wr. St., 7.5.1919, S. 1.

In den Gemeinderat waren 100 Sozialdemokraten und 50 Christlichsoziale sowie 15 Vertreter anderer Parteien gewählt worden.[109] Der
Vorwurf ostjüdischer Wahlhilfe für die Sozialdemokraten mutet
umso grotesker an, als vor 1920 kaum einer der Flüchtlinge die
österreichische Staatsbürgerschaft und damit das Wahlrecht besaß.

Auch in den folgenden Jahren erwarb, wie noch zu zeigen sein
wird, nur eine Minderheit der Flüchtlinge über ein Options- oder
Einbürgerungsverfahren die Staatsbürgerschaft. Niemals konnten
somit Kriegsflüchtlinge im politischen Kräftespiel als Wähler eine
größere Rolle spielen. Trotzdem blieb das Argument, die überwälti-
gende sozialdemokratische Rathausmehrheit stünde im Zusammenhang mit der Einbürgerungspraxis der Stadt Wien, weiterhin
im Raum.[110] Der Vorwurf, die sozialdemokratische Stadtverwaltung
sei mit „Eifer" bestrebt gewesen, „durch Einbürgerung von Ostjuden die Armee ihrer Wähler aufzufüllen," verstummte auch in späteren Jahren nicht. Sowohl das Ständestaatsregime[111] als auch die
Nationalsozialisten[112] diffamierten die SDAP als Verfechter einer
zielbewußten „Überfremdungspolitik".

Massiv antisemitisch agierten die Christlichsozialen vor den Na-
tionalratswahlen im Oktober 1920.[113] Insbesondere bediente man
sich der „Ostjudenfrage", um Emotionen und Ängste hochzuschau-
keln. „Hinaus mit den Ostjuden!", hieß es einleitend in einem ganz-
seitigen Aufruf der „Reichspost" vom 22. September.

---

109 3 Deutschnationale, 3 Jüdischnationale, 1 bürgerlicher Demokrat sowie 8
    Tschechen.
110 Zwischen 1920 und 1923 bürgerte die Gemeinde Wien 20.360 Juden ein, von de-
    nen rund 50% aus dem Osten des alten Staatsgebietes stammten. Vgl. Goldham-
    mer: Die Juden Wiens, S. 12 f. Zum überwiegenden Teil handelte es sich jedoch,
    wie noch zu zeigen sein wird, um Vorkriegsimmigranten, die aufgrund eines
    zehnjährigen Aufenthaltes in Wien rechtlichen Anspruch auf Einbürgerung be-
    saßen.
111 Franz Sturm: Die Überfremdungspolitik des gewesenen Austromarxismus. In:
    Schönere Zukunft 9 (1934), S. 921 f. Sturm behauptet, der jüdische Anteil an der
    Wiener Gemeindebevölkerung sei zwischen 1922 und 1933 „künstlich um etwa
    30.000 vermehrt worden". Die Stadtverwaltung nahm wohl Einbürgerungen vor,
    tatsächlich wurden aber 1934 in Wien 176.034 Juden gezählt gegenüber 201.513
    im Jahr 1923. Geburtenrückgang, erhöhte Sterblichkeit durch Überalterung der
    Gemeinde und Austritte senkten die Zahl. Vgl. Maderegger: Die Juden im öster-
    reichischen Ständestaat, S. 1 f.
112 Vgl. Körber: Rassesieg in Wien, S. 217; Erich Führer: Antisemitismus im neuen
    Österreich. In: Antisemitismus der Welt in Wort und Bild. Der Weltstreit um die
    Judenfrage. Hrsg. v. Th. Pugel. Dresden 1936, S. 183–204, hier S. 201.
113 Vgl. dazu Spira: Feindbild „Jud", S. 79 f.

„Keine Stimme der nur von Juden geführten internationalen Sozialdemokratie! – Keine Stimme einer Parteiliste, auf welcher ein Jude als Wahlwerber aufscheint! Deutsches Volk, erwache zur Tat und erfülle Deine heiligste Pflicht!"

Der Aufruf wies den Flüchtlingen die Schuld an allen materiellen und moralischen Übeln zu. In bewährter Weise wurde diese Argumentation durch verzerrtes Zahlenmaterial untermauert. Die Zahl der Juden hätte sich gegenüber 300.000 vor dem Krieg „infolge der Einwanderung sicherlich mehr als verdoppelt". Die solchermaßen mobilisierte Angst und Aggression ließen sich mühelos gegen die österreichische Sozialdemokratie weiterleiten:

„Die derzeitige Regierung Deutschösterreichs hält ihre schützende Hand über die Judeneinwanderung, weil ja nahezu 80 Prozent der Regierungsmitglieder selbst Juden sind, welche nur darauf Bedacht nehmen, die Macht ihres Volkes zu vergrößern. Diese sozialdemokratischen Führer Adler, Bauer, Tandler, Ellbogen (sic!), Eisler, Friedländer, Frey, Wertheimer, Koritschoner und Cohnsorten wollen ja aus Deutschösterreich ein neues Palästina machen, ein Land, wo ihr Volk, das Volk der Juden herrscht und regiert... Solange die jüdischen Führer der Sozialdemokratie die Zügel der Regierung unseres Staates in ihren Händen haben, solange wird Österreich der Sammelpunkt aller jüdischen Auswanderer aus dem Osten sein."

Abgesehen davon, daß auch prominente Kommunisten[114] die Liste der „sozialdemokratischen Führer" erweiterten, hatte außer Otto Bauer keiner der Genannten jemals eine Regierungsfunktion ausgeübt. Und auch Bauer hatte sich bereits aus der Regierung zurückgezogen. Diese stand seit Juli 1920 unter der Führung des Christlichsozialen Mayr und war nun nach dem Proporzsystem zusammengesetzt.

Eine solche Aufschaukelung antisemitischer Ressentiments erwies sich gerade in der Zuspitzung auf die „Ostjudenfrage" für die Sozialdemokratie als fatal. „Die Christlichsozialen gewannen die Wahlen. Die Sozialdemokraten schieden aus der Regierung aus", kommentiert Leopold Spira. „In welchem Ausmaß die antisemitische Propaganda dazu beigetragen hat, läßt sich schwer feststellen; daß sie eine Rolle spielte, kann aber kaum bezweifelt werden."[115]

---

114 Eisler, Friedländer und Koritschoner.
115 Spira: Feindbild „Jud", S. 80.

9.3. Resumee: Problematik und Widersprüchlichkeit sozialdemokratischer Flüchtlingspolitik

Die 20.000–30.000 galizischen und bukowinischen Juden, die sich weigerten, ihre zumeist mühselige Existenz in Wien aufzugeben, bedeuteten für die Partei eine ungeheure Irritation. Dabei stellte die Agitation des politischen Gegners, der gerade die „Ostjudenhetze" so erfolgreich gegen die Sozialdemokratie instrumentalisierte, nur eine Facette des Problems dar. Ebenso wesentlich erscheint, daß die Partei gerade in der Flüchtlingsfrage diesem Druck wenig entgegenzusetzen hatte. Das theoretische Instrumentarium des Sozialismus konnte der Realität des Ostjudentums nicht gerecht werden. Zum einen entzogen sich die jüdischen Flüchtlinge, mit denen man in Wien nun seit Jahren konfrontiert war, jeder Kategorisierung. Klassebewußte Arbeiter waren unter ihnen ebenso eine verschwindende Minderheit wie Personen, auf welche die Bezeichnung „Bourgeois" zutraf. Zumeist handelte es sich um Händler, Hausierer und Kleingewerbetreibende, proletaroide Existenzen, die den sozialen Aufstieg anstrebten und sich an bürgerlichen Normen orientierten. „Für Sozialdemokraten sind sie unproduktive Elemente", formulierte Joseph Roth 1927 in „Juden auf Wanderschaft",[116] die ungeachtet ihrer sozialen Misere von der Arbeiterschaft nicht als ihresgleichen betrachtet wurden. Im übrigen schienen sie sich mehrheitlich dem von sozialistischen Theoretikern postulierten Weg zur Lösung der „Judenfrage", der Assimilation, zu widersetzen. Kulturelle Prägung und religiöse Bindung stellten unübersehbar Barrieren dar. Nicht mehr Sympathie hatten freilich diejenigen zu erwarten, deren jüdisches Selbstverständnis von der zionistischen Bewegung beeinflußt war. Die kategorische Ablehnung des Zionismus durch die österreichische Sozialdemokratie hatte eine lange Tradition.[117] Sie stand einer gemeinsamen Bekämpfung des Antise-

---

116 Roth: Juden auf Wanderschaft, S. 47.

117 Der Zionismus war schon vor dem Krieg von Otto Bauer als separatistische, den historischen Ablauf kontrapunktierende Strömung verurteilt worden. Nach 1918 bekämpfte ihn die österreichische Sozialdemokratie als eine vor allem bürgerliche Ideologie, die sich gegen den Aufbau einer sozialistischen Gesellschaft richtete. Besonders Jacques Hannak bekämpfte den Zionismus als reaktionär „und bloße Agentur der jüdischen Bourgeoisie im Kampf gegen den Antisemitismus und die Arbeiterbewegung". Vgl. Stuhlpfarrer: Judenfeindschaft und Judenverfolgung, S. 151 f. Zu den Auseinandersetzungen zwischen Sozialdemokraten und Jüdischnationalen anläßlich der Wahlkämpfe zwischen 1919 und 1927 vgl. Bunzl: Arbeiterbewegung, „Judenfrage" und Antisemitismus, S. 757 f.

mitismus entgegen. So gesehen nährte auch das entschlossene Engagement österreichischer Zionisten das Mißtrauen seitens der organisierten Arbeiterschaft und isolierte die Flüchtlinge weiter.

Vor diesem Hintergrund ist die sozialdemokratische Flüchtlingspolitik nicht unerklärlich. Der „Sever-Erlaß", diese eindeutige, sicher folgenschwerste „Verbeugung" sozialdemokratischer Machtträger „vor der antisemitischen Gesinnung der Gasse"[118] während der Ersten Republik, stellte einen Versuch dar, der Bedrohung, die der Antisemitismus für die Partei bedeutete, entgegenzuwirken. Vielleicht hegte man Illusion, das Etikett „(Ost)-Judenschutztruppe", das der Gegner taktisch so erfolgreich handhabe, mit dem Ausweisungserlaß abzustreifen. Die Rechnung ging nicht auf. Da die sozialdemokratischen Politiker in letzter Konsequenz vor umfangreichen Ausweisungen zurückschreckten, gossen sie nur Öl ins Feuer. Unübersehbar signalisierten die Antisemitenkrawalle eine Stärkung reaktionärer Kräfte. Sie konnten sich nun in ihrer „Ostjudenhetze" auf Severs und Eldersch berufen.[119]

Wahrscheinlich hat diese Eskalation doch ein Umdenken innerhalb der Partei eingeleitet. Protestkundgebungen Ende September 1919 sind als erste Signale zu deuten, die, um einer Interpretation Jonny Mosers zu folgen, „mehr aus einem Unbehagen über Severs Erlaß, als über die Pogromhetze Ursins entstanden sind".[120] Sie waren von Sozialdemokraten getragen, standen jedoch offenbar nicht unter Patronanz der Parteispitze. Gleichwohl dokumentieren sie, daß die restriktive Flüchtlingspolitik innerhalb der Partei nicht unumstritten war.

Gegen Ende der Koalition mehrten sich die Zeichen einer vorsichtigen Liberalisierung in der Flüchtlingsfrage. Als im März 1920 erstmals auf Regierungsebene die Formulierung des Optionsparagraphen für die österreichische Gesetzgebung verhandelt wurde, plädierten Karl Renner und Matthias Eldersch für eine Variante, die eine antisemitische Interpretation zumindest erschwert hätte. Wie

---

118 WM, 11.9.1919, S. 3, Ausweisung der Flüchtlinge; WM, 12.9.1919, S. 2, Die Verbeugung vor der Gasse.

119 Ab den Sommermonaten 1919 läßt sich z. B. im Wiener Gemeinderat eine eindeutige Zunahme antisemitischer Wortmeldungen christlichsozialer Redner feststellen. Anlaß bildeten zumeist die Flüchtlinge. ihre Spitze war jedoch sehr häufig gegen die Sozialdemokratie gerichtet. Maren Seliger, Karl Ucakar: Wien. Politische Geschichte 1740–1934. Entwicklung und Bestimmungskräfte großstädtischer Politik. Teil 2: 1896–1934. Wien/ München 1985, S. 1055 f.

120 Moser: Die Katastrophe der Juden, S. 90.

noch zu zeigen sein wird, blieben sie jedoch mit ihrem Vorschlag erfolglos.[121]

Wenige Wochen später reagierten, wahrscheinlich nicht zufällig, gerade die beiden Hauptverantwortlichen des Ausweisungserlasses, Eldersch und Sever, öffentlich und unmißverständlich auf den bereits zitierten antisemitischen Ausfall Leopold Kunschaks im österreichischen Nationalrat Ende April 1920, in welchem dieser die Internierung nicht ausreisewilliger Juden in „Konzentrationslagern" empfohlen hatte.[122] Sie sprachen in diesem Zusammenhang von „Kulturschande". Während Eldersch im österreichischen Nationalrat allerdings zu erklären versuchte, weshalb die „Abschaffung" nicht schneller vor sich gehen könne,[123] distanzierte sich der niederösterreichische Landeshauptmann in seiner Stellungnahme zu Kunschak indirekt wesentlich stärker von der eigenen Flüchtlingspolitik. Viele ostjüdische Flüchtlinge seien aus Gebieten gekommen, die „Schauplatz von Kampfhandlungen" waren; die Flüchtlinge könnten dorthin nicht zurückkehren,

„weil ihr Siedlungsgebiet durch den Krieg gänzlich zerstört worden ist ... Schließlich sind viele der betreffenden Personen im Laufe der sechs Jahre hier ansässig geworden, haben Familien gegründet und sind Glieder von ansässigen Familien, so daß ihre Verwandten in der einheimischen Bevölkerung durch diese Ausweisung schwer getroffen würden. Eine mechanische Durchführung der erwähnten Maßnahmen ist daher nicht möglich."[124]

Es ist unklar, in welchem Ausmaß Sever seine frühere Position in der Flüchtlingsfrage tatsächlich revidiert hatte. Die Zielstrebigkeit, mit der er einige Monate später neuerlich gegen die galizischen Juden agieren wird, läßt eher innerparteilichen Druck vermuten.[125] Wesentlich ist, daß diese Stellungnahme am 30. April 1920 in der bis dahin keineswegs flüchtlingsfreundlichen „Arbeiter-Zeitung" nachzulesen war.

---

121 Vgl. dazu Kapitel 10.2.
122 Stenographische Protokolle der Konst. Nationalversammlung, Rede Leopold Kunschaks am 29.4.1920, S. 2382.
123 Ebd., Rede Elderschs am 29.4.1920, S. 2408.
124 AZ, 30.4.1920, zit. nach Spira: Feindbild „Jud", S. 79.
125 Im Juli 1920 plädierte der niederösterreichische Landeshauptmann sehr entschieden für eine restriktive Formulierung des Optionsparagraphen in der österreichischen Verfassung, die es ermöglichen sollte, „sogenannte Ostjuden" aus „rassischen" Gründen zurückzuweisen. AVA, Staatsarchiv des Innern u. d. Justiz, BKA Inneres, 8/genere, 1920, K 999, Staatsamt f. Inneres u. Unterricht, 28988/1920. Schreiben Severs an das Staatsamt für Inneres und Unterricht vom 6.7.1920 (Z. VII c- 6043).

Ein halbes Jahr später, im November 1920, wurde in einer Sitzung des sozialdemokratischen Parteivorstandes die weitere Vorgangsweise der Partei in der „Ostjudenfrage" festgelegt. Otto Bauer regte die Bildung von Bezirkskommissionen an, welche in öffentlichen Sitzungen über das Aufenthaltsrecht jüdischer Flüchtlinge entscheiden sollten.

„Nicht ausweisen könne man Arbeiter und Angestellte, die erweislich hier in Stellung sind, dann Leute, die Familienmitglieder von hier sesshaften Personen sind, und politische Flüchtlinge. Internierungslager könnten nur für Personen in Betracht kommen, die ausgewiesen wurden und trotzdem nicht weggehen."[126]

Der Positionswandel gegenüber Herbst 1919 war nicht zu übersehen und beinhaltete bis zu einem gewissen Grad die Rückkehr zu den humanitären Prinzipien des demokratischen Sozialismus. Der Kreis jener, denen die Sozialdemokratie im Falle einer Ausweisungsverfügung ihre Unterstützung versagen wollte, war nun immerhin auf arbeitslose, familiär nicht integrierte Personen eingeschränkt, die auch politische Verfolgung nicht glaubhaft machen konnten.

Die Solidarität blieb jedoch im wesentlichen auf die Abgrenzung von Ausweisungsplänen der politischen Gegner beschränkt. Darüber hinaus wurde den Flüchtlingen wenig Rückhalt geboten, was vor allem in der Frage ihrer staatsbürgerlich-rechtlichen Integration in die Republik Österreich von Bedeutung war. So vermied es die Arbeiterpartei zunächst, sich in der Optionsfrage, die seit Herbst 1920 Aktualität erlangte, zu exponieren. Verspätet und überaus ambivalent reagierte die „Arbeiter-Zeitung" auf das skandalöse Urteil des Verwaltungsgerichtshofes in der causa Moses Dym, das dem großdeutschen Innenminister Waber seit Sommer 1921 zur Legitimierung seiner antisemitischen Optionspraxis diente.[127] Das Parteiorgan distanzierte sich lediglich von der rassistischen Begründung der Abweisung des galizisch-jüdischen Optanten, ging mit dem Urteilsspruch aber insofern konform, als es den Optionsanspruch als „vorweg ... vollständig unberechtigt" qualifizierte. Moses Dym habe

---

126 Verein für Geschichte der Arbeiterbewegung, Altes Parteiarchiv – Protokolle des Parteivorstands der Sozialdemokratischen Arbeiterpartei, Protokoll der Sitzung des Parteivorstandes am 30.11.1920.
127 Vgl. dazu die Kapitel 10.5 und 10.6.

nicht beweisen können, daß er „Deutscher" sei.[128] Erst im März
1922 protestierten sozialdemokratische Nationalratsabgeordnete in
einer Anfrage an den Justizminister eindeutig gegen die antisemitische Praxis des Verwaltungsgerichtshofes, der weiterhin Beschwerden abgelehnter Optanten unter Hinweis auf Nichterfüllung des
Kriteriums „rassischer" Zugehörigkeit zur Mehrheit der österreichischen Bevölkerung zurückwies.[129]

Zu diesem Zeitpunkt sah sich die sozialdemokratische Stadtverwaltung Wiens längst mit Ansuchen zahlreicher galizischer und bukowinischer Juden um das Heimatrecht konfrontiert. Es handelte
sich um Flüchtlinge wie auch um Vorkriegsimmigranten, die nun
auf diesem Weg die österreichische Staatsbürgerschaft anstrebten.
Wie noch zu zeigen sein wird, ließ die Einbürgerungspolitik gegenüber Kriegsflüchtlingen jede Großzügigkeit vermissen. Der
Mehrheit blieb die staatsbürgerliche Integration und damit auch die
rechtliche Absicherung verwehrt.[130]

Die Ostjudenpolitik der österreichischen Sozialdemokratie war
demnach in den ersten Nachkriegsjahren reich an Widersprüchlichkeit, ihr Kurs „verschwommen und inkonsequent", wie es ein
Redakteur der „Freien Tribüne" resümierte.[131] Nicht nur in Detail-
fragen, auch insgesamt glich ihre Politik einem „Krebsgang". In
einer ersten Phase kam man antisemitischen Kräften weit entgegen,
in einer zweiten übte man größere Zurückhaltung: Man lehnte die
Flüchtlinge nicht mehr offen ab, gewährte ihnen fallweise sogar –
verbale – Unterstützung. Der Schaden, den der „Sever-Erlaß" verursacht hatte, war allerdings irreparabel: Innerhalb der eigenen Anhängerschaft war nun die Hemmschwelle gegenüber antisemitischer Ideologie und Politik weiter herabgesetzt. Solidaritätsmangel
auch seitens der Arbeiterschaft sollte 20 Jahre später den Nationalsozialisten die reibungslose Deportation von Juden erleichtern. Viele Spuren führen zu diesem Abgrund an Inhumanität. Eine davon
nimmt ihren Ausgang im Geschehen rund um den „Sever-Erlaß".

---

128 Das Urteil wurde am 9. Juni 1921 gefällt. Am 21. Juni übernahm Leopold Waber
das Innenministerium und gab bereits wenige Tage später Weisung, jüdische
Optanten, keineswegs nur Kriegsflüchtlinge, unter rassischer Begründung abzuweisen. Die „Arbeiter-Zeitung" griff die Angelegenheit erst am 17. August auf.
AZ, 17.8.1921, S. 1, Zur Frage der Optionen.
129 Stenographische Protokolle des Nationalrats, 98. Sitzung vom 21.3.1922, Anfrage
des Abgeordneten Sever und Genossen.
130 Vgl. dazu Kapitel 10.7.
131 Freie Tribüne, 1.5.1920, S. 2, Judenausweisungen.

10. Zwischen Abschub und Integration: Die jüdischen Kriegsflüchtlinge in Wien in den frühen zwanziger Jahren

In seiner breiten Analyse der „Geschichte des Antisemitismus in Österreich", welche hauptsächlich die Zeit zwischen dem Beginn des Ersten Weltkriegs und der Annexion Österreichs durch das nationalsozialistische Deutschland behandelt, konstatiert der amerikanische Historiker Bruce Pauley ein in Relation zur generellen Virulenz des österreichischen Antisemitismus relativ bescheidenes „Sündenregister" österreichischer Regierungen. Wohl hätten die Bundesregierungen der Zwischenkriegszeit „im Vergleich zur Ära Franz Josephs weniger Grund, stolz zu sein", doch seien antisemitische Demonstrationen und Publikationen bis 1934 „das Äußerste" gewesen, was sie tolerierten.[1]

Pauley zeichnet hier zweifellos ein zu positives Bild. Zwar fanden die antisemitischen Haßausbrüche christlichsozialer und deutschnationaler Politiker, die antijüdische Prägung der österreichischen Bevölkerung durch den katholischen Klerus[2] oder die kompromißlose Judenfeindschaft, die das Klima an den österreichischen Hochschulen vergiftete, kein Pendant auf Regierungsebene, andererseits war, wie gezeigt werden konnte, der „Sever-Erlaß" mehr als eine nur peinliche, „möglicherweise" niemals „wirklich ernst" gemeinte Aktion eines sozialdemokratischen Landeshauptmannes, als die sie Bruce Pauley in Anlehnung an ältere Forschungsergebnisse interpretiert.[3] Die Ausweisung der „Ostjuden" bzw. die Verhinderung ihrer Integration war Sever ein Anliegen, das er weit über die spektakuläre Maßnahme vom September 1919 hinaus zielstrebig verfolgte.[4] Vor allem aber handelte er im Einklang mit der sozialdemokratisch dominierten Regierung, deren Flüchtlingspolitik in Pauleys „Sündenregister" aufgenommen werden sollte.

---

1 Pauley: Eine Geschichte des österreichischen Antisemitismus, S. 396 f.
2 Vgl. dazu Anton Staudinger: Katholischer Antisemitismus in der Ersten Republik. In: Botz/Oxaal/Pollak (Hrsg.): Eine zerstörte Kultur. Jüdisches Leben und Antisemitismus in Wien seit dem 19. Jahrhundert. Buchloe 1990, S. 247–270; Rütgen: Antisemitismus in allen Lagern, S. 8 ff.
3 Ebd., S. 128. Vgl. dazu: Spira: Feindbild „Jud", S. 77 f.; Moser: Die Katastrophe der Juden, S. 89 f. Pauley reduziert den Ausweisungserlaß in seiner Bedeutung jedoch viel stärker als die beiden letztgenannten Autoren, indem er die Möglichkeit andeutet, es könnte sich dabei lediglich um eine „Geste" gehandelt haben, welche die Antisemiten „besänftigen sollte". Pauley, S. 128.
4 Vgl. dazu Kapitel 10.2.

Auch in der Optionsfrage war die Haltung österreichischer Politiker auf Bundesebene zeitweise antisemitisch. Immerhin fand eine rassistische Interpretation des Artikels 80 des Vertrages von St. Germain durch den österreichischen Verwaltungsgerichtshof 1921 für mehr als ein halbes Jahr Eingang in die Verwaltungspraxis des Innenministeriums, das über die Optionsgesuche ehemaliger Staatsangehöriger für die Staatsbürgerschaft der Republik zu entscheiden hatte. Ungehindert konnte in der Folge ein großdeutscher Minister jüdischen Bewerbern unter Hinweis auf ihre „Rassezugehörigkeit" die Aufnahme in den österreichischen Staatsverband verweigern. Der „Waber-Erlaß" betraf nicht nur jüdische Kriegsflüchtlinge, sondern auch Personen, die seit Jahrzehnten oder gar von Geburt an auf dem Gebiet der Republik ansässig gewesen waren. Die „antisemitische Tat" des Deutschnationalen Waber wurde von den Antisemiten aller politischen Lager begeistert gefeiert[5] und ging somit weit über den Versuch hinaus, die Integration von Kriegsflüchtlingen in den österreichischen Staat zu verhindern.

Die Optionsdiskussion markierte den letzten Höhepunkt in der seit 1914 andauernden Auseinandersetzung um die galizischen und bukowinischen Kriegsflüchtlinge. Paradoxerweise waren es die rechtlichen Bestimmungen des Friedensvertrages, welche österreichischen Juristen und Politikern eine antisemitische Auslegung erleichterten.

10.1. Das Optionsrecht im Vertrag von St. Germain

Der von Karl Renner am 10. September 1919 unterzeichnete Staatsvertrag von St. Germain trat für Österreich am 16. Juli 1920 in Kraft und wurde tags darauf in StGBl. 1920/303 kundgemacht. Dieser Zeitpunkt war für den Erwerb der Staatsangehörigkeit und auch für den Beginn der Optionsfrist maßgeblich.[6]

Die Regelung staatsbürgerlicher Verhältnisse war im Friedensvertrag auf Betreiben der österreichischen Verhandlungsdelegation entgegen dem ursprünglichen Entwurf, der eine Aufteilung nach

---

5 Isabella Ackerl: Die großdeutsche Volkspartei 1920–1934. Versuch einer Parteigeschichte. Phil. Diss. Wien 1967, S. 138.
6 Rudolf Thienel: Österreichische Staatsbürgerschaft. Historische Entwicklung und völkerrechtliche Grundlagen. Wien 1989 (= Österreichische Staatsbürgerschaft. Bd. 1), S. 51.

dem Wohnsitz vorsah, auf Grundlage des Heimatrechtes erfolgt.[7] Dieses Kriterium erwies sich in zahllosen Fällen als problematisch, da es ihm an Eindeutigkeit mangelte. Das altösterreichische Heimatrecht stand grundsätzlich in keinem Zusammenhang mit dem Domizil, der Geburt oder der Nationalität. Abgesehen von der Armenversorgung war es von untergeordneter Bedeutung, sodaß die Möglichkeit eines Erwerbes aufgrund zehnjährigen ununterbrochenen Aufenthaltes vielfach nicht wahrgenommen wurde.[8] Daher lebten zahlreiche altösterreichische Staatsangehörige z. B. seit Generationen in Wien, waren aber immer noch unter Umständen – „von Urgroßväter Zeiten her" – in einer polnischen Gemeinde Galiziens heimatberechtigt.[9] Nach diesem antiquierten Gesetz wurden die Angehörigen der österreichisch-ungarischen Monarchie auf die einzelnen Nachfolgestaaten aufgeteilt und nunmehr als Angehörige desjenigen Sukzessionsstaates erklärt, der auf dem Gebiete, in dem die betreffende Heimatgemeinde gelegen war, die Souveränität ausübte (Art. 64 und 70).[10] War der Betroffene damit nicht einverstanden, blieb ihm das Recht auf Option.

Das Optionsrecht ehemals österreichischer Staatsangehöriger, die nicht auf dem Boden der Republik Österreich heimatberechtigt waren, wurde in den Artikeln 78–80 geregelt. Relevant für die Kriegsflüchtlinge aus Galizien und der Bukowina, darüber hinaus aber auch generell für Personen, die schon vor 1914 im Gebiet der Republik ansässig waren, ohne hier heimatberechtigt zu sein, war Artikel 80:

---

7 Vgl. Thienel: Österreichische Staatsbürgerschaft, S. 51, Anm. 19; Josef Kunz: Die völkerrechtliche Option, Bd. II, Staatsangehörigkeit und Option im deutschen Friedensvertrag von Versailles und im österreichischen Friedensvertrag von St. Germain. Breslau 1928, S. 161 ff., S. 189 f.; Die Gemeindeverwaltung der Bundeshauptstadt Wien in der Zeit vom 1. Juli 1919 bis 31. Dezember 1922 unter dem Bürgermeister Reumann. Wien 1927, S. 651.

8 Die Erwerbung des Heimatrechts aufgrund des zehnjährigen ununterbrochenen Aufenthaltes erfolgte nur auf Ansuchen, nie aber von Amts wegen oder automatisch. Kunz: Die völkerrechtliche Option, S. 189.

9 Ebd. Diesem Personenkreis war zwar mit dem „Gesetz über das deutschösterreichische Staatsbürgerschaftsrecht", StGBl. 1918/91 vom 5.12.1918, die Möglichkeit einer einfachen Option für die Republik eröffnet worden. Der Abschluß des Staatsvertrages von St. Germain hatte jedoch am 17.9.1919 durch StGBl. 481 zur Abschaffung der Staatsbürgerschaftserklärungen geführt. Mit Erlaß Z. 36.964 des Staatsamtes für Inneres vom 5.9.1920 waren auch die abgegebenen Staatsbürgerschaftserklärungen unter Bezugnahme auf die Artikel 64 und 70 des Friedensvertrages, die das Heimatrecht als Aufteilungskriterium beinhalten, für ungültig erklärt worden. WM, 29.9.1920, S. 1 f., Die Ungültigkeit der Staatsbürgerschaftserklärungen.

10 Die Gemeindeverwaltung der Bundeshauptstadt Wien, S. 651.

„Personen, die in einem zur ehemaligen österreichisch-ungarischen Monarchie gehörigen Gebiet heimatberechtigt und dort nach Rasse und Sprache von der Mehrheit der Bevölkerung verschieden sind, können innerhalb eines Zeitraumes von sechs Monaten nach dem Inkrafttreten des gegenwärtigen Vertrages für Österreich, Italien, Polen, Rumänien, den ser-
bisch-kroatisch-slowenischen Staat oder die Tschechoslowakei optieren, je
nachdem die Mehrheit der Bevölkerung dort aus Personen besteht, welche
die gleiche Sprache sprechen und derselben Rasse zugehören wie sie."[11]

Das Kernstück des Artikels 80, die Formulierung von „Rasse und Sprache" als Kritierien des Optionsrechtes, sollte sich als überaus problematisch erweisen, da es beiden Begriffen an Eindeutigkeit mangelt.
Zum einen fehlte jeder Hinweis, ob die Mutter- oder die Umgangssprache ausschlaggebend sein sollte. Zum anderen enthielt der Friedensvertrag keine Erklärung, was unter „Rasse" im Sinne des Artikels
80 zu verstehen sei.[12] Der Interpretationsspielraum war groß, Schwierigkeiten waren bei der Durchführung daher zu erwarten.

Die unglückliche Terminologie beruhte auf einem Übersetzungs-
fehler. Das Redaktionskommitee in St. Germain hatte übersehen,
daß das deutsche Wort „Rasse" in seiner Bedeutung nicht dem französischen oder angelsächsischen Begriff „race" gleichzusetzen war
und ihm im deutschen Sprachgebrauch ein auf das völkische und
biologische Moment eingeschränkter Bedeutungsgehalt eigen ist.
Die wörtliche Übertragung des französischen Originaltextes, in dem
von „race et langue" die Rede war, bedeutete somit eine mangelnde
Berücksichtigung unterschiedlicher Begriffswelten. Der österreichischen Gesetzgebung und Verwaltung war der Begriff bis dahin vollkommen fremd gewesen. Im Angelsächsischen und im Französischen wurde der Begriff „race" hingegen im Sinne von „Nationalität" verwendet.[13] Auf diese Weise hatte das Wort „racial" in amerikanischen Entwürfen und Überlegungen zur Gestaltung der europäischen Nachkriegsordnung Eingang gefunden, und zwar als Versuch, „das Phänomen der Nation im objektiven Sinne als Kultur-,
Sprach- und Abstammungsgemeinschaft" zu umschreiben.[14] Nur in
diesem eingeschränkten Sinne fand der Begriff „race" schließlich
Verwendung im Artikel 80 des Vertrags von St. Germain.

---

11 Zit. nach Karl Waldert: Das österreichische Heimat- und Staatsbürgerrecht. Wien
   1926, S. 191.
12 Vgl. Kunz: Die völkerrechtliche Option, S. 200.
13 Vgl. dazu: Jakob Ornstein: Volkszugehörigkeit und Rasse. In: Die Wahrheit,
   1.3.1923, S. 10.
14 Besenböck: Die Frage der jüdischen Option, S. 69.

Schon die zeitgenössische juristische Literatur hatte den Staatsangehörigkeits- und Optionsnormen von St. Germain unter anderem mangelnde Systematik in der Anordnung und zahlreiche „Lücken und Widersprüche" vorgeworfen. Die Redaktion dieser Bestimmungen wurde als „flüchtig und oberflächlich" kritisiert, als „höchst unbefriedigend vom Standpunkt rechtswissenschaftlicher Klarheit, ... gemacht mit einer oft geradezu argen Unkenntnis der rechtlichen und tatsächlichen Verhältnisse der alten Monarchie" und somit „verhängnisvoll in der praktischen Auswirkung".[15] Die mißglückte Formulierung des Optionsparagraphen 80, der – wie beanstandet wurde – an „Dunkelsinn, Langatmigkeit und Schwerfälligkeit nicht so leicht seinesgleichen findet",[16] ist somit nicht isoliert zu sehen. Die Aufnahme des vagen und mißverständlichen Begriffes „Rasse" als neben der „Sprache" maßgeblichem Optionskriterium sollte sich im Fall der galizischen und bukowinischen Juden als ganz besonders verhängnisvoll erweisen.

10.2. Die Aufnahme des Artikels 80 in das österreichische Recht

Schon im März 1920 war auf Regierungsebene über die Integration der Optionsbestimmungen in die österreichische Gesetzgebung verhandelt worden.[17] Dabei stand ein formal geringfügiger, inhaltlich aber bedeutsamer Eingriff in den Artikel 80, zu dessen Durch-

---

15 Kunz: Die völkerrechtliche Option, S. 179 f. Kunz zitiert in diesem Zusammenhang G. Froehlich: Die Wirkungen des Staatsvertrages von St. Germain auf unsere Verfassung. Zeitschrift für öffentliches Recht, Wien 1920, I, S. 406–431, hier: S. 7; Alfred Kramer: Die Staatsangehörigkeit der Altösterreicher und Ungarn nach den Friedensverträgen. Wien 1925, S. 5, S. 63. Zur Bestätigung seiner kritischen Einwände zitiert Kunz auch A. Hobza als „einen der Entente angehörigen Autor", der ebenfalls die Schwierigkeiten betonte, die sich bei der praktischen Umsetzung jener unsystematischen Bestimmungen ergaben. A. Hozba: La Republique tchecoslovaque et le droit international. R.G.D.I.P. 1922, S. 386–409.
16 Leo Haber: Die Auslegung des Art. 80 des österreichischen Friedensvertrages. In: Juristische Blätter, Wien 1920, Nr. 29, S. 227–229, zit. nach Besenböck: Die jüdische Option, S. 70.
17 Eine zwischenstaatsamtliche Sitzung über den in Vorbereitung stehenden Entwurf betreffend das Staatsbürgerrecht hatte am 15. März stattgefunden. Zu einer weiteren Besprechung am 14. April lud das Staatsamt des Innern die Staatskanzlei und die im weiteren Sinn damit befaßten Staatsämter ein. AVA, Staatsarchiv d. Innern u. d. Justiz, BKA Inneres, 8/genere, 1920, K 999, D.ö.-Staatsamt d. Innern, 14.419/20, Staatsbürgerschaftsgesetz.

führung es einer Vollzugsanweisung der österreichischen Regierung bedurfte, zur Diskussion: Das Kanzleramt wie auch das Staatsamt für Inneres gingen davon aus, daß die Bindung der Option an den Nachweis von „Rasse u n d Sprache" in der praktischen Handhabung zu unüberwindlichen Schwierigkeiten führen würde und plädierten für die Formulierung von „Rasse o d e r Sprache" als Optionskriterium im Gesetzestext. Diese Variante hätte in jedem Falle der Absicht der Konferenzmächte entsprochen, denen nichts ferner gelegen war, als antijüdischen Tendenzen Vorschub zu leisten. Renner und Staatssekretär Eldersch stießen mit ihrem liberalen Interpretationsvorschlag jedoch auf negative Resonanz. Vor allem der parteiunabhängige Staatssekretär für Finanzen, Richard Reisch, wollte aus – wie er betonte – finanzpolitischen Erwägungen den Kreis jener Altösterreicher, die nun für die Republik optieren konnten, klein halten und bestand auf einem obligatorischen „Rassenachweis". Dies sollte „zum Beispiel in der Weise" geschehen, daß vom „Optionswerber etwa darzutun wäre, daß drei seiner vier Großeltern in der Sprache, zu der er sich nunmehr bekennt, erzogen wurden oder sie zur Umgangssprache hatten" (sic!).[18] Stellungnahmen von Renner oder Eldersch zu Reischs Vorschlag liegen nicht vor. Bei der Endredaktion des Gesetzestextes, für die bereits das Proporzkabinett Mayr zuständig war, hatten die beiden Sozialdemokraten bereits keine Mitsprachemöglichkeit mehr.

Die Unklarheit der entscheidenden Passagen des Artikels 80 spielte jedoch nicht nur für die Formulierung der österreichischen Vollzugsanweisung eine Rolle. Optionsangelegenheiten mußten neben einer Reihe weiterer Fragen auch im „Brünner Vertrag" zwischen der Tschechoslowakei und Österreich, der am 7. Juni 1920 unterzeichnet wurde, geregelt werden. Der Vertrag trat mit 10. März 1921 in Kraft. Er definierte in Artikel 9 die Durchführung der Optionsbestimmungen in einer Weise, die für die österreichische Gesetzgebung richtungweisend hätte sein können:[19]

---

18 Die Auseinandersetzung ist dokumentiert in einer Note des D.ö.-Staatsamtes für Finanzen vom 26.3.1920 (Z. 22.260), an die Staatskanzlei. Abschrift der Staatskanzlei enthalten in: AVA, Staatsarchiv d. Innern u. d. Justiz, BKA Inneres, 8/genere, 1920, K 999, D.ö.-Staatsamt d. Innern, 14.419/1920.

19 Der Vertrag von St. Germain und der von den Hauptmächten mit der tschechoslowakischen Regierung abgeschlossene Sondervertrag waren zu ungenau aufeinander abgestimmt. Die Texte ließen verschiedene Interpretationsmöglichkeiten zu. Der „Brünner Vertrag" regelte daher Fragen der Staatsbürgerschaft, des Minderheitenschutzes und der Sprachregelung in den Volksschulen. Vgl. dazu Besenböck: Die jüdische Option, S. 82.

„Die beiden Vertragsstaaten kommen überein, daß sie im gegenseitigen Verhältnisse bei der Durchführung der Optionsbestimmungen nach Artikel 80 des Vertrages mit Österreich (Artikel 3, 2. Absatz des Vertrages mit der Tschechoslowakischen Republik) in liberaler Weise vorgehen und insbesondere die Worte „par la race et la langue" derart deuten wollen, daß im allgemeinen praktisch hauptsächlich die Sprache als wichtigstes Kennzeichen der Volkszugehörigkeit in Betracht gezogen werde."[20]

In diesem zwischenstaatlichen Übereinkommen fanden die Vertragspartner zu einer Interpretation des Artikels 80, die das Optionskriterium „Rasse" de facto als irrelevant erklärte. Damit hatte Österreich auf internationaler Ebene zwar einer klaren, praktikablen Regelung zugestimmt, die Vollzugsanweisung zu den im Staatsvertrag festgelegten Optionsnormen, die rund 2 Monate später von der österreichischen Regierung erlassen wurde, sollte jedoch im Gegensatz zum „Brünner Vertrag" die Unbestimmtheit von Artikel 80 noch vertiefen.

Im Sommer 1920 herrschte unter dem wachsenden Druck der Öffentlichkeit quer durch alle politischen Lager Konsens über eine restriktive Auslegung des Optionsparagraphen. Symptomatisch für das Meinungsklima zu diesem Zeitpunkt[21] war ein an das Staatsamt des Innern gerichteter Appell des niederösterreichischen Landeshauptmannes Albert Sever von Anfang Juli.[22] Eine liberale Interpretation des Optionsrechts erlaube allen bereits in Wien weilenden jüdischen Flüchtlingen – von Sever pauschal als Kriminelle diffamiert –, hier „zeitlebens ihre unlauteren Machenschaften fort(zu)betreiben". Überdies würden auch „alle gegenwärtig in Galizien weilenden Israeliten die Möglichkeit erlangen, die hierländische Staatsbürgerschaft zu erwerben und nach freiem Belieben sich in Österreich niederzulassen". Ungeniert sprach der prominente Sozialdemokrat den „sogenannten Ostjuden" wie auch den „vor dem Krieg in Ungarn ansässig gewesenen Israeliten" das Optionsrecht

---

20 Zit. nach Besenböck: Die jüdische Option, S. 85.
21 Am 7. Juni 1920 hatte beispielsweise eine Versammlung stattgefunden, zu der Antisemitenbund und Frontkämpfer gemeinsam aufgerufen hatten. Wieder einmal war unter anderem die „sofortige Internierung aller eingewanderter Ostjuden" und der „fortlaufende Abschub dieser jüdischen Parasiten" verlangt worden. Eine Resolution an die Regierung drohte unmißverständlich mit Gewalt. AVA, Staatskanzlei 1442/1920, Information der Staatskanzlei an das Staatsamt für Inneres und Unterricht vom 12.6.1920.
22 AVA, Staatsarchiv d. Innern u. d. Justiz, BKA Inneres, 8/genere, 1920, K 999, Staatsamt f. Inneres u. Unterricht, 28988/1920, Schreiben Severs an das Staatsamt für Inneres und Unterricht vom 6.7.1920 (VII c-6043).

nach Artikel 80 unter Hinweis auf die mangelnde Rassezugehörigkeit ab.

Als im August 1920, wenige Wochen nach Inkrafttreten des Friedensvertrages, die Formulierung des Optionsrechtes auch in Hinblick auf die bevorstehenden Neuwahlen aktuell wurde,[23] gab es im Kabinettsrat nicht mehr viel zu verhandeln: Galizische Juden waren für die Koalitionsparteien als österreichische Staatsbürger grundsätzlich unerwünscht.[24] Da dem Gesetzestext dennoch keine, jüdische Bewerber offen diskriminierende Fassung gegeben werden konnte, spiegelt der Text der Vollzugsanweisung einerseits die latenten antisemitischen Intentionen der Gesetzgeber, zugleich aber deren Scheu vor eindeutigen Formulierungen wider. Entworfen hatte den Text im übrigen der Sozialdemokrat Wilhelm Ellenbogen, zu dieser Zeit Unterstaatssekretär im Staatsamt für Handel und Gewerbe, Industrie und Bauten.[25]

Zwei Paragraphen der „Vollzugsanweisung vom 20. August 1920 über den Erwerb der österreichischen Staatsangehörigkeit durch Option" (StGBl. 397/1920) bezogen sich unmittelbar auf die Gruppe der Ostjuden. Paragraph 2 war programmatisch mit „Option auf Grund der Rasse und Sprache" betitelt und lautete:

„Personen, die in einem zur ehemaligen österreichisch-ungarischen Monarchie gehörigen Gebiete heimatberechtigt und dort nach Rasse und Sprache von der Mehrheit der Bevölkerung verschieden sind, können innerhalb eines Zeitraumes von sechs Monaten nach Inkrafttreten des Staatsvertrages von St. Germain-en Laye an, somit bis einschließlich 15. Januar 1921 für die österreichische Staatsangehörigkeit optieren, wenn sie nach Rasse und Sprache zur deutschen Mehrheit der Bevölkerung Österreichs gehören."

Von Bedeutung als Vollzugsbestimmung war der § 6:

„Im Falle einer Option auf Grund der Rasse und Sprache (Artikel 80 des Staatsvertrages) sind gleichzeitig jene faßbaren Merkmale darzutun, aus

---

23 Für den 4. August lud das Staatsamt für Inneres und Unterricht aus diesem Grund zu einer zwischenstaatsamtlichen Beratung ein. AVA, Staatsarchiv d. Innern u. d. Justiz, BKA Inneres, 8/genere, K 999, 32.466/1920, 29.7.1920.

24 AVA, Kabinettsprotokoll Nr. 213 vom 13. August 1920, Karton 27, Kabinettsprotokoll Nr. 214 vom 17. August 1920, Karton 27, 7–9. Zit. nach Besenböck: Die Frage der jüdischen Option, S. 74.

25 Staats- und Bundesregierungen. In: Österreich 1918–1938, Bd. II, S. 1069. Die Verfasserschaft Ellenbogens geht aus dem Sitzungsprotokoll vom 17.8.1920 hervor: „Der Kabinettsrat stimmt der Erlassung der Vollzugsanweisung in der vom Staatssekretär Dr. Ellenbogen vorgeschlagenen Fassung zu." Zit. nach Besenböck: Die jüdische Option, S. 74.

denen die Zugehörigkeit des Optierenden zur Mehrheit der Bevölkerung Österreichs (§ 2) zu schließen ist.

Für den Nachweis der sprachlichen Zugehörigkeit kommen insbesondere in Betracht Zeugnisse über den Besuch deutscher Volks-, Bürger- und Mittelschulen, Auszüge aus den deutschen Volkszählungsoperaten, bisherige Zugehörigkeit zu nationalen Wählerkurien u. dgl."

Artikel 80 des Vertrags von St. Germain hatte damit im wesentlichen unverändert Eingang in die österreichische Gesetzgebung gefunden. Jeder Bewerber um die Staatsbürgerschaft mußte nunmehr seine „Zugehörigkeit" zur „Mehrheit der Bevölkerung Österreichs" nachweisen. Österreichische Verwaltungsorgane wiederum konnten „Rasse und Sprache" eines Optanten in Hinblick auf seine Zugehörigkeit zur deutschsprachigen Mehrheit der österreichischen Bevölkerung überprüfen. Während jedoch für den Nachweis sprachlicher Zugehörigkeit zugelassene Dokumente exemplarisch angeführt waren, hüllte sich der Gesetzgeber bezüglich des ebenso obligatorisch verlangten Nachweises der „rassischen" Zugehörigkeit in Schweigen.

Die vage Formulierung des Artikels 80 des Staatsvertrages weitete sich somit zu einem „juristischem Loch"[26] in der österreichischen Gesetzgebung aus. Im Gegensatz zu den Pariser Verhandlungsführern, deren mangelhafte Kenntnis mittel- und osteuropäischer Verhältnisse nicht nur in diesem Fall schwerwiegende Folgen hatte, waren sich die österreichischen Gesetzgeber der Problematik durchaus bewußt. Dies beweist der für die Kabinettsratssitzung am 17. August vom christlichsozialen Staatssekretär des Inneren Breisky vorbereitete Kommentar zum Gesetzesentwurf, der die Unbestimmtheit des Optionskriteriums „Rasse" als intendiert erscheinen läßt.[27]

In diesem Kommentar wird zunächst der Personenkreis definiert, dessen Zugehörigkeit zur österreichischen Bevölkerung nach Rasse und Sprache in der Praxis geklärt werden müsse: Es gehe um alle jüdischen Optanten, die in den Sudetenländern, Galizien und der Bukowina heimatberechtigt seien. Während der Kommentar jedoch

---

26 Besenböck: Die jüdische Option, S. 78.
27 AVA, Staatsamt d. Innern u. d. Justiz, BKA Inneres, 8/genere, 1920, K 999, D.ö.-Staatsamt d. Innern, 36.314/1920, Kommentar Staatssekretär Breiskys für den Vortrag im Kabinettsrat. Dieser Kommentar wurde in unveränderter Form als Beilage zum Protokoll der Kabinettsratssitzung vom 17.8.1920 aufgenommen. Siehe Besenböck: Die jüdische Option, S. 74 f.

für die Option jüdischer Bewerber aus den Sudentenländern und
der Bukowina im Sinne des „Brünner Vertrages" grünes Licht signa-
lisiert – sie seien Träger des Deutschtums gewesen und dürften
„wegen ihrer Zugehörigkeit zum Stamme der Israeliten wohl kaum
zurückgewiesen werden" –, gibt er für die Behandlung galizischer
Juden andere Richtlinien vor:

„Dagegen dürfte es den Juden aus Galizien, die sich bei den letzten Volks-
zählungen immer stärker als Polen bekannten, schwerer fallen, ihre
sprachliche Zugehörigkeit beweiskräftig zu behaupten. Im allgemeinen
wird die Entscheidung von der hierzu berufenen Stelle, dem Staatsamt für
Inneres und Unterricht, im einzelnen Falle unter Erwägung aller maßgebenden Momente zu fällen sein."[28]

Der Gesetzestext verlangte den Nachweis der „Rasse" obligatorisch
als Optionskriterium, definierte sie aber nicht. Bei Juden aus den
Sudetenländern oder der Bukowina sollte die „Rasse" ein zu ver-
nachlässigender Faktor sein, bei den galizischen Juden hingegen
waren „alle maßgebenden Momente" zu erwägen. Dahinter verbarg
sich die Erwartung, daß zahlreiche Bewerber das Kriterium des
Nachweises der sprachlichen Zugehörigkeit nicht würden erfüllen
können, sich der Hinweis auf den fehlenden Nachweis einer „rassischen" Zugehörigkeit im Falle der Ablehnung also erübrige.

Für die „Vollzugsanweisung" zur Regelung der Option zeichnete
das Proporzkabinett Mayr verantwortlich. In ihm spielten die Sozialdemokraten nur mehr eine untergeordnete Rolle. Vorbereitet und
kommentiert vom nun christlichsozial geleiteten Staatsamt des Innern, ausformuliert jedoch von einem Sozialdemokraten, kann sie
aber – zumindest was die Paragraphen 2 und 6 betrifft – als nachge-
borenes Kind der Koalitionsregierung bezeichnet werden, deren restriktive Flüchtlingspolitik im Zeichen grundsätzlichen Einverneh-
mens gestanden war. Der „Sever-Erlaß" – ein in seiner Bedeutung
vergleichbares Dokument – hatte sich, obwohl auch er jede offen
diskriminierende Formulierung vermied, viel direkter gegen die jüdischen Kriegsflüchtlinge gewandt. Die „Vollzugsanweisung" konnte sich dagegen auf den Text des Staatsvertrages berufen, den man
in den entscheidenden Passagen unverändert in die österreichische
Gesetzgebung übernommen hatte. Indem die Regierung den auf
eine Fehlübersetzung des Friedensvertrages zurückgehenden Begriff „Rasse" aufnahm, der bislang in der österreichischen Gesetz-

---

28 Ebd.

gebung und Rechtssprechung aus gutem Grund keinerlei Rolle gespielt hatte, schuf sie die Grundlage für eine antisemitische Rechts-
auslegung und Verwaltungspraxis, die im Sommer 1921 in Österreich vorübergehend Platz greifen sollte.

10.3. Im Zustand der Ungewißheit: Ausweisung oder Option

Seit der Dekretierung des „Sever-Erlasses", der weder exekutiert
noch aufgehoben worden war, hing das Damoklesschwert der Ausweisung über allen jüdischen Kriegsflüchtlingen, die nicht in Besitz
einer Aufenthaltsbewilligung waren. Unermüdlich wurde das Thema von Journalisten und Politikern aufgegriffen und in bewährter
Weise als Schlüssel zur Lösung aller Versorgungsprobleme präsentiert.[29] Kurz vor der gesetzlichen Regelung der Optionsfrage durch
die österreichische Regierung im Sommer 1920 erließ die Gemeinde Wien eine Verordnung, in der die Wohnungen aller Ausländer
ohne Aufenthaltsbewilligung gemäß den rigiden Bestimmungen des
Mietengesetzes „angefordert" wurden. Nach Schätzung der „Wiener
Morgenzeitung" waren davon einige tausend Menschen betroffen.[30]
Drei Wochen später stellte das Wohnungsamt der Stadt Wien, das
sich durch die niederösterreichische Landesregierung gedeckt
wußte, Tausende „Abschaffungsbefehle" aus, die überwiegend Personen aus den Unruhegebieten Galiziens mit dem Verlust der Wohnung bedrohten. Eine Intervention des Zionistenführers Robert
Stricker im Staatsamt des Innern hatte in diesem Falle jedoch eine
Revision des Verfahrens zur Folge.[31]

Unter dem Vorwand, Wien von „Wucherern, Schiebern, Schleich-
händlern und sonstigen Parasiten" zu befreien,[32] setzten die Behörden ihre gesetzliche Verpflichtung zur Abwägung der sozialen Rahmenbedingungen hintan. Nach den Richtlinien des Staatsamts des

---

29 Vgl. z. B.: Amtsblatt der Stadt Wien, 1919, Anfrage Kunschaks im Wiener Gemeinderat vom 28.11.1919, S. 3088 f.; Forderung des Christlichsozialen Spalowsky im
   Finanzausschuß am 10.1.1920, zit. in: WM, 11.1.1920, S. 5; Stenograph. Protokolle
   der Konst. Nationalversammlung, Rede Kunschaks am 29.4.1920, S. 2379–2383.
30 WM, 17.7.1920, S. 1 f., Die Vertreibung der Flüchtlinge aus Wien; WM, 18.7.1920,
   S. 1, Das geraubte Heim.
31 WM, 6.8.1920, S. 2, Flüchtlingsausweisungen und Wohnungsanforderungen; WM,
   7.8.1920, S. 2., Die Flüchtlingsausweisungen.
32 WM, 9.10.1920, S. 1, Zarenrußland in Wien.

Innern wären die Behörden angewiesen gewesen, Kranke, Trans-
portunfähige, Greise, Schüler und Studenten, Personen in dauern-
dem Arbeitsverhältnis sowie Personen, welche aus kriegszerstörten
Gebieten stammten, mit Aufenthaltsbewilligungen zu versehen und
von Zwangsmaßnahmen Abstand zu nehmen.[33] Das Ergebnis der
„Severschen Arbeit" eines einzigen Tages präsentierten die Wiener
Zionisten der Öffentlichkeit:

„Josef Zelinter, 2. Bez., Obermüllnerstr. 5, war Bäckermeister in dem nun
zerstörten Rohatyn in Ostgalizien. Er ist mit seiner Familie im Jahre 1914
auf Befehl der österreichischen Regierung nach Wien geflüchtet. Sein Gewerbe konnte der Mann hier nicht ausüben, weil man ihm den Gewerbe-
schein verweigerte. In den sechs Jahren des Kriegselends ist er alt und
krank geworden, und fürchterliches Unglück ist über ihn gekommen. Drei
Söhne, echt galizische Drückeberger, sind im Kriege gefallen. Die Frau
und die älteste Tochter sind schwer hoffnungslos lungenleidend geworden.
Die erste liegt im Spital, die Tochter muß auf die Aufnahme warten. Sonst
sind noch fünf Kinder da, im Alter von 7 bis 24 Jahren. Zwei sind Handelsangestellte und ernähren kümmerlich die Familie. Alle acht Personen be-
wohnen zwei Kabinette. Alle sind unter Strafandrohung abgeschafft und
die ‚Wohnung' ist angefordert. Am 20. Oktober werden Herr Sever und seine Freunde im Rathaus die Unglücklichen aufs Pflaster werfen lassen.
Michael Tabak, einarmiger Invalide, 2. Bez., Große Stadtgutgasse 12, selbst
nervenkrank, seine Frau liegt nervenleidend im Rosenhügel-Spital. Die
Heimatstadt ist zerstört. Herr Sever hat beide ‚Parasiten' abgeschafft.
Hani Schorr, 2. Bez., Rote Kreuzgasse 5, alleinstehende Kriegswaise aus
dem in der Kriegszone liegenden, zerstörten, pogromierten Zborow, hat
beide Eltern im Krieg verloren. Ein blinder Mann, österreichischer Staatsbürger, hat das Mädchen als Pflegerin und Wirtschafterin zu sich genommen. Herr Sever hat diese ‚freche Parasitin', welche der Wiener Bevölkerung Brot und Wohnung nimmt, abgeschafft. Zwangsweiser Abtransport
steht bevor. Wohin? Aber noch besser: Um ganz sicher zu gehen, hat der
Magistrat bei dem Mädchen, welches überhaupt keine Wohnung besitzt,
sondern bei seinem Brotherrn ein altes, kleines Sofa ‚bewohnt', die Wohnung angefordert! Den blinden Herrn versetzen die beständigen Besuche
der Polizeiboten in wahnsinnige Aufregung, und das Mädchen fleht wei-
nend um Hilfe."[34]

Theoretisch konnte sich zwar jeder Flüchtling seit der Ratifizierung
des Friedensvertrages um die österreichische Staatsbürgerschaft

---

33 Hinweis auf diese Regelung in: AVA, BKA 281/6/1921, Bericht des Ministerialrates
   Tarnoczy-Sprinzenberg über die Verhandlungen des Völkerbundrates in der Frage der Fremdenausweisungen, übermittelt vom Bundesministerium f. Inneres
   und Unterricht am 19.3.1921.
34 WM, 9.10.1920, S. 1, Zarenrußland in Wien.

bewerben und durch das bloße Ansuchen um Option Schutz vor polizeilicher Abschaffung erlangen, in vielen Fällen stellten jedoch Informationsmangel, Alter, Krankheit, Scheu vor Amtswegen oder auch Fatalismus unüberwindliche Hindernisse dar.

Die Bewerber hatten die Optionsanträge bis zum 15. Jänner 1921, dem durch den Staatsvertrag vorgegebenen Fristende, bei der zuständigen politischen Bezirksbehörde ihres Wohnsitzes – im Falle Wiens bei den magistratischen Bezirksbehörden – einzubringen.[35] Nach den Bestimmungen des Staatsvertrages mußte der Optionsbewerber am 16. Juli 1920 das 18. Lebensjahr vollendet haben; die Option des Ehemannes schloß die Gattin, die Option der Eltern auch die Kinder unter 18 Jahren mit ein. Dem Ansuchen waren die in § 6 der Vollzugsanweisung vorgesehenen Dokumente, welche die sprachliche Zugehörigkeit zur deutschen Bevölkerungsmehrheit der Republik Österreich belegen sollten, beizugeben. Nicht ausreichend belegte Optionsanmeldungen waren laut § 7 der Vollzugsanweisung „von den zur Entgegennahme der Anmeldung berufenen Behörden zur Ergänzung dem Anmeldenden zurückzustellen".[36] Die Entscheidung über Optionsansprüche nach Artikel 80 lag beim Staatsamt für Inneres und Unterricht, bei Ablehnung bestand die Möglichkeit zur Beschwerde beim Verwaltungsgerichtshof.

Insgesamt stellten in Österreich rund 180.000 Personen einen Optionsantrag.[37] Zwischen 1920 und 1923 haben 113.538 Optanten die Staatsbürgerschaft erhalten, 100.898 von ihnen stammten aus den Nachfolgestaaten.[38] Fast zwei Drittel aller Ansuchen – 116.076 – wurden in Wien abgegeben. Von diesen wurden 77.651 bewilligt.[39]

Die österreichische Optionspraxis war bis zum Sommer 1921 durchaus ambivalent.[40] Unmittelbar nach Erlaß der Vollzugsanwei-

---

35 Falls der Optant noch im Ausland lebte – der Wohnsitz war innerhalb von 12 Monaten nach der Optionserklärung nach Österreich zu verlegen –, war das Ansuchen schriftlich beim Staatsamt für Inneres oder bei der nach seinem Wohnsitz im Ausland zuständigen österreichischen Vertretungsbehörde einzubringen. Kunz: Die völkerrechtliche Option, Bd. 2, S. 201 f., S. 223 ff.

36 Zit. nach Kunz: Die völkerrechtliche Option, Bd. 2, S. 224.

37 Diese Zahl übermittelte der großdeutsche Innenminister Leopold Waber Bundeskanzler Schober in einem Schreiben vom 10.9.1921. Zit. nach Besenböck: Die Frage der jüdischen Option, S. 128.

38 Egon Lendl: 100 Jahre Einwanderung nach Österreich, in: Geographischer Jahresbericht aus Österreich, Jg. 28, Bd. 1959/60, S. 63.

39 Die Gemeindeverwaltung der Bundeshauptstadt Wien, S. 653.

40 Josef Kunz bezeichnet sie für diese Phase als „liberal", da im allgemeinen von der Erbringung des Nachweises „rassischer" Zugehörigkeit abgesehen wurde. Kunz: Die völkerrechtliche Option, Bd. 2, S. 228.

sung hatte das Staatsamt für Inneres die Behörden zu korrekter Vorgangsweise angehalten. Die Beamten sollten sachlich und schnell
arbeiten und fehlende Unterlagen im Falle unvollständiger Anmel-
dungen beim Matrikenamt einholen.[41] Ein Nachweis „rassischer"
Zugehörigkeit zur deutschen Bevölkerungsmehrheit wurde von Op-
tionsbewerbern nicht verlangt, doch auch das Aufnahmekriterium
der „sprachlichen" Zugehörigkeit konnte ein unüberwindliches
Hindernis darstellen. Vielen Kriegsflüchtlingen war es unmöglich,
die erforderlichen Dokumente aus dem Heimatort zu beschaffen.
Nicht selten mußten daher Zeugen den Besuch einer deutschsprachigen Schule bestätigen,[42] oder man legte Geschäfts- und Privat-
korrespondenz vor.[43] Fallweise wurde ohne Zweifel auch auf gefälschte Papiere zurückgegriffen.[44] Somit lag es im Ermessen des
Sachbearbeiters, ein Ansuchen abzulehnen[45] oder die Entscheidung
bis zur Beibringung gültiger Dokumente aufzuschieben.

   Jüdische Kriegsflüchtlinge stellten nur eine Minderheit jener
11.784 Bewerber dar, deren Ansuchen bis 19. Jänner 1921 positiv erledigt wurden. Relativ größer – eine Aufschlüsselung ist nicht möglich, da die Konfession in den Optionsgesuchen nicht festgehalten
ist – dürfte ihr Anteil unter den 634 negativen Entscheiden gewesen
sein. Der ganz überwiegende Anteil der 112.451 Gesuche, die bis
Ablauf der Frist am 15.1.1921 in Wien eingegangen waren,[46] stammte im übrigen von Personen aus den deutschsprachigen Gebieten
Böhmens und Mährens. Die Sudetendeutschen konnten grundsätzlich mit der Aufnahme in den österreichischen Staatsverband rechnen, und ihre Bewerbungen wurden zügig bearbeitet.[47]

   Nicht schlecht waren Anfang 1921 auch die Erfolgsaussichten ostjüdischer Optanten, die bereits vor dem Krieg nach Wien zugezogen

---

41 Laut Artikel 81 des Staatsvertrages durfte auch niemand in der Ausübung des Optionsrechtes behindert werden. AVA, Staatsarchiv d. Inneren u. d. Justiz, BKA Inneres, 8/genere, K 999, 36992/1920, Anweisung des Staatsamtes für Inneres und
   Unterricht an die Landesregierungen vom 25.8.1920.
42 WM, 7.11.1920, S. 6, Der Optant.
43 WM, 25.1.1921, S. 2, Die Option.
44 AVA, BKA Inneres, 8/genere, K 1000, 26378/1921, Schreiben der Pol.Dion. Wien
   an das Bundesmin. f. Inneres u. Unterricht vom 21.1.1921; AVA, BKA Inneres, K
   999, 76280/1920, Schreiben des Mag. Bezirksamtes XIV an das Bundesmin. f. Inneres u. Unterricht vom 17.11.1920. In diesen Fällen ging es um gefälschte Schulzeugnisse bzw. Schulbesuchsbestätigungen.
45 WM, 22.12.1920, S. 2, „Haben Sie deutsche Volksschulzeugnisse?"; WM, 7.11.1920,
   S. 6, Der Optant.
46 WM, 30.1.1921, S. 5, 112.451 Optionen in Wien.
47 WM, 25.1.1921, S. 2, Die Optionen.

waren. Anläßlich einer „Ostjudendebatte", die der christlichsoziale Abgeordnete Jerzabek im Budgetausschuß provoziert hatte, äußerte sich der christlichsoziale Innenminister Egon Glanz in deutlicher Abgrenzung gegenüber den antisemitischen Hetzern des katholischen und nationalen Lagers zu den Rechtsansprüchen dieser Bewerber. Es handle sich „um vollkommen dem deutschen Volke Österreichs assimilierte Personen", denen aufgrund ihres zehnjährigen Wohnsitzes das Heimatrecht (und damit auch die österreichische Staatsbürgerschaft) zustehe. Im selben Zusammenhang bezeichnete Glanz die Optionschancen jüdischer Kriegsflüchtlinge jedoch als gering. Diese Personen, die unter den Bewerbern des Jahres 1920 aufgrund noch fehlender Dokumente kaum eine Rolle gespielt hätten, würden nun einer „besonders sorgfältige(n), streng individualisierende(n) Prüfung" unterzogen. Jede Anmeldung würde abgewiesen, „die nicht mit Sicherheit annehmen läßt, daß die Voraussetzung der vollen Eingliederung des Optanten in die Sprach- und Kulturgemeinschaft des deutschen Volkes gegeben ist."[48]

Innenminister Glanz, der vom 20. November 1920 bis zum 7. April 1921 dem Innenressort vorstand,[49] vertrat in der Optionsfrage dennoch eine gemäßigte Position. Obwohl Fraktionskollegen wie auch großdeutsche Abgeordnete ihn in den Wochen zuvor im Nationalrat mit antisemitisch motivierten Anfragen konfrontiert hatten,[50] vermied er jede Anspielung auf das Aufnahmekriterium „rassischer" Zugehörigkeit und erteilte damit jenen Gruppen eine klare Absage, die auf eine antijüdische Auslegung des Artikels 80 drängten. Persönliche Überzeugungen mögen für Egon Glanz' dezidierte Ablehnung antisemitischer Rechts- und Verwaltungspraktiken eine Rolle gespielt haben. Doch war Anfang Februar 1921 auch aus außenpolitischen Gründen Korrektheit im Umgang mit ostjüdischen Optanten geboten. Polen hatte die österreichische Ostjudenpolitik vor den Völkerbund gebracht. Eine rassistische Interpretation von Artikel 80 hätte gerade zu diesem Zeitpunkt dem Ansehen Österreichs international schweren Schaden zugefügt.

---

48 WM, 3.2.1921, Die Optionen. Eine Ostjudendebatte im Budgetausschuß.
49 Weinzierl/Skalnik: Österreich 1918–1938, Bd. II, S. 1069.
50 Stenograph. Protokolle d. Nationalrats 1920–1923, Anhang, Anfragen. Anfrage des Abgeordneten Jerzabek und Genossen vom 14.12.1920, betreffend die Erwerbung der österreichischen Staatsbürgerschaft durch fremdrassige Ausländer; Anfrage der Abgeordneten Waneck, Pauly, Frank und Genossen vom 12.1.1921, betreffend die gesetzwidrige Aufnahme von Ostjuden in den österreichischen Staatsbürgerverband.

10.4. Die Beschwerde Polens vor dem Völkerbund und die Ostjudenpolitik der Christlichsozialen

Für die österreichisch-polnischen Beziehungen nach 1918 stellte die Frage der galizisch-jüdischen Kriegsflüchtlinge eine permanente Belastung dar. Ganz offenkundig hatte Polen an der Repatriierung jener Personen, die sich nach Kriegsende im Gebiet der Republik Österreichs befanden, keinerlei Interesse. In diesem Sinne sind die polnischen Proteste gegen den „Sever-Erlaß"[51] sowie die äußerst schleppende Behandlung von Paßanträgen durch die polnischen Behörden zu interpretieren, welche die Rückkehr galizischer Juden behinderten, wo sie nur konnten.[52]

Die Eingabe der polnischen Delegation beim Völkerbund vom 11. Dezember 1920 spricht diese Absicht offen aus: Polen sei durch „Hunderttausende von fremden Flüchtlingen, Juden und Christen, die den Umwälzungen in Rußland entkommen sind", dermaßen überlastet, daß es sich außerstande sehe, jene Personen, die in Wien über ausreichende Existenzgrundlagen verfügten und die nun von einer Massenausweisung durch die österreichische Regierung bedroht seien, aufzunehmen. „Furchtbares Anwachsen des Elends in dem vom Kriege verheerten Mitteleuropa" wäre die Folge. Da jede Ausweisung von Angehörigen der früheren Monarchie aus den Gebieten der österreichischen Republik eine Verletzung des Rechtes auf freie Option und somit zudem einen „gefährlichen Präzedenzfall" darstelle, müsse der Völkerbundsrat bei der österreichischen Regierung intervenieren.[53]

Die Klage Polens kam für die Wiener Regierung überaus ungelegen, da man dadurch die Chancen einer Kreditgewährung durch die USA oder den Völkerbund beeinträchtigt sah. Maßnahmen zur Schadensbegrenzung waren daher dringend geboten. Nicht zufällig wurde in den Wochen nach der Eingabe Polens der diplomatische Status Österreichs beim Völkerbund durch die Ernennung eines offiziellen Vertreters und die Einrichtung eines Völkerbundsbüros im Wiener Außenamt gefestigt.[54] Als österreichischer Delegationsleiter

---

51 WM, 12.9.1919, S. 2, Die Verbeugung vor der Gasse.
52 Vgl. dazu: AVA, BKA 281/3/1921 Stellungnahme des Bundesmin. f. Inneres u. Unterricht vom 9.2.1921 zur polnischen Völkerbundklage, S. 11 f.
53 AVA, BKA 281/2/1921, Reklamation der polnischen Regierung beim Völkerbundsrat wegen der Ausweisungen aus Österreich, Abschrift der Übersetzung der polnischen Völkerbundseingabe vom 11.12.1920.
54 Besenböck: Die Frage der jüdischen Option, S. 55 f.

für die bevorstehenden Verhandlungen wurde durch Ministerrats-
beschluß der Wiener Gesandte in Paris, Johann Eichhoff, bestimmt.[55] Vor allem aber bereitete die Regierung eine Antwortnote
vor, welche die polnische Beschwerde „aufs eingehendste" widerle-
gen sollte, auf daß „sie letzten Endes auf den Beschwerdeführer
selbst zurückfällt".[56]

Das Innenministerium konzipierte eine Stellungnahme, die der
Erwartung des Kanzleramtes Rechnung trug.[57] Im Außenamt erfolgten die inhaltliche und formale Glättung sowie Übersetzung des
Textes. Die auffallendste Veränderung bezieht sich auf die Eliminie-
rung einer Passage, die Rückschlüsse auf antijüdische Ressentiments erlaubt hätte: Statistische Angaben zur Wirtschaftskriminalität galizischer und bukowinischer Juden wurden nicht als zweck-
dienlich erachtet.[58] Unterzeichnet von Bundeskanzler Mayr und datiert mit 13. Februar 1921 wurde die österreichische Antwortnote
schließlich an den Präsidenten des Völkerbundsrates weitergeleitet.[59]

Die österreichische Note wies den Vorwurf der Ausweisungen
nicht prinzipiell zurück, sondern rechtfertigte die Haltung mit den
extremen wirtschaftlichen Problemen Österreichs, welche durch
die Anwesenheit von rund 70.000 polnischen Juden in Wien – eine
Angabe, der keine seriöse Berechnung zugrunde lag,[60] – noch be-
deutend verschärft würden. Deshalb sei der Versuch der Regierung,
Ausländer zur Heimreise zu bewegen, nur legitim. In zahllosen Fäl-

---

55 Ministerratsprotokoll Nr. 43, 8.2.1921, Pkt. 3, Entsendung eines Vertreters der
   österreichischen Regierung zu der nächsten Session des Völkerbundsrates.
56 AVA, BKA 281/2/1921, Schreiben des BKA an das Bundesmin. f. Inneres u. Unterricht vom 6.2.1921.
57 AVA, BKA 281/3/1921, Stellungnahme des Bundesmin. f. Inneres u. Unterricht
   (unterzeichnet von Minister Glanz) vom 9.2.1921.
58 Ebd., S. 3 ff. Im Außenamt begnügte man sich – diplomatisch vorsichtig – mit einigen knappen Hinweisen auf Spekulation, Schleichhandel und Preistreiberei galizischer und bukowinischer Juden. AVA, BKA 281/4/1921, Memorandum der
   österreichischen Regierung an den Präsidenten des Völkerbundsrates vom
   13.2.1921, S. 3.
59 AVA, BKA 281/4/1921, Memorandum der österreichischen Regierung an den Präsidenten des Völkerbundsrates vom 13.2.1921.
60 Im Memorandum ist von insgesamt 70.000 polnischen Juden die Rede, die im
   Herbst 1919 in Wien gelebt hätten. Diese Zahl liegt weit über allen seriösen
   Schätzungen, die nach dem Ende des Krieges von 20.000 bis 30.000 jüdischen
   Flüchtlingen in Wien ausgegangen waren (vgl. dazu Kapitel 7.1.). Auch statistisches Material zur Bevölkerungsentwicklung in Wien gibt keinen Hinweis auf ein
   stärkeres Anwachsen der jüdischen Gemeinde. Vgl. dazu Goldhammer: Die Juden Wiens, S. 9.

len habe die Regierung ohnehin aus humanitären Rücksichten eine Ausnahmegenehmigung erteilt, und ein Zwangsabschub sei bislang lediglich in 140 Fällen erfolgt.[61]

Als juristisch unhaltbar wies das Memorandum den polnischen Vorwurf der Verletzung des Friedensvertrages und darüber hinaus auch österreichischer Gesetze kategorisch zurück.[62] Die Unstimmigkeiten seien vielmehr auf die mangelnde Kooperationsbereitschaft der polnischen Regierung zurückzuführen, die einer geregelten Rückführung ihrer Staatsbürger stets neue Hindernisse in den Weg lege. Die wirtschaftlichen Schwierigkeiten zwängen Österreich, die im Herbst 1919 begonnene Ausweisungsaktion fortzusetzen. Da man auch weiterhin unnötige Härten gegenüber den Betroffenen vermeiden werde, hoffe man auf eine konstruktive Haltung der polnischen Regierung bei der Rückführung der eigenen Staatsbürger.[63]

Die polnische Klage gegen Österreich war Gegenstand mehrerer Sitzungen des Völkerbundsrates sowie zweier Komiteebesprechungen, welche zwischen 25. Februar und 3. März 1920 in Paris stattfanden. Als Berichterstatter fungierte Lord Arthur James Balfour, der in einem Memorandum an den Völkerbundsrat der österreichischen Position gegenüber Verständnis an den Tag legte. Er schlug vor, der Völkerbundsrat solle das Recht Österreichs auf Ausweisung der galizischen Juden anerkennen. Aus humanitären Gründen sei jedoch eine einvernehmliche Lösung zwischen Österreich und Polen anzustreben. Unter diesem Vorzeichen fand am 2. März 1920 ein Gespräch zwischen Vertretern Polens und Österreichs unter der Leitung Balfours statt. Eine abschließende Verhandlung des Völkerbundsrates am 3. März approbierte schließlich ein Übereinkommen, das im wesentlichen den Vorschlägen Balfours folgte.[64]

Im Prinzip wurde vom Völkerbund das Recht Österreichs auf Ausweisung von Personen, welche nicht im Besitz der österreichischen Staatsbürgerschaft waren, bestätigt. Allerdings wurde der Wiener Regierung eine Reihe einschränkender Bestimmungen auferlegt, zu deren Übernahme sich die österreichischen Vertreter unter der Bedingung künftigen Entgegenkommens von polnischer Seite ver-

---

61 8.000 Personen wären seit Herbst 1919 freiwillig abgereist, 600 Personen hätten Wien aufgrund einer Ausweisungsverfügung verlassen. AVA, BKA 281/4/1921, Memorandum, S. 3.

62 Ebd., S. 3 f.

63 Ebd., S. 5.

64 Vgl. dazu Besenböck: Die Frage der jüdischen Option, S. 57 f.

pflichteten. So durfte das Ausweisungsrecht gegenüber Personen nicht angewandt werden, deren Ansuchen um Option nach Artikel 80 oder auch um Aufenthaltsbewilligung noch nicht entschieden war. Weiters verplichtete sich Österreich, „mit besonderer Sorgfalt" die Ausweisungen zu prüfen

a) bei „dauernd zu Arbeiten von öffentlichem Nutzen angestellten Personen",

b) bei „Kranken und Greisen, deren Transport laut ärztlichen Zeugnissen schwierig ist",

c) bei „Personen, deren Heimstätte während des Krieges zerstört und noch nicht wiederhergestellt wurde",

d) bei „gewissen Kategorien von Studenten".[65]

Bei Anerkennung österreichischer Souveränitätsrechte zielte die Entscheidung des Völkerbundsrates eindeutig daraufhin ab, eine Massenausweisung polnischer Staatsangehöriger zu verhindern.[66] In Österreich jedoch wollten maßgebliche Kräfte den Rechtsspruch in anderer Weise deuten. Auch der österreichische Verhandlungsteilnehmer Max Tarnocky-Sprinzenberg wertete in seinem Bericht an die Regierung das Ergebnis als diplomatischen Erfolg. Österreich hätte sich gegenüber dem Völkerbund in der Ausweisungsfrage zu weniger Rücksichtnahme verpflichtet, als „bisher tatsächlich geübt wurde".[67] Zugeständnisse gegenüber Personen, die um Option oder Aufenthaltsbewilligung angesucht hätten, würden mit Aufarbeitung der Gesuche im Falle negativer Entscheidungen gegenstandslos. Eine möglichst rasche Erledigung dieser Verfahren sei daher geboten. Bedingung jeder weiteren Rücksichtnahme Österreichs wäre im übrigen kooperatives Verhalten der polnischen Regierung. Sollten sich bei der Rückführung rechtskräftig aus Österreich ausgewiesener polnischer Staatsangehöriger neuerlich Schwierigkeiten ergeben, sei Österreich aller Verpflichtungen ledig. Denkbar sei dann sogar die Einrichtung von Internierungslagern.[68]

Diese Interpretation der Entscheidung des Völkerbundsrates verstärkte den Druck auf die Regierung Mayr und ihre – gemessen an

---

65 AVA, BKA 281/6/1921, Bericht des Ministerialrates Tarnoczy-Sprinzenberg über die Verhandlungen des Völkerbundsrates in der Frage der Fremdenausweisungen, übermittelt vom Bundesmin. f. Inneres u. Unterricht an das BKA am 19.3.1921.

66 Vgl. dazu auch WM, 6.3.1921, S. 4, Die Ausweisungsfrage vor dem Völkerbund.

67 Hätte man früher in bestimmten Fällen Aufenthaltsbewilligungen grundsätzlich erteilt, so sei man nun lediglich zur „sorgfältigen Prüfung" eines Ausweisungsverfahrens etwa bei alten und kranken Personen verpflichtet. AVA, BKA 281/6/1921.

68 Ebd.

den Forderungen der Antisemiten – liberale Haltung in der Auswei-
sungs- und Optionsfrage. Vertreter der Großdeutschen Partei, die
dem christlichsozialen Antisemitismus schon seit jeher mangelnde
Konsequenz in der Praxis vorgeworfen hatten,[69] aber auch der Antisemitenbund steuerten in der „Ostjudenfrage" nun vehement auf
Konfrontationskurs.

Schon am 4. März 1921 forderten großdeutsche Abgeordnete unter Bezugnahme auf die angebliche Bestätigung der österreichischen Ausweisungspraxis durch den Völkerbund im Nationalrat die
Regierung zu rigoroser Vorgangsweise in der Ausweisungsfrage
auf.[70] Mitte März drängte eine angeblich von 40.000 Personen be-
suchte Antisemitenversammlung[71] die Regierung, unverzüglich mit
der Ausweisung aller „seit 1. August 1914 nach Österreich eingewanderten Ostjuden zu beginnen".[72] Eine weitere Antisemitenversammlung vom 6. Mai forderte dezidiert, daß bei „Erledigung der
Optionsansuchen im Sinne des Artikel 80 des Staatsvertrages von St.
Germain vorgegangen und die Rassenzugehörigkeit der Optanten
entsprechend beachtet werde".[73]

Die Regierung unter dem christlichsozialen Staatskanzler Mayr
widerstand bis zu ihrer Demissionierung im Juni 1921 dem Druck
radikaler Antisemiten: Obwohl ihn auch Abgeordnete der eigenen
Partei bedrängten, folgte der seit 23. April 1921 amtierende christlichsoziale Innenminister Rudolf Ramek[74] der Linie seiner Vorgän-
ger Breisky und Glanz. Offenbar auf der Grundlage einer Entscheidung des christlichsozialen Parteivorstandes[75] nahm auch Ramek

---

69 Vgl. dazu speziell in der „Ostjudenfrage" z. B.: Deutsche Tageszeitung, 5.2.1921, S. 7,
   Der Eiertanz der Christlichsozialen in der Ostjudenfrage; Deutsche Tageszeitung,
   17.2.1921, S. 3 f., So spricht der christlichsoziale „antisemitische" Bundeskanzler.
70 Sten. Protokolle des Nationalrates 1920–1923, Anhang, Anfragen, Anfrage des Abgeordneten Ursin und Genossen an den Bundesminister für Inneres vom
   4.3.1921; vgl. auch Deutsche Tageszeitung, 3.3.1921, S. 3, Österreich berechtigt,
   die Ostjuden auszuweisen.
71 Deutsche Tageszeitung, 14.3.1921, S. 1, Die Antisemitentagung.
72 AVA, BKA 281/5/1921, Entschließung der Antisemitenversammlung vom 13.
   März. Vgl. dazu auch: Deutsche Tageszeitung, 14.3.1921, Die Antisemitentagung.
73 AVA, BKA 281/7/1921, Schreiben der Hauptleitung des d. ö. Schutzvereines Antisemitenbund an den Staatskanzler vom 6.5.1921.
74 Weinzierl/Skalnik: Österreich 1918–1938, Bd. II, S. 1069.
75 Der großdeutsche Abgeordnete Ursin berichtete seinen Parteikollegen in einer
   Sitzung des „Fachausschusses für die Judenfrage" am 2. Juni 1921 von Beratun-
   gen im Verfassungsausschuß über die „Frage der Auslegung des Wortes ‚Rasse'".
   Der christlichsoziale Abgeordnete Jerzabek habe versucht, den Begriff ‚Rasse'
   scharf zu umgrenzen und einen diesbezüglichen Antrag im Parlamente einbrin-
   gen wollen. Der christlichsoziale Klub habe jedoch der Einbringung des Antrages
   nicht zugestimmt. AVA, Großdeutsche Partei, K 58, V, I-36, Verhandlungsschrift.

Abstand von einer rassistischen Auslegung von Artikel 80 des Staatsvertrages bzw. der Vollzugsanweisung vom 20. August 1920.[76] Die Ablehnung eines Optanten aufgrund mangelnden Nachweises „rassischer" Zugehörigkeit zur deutschen Bevölkerungsmehrheit Österreichs war ein Tabu, das erst unter dem großdeutschen Innenminister Waber gebrochen werden sollte. Darüber hinaus kam es zu keiner eklatanten Verletzung des Völkerbundsentscheides vom 3. März.[77] Die christlichsoziale Regierung schreckte somit vor einer offen antisemitischen Rechts- und Verwaltungspraxis zurück. Ausschlaggebend dafür dürfte weniger die persönliche Korrektheit maßgeblicher christlichsozialer Politiker als die Angst vor Reputationsverlust im Ausland und den damit verbundenen wirtschaftlichen und politischen Folgen gewesen sein.

Die formal korrekte Haltung der christlichsozialen Innenminister sollte daher nicht überbewertet werden. Die Anzahl der positiven Bescheide ist unbekannt, war aber kaum größer als die Zahl der Ablehnungen, die stereotyp mit dem Hinweis mangelnder „sprachlicher" Zugehörigkeit zur deutschen Bevölkerungsmehrheit begründet wurden.[78] Im übrigen wurden Gesuche jüdischer Optanten ungemein schleppend bearbeitet.[79] Leopold Waber hatte ab 21. Juni 1921 ein breites Operationsfeld vor sich.

Der großdeutsche Innenminister ließ sich während seiner halbjährigen, radikal antijüdischen Tätigkeit allerdings nicht nur von der Kraft eigener Überzeugung leiten: Knapp zwei Wochen vor seiner Amtsübernahme fällte der österreichische Verwaltungsgerichtshof ein bahnbrechendes Urteil in der Angelegenheit des galizisch-

---

76 In der Verhandlung des Verwaltungsgerichtshofes über den Fall Moses Dym am 9. Juni 1921 wies Paul Hock, der als einziger im Senat eine antisemitische Auslegung des Optionsparagraphen klar ablehnte, darauf hin, „daß das Ministerium bis heute mit großer Sorgfalt jeder Erörterung der Rassenfrage aus dem Weg gegangen sei". Vgl. Besenböck: Die Frage der jüdischen Option, S. 106.

77 Eine Massenausweisung stand nicht zur Diskussion, und auch Fälle grober Rücksichtslosigkeit gegenüber ehemaligen Kriegsflüchtlingen waren zumindest nicht mehr auf der Tagesordnung. Die zionistische Presse hätte nicht gezögert, darüber zu berichten.

78 Auch das Ansuchen Moses Dyms, über dessen Fall schließlich der Verwaltungsgerichtshof auf spektakuläre Weise entscheiden sollte, war zunächst mit dieser Begründung abgelehnt worden.

79 Der Großdeutsche Ursin informierte seine Parteifreunde über eine Unterredung mit dem zuständigen Sektionschef Wenedikter: „Bei den Juden wird allgemein der Vorgang eingehalten, daß alle Gesuche zurückgewiesen werden mit dem Hinweise darauf, daß sie nicht genügend oder unvollkommen belegt sind." AVA, Großdeutsche Partei, K 58, V, I-36, Verhandlungsschrift der 4. Sitzung des Fachausschusses für die Judenfrage am 2.6.1921.

jüdischen Optanten Moses Dym, das Wabers Politik des „praktischen Antisemitismus" legitimierte. Diese höchstrichterliche Entscheidung soll im folgenden umrissen werden.

10.5. Der Fall Moses Dym und die Entscheidung des Verwaltungsgerichtshofes

Der aus Galizien stammende Kaufmann Moses Dym hatte im Herbst
1920 im Magistratischen Bezirksamt des VII. Wiener Gemeindebe-
zirkes für sich, seine Frau und seine vier Kinder den Antrag auf Option gestellt.[80] Da er über seine Schulzeugnisse nicht mehr verfügte
und auch die Beschaffung von Duplikaten aussichtslos schien, legte
er die eidesstattliche Erklärung von drei Personen vor, die seinen
Besuch des ehemals deutschen Gymnasiums in Brody bestätigten.
Das Bundesministerium für Inneres und Unterricht lehnte mit 7.
November 1920 den Antrag mit der Begründung ab, Moses Dym hätte den Nachweis der Zugehörigkeit zur deutschen Mehrheit der Bevölkerung Österreichs nicht erbracht. Moses Dym beauftragte daraufhin seinen Rechtsanwalt mit der Einbringung einer Beschwerde
beim Verwaltungsgerichtshof.

Am 9. Juni 1921 kam es zur Verhandlung. Im Verlauf der Beratun-
gen wurde die Frage, ob der Nachweis sprachlicher Zugehörigkeit
erbracht worden sei, kaum berührt. Der Antrag des zuständigen
Sachreferenten Johann Hiller-Schönaich auf Abweisung der Beschwerde konzentrierte sich vielmehr auf das Fehlen des Nachweises „rassischer" Zugehörigkeit zur deutschen Bevölkerungsmehrheit. Hiller-Schönaich, der seinen Antrag mit einschlägigen Zitaten
aus dem Werk H. St. Chamberlains untermauerte,[81] zielte auf die
Ausgrenzung „nicht-deutschrassiger" Elemente ab. In der Beratung
des fünfköpfigen Senates vertrat lediglich der liberal eingestellte
hohe Verwaltungsbeamte Paul Hock eine klare Gegenposition. Er
wies darauf hin, daß das Ministerium „bis heute mit großer Sorgfalt

---

80 Eine detaillierte Dokumentation des Falles findet sich bei Besenböck: Die Frage
der jüdischen Option, S. 92 ff.
81 Auf Antrag Paul Hocks erfolgte jedoch die Streichung dieser Zitate wie auch die
Zitate anderer Autoren (Brysig, Stein, Eisler, Sanders-Wülfling) aus dem offiziellen Referentenantrag, wohl um, wie Oskar Besenböck vermutet, „nicht zu starke,
eindeutige Tendenzen der Judenfeindlichkeit erkennen" zu lassen. Ebd., S. 101,
105.

jeder Erörterung der Rassenfrage aus dem Weg gegangen sei".[82] Der Verwaltungsgerichtshof lehnte die Beschwerde des Moses Dym als „unbegründet" ab und formulierte unmißverständlich die Auffassung, ein Optant habe nicht nur den Nachweis „sprachlicher", sondern auch den Nachweis „rassischer" Zugehörigkeit zur deutschen Bevölkerungsmehrheit zu erfüllen.

„Es konnte, als bedeutungslos, ununtersucht bleiben, ob Moses Dym den Nachweis der sprachlichen Zugehörigkeit zum deutschen Volke erbracht hat. Jedenfalls hat er den Nachweis seiner Zugehörigkeit zu ihm der Rasse nach nicht angetreten, und schon darum ist sein Optionsanspruch unbegründet."[83]

Auf die unpräzise Übersetzung von Artikel 80 des Friedensvertrages von St. Germain und die bewußt vage gehaltene österreichische Vollzugsanweisung vom 20. August 1920 folgte somit eine Auslegung durch den österreichischen Verwaltungsgerichtshof, auf welche antisemitische Propagandisten aller Lager gehofft hatten: Jüdische Bewerber um die österreichische Staatsbürgerschaft konnten nunmehr aufgrund ihres Jude-Seins abgelehnt werden.

Diese Entscheidung des Verwaltungsgerichtshofes stieß auch im Ausland auf Resonanz und galt in der Rechtsliteratur alsbald als „Schulbeispiel" für eine falsche Auslegung des Rassebegriffes in der Judikatur, die sich in konsequenter Verfolgung selbst ad absurdum führe.[84] Trotz der kritischen Einwände österreichischer und auslän-

---

82 Ebd., S. 106.
83 Zit. nach ebd., S. 193. Im Anhang der Arbeit von Oskar Besenböck findet sich u. a. eine Abschrift des Aktenbundes I/28 – 1921, Moses Dym in Wien (Beschwerde, Verhandlungsprotokoll, Beratungsprotokoll, Urteilsprotokoll, Erkenntnis).
84 Hans Liermann: Rasse und Recht. In: Zeitschrift für die gesamte Staatswissenschaft. Bd. 85, Tübingen 1928, S. 273–342, hier S. 310 f., zit. nach Besenböck: Die Frage der jüdischen Option, S. 117. Liermann wies darauf hin, daß bei konsequenter Auslegung des Entscheids des österreichischen Verwaltungsgerichtshofes jüdische Bewohner der ehemaligen Monarchie für keinen Nachfolgestaat optieren könnten, da es nirgends eine jüdische Bevölkerungsmehrheit gäbe. Vgl. auch die Kritik Georg Blohns, der darauf hinwies, daß nach der in diesem Urteil ausgesprochenen Anschauung jede Option ausnahmslos abzuweisen ist. „Dies aus dem Grunde, weil der Beweis der Rassenzugehörigkeit dem Optierenden obliegt und ein solcher mangels aller wissenschaftlich-anthropologischer oder positivrechtlicher Anhaltspunkte nicht zu erbringen ist." Georg Blohn: Rassentheorie in der Gesetzgebung. In: DM 4.8.1921, S. 4, zit. nach Besenböck: Die Frage der jüdischen Option, S. 144 f.

discher Juristen wurde der Rechtsspruch nie korrigiert,[85] sondern im Gegenteil als Präzedenzfall benützt. Von wenigen Ausnahmen abgesehen wies der Verwaltungsgerichtshof bis Ende 1923 alle Beschwerden, insgesamt ca. 200, die sich auf Ablehnung des Optionsanspruches durch das Innenministerium bezogen, zurück. Dabei ging er in der „Darstellung der Entscheidungsgründe der Abweisung über das Erkenntnis vom 9. Juni 1921" noch hinaus[86] und versuchte, den Begriff „Rasse" unter anderem über „typische physische und psychische Eigenschaften" zu definieren.[87] Damit folgte das Höchstgericht dem Argumentationsmuster des Antisemitenbundes.

10.6. Die Optionsfrage unter Innenminister Waber

Der 1875 in Mähren geborene, im Staatsdienst tätige Jurist Leopold Waber übernahm am 21. Juni 1921 in dem vom Wiener Polizeipräsidenten Johann Schober gebildeten Beamtenkabinett als Vertreter der Großdeutschen Partei das Innenressort.[88] Der neue Bundeskanzler stand politisch zwar der Großdeutschen Volkspartei nahe, berief mit Waber jedoch einen Parteimann in die Regierung, dessen radikaler Deutschnationalismus ihm selbst fremd war. Daraus ergaben sich jene Spannungen, an denen ein halbes Jahr später die politische Zusammenarbeit zerbrechen sollte.[89]

Die Optionsfrage war von Anfang an ein Streitpunkt zwischen Bundeskanzler und Innenminister. Waber verfolgte bereits unmittelbar nach seiner Amtsübernahme gegenüber den jüdischen Optanten eine von der zögernden und durch außenpolitische Rück-

---

85 Besenböck: Die Frage der jüdischen Option, S. 111 f. Hier korrigiert Besenböck Jakob Ornstein, der 1937 betont hatte, der Verwaltungsgerichthof hätte schließlich von dieser Praxis Abstand genommen und sei in weiteren Entscheiden einer liberalen Rechtsauffassung gefolgt. Ornstein: Festschrift der Union österreichischer Juden, S. 94; Auch J. Moser folgte der Argumentation Ornsteins. Moser: Die Katastrophe der Juden, S. 92.

86 Besenböck: Die Frage der jüdischen Option, S. 112.

87 Ebd., S. 113.

88 Fritz Wolfram: Dr. Leopold Waber – nach 1918 ein freiheitlicher Politiker der ersten Stunde. In: Freie Argumente, 1989/4, S. 39–50.

89 Zum Bruch kam es, nachdem Schober im Vertrag von Lana für einen tschechischen Kredit von 500 Millionen die Grenzen des tschechoslowakischen Staates anerkannt und garantiert hatte. Nach einem Mißtrauensantrag der Großdeutschen erfolgte der Rücktritt der Regierung und die Bildung der zweiten Regierung Schober ohne Beteiligung der Großdeutschen. Ebd., S. 44.

sichtnahme geleiteten Taktik seiner Amtsvorgänger unterschiedliche Linie. Er peilte eine Lösung der Optionsfrage ohne diplomatische oder juristische Skrupel im Sinne des vom „Judenausschuß" seiner Partei erstellten Konzeptes einer Politik des „praktischen Antisemitismus" an.

Der „Judenausschuß" der Großdeutschen Partei hatte im April 1921 zu seiner ersten Sitzung zusammengefunden und tagte seither in unregelmäßigen Abständen in privatem Rahmen. Seine Mitglieder waren, wie aus den Sitzungsprotokollen hervorgeht, überzeugte Rassenantisemiten. Josef Ursin, der Ausschußvorsitzende, glaubte an die Echtheit der „Protokolle der Weisen von Zion" und betrachtete nicht die Entente, sondern die Juden als wahre Gewinner des Krieges.[90] Damit verbunden war eine krasse Überschätzung der zahlenmäßigen Stärke des österreichischen Judentums. Nach Ansicht des „Judenausschusses" betrug der Anteil der Juden an der österreichischen Gesamtbevölkerung 12% und jener an der Bevölkerung Wiens gar 31,4%.[91] Angesichts dieser „Bedrohung" plante die großdeutsche Expertenrunde weitere Recherchen zur „jüdischen Frage" sowie die Errichtung einer antisemitischen Forschungsstelle.[92] Ein Anliegen war auch die Unterstützung einfacher Parteifunktionäre, die sich für den antijüdischen Kampf im politischen Alltag nur unzureichend gewappnet fühlten und gerade in der Konfrontation mit Einzelschicksalen Schwächen zeigten.[93] Nur durch systematische Überzeugungsarbeit an der eigenen Basis schien die gesellschaftliche und rechtliche Ausgrenzung des österreichischen Judentums letztlich erreichbar. Die Optionsthematik bildete seit April 1921 einen Schwerpunkt in der Arbeit des „Juden-

---

90 Pauley: Geschichte des österreichischen Antisemitismus, S. 231.
91 AVA, Großdeutsche Partei, K 58, VI–36, Judenausschuß, Verhandlungsschrift über die Sitzung des Fachausschusses für die Judenfrage vom 7.5.1921.
92 Ebd.
93 Großdeutsche Funktionäre auf Bezirks- oder Gemeindeebene hatten vor allem gegenüber Sozialdemokraten häufig Probleme, einen konsequent antisemitischen Standpunkt durchzuhalten. So wurde überlegt, ob die Partei „den Wortlaut einer gegen die Juden gerichteten Erklärung festlegen (sollte), welche jeder Vertreter in einer öffentlichen Körperschaft abzugeben hätte, wenn es aus irgendwelchen Gründen untunlich wäre, gegen die Juden öffentlich Stellung zu nehmen". Der Ausschuß sprach sich mehrheitlich allerdings dafür aus, Juden argumentativ entgegenzutreteten. Erst wenn eine „sachliche" Abwehr ohne Erfolg wäre, könnten Mandatare der Partei sich auf eine standardisierte Formel zurückziehen. AVA, Großdeutsche Partei, K 58, VI–36 (Judenausschuß), Verhandlungsschrift über die Sitzung des Fachausschusses für die Judenfrage vom 29.11.1921.

ausschusses".[94] Mit der Übernahme des Innenressorts durch Waber
bot sich erstmals die Chance auf Durchsetzung wesentlicher antisemitischer Forderungen.

Bereits wenige Tage nach der Amtsübernahme wies Waber seine
Beamtenschaft an, die bisher unerledigten Optionsgesuche möglichst rasch aufzuarbeiten und bei den jüdischen Bewerbern auf
jede differenzierende Vorgangsweise zu verzichten. Jüdische Anträge seien unter Hinweis auf den fehlenden Nachweis „rassischer"
Zugehörigkeit zur deutschen Bevölkerungsmehrheit ab sofort ausnahmslos zurückzuweisen.[95]

Wabers Weisung betraf erstmals einen Personenkreis, dessen
Rechtsanspruch auf die österreichische Staatsbürgerschaft von seinen Amtsvorgängern nicht in Zweifel gezogen worden war: Optionsgesuche jüdischer Bürger Altösterreichs, die schon lange vor
1914 in das Gebiet der Republik Österreich zugezogen bzw. hier geboren waren, sich jedoch nicht um die bis 1918 weitgehend bedeutungslose Heimatberechtigung bemüht hatten, wurden nunmehr
ebenso kategorisch zurückgewiesen wie jene von Kriegsflüchtlingen.[96] Die Kampagne gegen die „Ostjuden" schloß nun auch Teile
der seit langem ansässigen Wiener Judenschaft mit ein, womit die
Antisemiten, wie die „Wiener Morgenzeitung" konstatierte, ihre
wahren Absichten deklarierten:

„Der (...) übermütig gewordene Judenhaß hat jede Rücksicht aufgegeben
und fährt dem österreichischen Geamtjudentum an den Leib. Juden können nicht österreichische Staatsbürger werden! So dekretierte der alldeut-
sche Antisemit auf vorgeschobenem Posten, der Innenminister Waber. Juden heißt es jetzt, wohlgemerkt, nicht mehr Ostjuden. Der Jude mag dem
fernsten Westen entstammen, er mag zwei Monate oder fünfzig Jahre in
Österreich sitzen, mag in Brody oder Bregenz geboren sein, er muß dran
glauben."[97]

---

94 Ebd., Sitzung vom 21.4.1921; vgl. auch die Verhandlungsschriften der Sitzungen
vom 7.5.1921 und vom 2.6.1921.
95 Die Weisung ist nicht aktenkundig. Vgl. Besenböck: Die Frage der jüdischen Option, S. 125. Sie läßt sich jedoch aus einem Schriftstück zur Optionspraxis er-
schließen, das zur Information für den Kanzler bestimmt war. AVA, BKA
1596/1/1921, Amtliche Stellungnahme des Bundesministeriums für Inneres in
Optionsangelegenheiten vom 15.7.1921.
96 Einzelne Fallschilderungen siehe: WM 26.7.1921, S. 2, Zur Optionsfrage. Vgl.
auch WM 13.8.1921, S. 1, Der Schädling Waber; WM 21.9.1921, S. 1, Eine grausame Lehre.
97 WM 21.9.1921, S. 1, Eine grausame Lehre.

Da die Wabersche Amtstätigkeit nicht mehr nur das „Ostjudentum" im engeren Sinne bedrohte, regte sich erstmals auch innerhalb des etablierten Wiener Judentums – vorsichtige – Kritik. Assimilierte Juden hatten bisher in der Auseinandersetzung um die Rechte galizischen und bukowinischen Juden kaum Stellung bezogen, was ihnen von zionistischer Seite den Vorwurf des Verrats eintrug.[98] War in der „Neuen Freien Presse" im Herbst 1919 der „Sever-Erlaß" kaum kommentiert worden, so bot das Meinungsforum des liberalen jüdischen Bürgertums dem Abgeordneten Julius Ofner nun immerhin Raum für eine detaillierte Abhandlung des Themas „Das Optionsrecht der Juden". Obwohl die Wabersche Amtspraxis unerwähnt blieb, äußerte der Artikel scharfe Kritik an der Interpretation des Artikels 80 durch den Verwaltungsgerichtshof. Sie wird als „Entgleisung" bezeichnet.[99]

Heftigere Reaktionen kamen von seiten der Wiener Zionisten. Während die „Wiener Morgenzeitung" in den Sommermonaten unermüdlich die Vorgangsweise des Innenministeriums anprangerte,[100] suchten zionistische Funktionäre den direkten Weg zum Bundeskanzler. Schon am 12. Juli bat der Gemeinderatsabgeordnete Leopold Plaschke Schober in einer persönlichen Unterredung um Aufklärung und Intervention in der Optionsfrage, worauf dieser den Innenminister zur Stellungnahme aufforderte.[101]

Waber, der seine Politik offenbar nicht mit dem Bundeskanzler abgesprochen hatte, erläuterte den Standpunkt des Innenministeriums in aller Ausführlichkeit, wobei er seine Amtsvorgänger der Uneinheitlichkeit und Korruption in der Optionsfrage beschuldigte, was eine zügige Erledigung der Bewerbungen um die Staatsbürgerschaft unmöglich gemacht habe. Wohlwollen und Ermessensspielraum seien hier fehl am Platz, klare Richtlinien dagegen dringend geboten. Seit dem Verwaltungsgerichtshofsurteil in der Causa Moses Dym wisse man endlich, daß es nicht genüge, daß „der Optierende

---

98 Vgl. ebd.
99 Julius Ofner: Das Optionsrecht der Juden. In: NFP, 12.8.1921, M, S. 2. Zit. nach Besenböck: Die Frage der jüdischen Option, S. 194 ff.
100 WM, 12.7.1921, S. 2, Der Optionsskandal; WM, 26.7.1921, S. 2, Zur Optionsfrage; WM, 29.7.1921, S. 1, Wabers Botschaft; WM, 13.8.1921, S. 1, Der Schädling Waber; WM, 20.8.1921, S. 2, Wie sie es brauchen; WM, 28.8.1921, S. 1, Abgelehnte Optanten; WM, 21.9.1921, S. 1, Eine grausame Lehre.
101 AVA, BKA 1596/1921 und 1596/1/1921. Auf Ersuchen des Kanzlers formulierte Plaschke seine Beschwerde im Anschluß an die Unterredung auch schriftlich. Diese Zeilen wurden am 21.7.1921 an Waber weitergeleitet und von diesem 4 Tage später mit der Darstellung des Gesamtkonzeptes beantwortet.

die gleiche Sprache redet wie die österreichische Bevölkerungsmehrheit, sondern auch der gleichen Rasse angehören müsse". Die
Rechtsauffassung des Verwaltungsgerichtshofes sei für das „Ministerium bindend und (habe) ausnahmslos bei der Entscheidung der
Optionsgesuche zur Anwendung zu kommen".[102]

Auch in weiteren Stellungnahmen rechtfertigte Leopold Waber
seine Vorgangsweise ausschließlich mit dem höchstrichterlichen
Urteil.[103] Gedeckt durch diesen Rechtsspruch konnte der großdeutsche Politiker bis zu seinem Ausscheiden aus der Regierung den
„rassischen" Antisemitismus seiner Partei mit großem persönlichem
Engagement in politisches Handeln umsetzen.

Unbeirrt von Kritik trieb Waber die Erledigung der Optionsanträge voran. Der Personalaufwand war groß. 156 Beamte, unter ihnen
auch pensionierte Hofräte, arbeiteten großteils in Heimarbeit die
Aktenberge auf. Im Oktober 1921 waren bereits 119.180 Optionsanträge erledigt, die restlichen rund 60.000 Mitte Dezember 1921.[104]
Jüdische Bewerber wurden abgewiesen, unabhängig von der Dauer
ihres Aufenthalts in der Republik Österreich. Interventionen waren
zwecklos, gleichgültig, ob sie vom Verband der „Kriegsinvaliden
und Kriegshinterbliebenen Österreichs",[105] von prominenten Vertretern der Arbeiterpartei wie Friedrich Austerlitz oder Julius
Deutsch[106] oder vom „Schutzbund der Bukowinaer in Deutschösterreich" kamen, der, auf die Zugehörigkeit bukowinischer Juden zum
deutschen Kulturkreis pochend, um eine Sonderregelung ersuch-
te.[107] Mit unerbittlicher Konsequenz erteilte Waber abschlägige Bescheide. In einem persönlichen Antwortschreiben formulierte der
Minister sein Programm:

---

102 AVA, BKA 1596/1/1921, Amtliche Stellungnahme des Bundesministeriums für Inneres in Optionsangelegenheiten, dem Bundeskanzler übermittelt am 25.7.1921.

103 Am 27. Juli gab Waber vor Vertretern der Presse eine inhaltlich gleichlautende
Darstellung der alten und neuen Optionspraxis, in der er sich ebenso auf das
Verwaltungsgerichtshofurteil bezog. Die Erklärung wurde in den Tagesblättern
veröffentlicht. Ebd., Aktenvermerk des BKA vom 6.8.1921. Vgl. auch die Stellungnahme Wabers vom 9.9.1921, zu der ihn wiederum Schober aufgrund einer Intervention des Wiener Oberrabbiners aufgefordert hatte. Zit. bei Besenböck: Die
Frage der jüdischen Option, S. 127.

104 Besenböck: Die Frage der jüdischen Option, S. 139.

105 Der Verband intervenierte am 23.7.1921 wegen der Abweisung von fünf aus Galizien stammenden jüdischen Kriegsblinden. Vgl. Besenböck: Die Frage der jüdischen Option, S. 135.

106 Ebd., S. 136 f.

107 AVA, BKA Inneres, K 87 (= Korrespondenz Waber 1), 1105/1921, Schreiben des
Schutzbundes der Bukowinaer in Deutschösterreich an den Innenminister vom
5.8.1921.

„Da die Juden der Rasse nach ohne Frage von der Mehrheit der Bevölkerung verschieden sind, habe ich die Verfügung getroffen, daß keinem einzigen Optionsgesuch eines Juden stattgegeben werden darf. Es gibt in dieser Richtung nur ein „entweder – oder", denn ich kann unmöglich sagen, daß nur der ostgalizische Jude einer anderen Rasse angehört, der in Wien lebende aber nicht. Von dieser grundsätzlichen Weisung habe ich nicht eine einzige Ausnahme gemacht."[108]

Der Materien-Index 1921 des Innenministeriums hält fest, daß es insgesamt 24.486 Ablehnungen für jüdische Optionsbewerber gab, wovon inklusive Familienangehörige rund 75.000 Personen betroffen waren. Lediglich fünf aus der Tschechoslowakei stammenden Juden mußte aufgrund des „Brünner Vertrages" das Optionsrecht zugestanden werden.[109]

In einer Sitzung des „Judenausschusses" der Großdeutschen Volkspartei im November 1921 wurde mit Befriedigung konstatiert, der Innenminister habe „im Sinne der Ausschußbeschlüsse praktisch gearbeitet" und sei auch bereit, darüber „dem Ausschusse in einer eigenen Sitzung Aufklärung zu geben".[110] Das einzige faktische Ergebnis war jedoch – vom internationalen Aufsehen, das damit erregt wurde, abgesehen – Applaus von Wabers Fraktionskollegen und der antijüdischen Presse im allgemeinen.[111] Da auch ein großdeutscher Minister Regeln einhalten mußte, die nicht zuletzt durch den Spruch des Völkerbundsgerichts Anfang März 1921 vorgegeben waren,[112] erschöpfte sich diese „antisemitische Tat" in der Ablehnung der Optionsanträge. Dem Ziel der Kampagne gegen die Kriegsflüchtlinge, ihrer Ausweisung, kam Waber kaum näher. So findet sich auch in der „Wiener Morgenzeitung", die antijüdische Vorkommnisse zuverlässig dokumentierte, während Wabers Ministerschaft keinerlei Hinweis über Abschubverfahren oder sonstige Repressalien gegenüber Juden fremder Staatszugehörigkeit.

Die antijüdische Politik Wabers beschränkte sich somit im wesentlichen auf einen formalen Akt. Der Minister war sich im übrigen nicht

---

108 Schreiben Wabers vom 24.9.1921 an Dr. Anton Schalk, zit. nach: Besenböck: Die Frage der jüdischen Option, S. 137 f.
109 Besenböck: Die Frage der jüdischen Option, S. 134.
110 AVA, Großdeutsche Partei, K 58, VI–36, Judenausschuß, Sitzung vom 29.11.1921.
111 Vgl. z. B.: Der eiserne Besen, 20.8.1921, S. 1 f., Deutschösterreich eine Kolonie des Zionstaates?
112 Ausweisungsverfahren mußten demnach in jedem Falle „sorgfältig" geprüft werden, und in großem Maßstab konnte sich niemand über diese Einschränkungen hinwegsetzen. Vgl. Kapitel 10.4.

nur der Fragwürdigkeit des Rassebegriffes bewußt,[113] sondern wies selbst bereits in den ersten Stellungnahmen zur neuen Optionspraxis darauf hin, daß durch die Ablehnung des Ansuchens niemandem ein unwiederbringlicher Schaden widerführe, da man schließlich auch über den Erwerb des Heimatrechtes die österreichische Staatsbürgerschaft erlangen könne. Mit dieser Argumentation begegnete der Innenminister in den folgenden Monaten jeder Kritik. Auch bei individuellen Interventionen erfolgte stereotyp der Hinweis auf diese Möglichkeit.[114] Leopold Waber wußte von Anfang an – und darin erweist sich die Plakativität seiner Aktion –, daß die Lösung der „Ostjudenfrage" im Sinne antisemitischer Forderungen nicht in seiner Macht stand. Lediglich den Rechtsanspruch in Österreich nicht heimatberechtigter Juden auf die Staatsbürgerschaft konnte das Innenministerium mittels antisemitischer Auslegung des Optionsartikels bestreiten. Darin hatte Waber umso weniger Hemmungen, als ihm dieser Aktionismus weit über den engen Kreis des großdeutschen Lagers hinaus Popularität verschaffte.

Innerhalb der Regierung hatte Waber wenig Rückhalt. Schober war der Optionspraxis des Innenministers von Anfang an ablehnend gegenübergestanden. Wiederholte Ersuchen um eine Stellungnahme zu Beschwerden von jüdischer Seite[115] signalisierten dieses Mißfallen ebenso wie die Weiterleitung kritischer Kommentare aus dem Ausland an die Adresse Wabers.[116] Zu deutlicheren Worten fand Schober

---

113 Als sich im November 1921 der Völkerbund neuerlich mit der antijüdischen österreichischen Politik auseinanderzusetzen begann, hielt es Waber nicht für „zweckmäßig", sich gegenüber der internationalen Gemeinschaft auf eine „Auslegung des Wortes ,Rasse'" festzulegen. Schreiben des Innenministeriums Z. 1571 ex 1922, zit. nach Besenböck: Die Frage der jüdischen Option, S. 130.

114 AVA, BKA 1596/1/1921, Amtliche Stellungnahme des Bundesministeriums für Inneres in Optionsangelegenheiten vom 25.7.1921; Vgl. dazu: WM, 27.9.1921, S. 1 f., Wabers Rückzug. AVA, BKA Inneres K 91 (= Korrespondenz Waber 5), 242/1921, Schreiben Wabers an Austerlitz vom 20.8.1921; Ebd., Schreiben Wabers an Stadtrat Richter vom 25.8.1921; BKA Inneres K 89, 1743/1921. Auch in den für den Völkerbund bestimmten „Gegenbemerkungen" zu den Beschwerden jüdischer Vereine wegen der Waberschen Optionspraxis findet sich dieser Hinweis. BKA 266/1922, Einsichtsakt des Bundesministeriums f. Äußeres, 17.1.1922.

115 AVA, BKA 1596/1921, Schreiben Leopold Plaschkes an den Kanzler vom 12.7.1921, Weiterleitung an Waber mit der Aufforderung zur Stellungnahme am 21.7.1921; Eine ähnliche Aufforderung erfolgte am 9.9.1921 anläßlich einer Intervention des Wiener Oberrabiners beim Kanzler. Mit Stellungnahme Wabers zit. bei Besenböck: Die Frage der jüdischen Option, S. 127 f.

116 Vgl. Notiz eines ungenannten Beamten des Innenministeriums zur Optionsfrage: „Bundeskanzler Schober hat mir am 13. September 1921 mitgeteilt, daß der rumänische Gesandte erklärt hat, ,daß Rumänien wohl das antisemitischeste Land Europas ist, daß jedoch das, was sich Ihr Minister für Inneres Dr. Waber gegen die Juden leistet, wir uns in Rumänien nicht leisten können'." AVA, BKA Inneres, K 91 (= Korrespondenz Waber 5), 720/1921.

allerdings erst vor dem Hintergrund wachsenden internationalen Druckes, vor allem als sich im November 1921 der Völkerbund auf Betreiben der „Israelitischen Allianz" und des „Joint Foreign Committees" neuerlich mit der antijüdischen Politik Österreichs auseinanderzusetzen begann.[117] Einem Bericht der „Wiener Morgenzeitung" zufolge betonte der Kanzler gegenüber einem New Yorker Journalisten, daß er in der Optionsfrage „einen vollständig entgegengesetzten Standpunkt" einnehme „wie der Minister des Inneren". Für ihn sei in dieser Frage „der Standpunkt des Liberalismus klar".[118]

Diese Presseäußerung sollte nicht nur die internationale Kritik am österreichischen Vorgehen beschwichtigen. Zwischen dem Kanzleramt und dem Innenministerium bestanden in der Optionsfrage fundamentale Divergenzen, die das Kanzleramt Ende Dezember 1921, eine Woche nach dem Rücktritt Wabers, klarlegte. Anlaß des „pro domo" betitelten Schriftstücks war eine Beschwerde der „Union der österreichischen Juden" bezüglich der Optionspraxis des Innenministeriums.

„Im BKA wurde im bewußten Gegensatz zur Auffassung des Bundesministerium für Inneres und Unterricht stets die Ansicht vertreten, daß unter der Bezeichnung ‚race' im Artikel 80 des Staatsvertrages von St. Germain nicht Rasse im ethnographischen, sondern im subjektiven Sinn als nationales Bewußtsein, Nationalität im Sinne der Selbstbestimmung gemeint sei."[119]

Daß Schober den großdeutschen Innenminister dennoch wider bessere Einsicht hatte gewähren lassen, entsprang dem Wunsch nach Unterstützung der Beamtenregierung durch das „nationale Lager". Als die Großdeutschen aus Opposition gegen den Vertrag von Lana Schober das Vertrauen entzogen und Waber am 23. Dezember 1921

---

117 Am 17.11.1921 brachten die „Israelitische Allianz" und das „Joint Foreign Committee" beim Völkerbund gleichlautende Beschwerden wegen der von Österreich geübten Auslegung und Anwendung der Artikel 80 und 65 des Staatsvertrages gegenüber den Juden ein. Der Generalsekretär des Völkerbundes übermittelte diese Beschwerden gemäß den Gepflogenheiten der österreichischen Bundesregierung zur Stellungnahme. Diese wurde im Bundesministerium für Äußeres ausgearbeitet, wobei allerdings ein Teil der Ausführungen auf ausdrücklichen Wunsch Wabers in die „Gegenbemerkungen" aufgenommen wurden. AVA, BKA 266/1922, Einsichtsakt des Bundesministeriums für Äußeres vom 17.1.1922.
118 WM, 20.11.1921, zit. nach Besenböck: Die Frage der jüdischen Option, S. 131.
119 AVA, BKA 1596/2/1921, Eingabe der Union der österreichischen Juden vom 21.12.1921 bezüglich der Handhabung des Art. 80 des Staatsvertrages. Kommentar des BKA vom 30.12.1921. Am Aktenbogen findet sich ein handschriftlicher Verweis auf ein liberales Standardwerk, welches u. a. die Optionsthematik behandelt: Froehlich: Die Wirkungen des Staatsvertrages von St. Germain auf unsere Verfassung. In: Zeitschrift für öffentliches Recht (Hrsg. H. Kelsen), Bd. I (1920), S. 426 f.

aus der Regierung ausschied, konnte er in der Optionsfrage positive Bilanz ziehen: Der Aktenberg war abgebaut und den jüdischen Bewerbern die österreichische Staatsbürgerschaft ausnahmslos verweigert worden.

Der Völkerbund verfolgte die Angelegenheit nicht mehr weiter.[120] Dies hing mit dem Amtsrücktritt Wabers zusammen, aber auch mit der Tatsache, daß der Aufenthalt eines jüdischen Optanten in Österreich im Falle einer Ablehnung gar nicht unmittelbar bedroht war. Im Innenministerium, das Johann Schober bis zur Demissionierung des zweiten von ihm gebildeten Kabinetts Ende Mai 1922 selbst leitete,[121] wurde im März 1922 ein Konzept zur Schadensbegrenzung erarbeitet, um „Härten und Unbilligkeiten" der Waberschen Vorgangsweise zu bereinigen. Gesuche bereits abgewiesener Optanten um Wiederaufnahme des Verfahrens konnten nunmehr erneut „in Behandlung genommen bezw. aufgrund solcher Gesuche eine neuerliche Überprüfung des Optionsaktes vorgenommen werden". Eine Verlautbarung über die Möglichkeit der Wiederaufnahme des Optionsverfahrens sollte allerdings „unter allen Umständen unterbleiben".[122]

Der Symbolwert der antisemitischen Verwaltungspraxis Leopold Wabers kann nicht überschätzt werden. Er lag sicher höher als beim „Sever-Erlaß", dessen antijüdische Intentionen nicht so offen zutage getreten waren. Wabers Vorgangsweise bekräftigte Ressentiments in der Bevölkerung, dokumentierte vor allem aber die grundsätzliche Bereitschaft österreichischer Behörden, die Rechte jüdischer Personen zu beschneiden. Seine Politik war unter dem Gesichtspunkt zukunftsweisend. Die unmittelbare praktische Konsequenz war bescheiden, sieht man davon ab, daß ein Ansturm von Optanten auf die Magistratischen Bezirksämter einsetzte. Das „Odium der Aufnahme von Juden" in den Bundesbürgerverband wurde somit, wie es Matthias Eldersch in einer Unterredung mit seinem groß-

---

120 Weder in Archiv- noch in Pressematerial finden sich Hinweise auf eine Verhandlung der Angelegenheit vor einem Gericht des Völkerbundes. Auch die „Gegenbemerkungen" der österreichischen Regierung blieben offenbar ohne Resonanz. Während im Außenamt versucht worden war, die Vorwürfe vom juristischen Standpunkt her zu entkräften, zielten jene Ausführungen, die auf Drängen Wabers in den Text aufgenommen worden waren, darauf ab, die jüdischen Optanten als unzumutbare Belastung für die wirtschaftlich ohnedies schwierige Situation Österreichs erscheinen zu lassen. AVA, BKA 266/1922, Stellungnahme des Bundesministeriums für Äußeres zu den Beschwerden jüdischer Vereine an den Völkerbund vom 17.1.1922.

121 Weinzierl/Skalnik: Österreich 1918–1938, Bd. II, S. 1070 f.

122 A/Pol.Dion., Verwaltung 1922. Optionsansuchen: Überprüfung. Konzept Amtsrat Ochsner, 7.3.1922.

deutschen Amtsnachfolger formulierte, vom Ministerium auf die Gemeinde Wien übergewälzt.[123]

10.7. Die Einbürgerungspraxis der Gemeinde Wien

Während die Optionsverfahren auf der Grundlage des Friedensvertrages nur summarisch erfaßt wurden, liegt zu den Einbürgerungen, welche durch freien Entscheid österreichischer Gemeinden erfolgten, auch Datenmaterial zu Herkunft und Konfession der Neubürger vor. Daraus geht hervor: Österreichweit wurden im Zeitraum zwischen 1920 und 1930 93.535 Personen eingebürgert. 63.970 von ihnen (68,4%) hatten sich in Wien um die Aufnahme beworben. Von den insgesamt 93.535 eingebürgerten Personen waren 25.627 Juden. Die allermeisten von ihnen, nämlich 24.891, nahm die Gemeinde Wien auf. Zwischen 1920 und 1930 waren somit 38,9% aller in der Bundeshauptstadt neu eingebürgerten Personen Angehörige der mosaischen Religionsgemeinschaft. Die meisten von ihnen hatten in nunmehr polnischen Gemeinden das Heimatrecht besessen.

Tabelle 10:

Aufnahmen in den Staatsverband 1920–1930
(Ohne die Ergebnisse der Optionen)

	Gesamtzahl		Israelit. Glaubensbekenntnis				Herkunftsland Polen				Rumänien	
	Öster.	Wien	Öster.	%	Wien	%	Öster.	%	Wien	%	Öster.	Wien
1919	2.805	2.229					147	100				
1920	224	4	6	2,7	1	25,0	19	8,5	–	–	4	–
1921	2.073	368	132	6,4	124	33,7	170	8,2	116	31,5	85	30
1922	7.774	4.432	3.009	38,7	2.814	63,5	2.298	29,6	2.114	47,7	462	386
1923	17.650	14.819	10.468	59,3	10.364	69,9	7.617	43,1	7.536	50,9	1.362	1.328
1924	12.170	9.277	4.371	35,9	4.257	45,9	2.641	21,7	2.552	27,5	680	611
1925	11.109	7.625	2.914	26,2	2.800	36,7	1.433	12,9	1.318	17,3	517	437
1926	7.296	4.235	674	9,2	619	14,6	586		466		205	112
1927	7.923	4.984	708	8,9	662	13,3	699		587		186	136
1928	9.717	6.642	1.027	10,6	989	14,9	1.131		1.030		388	312
1929	8.704	5.409	1.020	11,7	983	18,2	1.277		1.191		319	276
1930	8.895	6.175	1.298	14,6	1.278	20,7	1.684		1.618		355	312
1920–30	93.535	63.970	25.627	27,4	24.891	38,9	19.555	94,7	18.528	23,3	4.563	3.940

Quelle: Beiträge zur Statistik der Republik Österreich, 8. Heft, Wien 1923, S. 139
      Statistische Nachrichten, 4. Jg. 1926, S. 122 ff.
      Statistisches Handbuch für die Republik Österreich, 1926 – 1931.

---

123 Hinweis darauf in: AVA, BKA Inneres, K 91 (= Korrespondenz Waber 5), 242/1921, Schreiben Wabers an Stadtrat Karl Richter vom 25.8.1921.

Es wäre jedoch falsch, die knapp 25.000 jüdischen Neubürger der Jahre 1920–1930 mit jenen galizischen und bukowinischen Flüchtlingen gleichzusetzen, die nach Kriegsende Wien nicht mehr verlassen hatten, obwohl seriöse Schätzungen ihrer Anzahl sich in diesem Bereich bewegten.[124] Neben ehemaligen Kriegsflüchtlingen bewarben sich Anfang und Mitte der zwanziger Jahre vielfach Personen um Heimatrecht und Staatsbürgerschaft, welche schon vor 1914 nach Wien zugewandert, mitunter bereits hier geboren waren, sich nun aber als „Ausländer" definiert sahen. Da, wie erwähnt, in der Monarchie dem Heimatrecht gegenüber der Staatsbürgerschaft nur eine untergeordnete Bedeutung zukam, hatten es zahlreiche Personen verabsäumt, nach zehn Jahren Aufenthalt in einer Gemeinde das Heimatrecht zu beanspruchen.[125] Nach dem Zusammenbruch erwies sich diese Unterlassung vor allem für jüdische Bürger als folgenschwer. Die antisemitische Auslegung des Optionsartikels unter Minister Waber zwang die nicht heimatberechtigten Juden – Kriegsflüchtlinge ebenso wie gebürtige Wiener –, sich um die Einbürgerung durch die Gemeinde Wien zu bemühen.

Die Einbürgerungsstatistiken geben jedoch keinen Hinweis auf den Anteil ehemaliger Kriegsflüchtlinge an den jüdischen Neubürgern. Da eine systematische Auswertung der Einbürgerungsakten sämtlicher Bezirksämter angesichts des Umfanges unmöglich war,[126] konnte im Rahmen der vorliegenden Arbeit nur versucht werden, dieser Frage anhand einer Analyse ausgewählter Einzelakten nachzugehen.

Zunächst gilt es jedoch, die beträchtliche Schwankung in der Gesamtzahl der Einbürgerungen wie auch des jüdischen Anteils daran zu interpretieren. Erklärungsbedürftig sind fürs erste die Daten der Jahre 1920 und 1921, die auf einen rigorosen Aufnahmestopp schließen lassen, der keineswegs nur jüdische Antragsteller betraf.

---

124 Der sozialdemokratische Staatssekretär für Inneres sprach Anfang 1920 von 24.000 Personen. WM, 11.1.1920, S. 5, Staatssekretär Eldersch über die Flüchtlingsausweisung.

125 Speziell bei jüdischen Bürgern war, wie es Leo Goldhammer formulierte, vor 1914 „absolut nicht das Bestreben vorhanden, in Wien die Heimatzuständigkeit zu erlangen; das christlichsoziale Regime ... war keineswegs so verlockend, daß die Juden ihre alte Zuständigkeit mit der nach Wien eingetauscht hätten". Goldhammer: Die Juden Wiens, S. 11 f.

126 Allein für den 2. Wiener Gemeindebezirk sind für das Jahr 1923 24 umfangreiche Kartons erhalten. Ansuchen um Heimatrechtsverleihungen stellen neben Wohnungsangelegenheiten und gewerberechtlichen Angelegenheiten nur einen Teil des überlieferten Aktenbestandes dar. AW, MBA II, 1923, A 25/23–A 25/28.

Grundlage dafür war eine gesetzliche Regelung vom 17. Oktober
1919 (StGBl. Nr. 91), welche den Gemeinden die Aufnahme in den
Heimatverband nur in sehr eng definierten Ausnahmefällen gestattete.[127] Mit diesem Gesetz wurde der durch den Friedensvertrag
veränderten Bedeutung des Heimatrechtes Rechnung getragen und
der Bewerber um die österreichische Staatsbürgerschaft vorerst
daran gehindert, ein Optionsverfahren zu umgehen.[128] Das Verbot
der Einbürgerung und Heimatrechtsverleihung beinhaltete einen
Eingriff in die autonome Gewalt der Gemeinden und wurde insbesondere von der Gemeinde Wien auch unter dem Aspekt eines
„nicht unwesentlichen" Entganges an Gemeindeeinnahmen durch
die Heimatrechtstaxen gesehen.[129] Eine Vollzugsanweisung vom 4.
Mai 1920 (StGBl. Nr. 208) und ein Erlaß des Staatsamtes für Inneres
und Unterricht vom 15. Juli 1920 (Z. 27.237) milderten das Aufnah-
meverbot, was jedoch die potentiellen jüdischen Optanten nicht betraf. Erst nach Ablauf der Frist für Optionsansuchen nach Artikel 80
des Staatsvertrages wurden am 1. Februar 1921 (BGBl. Nr. 91) alle
den Gemeinden bei Verleihung des Heimatrechtes auferlegten Einschränkungen wieder aufgehoben.[130]

In Wien fand 1921 die Rückkehr zur alten Gemeindeautonomie in
der Frage der Heimatsrechtsverleihung noch keinen Niederschlag
in der Statistik. Lediglich 368 Personen, rund ein Drittel von ihnen
jüdisch, wurden eingebürgert.[131] Da der Friedensvertrag bestimmte
Rechtsansprüche festgelegt hatte, schien bis zum Sommer 1921
jüdischen Bewerbern um die Staatsbürgerschaft das Warten auf
den Optionsentscheid sinnvoll. Zudem war das Optionsverfahren
kostengünstiger als ein Einbürgerungsverfahren seitens der Gemeinde Wien, das Angehörigen fremder Staaten nicht unerhebliche
Taxen abverlangte, die nach Aufenthaltsdauer und Einkommens-

---

127 Zugleich wurde der Erwerbung der deutschösterreichischen Staatsbürgerschaft
durch die im Gesetz vom 5. Dezember 1918 (StGBl. Nr. 91) vorgesehene Erklärung ein Ende gesetzt.

128 Das Gesetz wurde als „Akt der Notwehr" interpretiert, um die durch den Artikel
64 des Staatsvertrages Österreich auferlegte Verpflichtung „nicht zu einer die
Existenz der jungen Republik gefährdenden oder gar vernichtenden zu machen." Vgl.: Die Gemeindeverwaltung der Bundeshauptstadt Wien, S. 649. Artikel 64 verpflichtete Österreich, alle zum Zeitpunkt des Inkrafttretens des Staatsvertrages auf dem Gebiete des österreichischen Staates heimatberechtigten Personen als österreichische Staatsbürger anzuerkennen.

129 Die Gemeindeverwaltung der Bundeshauptstadt Wien, S. 649.

130 Ebd., S. 649 f.

131 Vgl. dazu Tabelle 10.

höhe abgestuft waren.[132] Erst als Leopold Waber sein Ministeramt
antrat und jüdischen Optanten die österreichische Staatsbürgerschaft konsequent verweigerte, sahen sich die Bezirksämter mit einer Flut von Einbürgerungsansuchen konfrontiert.

Heimatrecht, Landes- und Bundesbürgerschaft waren bei diesen
Ansuchen aufs engste miteinander verbunden.[133] Das Heimatrecht
wurde zunächst nur zugesichert und erst mit der Verleihung der
Landesbürgerschaft, welche zugleich die Bundesbürgerschaft beinhaltete, wirksam. Die Entscheidung über die Verleihung der Landesbürgerschaft lag im freien Ermessen des Magistrates als politischer Landesbehörde und war daher auch nicht über eine Beschwerde an den Verwaltungsgerichtshof anfechtbar.[134] Der Instan-
zenweg war kompliziert und zog sich, wie ein Blick auf das statistische Material zeigt, in der Mehrheit der Fälle zumindest bis ins Jahr
1923 hin.

Wie in den Optionsverfahren erstreckten sich die Bewerbungen
um Heimatrecht bzw. Landesbürgerschaft auch auf Ehefrauen und
unmündige Kinder. Alleinstehende Frauen konnten für sich und
ihre Kinder ansuchen. Ein Petent hatte sich an das zuständige Bezirksamt zu wenden, welches das Ansuchen begutachtete, Erkundi-
gungen einzog und – über die Bezirksvertretung – eine Vorentschei-
dung traf. Anschließend wurde die Polizeidirektion konsultiert, deren Stellungnahme zumindest zeitweise mehr Bedeutung zukam als
jener der Bezirksvertretung. Auch wenn diese sich mehrheitlich für
den Bewerber ausgesprochen hatte, konnte seitens der Polizei-

---

132 Sie betrugen bei einer Aufenthaltsdauer von unter 5 Jahren für Personen, welche die österreichische Staatsbürgerschaft nicht besaßen, 20% des Jahreseinkommens. Personen, die seit 5 bis 10 Jahren in Wien lebten und die Staatsbürgerschaft nicht besaßen, hatten immerhin noch 16% des Jahreseinkommens zu
  erlegen. Da der Gemeinderat selbst die Höhe der Taxen zu regeln hatte, war
  eine rasche Anpassung an die schwankenden Kronenwerte und Einkommensverhältnisse möglich. So wurden die Heimatsrechtstaxen beispielsweise mit 23.
  Juli 1921 neu festgesetzt und in den Gemeinderatsprotokollen veröffentlicht. Zit.
  nach AVA, BKA Inneres, K 88 (= Korrespondenz Waber), 1405/1921. Vgl. dazu:
  Die Gemeindeverwaltung der Bundeshauptstadt Wien, S. 659.
133 Die Institution der Landesbürgerschaft war in Konsequenz der Konstruktion
  Österreichs als Bundesstaat neu geschaffen worden (Bundesverfassungsgesetz
  vom 1. Oktober 1920, BGBl. Nr. 1, Art. 6). Die Landesbürgerschaft wird begründet durch das Heimatrecht in einer Gemeinde des Landes. Mit der Landesbürgerschaft wird die Bundesbürgerschaft ipso jure erworben. Nach Art. 11 des Gesetzes ist die Vollziehung in Angelegenheiten der Staatsbürgerschaft und des
  Heimatrechtes Sache des Landes. Vgl.: Die Gemeindeverwaltung der Bundeshauptstadt Wien, S. 657.
134 Ebd., S. 657 f.

behörde ein Veto eingelegt werden, unabhängig davon, ob der Antragsteller straffällig geworden war oder nicht.[135] Der Akt wurde schließlich einem Gemeinderatsausschuß vorgelegt, dem die letzte Entscheidung über die Aufnahme in den Gemeindeverband zustand.[136]

Bewerber mit mehr als zehnjährigem Aufenthalt in Wien wurden sogleich eingebürgert, ebenso jene Personen, die unmittelbar vor Kriegsausbruch nach Wien zugezogen waren.[137] Kriegsflüchtlinge hingegen waren auf das Wohlwollen der Behörden angewiesen. Die Schlüsselrolle fiel dem amtsführenden Stadtrat Karl Richter als Ressortzuständigem zu. Richter hatte zwar im September 1921 versprochen, daß die Frage der „Nationalität oder Konfession" bei der Einbürgerung ehemaliger Flüchtlinge keine Rolle spielen sollte und „insbesondere Arbeiter, Angestellte, Studenten, für die die Erlangung des Heimatrechtes eine Lebensfrage bedeutet, ausnahmslos aufgenommen" würden; darüber hinaus „auch Kaufleute, Fabrikanten, Angehörige freier Berufe", „rechtschaffener Erwerb und Erfüllung der Pflichten gegen den Staat" vorausgesetzt.[138]

Die Praxis sah anders aus. 1922 wurden zwar 2.814 Personen jüdischer Konfession in der Bundeshauptstadt eingebürgert (Tab. 10), doch handelte es sich bei ihnen zum überwiegenden Teil nicht um ehemalige Kriegsflüchtlinge. Schon im Herbst 1922 warfen die Zionisten dem Gemeinderatsausschuß für allgemeine Verwaltung daher vor, Ansuchen von Flüchtlingen grundsätzlich abzulehnen, selbst wenn sie von den Bezirksvertretungen befürwortet worden waren. Ausnahmen würden nur aufgrund persönlicher Intervention gemacht. Die Magistratsdirektion habe sogar die Bezirksvorsteher angewiesen, auf eine rigorose Vorgangsweise der Bezirksvertretungen hinzuwirken, was auch prompt befolgt worden sei.[139]

Zionistische Mandatare wiesen Stadtrat Richter auf den Widerspruch zu den im Herbst 1921 formulierten Richtlinien hin, nach

---

135 Diesen Umstand kritisierte Leopold Plaschkes in einer Gemeinderatssitzung. AW, Sitzungsprotokoll vom 19.12.1921, S. 1402 f.
136 WM, 2.11.1922, S. 2, Staatsbürgerschaft und Heimatrecht.
137 In diesem Sinne äußerte sich der amtsführende Stadtrat Richter im September 1921 gegenüber der Presse. Zit. nach: WM, 2.11.1922, S. 2, Staatsbürgerschaft und Heimatrecht. Die Aktenlage läßt darauf schließen, daß von diesem Prinzip kaum abgewichen wurde. Vgl. Einbürgerungsgesuche von Vorkriegsimmigranten in: AW, MBA II, 1923, A 25/23–A 25/28.
138 Unterredung mit Richter publiziert im „Morgen" vom 26.9.1921, zit. nach: WM, 2.11.1922, S. 2, Staatsbürgerschaft und Heimatrecht.
139 WM, 2.11.1922, S. 2, Staatsbürgerschaft und Heimatrecht.

denen nur Personen, welche keinen produktiven Erwerb und keine regelmäßige Steuerleistung nachweisen konnten, ausgeschlossen wurden.[140] Der Vorsitzende des Heimatrechtsausschusses betonte jedoch, gegenüber jüdischen Flüchtlingen und Nachkriegsimmigranten den restriktiven Kurs beibehalten zu wollen. Er erregte zudem durch antisemitische Äußerungen Anstoß. Den Vorwurf, er verhalte sich nicht anders als Karl Lueger, wies er keineswegs zurück.[141]

Das letzte Wort war damit nicht gesprochen. Zwar verfolgte der Wiener Magistrat auch im folgenden Jahr keinen großzügigen Integrationskurs. Immerhin waren Bewerbungen ehemaliger Flüchtlinge nun nicht mehr von vornherein aussichtslos. Im Jahr 1923 wurden in der Bundeshauptstadt insgesamt 14.819 Personen eingebürgert, von denen fast 70% jüdisch waren und zumeist die polnische oder rumänische Staatsbürgerschaft besaßen (Tab. 10). Die Zahl jüdischer Neubürger hatte sich damit gegenüber 1922 mehr als verdreifacht.

Der Einbürgerungsschub des Jahres 1923 ließ sich technisch nur durch eine massive Beschleunigung des Verfahrens bewältigen. Hatte sich bisher in der Regel eine sechs- bis zwölfmonatige Wartefrist ergeben, so wurden im Juli 1923 die Bezirksämter per Erlaß des Magistratsdirektors angehalten, neue Anträge innerhalb einer dreitägigen Frist zu bearbeiten und an den zuständigen Gemeinderatsausschuß weiterzuleiten. Die Bezirksvertretung, deren Gutachten in der Vergangenheit ein Kernstück des Verfahrens ausgemacht hatte, war damit von jeder Mitsprachemöglichkeit ausgeschlossen.[142]

Die sozialdemokratische Stadtverwaltung handelte nicht uneigennützig. Die neue Linie in der Einbürgerungspolitik stand in unmittelbarem Zusammenhang mit den National- und Gemeinderatswahlen vom 21. Oktober 1923. Niemand sollte – wie Stadtrat Richter im Gemeinderat beteuerte – des Wahlrechts beraubt werden, wenn er schon seit Jahren in Wien wohne.[143] Die christlichsoziale Opposition

---

140 Hinweise auf Ansprüche erwerbsunfähiger Personen hatte der amtsführende Stadtrat wohl nicht zufällig unterlassen.

141 Angeblich bemerkte er bezüglich der Flüchtlinge gegenüber den zionistischen Mandataren: „Euch graust vor gar nichts". WM, 7.10.1919, S. 3, Sozialdemokratischer Antisemitismus. Die „Arbeiter-Zeitung" nahm zu den Vorwürfen der Zionisten nicht Stellung. Vgl. dazu WM, 2.11.1922, S. 2, Staatsbürgerschaft und Heimatrecht.

142 AW, Sitzungsprotokolle des Gemeinderates als Landtag, Rede des christlichsozialen Abgeordneten Untermüller vom 24.7.1923, S. 2412 ff.

143 Ebd., Rede Richters vom 24.7.1923, S. 2424 ff.

wußte, daß der Personenkreis, der nun Heimatrecht und Staatsbürgerschaft erhalten sollte, nicht dem eigenen Wählerpotential zuzu-
rechnen war. Sie kritisierte daher die Ausschaltung der Bezirksvertretungen als antidemokratischen Affront. Der Hauptvorwurf richtete sich gegen die „Fabrikation neuer Wähler", vornehmlich Juden,[144] „lauter Zugereiste", die noch nicht zehn Jahre in Wien lebten und daher vollkommen ungerechtfertigt in den Genuß staatsbürgerlicher Rechte kämen.[145]

Die Sozialdemokraten ließen sich auf keine neue Ostjudendebatte
ein. Das Parteiorgan betonte, es gehe vor allem um die politischen
Rechte von ursprünglich tschechischen, westungarischen, südstei-
rischen und Südtiroler (sic!) Arbeitern, die vielfach seit Jahrzehnten
hier ansässig seien und von ihrem Optionsrecht nicht Gebrauch
gemacht hätten.[146] Da der nichtjüdische Anteil unter den 1923 Eingebürgerten nur 30% betrug, offenbart diese Argumentation neuerlich den Opportunismus der österreichischen Sozialdemokratie in
„jüdischen Angelegenheiten". Nicht zuletzt war der Einbürgerungsschub des Jahres 1923 auch ein parteipolitischer Schachzug, da die
Arbeiterpartei mit gutem Grund von einem nicht unerheblichen
Stimmenanteil unter den jüdischen Neubürgern ausging.[147] Der
eigenen Basis gegenüber wurde dieses Motiv jedoch nicht einge-
standen.

Wie bereits angedeutet, war es im Rahmen dieser Arbeit nicht
möglich, die Daten aller eingebürgerten Juden zu erfassen. Folglich
läßt sich auch der Anteil von gebürtigen Wienern, Vorkriegsimmigranten, Kriegsflüchtlingen und Zuwanderern aus der Zeit nach

---

144 Ebd., Rede Untermüllers vom 24.7.1923, S. 2420 ff.
145 Ebd., Rede Müllers vom 24.7.1923, S. 2405 ff., Vgl. dazu auch eine Rede Leopold
    Kunschaks im Wiener Gemeinderat am 9.3.1923, in der er in bewährter Weise
    das Wiener Wohnungselend mit der Frage der „Ostjuden", mit denen man schon
    längst einmal hätte „abfahren" sollen, verquickte. Demagogisch geschickt zitier-
    te er in diesem Zusammenhang offenbar minutenlang aus dem Amtsblatt der
    Stadt Wien die Namen neu eingebürgerter Personen. Das höhnische Gelächter,
    das eine Aufzählung galizisch-jüdischer Namen – josephinische Beamte waren
    Pate gestanden – provozieren sollte, stellte sich auch prompt ein. Sitzungsproto-
    kolle des Gemeinderates, S. 893 ff.
146 AZ, 23.7.1923, S. 2, Tagesneuigkeiten.
147 Zum Wahlverhalten der Wiener Juden und ihrer Neigung zur Sozialdemokratie
    vgl. z. B.: Walter B. Simon: Jewish Vote in Austria. In: Leo Baeck Institute Year-
    book 16 (1971), S. 97–121; Bunzl: Arbeiterbewegung, „Judenfrage" und Antisemi-
    tismus, S. 746 ff.

1918 nicht präzise entschlüsseln.[148] Die folgende 360 Fälle umfassende Teilauswertung von 1923 im zweiten Bezirk anfallenden Einbürgerungsakten versteht sich daher als Annäherung, die immerhin einige Schlußfolgerungen gestattet.[149]

Tabelle 11:

Ansuchen von Juden um Einbürgerung im 2. Bezirk
Teilauswertung 1923

Ankunft in Wien	insgesamt	davon aufgenommen	in %
Vor August 1914	243	241	99,2
August 1914 bis Oktober 1918	73	29	39,7
November 1918 bis Ende 1922	44	10	22,7
Summe	360	280	77,7

Daraus ergibt sich, daß unter den Neubürgern wesentlich stärker als vermutet Immigranten aus der Vorkriegszeit dominierten. Ihre Anträge – die Rechtslage war eindeutig – wurden bis auf wenige Ausnahmefälle bewilligt. Flüchtlinge und Immigranten der Nachkriegszeit hingegen partizipierten zwar am Einbürgerungsschub des Wahljahres 1923, stellten aber zusammen lediglich rund ein Drittel aller Bewerber. Die Aufnahmechance ehemaliger Flüchtlinge lag bei knapp 40%, war aber besser als bei Personen, welche erst nach Kriegsende in Wien eingelangt waren. Die Einbürgerungspraxis des Wiener Magistrates zeigte sich nun auch Kriegsflüchtlingen gegenüber liberaler als 1922. Von wahlloser Einbürgerung „ortsfremder" Juden, wie die Opposition im Rahmen des Wahlkampfes

---

148 Im Archiv der Stadt Wien existiert kein geschlossener Bestand an Einbürgerungsakten. Die interessantes Datenmaterial enthaltenden Unterlagen sind in den Beständen sämtlicher magistratischer Bezirksämter verstreut. In den Einbürgerungsakten sind Angaben zu Alter, Herkunft, familiären Verhältnissen, Beruf sowie Einkommensverhältnissen der Bewerber enthalten. Eine quantitative Auswertung würde somit eine sehr präzise Deskription jener Personengruppe erlauben. Im Rahmen dieser Arbeit wurde das erste Viertel der insgesamt 24 umfangreiche Kartons umfassenden Archivalien des zweiten Magistratischen Bezirksamtes aus dem Jahr 1923 gesichtet. Diese „Stichprobe" enthielt 360, zum Teil mehrköpfige Familien betreffende Ansuchen jüdischer Personen um Heimatrecht bzw. Einbürgerung. Die darin enthaltenen Daten wurden ausgewertet. AW, MBA II, 1923, A 25/23–A 25/28.

149 Die Wahl der Leopoldstadt für die Stichprobe ergab sich aus ihrem besonderen Status als Bezirk mit dem höchsten jüdischen Bevölkerungsanteil. Auch Flüchtlinge hatten hier zahlreich Aufnahme gefunden.

1923 publikumswirksam behauptete,[150] konnte jedoch keine Rede sein.

Die nur mäßige Chance von Kriegsflüchtlingen auf Einbürgerung überrascht weniger als die verhältnismäßig geringe Zahl an Bewerbern aus diesen Kreisen. Allem Anschein nach suchten sie mehrheitlich im Jahr 1923 nicht um das Heimatrecht in Wien und damit um die österreichische Staatsbürgerschaft an. Man kann annehmen, daß eine schlechte Erfahrung in der Optionsfrage, die Scheu vor Behörden und das Gefühl der Aussichtslosigkeit zahlreiche Flüchtlinge von vornherein vor einer Antragstellung zurückschrecken ließen. Hinzu kam eine konkrete Barriere: die Höhe der Einbürgerungstaxen. Personen fremder Staatsbürgerschaft mit fünf- bis zehnjährigem Aufenthalt in Wien – und in diese Kategorie fielen im Jahr 1923 die Kriegsflüchtlinge – hatten immerhin 16% des jährlichen Einkommens zu erlegen.[151] Der zumindest vorläufige Verzicht auf ein Einbürgerungsansuchen brachte zudem keinen gravierenden Nachteil mit sich: Der „Sever-Erlaß", der 1919 und 1920 als Damoklesschwert über den Flüchtlingen geschwebt hatte, war zwar formell nicht aufgehoben, aber gegenstandslos. Zwangsmaßnahmen gegen die meist beruflich und – innerhalb des Wiener Judentums – sozial integrierten Kriegsflüchtlinge standen im Jahr 1923 nicht mehr zur Diskussion.

Die Einbürgerungsakten geben Aufschluß über die Aufenthaltsdauer von Heimatrechtsbewerbern. Sie enthalten außerdem Daten zur sozialen Lage der Antragsteller, woraus sich wiederum Rückschlüsse auf die Entscheidungskriterien des Heimatrechtsausschusses gegenüber Einbürgerungsanträgen ergeben.

Tabelle 12:

Kriegsflüchtlinge: Altersstruktur der Bewerber
Teilauswertung 1923

Geburtsdatum	insgesamt	davon aufgenommen	in %
vor 1870	10	4	40,0
1870–1890	28	12	42,9
ab 1890	35	13	37,1
Summe	73	29	39,7

---

150 AW, Sitzungsprotokolle des Gemeinderates als Landtag, Rede des christlichsozialen Abgeordneten Untermüller vom 24.7.1923, S. 2412 ff.

151 Vgl. Heimatrechtstaxen, Neufestsetzung der Gebühren vom 23. Juli 1921, Veröffentlichung in den Gemeinderatsprotokollen, zit. nach: AVA, BKA Inneres, K 88 (= Korrespondenz Waber), 1405/1921.

Tabelle 13:

**Kriegsflüchtlinge: Geschlecht der Bewerber
Teilauswertung 1923**

Geschlecht	insgesamt	davon aufgenommen	in %
Männlich	63	27	42,9
Weiblich	10	2	20,0
Summe	73	29	39,7

Tabelle 14:

**Kriegsflüchtlinge: Haushaltsgröße der Bewerber
Teilauswertung 1923**

Haushaltsgröße	insg.	aufgen.	männl.	aufgen.	weibl.	aufgen.
Alleinstehend	33	15	25	13	8	2
2 Personen	9	2	9	2	0	0
3 Personen	12	6	11	6	1	0
4 Personen	6	1	6	1	0	0
mehr als 4 Personen	13	5	12	5	1	0
Summe	73	29	63	27	10	2

Tabelle 15:

**Kriegsflüchtlinge: Einkommensverhältnisse der Bewerber
(K = Kronen, FK = Friedenskronen)
Teilauswertung 1923**

Jährliches Einkommen	Anzahl	davon aufgen.	in %
bis 14,000.000 K (= 1000 FK)	19	8	42,1
bis 42,000.000 K (= 3000 FK)	38	14	36,8
bis 70,000.000 K (= 5000 FK)	8	3	37,5
über 70,000.000 K	6	3	50,0
keine Angaben	2	1	50,0
Summe	73	29	39,7

Tabelle 16:

**Kriegsflüchtlinge: Soziale Schichtung der Bewerber
Teilauswertung 1923**

Beruf	Anzahl m./w./zus.	Fam.-Angeh.	davon aufgen.	in %
Hilfsarb.	2/0/2	9	2	100,0
Angestellte	12/0/12	15	8	66,7
Beamte/Akademiker	9/1/10	4	7	70,0
Techniker	3/0/3	11	1	33,3
Händler bis 42,000.000 K	19/3/22	42	3	13,7
Händler über 42,000.000 K	11/0/11	27	5	45,5
Handwerker	2/1/3	3	0	0,0
Unternehmer	2/0/2	2	1	50,0
Haushalt	0/4/4	2	0	0,0
Studenten	2/1/3	0	3	100,0
Sonstige	1/0/1	1	0	0,0
Summe	63/10/73	116	30	41,1

Junge Menschen tendieren eher zu räumlicher Mobilität. Es verwundert daher nicht, daß die überwiegende Mehrzahl der Bewerber zum Zeitpunkt der Flucht aus dem Kriegsgebiet weniger als 35 Jahre zählte. Das Alter spielte für die Aufnahme oder Ablehnung der Heimatrechtsbewerber jedoch kaum eine Rolle. Der Anteil der in den Staatsverband Aufgenommenen war in allen Altersgruppen annähernd gleich.

Weniger als die Hälfte der Bewerber waren alleinstehend. Mehrköpfige Familien waren auch vertreten, stellten aber, soweit sie fünf und mehr Personen umfaßten, die Ausnahme dar. Die Zahl der Angehörigen war für die Entscheidung der Behörden offenbar von Bedeutung. Alleinstehende männliche Bewerber hatten mit einer Aufnahmerate von 52% eine deutlich bessere Erfolgschance. Immerhin stellte aber eine über dem Durchschnitt liegende Kinderzahl keinen Ausschließungsgrund dar.

Die geringe Zahl von Bewerberinnen überrascht nicht, da nur unverheiratete oder verwitwete Frauen eigenständig um Einbürgerung ansuchen konnten. Die Ablehnungsrate ist jedoch gerade bei ihnen auffallend hoch. Von zehn Bewerberinnen waren nur zwei erfolgreich: eine Studentin sowie eine alleinstehende Frau, die in Wien eine Beamtenposition innehatte.

Ein Blick auf Beruf und Jahreseinkommen zeigt klare Präferenzen der Wiener Behörden. Von den zwölf Angestellten wurden immerhin acht aufgenommen, von den zehn Beamten und Akademikern sieben. Auch die beiden Hilfsarbeiter, ein Zuckerbäckergehilfe und ein Spenglergehilfe, beide mit sehr geringem Jahreseinkommen und größerer Familie, erhielten die begehrte Zusage. Weitaus geringer war hingegen die Erfolgsaussicht der selbständigen Händler und Kaufleute, die mit einem Anteil von 45,2% aller Bewerber die größte Berufsgruppe stellten, jedoch mit einer Aufnahmerate von 24,2% erheblich unter dem Durchschnitt lagen. Wie Tabelle 16 zeigt, wurden vor allem die ärmeren unter ihnen kraß benachteiligt. Jenes Drittel der Kaufleute mit einem Einkommen von mehr als 42,000.000 Kronen hatte allerdings überdurchschnittliche Erfolgschancen.

Während ein niedriges Einkommen die Aufnahmechance selbständiger Kaufleute offenkundig drastisch reduzierte, wurden Angestellte, Beamte, Studenten, aber auch Arbeiter unabhängig von der Einkommenshöhe bevorzugt eingebürgert. Insgesamt stellte ein relativ hohes Einkommen bei der Aufnahme in den Staatsverband a priori kein positives Kriterium dar. Einkommensschwache Bewerber mit weniger als 14,000.000 Kronen (= ca.1.000 Friedenskronen) Jahresverdienst besaßen sogar eine überdurchschnittlich gute Chance auf Einbürgerung, sofern sie keine Handelstätigkeit ausübten.

Eine Analyse der Stichprobe wäre unvollständig ohne Hinweis auf die geringe Zahl von Handwerkern und Gewerbetreibenden, obwohl diese vor 1914 mehr als ein Fünftel aller jüdischen Berufstätigen im Kronland Galizien ausgemacht hatten.[152] Im hier ausgewerteten Bestand ist diese Gruppe jedoch nur mit drei Bewerbern vertreten: eine Hausschneiderin, ein Bürstenbindermeister sowie ein „Kunstmaler". Sie wurden alle abgewiesen.

Der niedrige Handwerkeranteil unter den Antragstellern zeigt nochmals, daß die Einbürgerungstaxe bei den unteren sozialen Schichten eine Barriere darstellte. Wer sein Leben am Rande des Existenzminimums fristete – und dies galt für die jüdischen Handwerker ebenso wie für die zahllosen galizischen Hausierer –, mußte von vornherein auf Heimatrecht und Staatsbürgerschaft verzichten. Die in der Stichprobe erfaßten Einbürgerungsbewerber stellten somit eine soziale Auslese der 1923 in Wien ansässigen Flüchtlinge dar.

---

152 Den Ergebnissen der Volkszählung vom 31. Dezember 1910 zufolge waren in
     Galizien 24,57% aller Berufstätigen jüdischer Konfession im Bereich Industrie,
     Handwerk und Gewerbe tätig. Zit. nach Bihl: Die Juden, S. 913.

Als Ergebnis kann festgehalten werden, daß die Gemeinde Wien in den frühen zwanziger Jahren die Integration galizischer und bukowinischer Kriegsflüchtlinge nicht förderte, auch wenn manche Barriere abgebaut wurde. Bei jener kleinen Minderheit, die 1923 die Einbürgerung beantragte, verfuhr die sozialdemokratische Stadtverwaltung überaus selektiv. Der in Heimatrechtsangelegenheiten zuständige Stadtrat Richter äußerte zwar wiederholt, er weise lediglich jene Antragsteller ab, die in Wien nur „ihre Absätze vertreten" würden.[153] Gute Aufnahmechancen hatten de facto nur Bewerber, die beruflich in ihrem gesellschaftlichen Umfeld integriert waren, vor allem als kleine Angestellte oder Beamte.

Letztlich ist die Vorgangsweise der zumeist sozialdemokratischen Mitglieder des Heimatrechtsausschusses in vielen Fällen jedoch nicht nachvollziehbar. Wenn Aufnahmewerber mit vergleichbarer beruflicher, familiärer und sozialer Situation einmal abgelehnt, das andere Mal aber aufgenommen wurden, deutet dies darauf hin, daß auch politische Interventionen den Ausschlag geben konnten. Nicht auszuschließen ist, daß Mandatare der österreichischen Sozialdemokratie individuell jene Integrationshilfe boten, welche die Partei den Kriegsflüchtlingen Jahre hindurch konsequent verweigerte.

Einhellig dürfte jedoch die Ablehnungsfront gegenüber jenen Antragstellern gewesen sein, deren Existenz nicht ausreichend gesichert schien. Nicht von ungefähr befand sich keine der Kriegswitwen, die sich und ihre Kinder mit Handelsgeschäften über Wasser zu halten versuchten, unter den erfolgreichen Bewerbern. Wie wenig sich der Heimatrechtsausschuß von humanitären Erwägungen leiten ließ, zeigt auch der Fall des 30jährigen Bürstenbindermeisters Sperber Meier, der durch eine Kriegsverletzung erblindet war und sich seit April 1916 in Wien aufhielt. Sein Jahreseinkommen hatte dieser verheiratete Vater zweier Kinder mit 5,000.000 Kronen angegeben. Schon das mit den Vorerhebungen betraute Bezirksamt der Leopoldstadt sprach sich für die Ablehnung dieses Ansuchens mit der Begründung aus: „Kurzer Aufenthalt, geringer Verdienst, voraussichtlich öffentliche Armenfürsorge". Der Heimatrechtsausschuß folgte der Empfehlung und wies das Einbürgerungsgesuch des Kriegsinvaliden ab.[154]

Das Schicksal des Bürstenbinders veranschaulicht die Tragödie

---

153 AW, Sitzungsprotokolle des Gemeinderates als Landtag, Rede des zionistischen Abgeordneten Ehrlich vom 24.7.1923, S. 2374.
154 AW, MBA II, 1923, A 25/24, Z. 3017, Einbürgerungsgesuch des Sperber Meier.

jener österreichischen Juden, deren am Rande des Habsburgerimperiums gelegene Welt durch den Krieg aufs schwerste erschüttert worden war. Viele Menschen waren umgekommen, zahllose hatten ihre Existenz verloren und waren nach 1918 außerstande, ihr Leben wieder in geordnete Bahnen zu bringen. Der brüchige Schutz, den das Shtetl immerhin geboten hatte, war unter veränderten politischen Rahmenbedingungen unwiederbringlich dahin. Weder die Republik Österreich noch die Gemeinde Wien nahmen eine soziale Verantwortung für die in Wien Gestrandeten wahr. Eine Ursache dieser Verweigerung war die schwierige Versorgungslage der Nachkriegszeit. Eine andere, wohl wichtigere, die antisemitische und fremdenfeindliche Grundstimmung in der österreichischen Bevölkerung, von der sich christlichsoziale, großdeutsche und auch sozialdemokratische Politiker leiten ließen.

Über eine Analyse der Einbürgerungsakten der mittleren und späten zwanziger Jahre wäre es möglich, die Spuren jüdischer Kriegsflüchtlinge weiter zu verfolgen. Der Aufwand stünde allerdings in keiner Relation zum vermutlich eher unspektakulären Ergebnis. Einige Hinweise zu den Wiener Einbürgerungsdaten der Jahre 1924–1930 mögen daher genügen: Wie bereits angemerkt, stellte das Wahljahr 1923 den Höhepunkt hinsichtlich der Anzahl der Einbürgerungen wie auch des jüdischen Anteils daran dar. Bereits 1924 reduzierte sich die Zahl der Einbürgerungen von 14.819 auf 9.277. Auch der jüdische Anteil sank auf 45,9%. In den folgenden Jahren nahm, wie aus der Tabelle 10 hervorgeht, die Aufnahme von Neubürgern weiter ab. Der Anteil jüdischer Personen sank von 36,7% im Jahr 1925 auf unter 20% in den späten zwanziger Jahren. Insgesamt bürgerte die Gemeinde Wien zwischen 1924 und 1930 11.588 Personen israelitischen Glaubensbekenntnisses ein.

Wahrscheinlich nahm der Anteil der Kriegsflüchtlinge, aber auch der Pogromflüchtlinge und Einwanderer der ersten Nachkriegsjahre an den jüdischen Neubürgern nach 1923 zu, da Vorkriegsimmigranten ihren Rechtsanspruch auf Einbürgerung mehrheitlich bereits 1922 und 1923 eingelöst hatten. Für Kriegsflüchtlinge wiederum veränderte sich ab 1924 die Rechtslage insofern, als ihnen nun sukzessive, je nach Zeitpunkt ihrer Ankunft in der ehemaligen Reichshauptstadt, der Anspruch auf Einbürgerung aufgrund zehnjährigen Aufenthaltes zustand. Dieser Anspruch wurde vermutlich von jenen leistungs- und anpassungsfähigen Personen genutzt, die ihre ökonomische Existenz inzwischen abgesichert und sich innerhalb der jüdischen Bevölkerung Wiens akkulturiert hatten. Andere

– vermutlich Tausende – behielten ihre polnische oder rumänische Staatsbürgerschaft bei und blieben somit auch vor dem Gesetz, was sie de facto waren: Fremde, Außenseiter, Nicht-Etablierte. Manche von ihnen mögen sich später zur Rückkehr in ihre alte Heimat entschlossen haben, andere in Drittländer ausgewandert sein. Die meisten blieben. Noch 1934 wies die Ausländerstatistik der österreichischen Bundeshauptstadt nicht weniger als 21.324 Polen sowie 6.106 rumänische Staatsangehörige aus. Der jüdische Anteil wurde bei der Volkszählung nicht festgehalten. Man darf ihn bei über 50% vermuten.[155]

---

155 1923 lebten 40.872 polnische und 10.414 rumänische Staatsbürger in Wien. Im Jahr 1939 wies die Ausländerstatistik 6.106 Polen sowie 1.516 Rumänen aus. Zit. nach John/Lichtblau: Schmelztiegel Wien, S. 17.

11. Die Spuren verlieren sich ...

Während der Kriegsjahre stellten die jüdischen Flüchtlinge in Wien eine durch ihr spezifisches Schicksal definierte Gruppe dar, die von der Umwelt als Kollektiv wahrgenommen wurde. Unangepaßt in Erscheinungsbild und Lebensweise waren sie Fremde, deren plötzliches und zahlreiches Auftreten Angst hervorrief. Als Objekt öffentlicher und privater Unterstützungstätigkeit wurden sie entmündigt, zu Almosenempfängern degradiert. Ihr Elend erweckte nicht Mitleid, sondern Ablehnung. Solange die Dauer ihres Aufenthaltes noch begrenzt schien, befolgte die Öffentlichkeit das amtliche Toleranzgebot. Nachdem übereilte Repatriierungsmaßnahmen 1915/16 nur einen Teil der Flüchtlinge hatten erfassen können, wuchs in Wien die Mißstimmung unter der Bevölkerung, die selbst zunehmend unter Versorgungsmängeln litt. In den letzten beiden Kriegsjahren wurden die „fremden" Opfer des Krieges ungeachtet der Zensur als Schmarotzer und Parasiten, als Wucherer, Preistreiber und Schleichhändler, schließlich als Unruhestifter und Revolutionäre diffamiert. Das kollektive Feindbild „Flüchtling" gewann klare Konturen. Zu Kriegsende projizierte die verelendete, hungernde Bevölkerung der Reichshauptstadt einen großen Teil ihrer Angst und Aggression auf jenen galizischen und bukowinischen Juden, der nicht in seine Heimat zurückgekehrt war, den sprichwörtlichen „Ostjuden".

In den ersten Nachkriegsjahren änderte sich daran zunächst nicht viel. Die in den Wirren der Umbruchszeit erstarkte, nun von alten Fesseln befreite antisemitische Bewegung erprobte ihre Waffen mit Vorliebe an den maximal 30.000 jüdischen Flüchtlingen, die in Wien verblieben waren. Die „Ostjudenhetze" auf der Straße fand ihre Entsprechung in Beschlüssen der Gemeinde Wien, der niederösterreichischen Landesregierung, aber auch der Bundesregierung. Sie zielten auf den Abschub dieser Personen ab. Bei den politischen Lagern der jungen Republik bestand in dieser Angelegenheit ein hohes Maß an Konsens. Nicht zufällig trägt der spektakuläre, wenn auch nicht exekutierte Ausweisungserlaß vom September 1919 die Unterschrift eines Sozialdemokraten. Die österreichische Politik in der Flüchtlingsfrage zog internationale Aufmerksamkeit auf sich und wurde Anfang 1921 sogar vor dem Völkerbund verhandelt. Über diesen Zeitpunkt hinaus bildeten die in Wien verbliebenen Flüchtlinge ein omnipräsentes und klares Feindbild, das von antisemitischen Politikern und Publizisten wachgehalten wurde.

Einen Höhepunkt erreichte die antisemitische Welle im Sommer 1921, als der großdeutsche Abgeordnete Leopold Waber das Amt des Innenministers übernahm. Seine Optionspraxis richtete sich nicht mehr nur gegen jüdische Kriegsflüchtlinge, sondern diskreditierte unter rassistischer Begründung ebenso jene Juden, die schon jahrzehntelang im Gebiet der Republik Österreich gelebt, das Heimatrecht jedoch nicht erworben hatten. Wabers Rundumschlag gegen einen großen Teil des österreichischen Judentums zielte zwar insofern ins Leere, als jüdischen Optanten aus der Ablehnung unmittelbar kein gravierender Nachteil erwuchs. Indem das Innenministerium eine wesentliche antijüdische Forderung erfüllte, wertete es jedoch die antisemitische Bewegung auf und popularisierte sie weiter.

Als Nebeneffekt des „Waber-Erlasses" trat eine Nivellierung der verschiedenen Gruppen von jüdischen Zuwanderern ein. Die antisemitische Propaganda differenzierte in der Folge nicht mehr zwischen Flüchtlingen und Vorkriegsimmigranten. Nur die Gemeinde Wien sollte noch geraume Zeit an der Unterscheidung festhalten: In der Bewerbung um das Heimatrecht sahen sich Kriegsflüchtlinge gegenüber schon länger in Wien ansässigen Juden bis zum Jahr 1923 eklatant benachteiligt. Danach verlieren sich die Spuren der Kriegsflüchtlinge in Ausländerstatistiken und Einbürgerungsakten, deren Umfang eine systematische Erfassung kaum zuläßt.

Symptomatisch für diesen Prozeß einer partiellen Integration war das Versickern der öffentlichen Diskussion über das „Ostjudenproblem", das die „Reichspost" im September 1919 immerhin zur „Schicksalsfrage der Republik" erklärt hatte.[1] Im Wahljahr 1923 brachte die Einbürgerungsaktion der Gemeinde Wien die Debatte nochmals zum Aufflackern, danach versiegte der antisemitische Diskurs im Wiener Gemeinderat[2] wie auch in der Publizistik des katholischen und nationalen Lagers.[3] Die Unterlagen der Wiener Polizeidirektion enthalten seit 1923 keine Hinweise auf speziell gegen „Ostjuden" gerichtete Aktionen. Das Thema hatte sich für den österreichischen Antisemitismus offenbar erschöpft. Es verschwand

---

[1] RP, 26.9.1919, M, S. 1.

[2] Im Vergleich zu den oft überaus gehässigen Ausfällen vor allem christlichsozialer Politiker in den ersten Nachkriegsjahren spielte der Antisemitismus im Jahr 1924 im Wiener Gemeinderat eine marginale Rolle. Vgl. AW, Sitzungsprotokolle des Gemeinderates als Landtag 1924.

[3] Vgl. die „Reichspost" des Jahres 1924 oder auch die „Wiener Stimmen", die in den ersten Nachkriegsjahren sehr gezielt gegen die Flüchtlinge agiert hatten.

ungefähr zur gleichen Zeit wie auch in Deutschland „in der Versenkung".[4] Diese Entwicklung traf allerdings mit einer generellen Schwächung antisemitischer Stoßkraft zusammen, wie sie in den Jahren des kurzen konjunkturellen Aufschwunges in Österreich ebenso wie in Deutschland ca. zwischen 1923 und 1929 zu konstatieren ist.[5]

Auch jüdische Zeitungen und Zeitschriften berichten ab 1922 seltener über dieses Thema. Am deutlichsten läßt sich der Umschwung in der zionistischen „Wiener Morgenzeitung" verfolgen, die bis dahin ausführlich über die Flüchtlingsfrage informiert hatte. 1922 schrieb das Blatt vergleichsweise selten über Lebensumstände, Interessen oder die rechtliche Situation dieses Personenkreises.[6] 1923 spielte das Thema keine Rolle mehr.[7]

Das Ende der Berichterstattung über die Kriegsflüchtlinge spiegelt auch die sukzessive Auflösung dieser Schicksalsgemeinschaft wider. Die Integration der Flüchtlinge in das Wiener Judentum war 1923 offenbar bereits weit fortgeschritten. Von den Immigranten der Vorkriegsjahre[8] waren sie nun in ihren zumeist sehr beengten Lebensumständen und sozialen Beziehungen kaum mehr zu unterscheiden. Auch ihr Akkulturationsgrad hob sie nicht mehr generell von osteuropäischen Zuwanderern der Jahrhundertwende als Spätgekommene ab. Kriegsflüchtlinge, welche unter schwierigsten Umständen dem Repatriierungsdruck standgehalten hatten, durchliefen den Akkulturationsprozeß vermutlich sogar rascher als Vorkriegsimmigranten, die sich in Wien unter weniger konfliktbeladenen Bedingungen hatten einleben können. Ein Teil freilich, meist Angehörige der älteren Generation, verharrte auch in Wien in der

---

4 Pauley: Eine Geschichte des österreichischen Antisemitismus, S. 131.

5 Vgl. ebd., S. 146.

6 Vgl. etwa: WM, 29.1.1922, S. 9, „Angestellt"; 22.2.1922, S. 1, Ein Heldenstück; 7.10.1922, S. 3, Sozialdemokratischer Antisemitismus; 11.10.1922, S. 5, Heimkehr der Flüchtlinge; 1.11.1922, S. 1, Staatsbürgerschaft und Heimatrecht; 2.11.1922, S. 2, Staatsbürgerschaft und Heimatrecht; 5.12.1922, S. 1 f., Option und Minoritätenrecht.

7 In der „Wiener Morgenzeitung" finden sich bereits in den ersten Monaten des Jahres 1923 keine einschlägigen Hinweise mehr. Auch in der liberalen, antizionistischen „Wahrheit" finden sich nach 1921 nur mehr wenige Hinweise auf die Flüchtlinge. Vgl. etwa: Die Wahrheit, Nr. 5, 1923, S. 10 f., Volkszugehörigkeit und Rasse; Nr. 14, 1923, S. 10, Ist Österreich verjudet?

8 Zwischen 1867 und 1910 waren schätzungsweise 30.000 galizische Juden nach Wien gekommen. Die Zuwanderung hatte sich nicht gleichmäßig über diesen Zeitraum verteilt, sondern sich auf die letzten 20 Jahre konzentriert. Vgl. Hödl: Als Bettler in die Leopoldstadt, S. 279.

überkommenen religiösen und sozialen Tradition. Er zeigte nur geringe Anpassungsbereitschaft. Das für die ersten Nachkriegsjahre gut dokumentierte Schicksal der Kriegsflüchtlinge läßt sich in dieser Form über das Jahr 1923 hinaus nicht weiter verfolgen. Ihre Geschichte mündet in die allgemeine Geschichte des Wiener Judentums. Es kann abschließend nur versucht werden, die Bedeutung dieser kriegsbedingten Migrationswelle für die jüdische Gemeinde der Donaumetropole zu skizzieren.

Der letzte demographische Zuwachs vor dem „Anschluß" 1938 darf in seiner Dimension nicht überschätzt werden. Anfang der zwanziger Jahre war die riesige Flüchtlingswelle, die während der ersten Kriegsmonate die Reichshauptstadt erfaßt und vor schwere Versorgungsprobleme gestellt hatte, längst verebbt. Der größte Teil der rund 150.000 Juden aus dem Nordosten der Monarchie, die hier Zuflucht gefunden hatten, war noch während des Krieges nach Galizien und in die Bukowina zurückgekehrt. Es blieben 25.000 bis 30.000 Personen, deren Anteil an der Gesamtbevölkerung Wiens somit höchstens 1,4% ausmachte. Der Zuwachs an Flüchtlingen bremste den kriegs- und nachkriegsbedingten Bevölkerungsrückgang Wiens nur unwesentlich: Zwischen 1910 und 1923 schrumpfte die Bevölkerung der ehemaligen Reichshauptstadt von 2,083.630 auf 1,918.720 Personen.[9] Die demographische Bilanz der jüdischen Gemeinde hingegen war zunächst positiv, denn die Zahl der in Wien lebenden Personen mit israelitischem Glaubensbekenntnis hatte sich zwischen 1910 und 1923 von 175.318 auf 201.513 erhöht.[10] Dieser Zuwachs reichte allerdings nicht aus, um die Verluste der jüdischen Gemeinde, die in der Zwischenkriegszeit durch eine sinkende Geburtenzahl, eine erhöhte Sterblichkeitsrate und Konfessionswechsel verursacht wurden, zu kompensieren. Zwischen 1923 und 1934 verringerte sich die Zahl der in Wien lebenden Personen israelitischer Konfession um rund 25.000 und lag damit nur mehr knapp über dem Niveau von 1910.[11]

---

9 Unmittelbare Kriegsfolgen, eine negative Geburtenbilanz, vor allem aber Wanderungsverluste, die mit dem Funktionsverlust der Donaumetropole als Wirtschafts- und Verwaltungszentrum eines Vielvölkerstaates in Zusammenhang standen, waren dafür ausschlaggebend. Vgl. dazu John/Lichtblau: Schmelztiegel Wien, S. 12.

10 Vgl. dazu Tabelle 9.

11 1934 wurden in der österreichischen Bundeshauptstadt 176.034 Personen mit israelitischem Glaubensbekenntnis gezählt. Statistik des Bundesstaates Österreich, Wien 1935, Heft 3, S. 3, zit. nach John/Lichtblau: Schmelztiegel Wien, S. 36.

Der Anteil ehemaliger Flüchtlinge an der jüdischen Bevölkerung der österreichischen Hauptstadt betrug Anfang der zwanziger Jahre immerhin zwischen 10 und 15%. Die Neuankömmlinge wurden von der jüdischen Gemeinde absorbiert und veränderten deren innere Struktur. Das assimilierte, wohlhabende jüdische Bürgertum, das bis 1914 die Gemeinde ideell geprägt hatte, dessen Sogwirkung und Akkulturationsdruck sich Neuzuwanderer kaum hatten entziehen können, büßte in den zwanziger- und dreißiger Jahren seine frühere Vormachtstellung ein.[12]

Der Zuwachs an Flüchtlingen verschärfte fraglos das Pauperismusproblem unter den Juden der österreichischen Hauptstadt. Bruno Frei hat Anfang der zwanziger Jahre dieses „Jüdische Elend in Wien" eindrucksvoll dokumentiert.[13] Die Armut konzentrierte sich in Flüchtlingsunterkünften der Leopoldstadt, blieb jedoch nicht auf diese beschränkt. Schon vor dem Krieg waren die sozialen Gegensätze innerhalb des Wiener Judentums beträchtlich gewesen, wobei es stets mehr arme, als reiche Juden gegeben hatte.[14] In den zwanziger- und dreißiger Jahren sah sich die jüdische Gemeinde der österreichischen Hauptstadt mit dem Phänomen wachsender Armut unter ihren Mitgliedern konfrontiert. Der wirtschaftliche Zusammenbruch der ersten Nachkriegsjahre und die Folgen des Genfer Sanierungswerkes, die das österreichische Bürgertum insgesamt stark in Mitleidenschaft zogen, trafen mit aller Schärfe auch Angehörige des jüdischen Mittelstandes. Zahlreiche Privatangestellte und Bankbeamte verloren ihren vermeintlich gesicherten Arbeitsplatz. Die Aussicht auf Wiederbeschäftigung blieb gering. Jüdische Händler und Kleingewerbetreibende wiederum hielten dem Druck hoher Steuerlast, mangelnder Kreditmöglichkeit sowie eines für sie ungünstigen Tarifsystems vielfach nicht stand und sahen ihre Existenz ebenfalls ruiniert.

Dem wirtschaftlichen Elend zu entkommen, war fast unmöglich. Da der verarmte jüdische Mittelstand und auch die jüdische Unter-

---

12 In allen europäischen Großstädten hatte, „the bottom of the informal European Jewish pecking order", wie H. P. Freidenreich die innerjüdische Position der Galizianer definierte, an Gewicht gewonnen. H. P. Freidenreich: Jewish Politics in Vienna, S. 5.

13 Bruno Frei: Jüdisches Elend in Wien: Bilder und Daten. Wien/Berlin 1920.

14 Präzise Aussagen über Wohlstand und Armut unter den österreichischen Juden lassen sich nicht treffen, da die Einkommensverhältnisse verschiedener religiöser Gruppen in Österreich niemals statistisch erhoben wurden. Pauley: Eine Geschichte des österreichischen Antisemitismus, S. 263 f.

schicht nicht zur Arbeiterschaft im klassischen Sinn zählten, profitierten sie im allgemeinen weder von der Sozialgesetzgebung der Koalitionszeit noch von den sozialpolitischen Errungenschaften der sozialdemokratischen Stadtverwaltung.[15] Vermutlich waren die ehemaligen Kriegsflüchtlinge überproportional stark unter jenen jüdischen Armen und sozialen Randexistenzen vertreten, die einander im Überlebenskampf konkurrierten, wodurch sich die Gegensätze innerhalb der Gemeinschaft weiter verschärften.

Der Zuwachs an galizischen Juden veränderte graduell auch das geistige Klima innerhalb der jüdischen Gemeinde Wiens. Durch die Kriegsereignisse waren Teile des traditionsgebundenen Ostjudentums entwurzelt worden, die ihre Heimat unter anderen Umständen nicht verlassen hätten. Man sah sich mit Ultraorthodoxie und Chassidismus konfrontiert, die bislang wenig bekannte Formen religiösen Lebens importierten. Zwar nutzten die in der Welt des religiösen Mystizismus lebenden Juden die Möglichkeit zur Rückkehr eher als jene Immigranten, die sich der traditionellen Welt des jüdischen Shtetls bereits entfremdet hatten. Daher waren die Flüchtlinge, die nach dem Krieg in Wien blieben, ebenso wie die galizischen Immigranten der Vorkriegsära[16] im allgemeinen keine „fanatischen" Chassiden, vielfach aber durch ihren Glauben stark geprägte orthodoxe Juden.[17] Der religiöse Konservatismus in Wien erhielt somit einen Impuls. Er manifestierte sich nicht zuletzt in der Errichtung zahlreicher orthodoxer Synagogen und Bethäuser. Ihre Zahl erhöhte sich von 40 bei Kriegsende auf 85 im Jahr 1936, während kein einziger liberaler Tempel in der Zwischenkriegszeit errichtet wurde.[18] Darin zeigte sich das Streben um Abgrenzung vom liberalen Assimilantentum ebenso wie der Wunsch, im religiösen Leben den überschaubaren Rahmen des osteuropäischen Shtetls beizubehalten.

Die quantitative Zunahme der orthodoxen Juden, deren Anteil am Wiener Judentum nun bei ca. 20% lag,[19] sollte jedoch in ihrer Bedeutung nicht überschätzt werden. Die Orthodoxie der Zeit nach 1918 ist nicht mit jener der Vorkriegszeit gleichzusetzen. Die religiös Konservativen hatten eine Wandlung durchlebt, die partiell

---

15 Vgl. Freidenreich: Jewish Politics in Vienna, S. 15 f.
16 Hödl: Als Bettler in die Leopoldstadt, S. 133.
17 Auch einzelne chassidische Rabbiner blieben nach Kriegsende in Wien und stärkten die orthodoxe Gemeinde. MacCagg: A History of Habsburg Jews, S. 204.
18 Freidenreich: Jewish Politics in Vienna, S. 120 f.
19 Ebd., S. 115.

einer Liberalisierung gleichkam. Sie schlug sich vor allem in einem veränderten Verhältnis zur zionistischen Bewegung nieder.

Ende des 19. Jahrhunderts war das Verhältnis zwischen strenggläubigen Juden und Anhängern des Zionismus in Galizien durch schwere Konflikte geprägt gewesen. Obwohl sich die Positionen aufzuweichen begannen und der Zionismus an Einfluß unter den Orthodoxen gewann, schienen die Gegensätze weiterhin unüberbrückbar.[20] Auch in Wien war es bis zum Kriegsausbruch kaum zu einer Annäherung gekommen. Versuche zionistischer Aktivisten, Zugang zu den galizischen Immigranten zu finden, scheiterten nicht zuletzt immer wieder an den zumeist aus assimilierten Elternhäusern stammenden jungen Bürgerlichen. Sie trugen ihre Abneigung gegen Sprache und Kultur der „Ostjuden" zur Schau und verletzten die religiösen Gefühle der Gläubigen.[21]

Nach dem Krieg schwächte sich der Gegensatz ab. Die säkulare Bewegung des Zionismus fand nun unter den galizischen Juden in Wien überraschend große Resonanz. Diese Entwicklung[22] resultierte zum einen aus dem Positionswandel maßgeblicher Repräsentanten der religiösen Kräfte. Nachdem schon vor dem Krieg einzelne Rabbiner der Bewegung Theodor Herzls gegenüber Aufgeschlossenheit gezeigt hatten, paßte sich die Orthodoxie „in einem Versuch zur Bewahrung der wesentlichen Inhalte ihrer Lebensgestaltungskonzepte" langsam an die neuen Verhältnisse an. Die Ausnahmesituation während des Krieges relativierte „traditionell-religiöse Werte und Verhaltensweisen", wodurch sich die Annäherung an zionistische Forderungen beschleunigte. Nach dem Krieg sympathisierten einige der maßgeblichen religiösen Führer des galizischen Judentums auch in Wien offen mit dem Zionismus und entzogen auf diese Weise der antizionistischen Propaganda unter den strenggläubigen Juden die Basis.[23]

Säkularisierungstendenzen innerhalb der religiös konservativen Kräfte trugen ohne Zweifel zur Annäherung der galizischen Juden an den Zionismus bei. Daneben spielten jedoch auch andere Faktoren, vor allem das Engagement der Wiener Zionisten in der Flüchtlingsfrage, eine entscheidende Rolle. Schon während des Krieges hoben sich die Unterstützungsmaßnahmen der Zionisten, die sich

---

20 Hödl: Als Bettler in die Leopoldstadt, S. 289.
21 Ebd., S. 182 ff.
22 Klaus Hödl spricht von der „Zionisierung" der galizischen Juden. Ebd., S. 290.
23 Ebd., S. 291 f.

auf Rechtsberatung, medizinische Versorgung, Bildungs- und Erziehungseinrichtungen konzentrierten, von der mehr philanthropisch orientierten Hilfstätigkeit der assimilierten Wiener Juden ab. Die Zionisten nahmen somit die Flüchtlingsarbeit als politische Chance wahr. Sie fanden nun Zugang zu den Ostjuden und setzten nach dem Krieg ihre Hilfe fort. Im Wiener Zionistenführer Robert Stricker, einer tatkräftigen, auch schillernden Persönlichkeit,[24] fanden die von Ausweisung und antisemitischen Übergriffen bedrohten galizischen Juden den wohl engagiertesten Verfechter ihrer Interessen. Im Gegensatz zur Vorkriegszeit versuchten die Zionisten nun nicht mehr, ihre „Glaubensbrüder aus der Provinz an die westlich-bürgerlichen kulturellen Standards anzupassen".[25] Sie nahmen Abstand von einer Art kultureller Überheblichkeit, die das Verhältnis zu den orthodoxen Ostjuden in der Vergangenheit belastet hatte. Die Zionisten sprachen sich für eine einheitliche jüdische Gemeinde aus, in der Gegensätze zwischen West- und Ostjuden keine Rolle mehr spielen sollten. Erfolgreich präsentierten sie sich als „Verteidiger der aus Galizien stammenden, orthodoxen Judenschaft."[26]

Die revolutionäre Situation der ersten Nachkriegsphase beflügelte die Zionisten in ihren politischen Ambitionen. Gestützt auf den neu gewonnenen Rückhalt unter den galizischen Juden, nahmen sie nun den Kampf um die Führungsrolle innerhalb des österreichischen Judentums auf. Die Gründung eines „Jüdischen Nationalrates", der von der Regierung die Anerkennung der Juden als eigene Nation und entsprechende Minderheitenrechte verlangte, rief bei liberalen Assimilanten Entsetzen hervor.[27] Mit der „Wiener Morgenzeitung", der einzigen jüdischen Tageszeitung in Europa,[28] schufen sie sich ein professionell gestaltetes Instrument, das in der Auseinandersetzung mit den antizionistischen Kräften eine wichtige Rolle spielte. Das Hauptziel war die „Eroberung" der Israelitischen Kultusgemeinde.

Zunächst jedoch konzentrierten sich die Jüdischnationalen auf die österreichische Innenpolitik. In mehreren Anläufen versuchten

---

24 Zu Stricker vgl. Josef Fraenkel (Hrsg.): Robert Stricker. London 1950; Hödl: Als Bettler in die Leopoldstadt, S. 294 ff.; Freidenreich: Jewish Politics in Vienna, S. 61 f.
25 Hödl: Als Bettler in die Leopoldstadt, S. 294.
26 Freidenreich: Jewish Politics in Vienna, S. 140.
27 Ebd., S. 52 f.
28 Jens Budischowsky: Assimilation, Zionismus und Orthodoxie in Österreich 1918–1938. Jüdisch-politische Organisationen in der Ersten Republik. Phil. Diss. Wien 1990, S. 169.

sie, sich im Nationalrat oder im Wiener Gemeinderat als prononciert jüdische Interessensgemeinschaft zu etablieren, ein Unterfangen, dem allerdings nur mäßiger Erfolg beschieden war. Die Februarwahl 1919 brachte Robert Stricker 7.706 Stimmen. Dieses Ergebnis ermöglichte ihm den Einzug in die Konstituierende Nationalversammlung, ließ aber auch die Schwäche der Bewegung erkennen. Die überwiegende Mehrheit der österreichischen Juden fühlte sich politisch von ihr nicht adäquat vertreten. Kriegsflüchtlinge durften als Nicht-Staatsbürger an dieser Wahl ebensowenig teilnehmen wie an der Nationalratswahl im Herbst 1920. Diese brachte dem zionistischen Kandidaten mit 13.358 Stimmen zwar beinahe eine Verdoppelung seines Anteiles, wegen einer Änderung der Wahlarithmetik aber auch den Verlust des Parlamentssitzes. Noch 1923, als eine Koalition der Zionisten trotz fast 25.000 Wählerstimmen den Einzug ins Parlament verfehlte, war die große Mehrheit ehemaliger Flüchtlinge nicht wahlberechtigt. Bei der Nationalratswahl 1927 reduzierten sich die zionistischen Stimmen auf 10.717, drei Jahre später auf 2.135. Kaum erfolgreicher waren die Jüdisch-nationalen bei den Wahlen zum Wiener Gemeinderat. Zwar konnten sie im Mai 1919 immerhin drei Mandate erringen, verloren aber bereits 1923 zwei davon.[29]

Auch die österreichischen Zionisten und ihre Sympathisanten wollten sich nun auf innerjüdische Politik beschränken. Denn dem Scheitern auf Gemeinde- und Nationalratsebene stand ein durchaus erfolgreiches Agieren im Rahmen der Wiener Kultusgemeinde gegenüber. Die Weichen wurden unmittelbar nach Kriegsende gestellt, als es den Zionisten gelang, sich mit gezielten Aktionen die revolutionäre Stimmung nutzbar zu machen. Die „Union österreichischer Juden", die Vertretung der liberalen Assimilanten, die seit Ende der achtziger Jahre die Politik der Wiener Kultusgemeinde leitete, fürchtete die wachsende Kluft innerhalb der jüdischen Gemeinde. Sie gab Ende 1918 dem zionistischen Druck auf Demokratisierung des Wahlrechtes nach. Durch Senkung der Mindesttaxe zur Erlangung des Stimmrechtes verdoppelte sich die Zahl der Wahlberechtigten. Weitere Demokratisierungsschritte folgten. 1924 wurde eine Bestimmung aufgehoben, die das Wahlrecht an die österreichische Staatsbürgerschaft geknüpft hatte. Nun war es auch für Kriegsflüchtlinge möglich, die Politik der Kultusgemeinde mitzugestalten,

---

29 Pauley: Eine Geschichte des österreichischen Antisemitismus, S. 283; Freidenreich: Jewish Politics in Vienna, S. 63 ff.

sofern sie Taxe bezahlten. Insgesamt verdreifachte sich die Zahl der Wahlberechtigten von rund 12.000 im Jahr 1912 auf 35.000 im Jahr 1924. Nutznießer der Reform waren die Jüdischnationalen, die ihr Wählerpotential aufstocken und schließlich im Jahr 1932 die absolute Mehrheit erringen konnten.[30]

Die Ablösung der Assimilanten aus den Führungspositionen wäre ohne den Rückhalt, den die zionistische Bewegung unter den galizischen Juden in Wien seit den Kriegsjahren gefunden hatte, nicht denkbar gewesen. Ein hoher Anteil ihrer Mandatare[31] und vermutlich auch Wähler stammte aus dem Nordosten der ehemaligen Monarchie. Die Wurzeln des zionistischen Erfolges Anfang der dreißiger Jahre lagen auch im überzeugenden Engagement für die galizischen Kriegsflüchtlinge, welches das ursprünglich prekäre Verhältnis zwischen der säkularen Bewegung Theodor Herzls und den traditionell religiösen Juden Galiziens nachhaltig entspannt hatte.

---

30 Pauley: Eine Geschichte des österreichischen Antisemitismus, S. 281.
31 Mehr als 40% der Zionisten, die in der Zwischenkriegszeit auf der zionistischen Liste in die Kultusgemeinde gewählt wurden und deren Geburtsort bekannt ist, kamen aus Galizien. Freidenreich: Jewish Politics in Vienna, S. 57.

Flüchtlinge im Ersten Weltkrieg

	Schätzung Österreich		staatl. unterstützt Österreich		staatl. unterstützt Wien		Schätzung Wien
	gesamt	davon Juden	gesamt	davon Juden	gesamt	davon Juden	gesamt
3.10.1914					43.320		
Frühjahr 1915	600.000	400.000			ca. 150.000		200.000
Okt. 1915			291.459	85.703	82.200	ges: 77.090	137.000
Dez. 1915			321.472	80.177	56.000	32.000	
Jänner 1916			305.253	77.583	52.000		
März 1916			297.801	75.301	47.500		
April 1916			224.460	57.000	42.000	23.500	40.000–50.000
1.05.1916			503.818	96.252	57.000	20.000	
1.10.1916			430.866	173.265	45.200	22.000	
1.05.1917			421.745	177.745	48.115	40.637	
1.06.1917			423.429	177.115	45.675	40.237	
1.07.1917			441.285	180.396	46.750	41.213	
1.09.1917			440.622	171.308	50.885	43.709	
1.10.1917			440.880	152.160	49.400	42.741	
1.11.1917			444.795	143.160	47.893	41.113	
1.12.1917			488.974	145.313	45.876	39.376	
1.01.1918			496.018	143.349	45.315	38.877	
1.02.1918			471.147	138.186	44.571	38.367	
1.03.1918			422.356	127.282	43.551	37.523	
1.05.1918			384.298	107.774	37.739	32.200	
1.06.1918			326.841	70.121	33.927	28.833	
1.08.1918			326.261	68.289	21.809	18.937	
1.09.1918					20.081	17.275	
			Deutschösterreich				
1.12.1918			46.435	18.517	19.804	17.574	
1.01.1919			23.237	18.586	19.832	18.390	
1.02.1919			22.517	18.624	19.723	18.371	
Sommer 1919							20.000–30.000

Quelle: In der Arbeit zitiertes Archivmaterial. Vgl. Kapitel 2.1., 2.2., 2.4., 7.1.

Verzeichnis der Tabellen

Bibliographie

1. Unpublizierte Quellen

Allgemeines Verwaltungsarchiv, Wien (AVA) (Hinweis: Alle Bestände ab dem Jahr 1919 sind heute Bestandteil des Archivs der Republik)

> Inneres, Praes., Varia Bestände, Kart. 54, I. Weltkrieg 1914–1918
>
> Ministerium des Innern (MdI), 19 in gen, Faszikel (F) 1638–1703
>
> Ministerrat 1914–1918, Ministerratspräsidium, Presseleitung, Mixta
>
> Restbestand des Archivs der Zentralstelle der Fürsorge für Kriegsflüchtlinge (=Inneres, Allgemein, Sonderbestände, 3 Faszikel)
>
> Staatsarchiv des Innern und der Justiz, Justiz 1886–1917, Kart. 789
>
> Staatsarchiv des Innern und der Justiz (MdI), Praesidiale (1848–1918), Varia-Bestände, Kart. 53, Erster Weltkrieg, 1914–1918
>
> Bundeskanzleramt (BKA) 1920, 1921, 1922
>
> BKA Inneres, Korrespondenz Waber
>
> Deutschösterreichische Staatskanzlei 1918/19
>
> Deutschösterreichisches Staatsamt für Volksgesundheit 1918
>
> Großdeutsche Partei, K 58, Mappe V-7 (Vorstand), Mappe VI-36 (Judenausschuß)
>
> Kabinettsprotokolle, Dezember 1918, Juni 1919
>
> Ministerratsprotokolle 1921, Nr. 43 (8.2.1921)
>
> Österreichische Staatskanzlei 1919–1920
>
> Staatsarchiv des Innern und der Justiz, BKA Inneres, 8 in gen, 1920, K 999, K 1000
>
> Staatsarchiv des Innern und der Justiz, BKA Inneres, Berichte der Polizeidirektion, 1920, 1921
>
> Staatsratsprotokolle, November und Dezember 1918

Haus-, Hof-, und Staatsarchiv, Wien (HHStA)

> Neues Politisches Archiv (NPA), Präs., Faszikel 3, Berichte der Polizeidirektion Wien an das D.ö. Staatsamt für Äußeres

Kriegsarchiv, Wien (KA)

> Kriegsüberwachungsamt (KÜA) 1914–1918

Verein für Geschichte der Arbeiterbewegung, Altes Parteiarchiv

> Protokolle des Parteivorstandes der Sozialdemokratischen Arbeiterpartei, Sitzungsprotokoll vom 30.11.1920

Archiv der Polizeidirektion Wien (A/Pol.Dion.)

> Kriegs-Tagesereignisse (1914–1918)
>
> Schober-Archiv
>
> Stimmungsberichte, Partei und Presse, 1915
>
> Tagesberichte für Juli und August 1915
>
> Verwaltung 1915
>
> Verwaltung 1922
>
> Zentralinspektorat der Sicherheitswache: Stimmungsberichte aus der Kriegszeit, Bd. I–V

Archiv der Stadt Wien (AW)

> Archivbestand des Magistratischen Bezirksamtes des 2. Wiener Gemeindebezirkes (MBA II) 1923, A 25/23–A 25/28
>
> Sitzungsprotokolle des Gemeinderates der Stadt Wien 1916–1923
>
> Sitzungsprotokolle des Gemeinderates der Stadt Wien als Landtag 1921–1924

Central Archives for the History of the Jewish People, Jerusalem, Archiv der Wiener Kultusgemeinde (CAHJP/AW)

> Akt Nr. 2828/3543
>
> Protokolle der Plenarsitzungen 1914–1918
>
> Protokolle der Vertretersitzungen (1914, 1915, 1916)

Central Zionist Archives, Jerusalem (CZA)

> Z 3, Aus den Privatakten des Sekretärs Leo Herrman (1913–1920)
>
> Z 3, Mappe Robert Stricker/Wien (1913–1919)

Institut für Geschichte der Juden in Österreich, St. Pölten

> Lydia Harnik: Erinnerungen an die Flucht vor der Russeninvasion nach Wien im August 1914. Vermittlung durch Dr. Albert Lichtblau

Wiener Stadt- und Landesbibliothek, Plakatsammlung

2. Gedruckte Quellen

Amtsblatt der Stadt Wien 1919: Protokolle der Gemeinderatssitzungen (2/1919)

Beiträge zur Statistik der Republik Österreich, 8. Heft, Wien 1923

Mitteilungen der Statistischen Abteilung des Wiener Magistrates. Monats-berichte, Wien 1914–1919

Reichsgesetzblatt (RGBl.) 1914–1918

Staatsgesetzblatt (StGBl.) 1918

Statistische Nachrichten, 4. Jg. 1926

Statistisches Handbuch für die Republik Österreich, 1926–1931

Stenographische Protokolle der Konstituierenden Nationalversammlung, 1919, 1920

Stenographische Protokolle der Provisorischen Nationalversammlung, 1918, 1919

Stenographische Protokolle des Nationalrats, 1920–1923

Stenographische Protokolle des österreichischen Reichsrates, 1917, 1918

Verordnungsblatt des k. k. Ministeriums des Innern 1915, 1918

3. Zeitungen und Zeitschriften

Arbeiter-Zeitung (AZ), 1914–1923

Der Abend, 1919

Der eiserne Besen. Ein Blatt der Notwehr, 1919–1921

Die Rote Fahne, 1919

Die Wahrheit. Unabhängige Zeitschrift für jüdische Interessen, 1914–1924

Dr. Bloch's Österreichische Wochenschrift. Zentralorgan für die gesamten Interessen des Judentums. (Nach 1919 Dr. Bloch's Wochenschrift), (BÖW), 1914–1920

Frcic Tribünc (Organ der jüdischen sozialistischen Arbeiterpartei Poale Zion), 1919, 1920, 1921

Jüdische Rundschau, 1914–1919

Jüdische Zeitung. Nationaljüdisches Organ, 1914–1920

Neue Freie Presse (NFP), 1914–1921

Neue National-Zeitung (NNZ), 1914–1916

Ostdeutsche Rundschau, 1918, 1919, 1920

    ab September 1920: Deutsche Tageszeitung
    ab 1. April 1921: Deutschösterreichische Tageszeitung (DÖTZ)

Reichspost (RP), 1914–1924

Wiener Morgenzeitung (WM), 1919–1924

Wiener Stimmen (Wr. St.), 1919

4. Autobiographien und literarische Quellen

Abeles, Otto: Jüdische Flüchtlinge. Szenen und Gestalten. Wien/Berlin 1918

Alejchem, Scholem: Das Tagebuch eines Knaben. In: Scholem Alejchem: Geschichten aus Anatevka. Frankfurt a. M. 1977, S. 84–205

Brod, Max: Streitbares Leben. München/Berlin/Wien 1969

Canetti, Elias: Die gerettete Zunge. Geschichte einer Jugend. München/ Wien 1977

Franzos, Karl Emil: Halb-Asien. Eingeleitet und ausgewählt von E. J. Görlich. Graz/Wien 1958

Frei, Bruno: Der Papiersäbel. Autobiographie. Frankfurt a. M. 1972

Kafka, Franz: Briefe an Felice und andere Korrespondenz aus der Verlobungszeit. Hrsg. v. E. Heller u. J. Born. Frankfurt a. M. 1976 (= FTB 1697)

Krag, Helen Liesl: „Man hat nicht gebraucht keine Reisegesellschaft ..." Wien/Köln/Graz 1988

Kraus, Karl: Die letzten Tage der Menschheit. Tragödie in fünf Akten mit Vorspiel und Epilog. München 1975 (= dtv 23/24)

Lachs, Minna: Warum schaust du zurück. Erinnerungen 1907–1941. Wien/ München/Zürich 1986

Landmann, Salcia: Erzählte Bilderbogen aus Ostgalizien. München 1975

Redlich, Josef: Schicksalsjahre Österreichs 1908–1919. Das politische Tagebuch Josef Redlichs. Bearb. v. Fritz Fellner. I. Bd., Graz/Köln 1953

Roth, Joseph: Die Kapuzinergruft. München 1975 (= dtv 459)

Roth, Joseph: Juden auf Wanderschaft. Köln 1985

Sperber, Manès: Die vergebliche Warnung. All das Vergangene ... Wien 1975

Sperber, Manès: Die Wasserträger Gottes. All das Vergangene ... Wien 1974

Trepper, Leopold: Die Wahrheit. Autobiographie. München 1978 (= dtv 1280)

Weinreb, Friedrich: Begegnungen mit Engeln und Menschen. Mysterien des Tuns. Autobiographische Aufzeichnungen 1910–1936, Zürich 1974

Zweig, Arnold: Das ostjüdische Antlitz, Berlin 1920

5. Literatur bis 1945

Bauer, Otto: Die Nationalitätenfrage und die Sozialdemokratie. 2. Aufl., Wien 1924

Bauer, Otto: Die österreichische Revolution. Wien 1965

Bericht der Israelitischen Kultusgemeinde Wien über die Tätigkeit in der Periode 1912–1924. Wien 1924

Birnbaum, Nathan: Gottes Volk. 3. Aufl., Wien/Berlin 1926

Daniek, Edmund: Das Judentum im Kriege. Wien 1919

Das Hilfswerk der Wiener Zionisten für die Kriegsflüchtlinge 1914/1916. Verlag des Zionistischen Zentralkomitees für Westösterreich, Wien 1916

Denkschrift über die von der k. k. Regierung aus Anlaß des Krieges getroffenen Maßnahmen. Bis Ende Juni 1915. Wien 1915

Die Gemeindeverwaltung der Bundeshauptstadt Wien in der Zeit vom 1. Juli 1919 bis 31. Dezember 1922 unter dem Bürgermeister Reumann. Wien 1927

Die Gemeindeverwaltung der Stadt Wien in der Zeit vom 1. Jänner 1914 bis 30. Juni 1919. Hrsg. v. Wiener Magistrat, Wien 1923

Die Leopoldstadt. Ein Heimatbuch. Verfaßt und herausgegeben von der Lehrer-Arbeitsgemeinschaft des II. Bezirkes, „Sektion Heimatkunde". Wien 1937

Enderes, Bruno: Die österreichischen Eisenbahnen. In: Verkehrswesen im Kriege. Wien 1931 (= Carnegie-Stiftung für internationalen Frieden. Abteilung für Volkswirtschaft und Geschichte. Wirtschafts- und Sozialgeschichte des Weltkrieges. Österreichische und ungarische Serie), S. 1–148

Eschelbacher, Klara: Die ostjüdische Einwanderungsbevölkerung der Stadt Berlin. Phil. Diss. Berlin 1918

Exner, Franz: Krieg und Kriminalität in Österreich. Wien 1927 (= Carnegie-Stifung für internationalen Frieden. Abteilung für Volkswirtschaft und Geschichte. Wirtschafts- und Sozialgeschichte des Weltkrieges. Österreichische und ungarische Serie)

Festschrift zur Feier des 50jährigen Bestandes der Union Österreichischer Juden. Wien 1935

Frei, Bruno: Jüdisches Elend in Wien. Bilder und Daten. Berlin/Wien 1920

Froehlich, G.: Die Wirkungen des Staatsvertrages von St. Germain auf unsere Verfassung. Zeitschrift für öffentliches Recht. Wien 1920, I, S. 406–431

Führer, Erich: Antisemitismus im neuen Österreich. In: Antisemitismus der Welt in Wort und Bild. Der Weltstreit um die Judenfrage. Hrsg. v. Th. Pugel. Dresden 1936, S. 183–204

Glockemeier, Georg: Zur Wiener Judenfrage, Wien 1936

Goldhammer, Leo: Die Juden Wiens. Eine statistische Studie. Wien/Leipzig 1927

Haas, Alfred: Die „Polnischen". Ein Flugblatt aus ernster Zeit. Wien 1915

Haber, Leo: Die Auslegung des Art. 80 des österreichischen Friedensvertrages. In: Juristische Blätter. Wien 1920, Nr. 29, S. 227–229

Hannak, Jacques: Das Judentum am Scheideweg. In: Der Kampf 12 (1919), S. 649–653

Heller, Otto: Der Untergang des Judentums. Die Judenfrage. Ihre Kritik. Ihre Lösung durch den Sozialismus. Wien/Berlin 1933

Hinteregger, Christian: Der Judenschwindel. Wien 1923

Hozba, A.: La Republique tchecoslovaque et le droit international. R.G.D.I.P. 1922, S. 386–409

Jahresbericht der Israelitischen Allianz zu Wien, erstattet an die 43. ordentliche Generalversammlung am 5.6.1916, Wien 1916

Jüdisches Archiv. Mitteilung des Komitees „jüdisches Kriegsarchiv" Nr. 1 (Mai 1915) bis Nr. 8/9 (Jänner 1917) Wien

Kautsky, Benedikt: Löhne und Gehälter. In: Julius Bunzel (Hrsg.): Geldentwertung und Stabilisierung in ihren Einflüssen auf die soziale Entwicklung in Österreich. München/Leipzig 1925 (= Schriften des Vereins für Socialpolitik. 169), S. 105–131

Klezl, Felix: Die Lebenskosten. In: Julius Bunzel (Hrsg.): Geldentwertung und Stabilisierung in ihren Einflüssen auf die soziale Entwicklung in Österreich. München/Leipzig 1925 (= Schriften des Vereins für Socialpolitik. 169), S. 139–261

Körber, Robert: Rassesieg in Wien, der Grenzfeste des Reiches. Wien 1939

Kramer, Alfred: Die Staatsangehörigkeit der Altösterreicher und Ungarn nach den Friedensverträgen. Wien 1925

Krauss, Samuel: Die Krise des Wiener Judentums. Wien 1919

Krauss, Samuel: Geschichte der israelitischen Armenanstalt in Wien, Wien 1922

Kreppel, Jonas: Juden und Judentum von heute. Zürich/Wien/Leipzig 1925

Kriegs-Hilfsaktion der Israelitischen Allianz zu Wien 1916/17. Separat-Abdruck aus dem vom Vorstande der Israelitischen Allianz an die Generalversammlung vom 25. Juni 1917 erstatteten Berichte. Wien 1917

Kunz, Josef: Die völkerrechtliche Option, Bd. II, Staatsangehörigkeit und Option im deutschen Friedensvertrag von Versailles und im österreichischen Friedensvertrag von St. Germain. Breslau 1928

Kyrle, Josef: Blatternerkrankungen im Krieg und in der Nachkriegszeit. In: Clemens Pirquet (Hrsg.): Volksgesundheit im Krieg. Wien 1926. II. Teil (= Carnegie-Stifung für internationalen Frieden. Abteilung für Volkswirtschaft und Geschichte. Wirtschafts- und Sozialgeschichte des Weltkrieges. Österreichische und ungarische Serie), S. 29–47

Liermann, Hans: Rasse und Recht. In: Zeitschrift für die gesamte Staatswissenschaft. Bd. 85, Tübingen 1928, S. 273–342

Loewenfeld-Russ, Hans: Die Regelung der Volksernährung im Kriege. Wien 1926 (= Carnegie-Stiftung für internationalen Frieden. Abteilung für Volkswirtschaft und Geschichte. Wirtschafts- und Sozialgeschichte des Weltkrieges. Österreichische und ungarische Serie)

Mayer, Sigmund: Ein jüdischer Kaufmann. Wien/Berlin 1926

Meissner, A.: Juden und Christlichsoziale. Wien 1916

Müller, Anitta: Dritter Tätigkeits- und Rechenschaftsbericht der Wohlfahrtsinstitutionen der Frau Anitta Müller für Flüchtlinge aus Galizien und der Bukowina. Wien 1918

Müller, Anitta: Ein Jahr Flüchtlingsfürsorge der Frau Anitta Müller. Mit einem Geleitwort von Dr. Marco Brociner, 1914–1915. Wien 1916

Pistiner, Jacob: Die Juden im Weltkriege. In: Die Neue Zeit. Wochenschrift der Deutschen Sozialdemokratie, Jg. 34 (1916), S. 449 f.

Redlich, Joseph: Österreichische Regierung und Verwaltung im Weltkriege. Wien 1925 (= Carnegie-Stifung für internationalen Frieden. Abteilung für Volkswirtschaft und Geschichte. Wirtschafts- und Sozialgeschichte des Weltkrieges. Österreichische und ungarische Serie)

Rosenfeld, Max: Die polnische Judenfrage. Problem und Lösung. Berlin/Wien 1918

Ruppin, Arthur: Soziologie der Juden, 2 Bde., Berlin 1930/31

Salawi-Goldhammer, Arjeh: Dr. Leopold Plaschkes. Zwei Generationen des österreichischen Judentums. Tel-Aviv 1943

Segel, Binjamin: Der Weltkrieg und das Schicksal des jüdischen Volkes. Berlin 1915

Simon, Max: Der Weltkrieg und die Judenfrage. Leipzig/Berlin 1916

Staatliche Flüchtlingsfürsorge im Kriege 1914/15. Hrsg. vom k. k. Ministerium des Innern, Wien 1915

Stricker, Robert: Jüdische Politik in Österreich. Tätigkeitsbericht und Auszüge aus den im österreichischen Parlamente 1919 und 1920 gehaltenen Reden. Wien o. J.

Sturm, Franz: Die Überfremdungspolitik des gewesenen Austromarxismus. In: Schönere Zukunft 9 (1934), S. 921 f.

Tietze, Hans: Die Juden Wiens. Geschichte – Wirtschaft – Kultur. Leipzig/ Wien 1933

Waldert, Karl: Das österreichische Heimat- und Staatsbürgerrecht. Wien 1926

Winkler, Wilhelm: Die Einkommensverschiebungen in Österreich während des Weltkrieges. Wien 1930 (= Carnegie-Stifung für internationalen Frieden. Abteilung für Volkswirtschaft und Geschichte. Wirtschafts- und Sozialgeschichte des Weltkrieges. Österreichische und ungarische Serie)

Wiser, Friedrich Ritter von: Staatliche Kulturarbeit für Flüchtlinge. In: Österreichische Rundschau, Bd. XLV, H. 5, Wien/Leipzig o. J.

Wohlgemuth, J.: Das Bildungsproblem in der Ostjudenfrage. Berlin 1916

Zentralstelle der Fürsorge für Kriegsflüchtlinge. Broschüre, Wien 1917

6. *Neuere Literatur*

Ackerl, Isabella: Die großdeutsche Volkspartei 1920–1934. Versuch einer Parteigeschichte. Phil. Diss. Wien 1967

Adunka, Evelyn: Der ostjüdische Einfluß auf Wien. In: Peter Bettelheim/ Michael Ley (Hrsg.): Ist jetzt hier die „wahre" Heimat? Ostjüdische Einwanderung nach Wien. Wien 1993, S. 77–88

Andics, Hellmut: Der ewige Jude. Ursachen und Geschichte des Antisemitismus. Wien 1965

Bauböck, Rainer: Wohnungspolitik im Sozialdemokratischen Wien 1919– 1934. Salzburg 1979 (= Geschichte und Sozialkunde. 4)

Beckermann, Ruth (Hrsg.): Die Mazzesinsel: Juden in der Leopoldstadt 1918–1939. Wien 1984

Beller, Steven: Wien und die Juden 1867–1938. Wien/Köln/Weimar 1993

Berkley, George E.: Vienna and Its Jews. The Tragedy of Success 1880s– 1980s. Lanham 1988

Bermann, Dagmar T.: Produktivierungsmythen und Antisemitismus. Assimilatorische und zionistische Berufsumschichtungsbestrebungen unter den Juden Deutschlands und Österreichs bis 1938. Eine historisch-soziologische Studie. Phil. Diss. München 1971

Bernfeld, Siegfried: Kinderheim Baumgarten – Bericht über einen ernsthaften Versuch mit neuer Erziehung. In: S. Bernfeld: Antiautoritäre Erziehung und Psychoanalyse. Ausgewählter Schriften. Hrsg. v. L. v. Werder und R. Wolff, Bd. I, Frankfurt a. M. 1947 (= Ullstein Buch 3074), S. 94–215

Besenböck, Oskar: Die Frage der jüdischen Option in Österreich 1918– 1921. Phil. Diss. Wien 1992

Bettelheim, Peter/Michael Ley (Hrsg.): Ist jetzt hier die „wahre" Heimat? Ostjüdische Einwanderung nach Wien. Wien 1993

Beyrau, Dietrich: Antisemitismus und Judentum in Polen, 1918–1939. In: Geschichte und Gesellschaft 8 (1982), Heft 2: Nationalitätenprobleme in Osteuropa, S. 205–232

Bihl, Wolfdieter: Die Juden. In: Adam Wandruszka/Peter Urbanitsch (Hrsg.): Die Habsburgermonarchie 1848–1918. Bd. III: Die Völker des Reiches, 2. Teilbd., Wien 1980, S. 880–949

Binder, Dieter A.: Der „reiche Jude". Zur sozialdemokratischen Kapitalismuskritik und zu deren antisemitischen Feindbildern in der Ersten Republik. In: Geschichte und Gegenwart. Vierteljahreshefte für Zeitgeschichte, Gesellschaftsanalyse und politische Bildung. 1/1985, S. 43–53

Botz Gerhard/Ivar Oxaal/Michael Pollak (Hrsg.): Eine zerstörte Kultur. Jüdisches Leben und Antisemitismus in Wien seit dem 19. Jahrhundert. Buchloe 1990

Bronsen, David: Joseph Roth. Eine Biographie. Köln 1974

Budischowsky, Jens: Assimilation, Zionismus und Orthodoxie in Österreich 1918–1938. Jüdisch-politische Organisationen in der Ersten Republik. Phil. Diss. Wien 1990

Bunzl, John: Arbeiterbewegung, „Judenfrage" und Antisemitismus. Am Beispiel des Wiener Bezirks Leopoldstadt. In: Bewegung und Klasse, Studien zur österreichischen Arbeitergeschichte. Hrsg. v. G. Botz u. a. Wien/München/Zürich 1978, S. 743–763

Bunzl, John: Klassenkampf in der Diaspora. Zur Geschichte der jüdischen Arbeiterbewegung. Wien 1975 (Schriftenreihe des Ludwig Boltzmann-Instituts für Geschichte der Arbeiterbewegung. 5)

Bunzl, John: Zur Geschichte des Antisemitismus in Österreich. In: John Bunzl/Bernd Marin: Antisemitismus in Österreich. Sozialhistorische und soziologische Studien. Innsbruck 1983, S. 9–88

Carsten, Francis L.: Faschismus in Österreich. Von Schönerer zu Hitler. München 1978 (= Kritische Informationen. Bd. 55)

Carsten, Francis L.: Revolution in Mitteleuropa 1918–1919, Köln 1973

Chalfen, Israel: Paul Celan: Eine Biographie seiner Jugend. Franfurt a. M. 1991 (= Suhrkamp-Taschenbuch. 913)

Czeike, Felix: Wirtschafts- und Sozialpolitik der Gemeinde Wien in der Ersten Republik (1919–1934). Teil II, Wien 1959 (= Wiener Schriften. 11)

Elbogen, Ismar (Hrsg.): Ein Jahrhundert jüdischen Lebens. Die Geschichte des neuzeitlichen Judentums. Frankfurt a. M. 1967 (= Bibliotheca Judaica)

Enzensberger, Hans Magnus: Die Große Wanderung. 33 Markierungen. Frankfurt 1993

Fellner, Günter: „Jude" oder Jude? Zur Problematik einer historisch-wissenschaftlichen Literatur. In: Zeitgeschichte 1979/8, S. 294–314

Fellner, Günter: Antisemitismus in Salzburg 1918–1938. Veröffentlichungen des Historischen Instituts der Universität Salzburg. Wien 1979

Fraenkel, Josef (Hrsg.): Robert Stricker. London 1950

Fraenkel, Josef (Hrsg.): The Jews of Austria. Essays on their Life, History and Destruction. London 1967

Freidenreich, Harriet Pass: Jewish Politics in Vienna 1918–1938. Bloomington 1991

Freiler, Johann: Die soziale Lage der Wiener Arbeiter in den Jahren 1907 bis 1918. Phil. Diss. Wien 1966

Freud, Arthur: Um Gemeinde und Organisation. Zur Haltung der Juden in Österreich. In: Publikationen des Leo Baeck Instituts, Bull. Nr. 9, Tel-Aviv 1960, S. 80–100

Gaisbauer, Adolf: Davidstern und Doppeladler. Zionismus und jüdischer Nationalismus in Österreich 1882–1918. Wien/Köln/Graz 1988

Garstenauer, Maria: Die Judenfrage in der „Reichspost" 1894–1918. Unveröffentlichte Hausarbeit aus Geschichte, Salzburg 1976

Gold, Hugo: Geschichte der Juden in Wien. Ein Gedenkbuch. Tel Aviv 1966

Hannot, Walter: Die Judenfrage in der katholischen Tagespresse Deutschlands und Österreichs 1923–1933. Mainz 1990 (= Veröffentlichungen der Kommission für Zeitgeschichte, Reihe B, Bd. 51)

Haumann, Heiko: Geschichte der Ostjuden. München 1990

Hautmann, Hans: Die verlorene Räterepublik. Am Beispiel der Kommunistischen Partei Deutschösterreichs. Wien/Frankfurt/Zürich 1971

Hautmann, Hans: Geschichte der Rätebewegung in Österreich 1918–1924, Wien/Zürich 1987

Hautmann, Hans: Hunger ist ein schlechter Koch. Die Ernährungslage der österreichischen Arbeiter im Ersten Weltkrieg. In: Gerhard Botz u. a. (Hrsg.): Bewegung und Klasse. Studien zur österreichischen Arbeitergeschichte, Wien/München/Zürich 1978, S. 661–681

Henisch, M.: Galician Jews in Vienna. In: The Jews of Austria. Essays on their Life, History and Destruction. Edited by Josef Fraenkel. London 1967

Herzfeld, Hans: Der Erste Weltkrieg. München 1968 (= dtv Weltgeschichte des 20. Jahrhunderts. 1)

Hodik, Avshalom: Die Israelitische Kultusgemeinde Wien in den Jahren 1918–1938, in: Materialienmappe, Wien 1982

Hödl, Klaus: Als Bettler in die Leopoldstadt. Galizische Juden auf dem Weg nach Wien. Wien/Köln/Weimar 1994

Hoffer, Willy: Siegfried Bernfeld und „Jerubbaal". An Episode in the Jewish Youth Movement. In: Year Book X of the Leo Baeck Institute. London 1965, S. 150–167

Holter, Beatrix: Die ostjüdischen Kriegsflüchtlinge in Wien (1914–1923). Hausarbeit aus Geschichte, Universität Salzburg 1978

Jäger-Sunstenau, Hanns: Der Wiener Gemeinderat Rudolf Schwarz-Hiller, Kämpfer für Humanität und Recht. In: Zeitschrift für die Geschichte der Juden, 1973, S. 9–16

Jensen, Angelika: Die Geschichte der jüdischen Jugendbewegung „Haschomer Hazair" von den Anfängen bis 1940. Dipl. Arb. Wien 1991

John, Michael/Albert Lichtblau: Schmelztiegel Wien – einst und jetzt. Zur Geschichte und Gegenwart von Zuwanderern und Minderheiten, Wien/Köln 1990

Kłanska, Maria: Aus dem Schtetl in die Welt. 1772–1938. Ostjüdische Autobiographien in deutscher Sprache. Wien/Köln/Weimar 1994

Koch, Annette: Siegfried Bernfelds Kinderheim Baumgarten. Voraussetzung jüdischer Erziehung um 1920. Phil. Diss. Hamburg 1974

Krohn, Helga: Die Juden in Hamburg. Die politische, soziale und kulturelle Entwicklung einer jüdischen Großstadtgemeinde nach der Emanzipation 1848–1918. Phil. Diss. Hamburg 1974

Lendl, Egon: 100 Jahre Einwanderung nach Österreich. In: Geographischer Jahresbericht aus Österreich, Jg. 28, Bd. 1959/60

Maderegger: Die Juden im österreichischen Ständestaat 1934–1938. Wien 1973

Magris, Claudio: Weit von wo. Verlorene Welt des Ostjudentums. Wien 1974

Margalith, Elkana: Die sozialen und intellektuellen Ursprünge der jüdischen Jugendbewegung „Haschomer Haza'ir", 1913–1920. In: Archiv für Sozialgeschichte X (1970); Literatur und Zeitgeschehen, S. 261–289

Maurer, Trude: Ostjuden in Deutschland 1918–1933. Hamburg 1986 (= Hamburger Beiträge zur Geschichte der deutschen Juden. Bd. XII)

McCagg, Willian O. Jr.: A History of Habsburg Jews, 1670–1918. Bloomington 1989

Mohrmann, Walter: Antisemitismus. Ideologie und Geschichte im Kaiserreich und in der Weimarer Republik. Berlin (Ost) 1972

Mommsen, Wolfgang: Das Zeitalter des Imperialismus. Frankfurt a. M. 1969 (= Fischer Weltgeschichte. 28)

Moser, Jonny: Die Katastrophe der Juden in Österreich 1938–1945 – ihre Voraussetzung und ihre Überwindung. In: Der gelbe Stern in Österreich. Katalog und Einführung zu einer Dokumentation. Eisenstadt 1977 (= Studie Judaica Austriaca. 5)

Mosse, Georg L.: Rassismus. Ein Krankheitssymptom in der europäischen Geschichte des 19. und 20. Jahrhunderts. Königstein/Ts. 1978

Neck, Rudolf (Hrsg.): Österreich im Jahre 1918. Berichte und Dokumente. Wien 1968

Österreich Lexikon in zwei Bänden. Hrsg. v. Richard Bamberger u. Franz Maier-Bruck. Wien/München 1966

Österreich-Ungarns letzter Krieg. Bd. 1–7, Wien 1930–1937

Oxaal, Ivar: Die Juden im Wien des jungen Hitler. Historische und soziologische Aspekte. In: Gerhard Botz/Ivar Oxaal/Michael Pollak (Hrsg.): Eine zerstörte Kultur. Jüdisches Leben und Antisemitismus in Wien seit dem 19. Jahrhundert. Buchloe 1990, S. 29–60

Pauley, Bruce F.: Eine Geschichte des österreichischen Antisemitismus. Von der Ausgrenzung zur Auslöschung. Wien 1993

Pelinka, Anton: Sozialdemokratie und Antisemitismus. In: ÖZG 4/1992, S. 540–554

Pelinka, Anton: Stand oder Klasse. Die christliche Arbeiterbewegung Österreichs 1933–1938. Wien 1972

Polesiuk-Padan, Jaakow (Mischmar Haemek): Die Geschichte des „Haschomer Haza'ir" in der Bukowina. In: Hugo Gold (Hrsg.): Geschichte der Juden in der Bukowina. Bd. I, Tel-Aviv 1958, S. 145–152

Pulzer, Peter G. J.: Die Entstehung des politischen Antisemitismus in Deutschland und Österreich 1867–1914. Gütersloh 1966

Rauchensteiner, Manfred: Der Tod des Doppeladlers. Österreich-Ungarn und der Erste Weltkrieg. Graz/Wien/Köln 1993

Reinharz, Jehuda: East European Jews in the Weltanschauung of German Zionists, 1882–1914. In: Studies in Contemporary Jewry 1 (1984), S. 55–95

Rennhofer, Friedrich: Ignaz Seipel. Mensch und Staatsmann. Eine biographische Dokumentation. Wien/Köln/Graz 1978

Rhode, Gottfried (Hrsg.): Juden in Ostmitteleuropa. Von der Emanzipation bis zum Ersten Weltkrieg. Marburg 1989

Rozenblit, Marsha L.: The Jews of the Dual Monarchy. Review Article in: Austrian History Yearbook 13 (1992), S. 160–180

Rozenblit, Marsha L.: Die Juden Wiens 1867–1914. Assimilation und Identität. Wien/Köln/Graz 1988

Rütgen, Herbert: Antisemitismus in allen Lagern. Publizistische Dokumente zur Ersten Republik Österreich 1918–1938. Phil. Diss. Graz 1989

Schmelzer, Arieh Leon: Die Juden in der Bukowina (1914–1919). In: Hugo Gold: Geschichte der Juden in der Bukowina. Bd. I, Tel-Aviv 1958, S. 67–72

Seewann, Harald: Zirkel und Zionsstern. Bilder und Dokumente der versunkenen Welt des jüdisch-nationalen Korporationsstudententums. Ein Beitrag zur Geschichte des Zionismus auf österreichischem Boden, 2 Bände, Graz 1990

Seliger, Maren/Karl Ucakar: Wien. Politische Geschichte 1740–1934. Entwicklung und Bestimmungskräfte großstädtischer Politik. Teil 2: 1896–1934. Wien/München 1985

Silberner, Edmund: Sozialisten zur Judenfrage. Ein Beitrag zur Geschichte des Sozialismus vom Anfang des 19. Jahrhunderts bis 1914. Berlin 1962

Simon, Walter B.: Jewish Vote in Austria. In: Leo Baeck Institute Yearbook 16 (1971), S. 97–121

Somogyj, Tamar: Die Schejnen und die Prosten. Untersuchungen zum Schönheitsideal der Ostjuden in bezug auf Kleidung und Körper unter besonderer Berücksichtigung des Chassidismus. Berlin 1982 (= Kölner ethnologische Studien)

Spann, Gustav: Zensur in Österreich während des I. Weltkrieges 1914–1918. Phil. Diss. Wien 1972

Spira, Leopold: Feindbild „Jud". 100 Jahre politischer Antisemitismus in Österreich. Wien/München 1981

Staudinger, Anton: Christlichsoziale Judenpolitik in der Gründungsphase der österreichischen Republik. In: Jahrbuch für Zeitgeschichte 1978, Wien 1979, S. 11–48

Staudinger, Anton: Katholischer Antisemitismus in der Ersten Republik. In: Botz/Oxaal/Pollak (Hrsg.): Eine zerstörte Kultur. Jüdisches Leben und Antisemitismus in Wien seit dem 19. Jahrhundert. Buchloe 1990, S. 247–270

Sternberg, Hermann: Zur Geschichte der Juden in Czernowitz. Tel-Aviv 1962

Stuhlpfarrer, Karl: Judenfeindschaft und Judenverfolgung in Österreich seit dem Ersten Weltkrieg. In: Anna Drabek u. a.: Das österreichische Judentum. Voraussetzungen und Geschichte. 3., aktualisierte Auflage. Wien/München 1988, S. 141–204

Tartakower, Arieh: Jewish Migratory Movements in Austria in Recent Ge-
    neration. In: The Jews of Austria. Essays on their Life, History and
    Destruction. Edited by Josef Fraenkel. London 1967, S. 285–310
Thienel, Rudolf: Österreichische Staatsbürgerschaft. Historische Entwick-
    lung und völkerrechtliche Grundlagen. Wien 1989 (= Österreichische
    Staatsbürgerschaft. Bd.1)

Weinzierl, Erika/Skalnik, Kurt: Österreich 1918–1938. Geschichte der Er-
    sten Republik. Bd. 2, Graz/Wien/Köln 1983
Weinzierl, Erika: Zu wenig Gerechte. Österreicher und Judenverfolgung
    1938–1945. Graz/Wien/Köln 1969
Wistrich, Robert S.: The Jews of Vienna in the Age of Franz Joseph. Oxford
    1989
Wolfram, Fritz: Dr. Leopold Waber – nach 1918 ein freiheitlicher Politiker
    der ersten Stunde. In: Freie Argumente, 1989/4, S. 39–50
Wróbel, Piotr: The Jews of Galicia under Austrian-Polish Rule, 1869–1918.
    In: Austrian History Yearbook, Bd. 25, 1994, S. 97–136

Zborowski, Mark: Das Schtetl. Die untergegangene Welt der osteuropäi-
    schen Juden. München 1991
Zoitl, Helge: „Student kommt vom Studieren!" Zur Geschichte der sozialde-
    mokratischen Studentenbewegung in Wien. Wien/Zürich 1992

Verzeichnis der Illustrationen:

22. Dic Bewohner des Kellers. Aus: Frei: Jüdisches Elend.

23. Der „Sever-Erlaß". Plakatsammlung der Wiener Stadt- und Landesbibliothek.

24. Albert Sever (1867–1942), sozialdemokratischer Landeshauptmann von Niederösterreich. Archiv des Vereins für Geschichte der Arbeiterbewegung.

25. Rudolf Schwarz-Hiller (1876–1932), Leiter der Zentralstelle für Flüchtlingsfürsorge. Bildarchiv der Österreichischen Nationalbibliothek.

26. Robert Stricker (1879–1944), zionistischer Politiker. Bildarchiv der Österreichischen Nationalbibliothek.

27. Leopold Kunschak (1871–1953), Führer der christlichsozialen Arbeiterbewegung. Bildarchiv der Österreichischen Nationalbibliothek.

28. Leopold Waber (1875–1945), großdeutscher Minister des Innern. Bildarchiv der Österreichischen Nationalbibliothek.

29. Der populärste Sport. Kikeriki, 5.10.1919, S. 1.

30. Laib Schmeers Heimfahrt nach Galizien. Kikeriki, 19.10.1919, S. 1.

31. Was ist's mit der Ausweisung der Ostjuden? Der eiserne Besen, 15.4.1920, S. 1.

Personenregister

BÖHLAU BÜCHER

Thomas Lange (Hg.)

Judentum und jüdische Geschichte
im Schulunterricht nach 1945

Bestandsaufnahmen, Erfahrungen und Analysen aus
Deutschland, Österreich, Frankreich und Israel
(Aschkenas. Zeitschrift f. Geschichte u. Kultur der Juden. Beiheft 1)
1994. 351 S. Br. ISBN 3-205-98245-2

Dorit B. Whiteman

Die Entwurzelten

Jüdische Lebensgeschichten nach der Flucht 1933 bis heute
(Böhlaus Zeitgeschichtliche Bibliothek, Bd. 29, hg. v. Helmut Konrad)
1995. 416 S.m.zahlr. SW-Abb. Geb. ISBN 3-205-98136-7

Martha Keil / Klaus Lohrmann (Hg.)

Studien zur Geschichte der Juden
in Österreich

(Handbuch zur Geschichte der Juden in Österreich, Reihe B, Bd. 2)
1994. 191 S. Br. ISBN 3-205-98174-X

Rolf Steininger

Der Umgang mit dem Holocaust

Europa – USA – Israel
(Veröffentlichungen des Instituts für Zeitgeschichte
d. Universität Innsbruck u. d. Jüdischen Museums Hohenems, Bd. 1)
2. Aufl., 1994. 498 S., 9 SW-Abb. Br. ISBN 3-205-98311-4

Klaus Hödl

Als Bettler in die Leopoldstadt

Galizische Juden auf dem Weg nach Wien
(Böhlaus Zeitgeschichtliche Bibliothek, Bd. 27, hg. v. Helmut Konrad)
2. Aufl., 1994. 331 S., 13 SW-Abb. Br.
ISBN 3-205-98303-3

Erhältlich in Ihrer Buchhandlung !

BÖHLAU VERLAG WIEN · KÖLN · WEIMAR